30일 레슨으로 쉽게 배우는

HTML5&
CSS3

웹 표준 디자인 강좌

Akemi Kusano 지음
김선숙 옮김

YoungJin.com Y.
영진닷컴

30일 레슨으로 쉽게 배우는
HTML5&CSS3

HTML5&CSS3 標準デザイン講座

(HTML5&CSS3 Hyoujun Design Kouza: 4220-3)

Copyright© 2015 by Akemi Kusano.

Original Japanese edition published by SHOEISHA Co.,Ltd.

Korean translation rights arranged with SHOEISHA Co.,Ltd. through Eric Yang Agency Korean translation copyright © 2018 by Youngjin. com.

ISBN 978-89-314-5543-4

독자님의 의견을 받습니다

이 책을 구입한 독자님은 영진닷컴의 가장 중요한 비평가이자 조언가입니다. 저희 책의 장점과 문제점이 무엇인지, 어떤 책이 출판되기를 바라는지, 책을 더욱 알차게 꾸밀 수 있는 아이디어가 있으면 이메일, 또는 우편으로 연락주시기 바랍니다. 의견을 주실 때에는 책 제목 및 독자님의 성함과 연락처(전화번호나 이메일)를 꼭 남겨 주시기 바랍니다. 독자님의 의견에 대해 바로 답변을 드리고, 또 독자님의 의견을 다음 책에 충분히 반영하도록 늘 노력하겠습니다.

이메일 : support@youngjin.com

주 소 : 서울 금천구 가산디지털2로 123 월드메르디앙벤처센터 2차 10층 1016호 (우)08505

등 록 : 2007. 4. 27. 제16-4189호

STAFF

저자 Akemi Kusano | **번역** 김선숙 | **이미지 및 소스 코드 감수** 윤한정 | **총괄** 김태경 | **진행** 김연희 | **표지·내지 디자인 및 편집** 고은애 | **인쇄** 예림인쇄

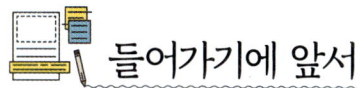

들어가기에 앞서

안녕하세요. 구사노 아케미입니다. 저는 프리 코더로 일하면서 초보자를 대상으로 한 코딩 세미나에서 강사로 활동하고 있습니다. 이번에 여러 차례 증쇄를 거듭할 정도로 인기가 많았던 <HTML5 & CSS3 웹 표준 디자인 강좌> 개정판을 집필하게 되었습니다.

이 책의 주요 대상은 웹사이트 제작 스킬을 처음부터 익히기 원하는 사람과 앞으로 웹 제작을 목표로 배우고자 하는 사람, 그리고 이미 웹 제작을 하고 있으나 실무에 활용할 수 있는 제대로 된 지식과 기술을 기초부터 확실히 다시 배우고 싶은 사람입니다. 모든 웹 제작의 토대가 되는 HTML과 CSS의 지식과 기술을 기초부터 확실히 알 수 있도록 설명하는 데 중점을 두었습니다.

최근 몇 년 사이에 HTML5 & CSS3이 표준이 되고 멀티 디바이스 대응이 당연하게 되는 등 웹 제작을 둘러싼 환경도 크게 바뀌었습니다. 이에 따라 웹 제작 현장에서 요구되는 스킬도 고도화되고 복잡화되었다는 전제하에 이번 개정판에서는 내용을 대폭 추가했습니다.

이 책은 최첨단 환경뿐만 아니라 과거의 환경이나 기술(IE8이나 HTML5 이전의 마크업 규격 등)도 보충 정보로서 다루었습니다. 전체적으로는 IE9 이상을 대상으로 하는 최신 환경을 전제로 한 내용이지만 기본적으로 실용적인 기술과 노하우를 설명하는 데 역점을 두었습니다. 실무에서 반드시 필요한 기술적인 제약이나 환경에 따른 차이 등에 대한 정보도 다루었기 때문에 실제 제작 현장에도 도움이 될 것입니다.

이 책은 지금 즉시 활용할 수 있고, 앞으로도 활용할 수 있는 기술과 노하우를 익히는 데 도움이 될 뿐만 아니라 광대한 웹 제작의 세계를 건너는 징검다리 역할을 할 수 있다면 더없이 좋겠습니다.

마지막으로 개정판 집필 기회를 주신 쇼에이샤 관계자 분들과, 세미나 내용을 책으로 펴낼 수 있게 흔쾌히 승낙해주신 서포턴트의 하시와다 씨, 다양한 현장의 노하우와 테크닉을 공개해 준 모든 웹 관계자 여러분, 그리고 뒤에서 지지해준 가족에게 감사의 뜻을 전합니다.

2015년 11월 Akemi kusano

목차
contents

[이 책의 특징]
이 책은 9장. 30개의 레슨으로 나뉘어 있습니다. 각 레슨에는 개념이나 규칙을 설명하는 '강의'와 실제로 샘플 파일을 제작해 보는 '실습' 두 파트가 있습니다. HTML5와 CSS3를 보다 깊이 이해할 수 있는 내용으로 구성했으므로 자신의 페이스에 맞게 진행해 주시기 바랍니다.

[학습용 샘플 파일에 대하여]
이 책에서는 샘플 파일을 사용해 실제로 코드를 쓰면서 학습을 진행합니다.
샘플 파일은 아래에서 다운로드할 수 있습니다.
[영진닷컴 홈페이지(www.youngjin.com)]-[고객센터]-[부록 CD 다운로드]-[IT도서/교재]에서 도서명으로 검색한 후 다운로드 받을 수 있습니다.

※도서에 삽입되어 있는 다양한 사이트 URL은 외서의 특성상 일부 일본 홈페이지로 연결될 수 있습니다. 일본 홈페이지로 연결될 경우 자동 번역 기능이 있는 Google Crome에서 열어 보기 바랍니다.

샘플 파일을 사용한 레슨에서는 사용하는 파일명을 첫머리에 기술해 두었습니다. 해당 파일을 열고 학습을 진행해 주시면 됩니다.
※ 샘플 파일의 저작권은 저자에게 있습니다. 개인용 학습용도 이외에는 사용할 수 없습니다.

레슨을 시작하기 전에

 준비할 것

HTML+CSS를 배울 때에는 특별한 소프트웨어가 필요하지 않습니다. 텍스트 에디터와 브라우저만 있으면 됩니다. 작성한 웹사이트를 인터넷상에 공개하려면 렌탈 서버 계약이 필요하고 서버에 데이터를 전송하기 위한 FTP가 필요하지만 '배우는' 데에는 컴퓨터만 있으면 충분합니다.

텍스트 에디터

웹 페이지는 텍스트 에디터를 사용하고 소스 코드를 써서 만듭니다. 윈도우를 사용하는 사람은 메모장, 매킨토시를 사용하는 사람은 텍스트 에디터 같은 OS 표준 편집기로도 제작할 수 있습니다. 하지만 기술상의 실수를 발견하기 어렵고 대응하는 문자코드에 제한이 있을 수 있으므로 별도의 텍스트 에디터를 설치하는 것이 좋습니다. 웹 개발 전용 고기능 편집기라면 입력 보완 기능 같은 편리한 기능을 이용할 수 있어 보다 효율적으로 제작할 수 있습니다.

● **일반 텍스트 에디터**

윈도우	맥
NotePad++ URL http://notepad-plus-plus.org	텍스트메이트 URL http://macromates.com
EditPlus URL http://www.editplus.com/kr/	웹 스크립터 URL http://www.web-scripter.com/

● **웹 개발 전용 고기능 에디터**

윈도우	맥
Adobe Brackets(무료) ※이 에디터는 UTF-8만 문자코드로 사용할 수 있습니다. URL http://brackets.io/index.html	Coda2(유료 약 11,000원) URL https://panic.com/coda/
Sublime Text(유료: 약 78,000원 / 기능 제한 없이 사용 가능) ※각종 설정을 하려면 콘솔/터미널을 이용해야 합니다. URL http://www.sublimetext.com/	

※가격은 변동될 수 있습니다.

Memo

홈페이지나 빌더, 어도비 드림위버 같은 홈페이지 작성 소프트웨어를 갖고 있는 분은 이것을 이용해도 됩니다. 다만 이 책은 소스 코드를 직접 입력하는 것을 전제로 진행되므로, 배울 때는 소프트웨어의 소스 코드 입력 화면을 이용하기 바랍니다.

브라우저

확인용 브라우저의 설치

윈도우 표준 브라우저는 인터넷 익스플로러(IE)(윈도우10 이상은 Edge)이고, MacOS 표준 브라우저는 사파리(Safari)입니다. 이외에도 구글 크롬(Google Chrome), 파이어폭스(Firefox), 오페라(Opera) 등과 같은 주요 브라우저가 있습니다. 웹사이트를 제작할 경우에는 가능하면 많은 브라우저를 설치해서 표시 확인을 하는 것이 좋습니다. 이 책에서는 세계 시장 점유율이 높은 구글 크롬을 확인용 브라우저로 사용합니다. 설치되어 있지 않은 경우에는 아래에서 다운로드해 설치해 주시기 바랍니다.

• Google Chrome `URL` https://www.google.co.kr/chrome/browser/desktop/

▶ 구 버전 IE 에서 출력 확인을 하고 싶은 경우

인터넷 익스플로러 최신판은 IE11이지만 기업 사용자를 중심으로 아직 구 버전을 이용하는 사람이 있을 것입니다. 앞에서 언급한 주요 브라우저에 비해 오래된 IE(특히 IE8 이하)는 다른 브라우저와는 다르게 출력하는 일이 많습니다. 구 IE에서 확인하기 위한 툴로는 다음 2가지를 권합니다.

● 개발자 툴

가장 손쉬운 것은 IE9 이상에 표준으로 딸려 있는 '개발자 툴'입니다. IE를 실행해 F12 키를 누르면 개발자 툴이 열립니다. '동작 모드'를 선택할 수 있고, IE7까지의 출력을 확인할 수 있습니다. 브라우저만으로 구 IE 환경을 실행할 수 있기 때문에 간이 확인이라면 가장 손쉽게 확인할 수 있는 환경이라 할 수 있습니다.

● 예제 00-1 개발자 툴

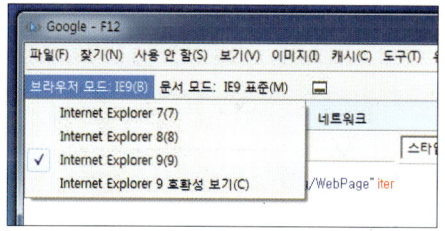

● IE Tester

IE Tester는 구 IE의 출력을 실행할 수 있게 해 주는 전용 프리 소프트웨어입니다. 개발자 툴에서는 일부 최신 CSS의 기능이나 JavaScript 동작으로 본래 버전과 다르게 표현될 수 있으므로 보다 정확하게 확인하고 싶을 때는 IE Tester를 사용하는 것이 좋습니다.

• IE Tester

공식 사이트 `URL` http://www.my-debugbar.com/wiki/IETester/Homepage

▶ 맥 환경에서 IE 를 확인할 때

맥 환경에서 IE를 확인할 경우에는 기본적으로 맥에 가상 윈도우 환경을 구축하는 방법을 권합니다. 마이크로소프트가 제공하는 Modern.IE를 사용하면 무료로 구축할 수 있습니다. 설치나 이용 방법은 인터넷상에 자세하게 나와 있으니 여유가 있다면 윈도우 환경을 구축해 보는 것도 좋습니다.

확장자 표시

웹 제작에서 취급하는 파일은 아이콘만으로는 종류를 판별할 수 없는 것도 많으므로 확장자(.txt나 html 등 파일 끝에 기입하는 식별자)를 표시하도록 설정해야 합니다.

▶ 윈도우 7의 경우

[제어판 > 폴더 옵션 > 보기 > '알려진 파일 형식의 파일 확장명 숨기기] 체크를 해제한다.

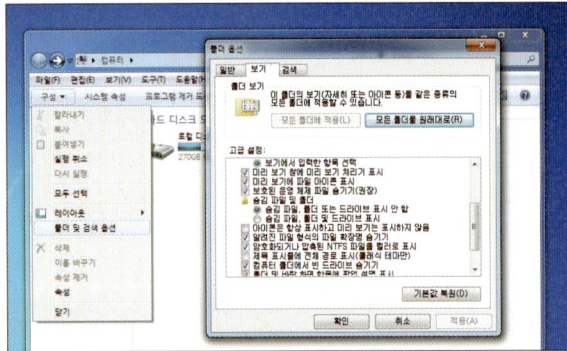

▶ 윈도우 8/10의 경우

폴더를 열고 [보기 > 표시/숨기기 란의 '파일 확장명']에 체크한다.

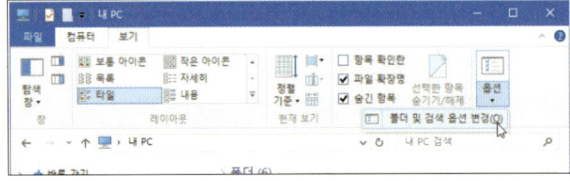

▶ 맥의 경우

[Finder > 환경설정 > 고급 > '모든 파일 확장자 보기']에 체크한다.

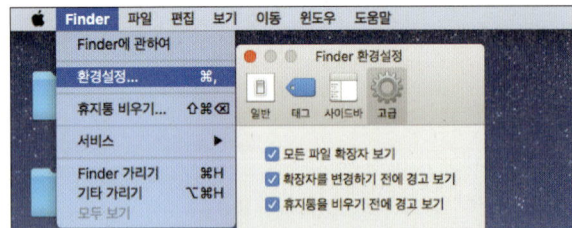

HTML과 CSS를 배우기 전에

본격적으로 HTML과 CSS를 배우기 전에 웹 페이지가 어떤 구조로 만들어져 있는지 알아보겠습니다. 이 파트는 처음으로 HTML을 접하는 사람을 위한 워밍업입니다. 지금까지 한 번이라도 직접 HTML이나 CSS를 쓰거나 공부한 적이 있는 사람은 건너뛰어 Chapter 01부터 시작해도 됩니다.

HTML을 쓴다

HTML을 쓰는 간단한 절차를 알아보기 위해 아래와 같이 순서대로 써 보겠습니다.

❶ 새로운 HTML 파일을 만든다

편집기로 신규 파일을 작성하고 index.html이라는 이름으로 저장합니다.

❷ 최소 필요한 HTML의 구조를 쓴다

HTML은 태그라는 표시를 사용해 써 갑니다. HTML 태그는 원칙적으로 시작 태그와 종료 태그가 세트로 되어 있습니다. 종료 태그에는 /(슬러시)가 붙습니다.

```
<html>
<head>
</head>
<body>
</body>
</html>
```

❸ HTML 문서에 제목을 붙인다.

〈head〉와 〈/head〉 사이에 제목 태그를 추가한 다음 저장합니다.

```
<html>
<head>
<title>HTML 연습</title>
</head>
<body>
</body>
</html>
```

❹ 브라우저에서 제목 표시를 확인한다

브라우저에서 새로운 윈도우를 열고 index.html을 더블
클릭하거나 드래그 앤 드롭합니다. 브라우저 맨 윗부분의
타이틀 바 부분에 앞에서 기술한 〈title〉 태그의 텍스트가
표시됩니다.

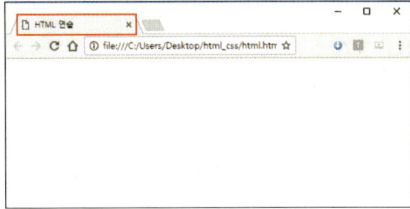

❺ 콘텐츠를 기술한다

〈body〉와 〈/body〉 사이에 아래와 같은 텍스트를 입력하고 저장한 다음 브라우저에서 표시를 확인합니다.

```
<html>
<head>
<title>HTML 연습</title>
</head>
<body>
처음 배우는 HTML
오늘 처음으로 HTML을 써보았습니다.
</body>
</html>
```

❻ 브라우저에서 콘텐츠 표시를 확인한다

브라우저에는 〈body〉~〈/body〉 사이에 쓴 글자가 표시됩니
다. 줄이 바뀌지 않고 한 줄로 나타납니다.

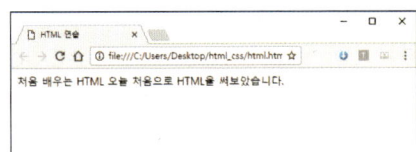

❼ 콘텐츠에 HTML 태그로 표제와 단락을 구분한다

표제와 각 문장을 아래의 HTML 태그로 감쌉니다.

```
<html>
<head>
<title>HTML 연습</title>
</head>
<body>
<h1>처음 배우는 HTML</h1>
<p>오늘 처음으로 HTML을 써보았습니다.</p>
</body>
</html>
```

> **Memo** 〈h1〉은 표제, 〈p〉는 단락(문장)이라는 의미를 주는 태그입
> 니다.

❽ 완성한 HTML 문서를 브라우저에서 확인한다

Memo 〈h1〉 태그 사용으로 '표제'라는 의미가 부여되었으므로 브라우저는 이에 적합한 형태로 표시해 줍니다.

브라우저에서 표제와 문장이 각각 1행씩 나타나고 표제의 글자가 크게 표시되었습니다.

이와 같이 HTML 문서는 HTML 태그라는 것을 사용해 기술합니다. 순서 ❷의 내용이 HTML 문서의 최소 골격입니다. 〈head〉~〈/head〉 사이에 문서의 보충 정보를 기술하고, 〈body〉~〈/body〉 사이에는 문서의 콘텐츠 본문을 기술합니다. 〈body〉~〈/body〉 사이에 쓴 내용은 실제 브라우저 윈도우에 표시됩니다. HTML은 문서이므로 기본적으로 콘텐츠의 주체는 텍스트가 됩니다. 이들 텍스트도 모두 역할에 따라 HTML 태그 안에 넣습니다.

CSS로 디자인한다

HTML 태그(예를 들면 〈h1〉 등)를 사용해 콘텐츠를 꾸미면 나름 보기 좋은 형태로 나타나지만, HTML은 원래 디자인을 하는 것이 아닙니다. HTML 문서에 디자인을 하는 것은 CSS의 역할입니다.
간단한 CSS를 사용해 HTML 문서를 디자인해 보겠습니다.

❶ 〈head〉 안에 CSS를 기술하기 위한 공간을 확인한다

```
<head>
<title>HTML 연습</title>
<style>
</style>
</head>
```

❷ 표제 글자를 빨간색으로 하기 위해 기술한다

〈style〉 ~ 〈/style〉 안에 h1 태그로 감싼 글자 색상을 빨간색으로 표시하기 위해 CSS를 씁니다.
color과 red 사이는 :(콜론), 행의 끝에는 ;(세미콜론)을 넣습니다.

```
<style>
        h1{color:red;}
</style>
```

❸ 저장한 다음 브라우저에 띄운다

⟨h1⟩ 태그와 ⟨/h1⟩ 태그 사이에 있는 '처음 배우는 HTML' 글자 색상이 빨간색으로 되어 있으면 CSS로 변경이 완료된 것입니다.

이처럼 CSS는 HTML 문서 안의 특정 영역을 지정하고, 그 부분의 다양한 속성(글자 색상이나 크기, 배경, 테두리 선 등)의 설정을 변경해 디자인을 합니다. 실제 웹사이트는 훨씬 콘텐츠가 많고 내용도 복잡하지만, HTML과 CSS로 하는 기본적인 부분은 거의 똑같다고 볼 수 있습니다.

여기서는 웹페이지를 작성하는 방법을 간단하게 배웠습니다. 이제, Chapter 01부터 본격적으로 HTML과 CSS에 대해 알아보겠습니다. 조금이라도 어렵게 느껴지면 위에서 배운 HTML과 CSS의 기본을 떠올리며 다시 한번 학습하기 바랍니다.

웹 서버와 FTP

로컬 환경(자신의 컴퓨터 안)에서 작성한 웹 페이지를 인터넷상에 공개하기 위해서는 '웹 서버'와 거기에 파일을 전송하기 위한 'FTP'가 필요합니다. 여기서는 이 작업이 필요하지 않지만 만든 것을 공개할 경우에는 이 두 가지를 준비해야 합니다.

● 웹 서버

웹 서버는 보통 공유 서버를 렌탈합니다. 무료로 이용할 수 있는 것도 있지만 광고가 나타나거나, 상업적으로 이용할 수 없는 것도 있습니다. 유료는 용량이나 사용할 수 있는 기능에 따라 월 몇 천 원 정도로 계약할 수 있는 것이 있습니다. 이용 조건을 잘 읽어 보고 선택하기 바랍니다.

● FTP

FTP는 인터넷 회선을 통해 웹 서버에 파일을 전송하기 위한 소프트웨어입니다. 고기능 유료 소프트웨어도 있으나 무료 소프트웨어도 사용하기에 불편함이 없습니다. 자신이 사용하기 편한 것을 선택하도록 합니다. 드림위버나 홈페이지 빌더 등에는 표준 기능으로 포함되어 있습니다.

[윈도우용]
- FileZila(무료) URL https://filezilla—project.org/
- WinSCP(무료) URL https://winscp.net/eng/docs/lang:ko

[맥용]
- Cyberduck(무료) URL http://cyberduck.ch/
- FileZila(무료) URL https://filezilla—project.org/
- Transmit(유료) URL http://www.panic.com/transmit/

Chapter 01

HTML로 문서 작성하기

이 장에서는 HTML의 기본 구조를 이해하고 HTML을 제대로 사용할 수 있도록 전반적인 기본 규칙에 대해 알아보겠습니다. HTML은 어렵지 않지만 그렇다고 해서 되는 대로 쓰는 것이 아니라 HTML이 갖고 있는 역할을 분명히 인식하면서 써야 합니다. 여기서는 간단한 샘플 문서를 HTML화 해가면서 HTML의 기본 내용을 살펴보겠습니다.

HTML 문서 작성하기

HTML의 개요

LESSON 01에서는 HTML의 역할과 기본 규칙에 대해 알아보겠습니다. 여기서는 차세대 웹 표준인
HTML5를 기준으로 설명하지만 기본 HTML 구조는 동일합니다.

강의 | HTML의 역할과 기본 구조 이해하기

HTML의 역할

HTML(Hyper Text Markup Language)은 웹 문서를 기술하기 위한 마크업 언어의 한 종류입니다. 마
크업이란 콘텐츠의 시작과 끝에 태그(Tag)라 불리는 표시를 붙여 그 부분이 어디에 해당되는지 의미를
부여하는 것을 말합니다.

```
<p>처음 배우는 HTML</p>
```

위의 예에서는 시작 태그 〈p〉와 종료 태그 〈/p〉를 사용해 콘텐츠에 단락을 주었습니다. 이외에도 표제
나 단락, 항목, 강조 등 다양한 의미를 주기 위한 태그가 있습니다(자세한 내용은 LESSON 02에서 설명
하겠습니다). 이러한 여러 태그를 사용해 텍스트에 의미를 부여하여 보기 쉬운 문서를 만드는 것이 바로
HTML의 역할입니다.

HTML의 기본 구문

▶ 요소 (Element)

시작과 종료 태그 사이의 범위를 '요소'라 합니다. 다음 예에서 〈p〉와 〈/p〉가 태그이고, 태그 태그 사이에
있는 내용 전체가 요소입니다. 요소는 HTML를 구성하는 가장 기본적인 단위입니다.

● 예제 01-1 태그와 요소

▶ 속성 (Attribute)

요소에 다양한 옵션 설정 역할을 하는 것이 속성입니다. 속성은 각 요소에 공통적으로 사용할 수 있는 것이 있는가 하면 특정 요소에만 사용하는 것도 있습니다. 다음 예제는 a 요소에 href 속성이 설정된 것입니다. a 요소의 의미는 문서 이동(하이퍼링크)이며 href 속성으로 그 이동 경로 정보를 지정했습니다.

● 예제 01-2 속성

HTML 문서의 기본 구조

HTML 문서는 html 요소 안에 head 요소와 body 요소가 들어가는 구조로 되어 있습니다. html 요소가 시작되기 전인 문서 첫머리에 독타입(DOCTYPE) 선언을 기술해 그 문서에서 사용할 HTML의 종류를 지정합니다.

● 예제 01-3 HTML 문서의 구조

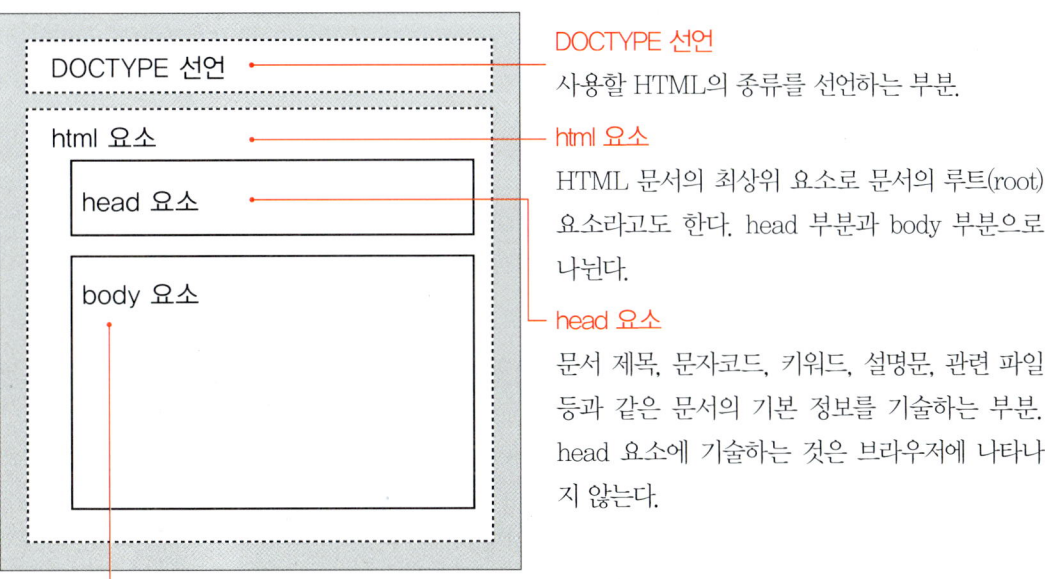

DOCTYPE 선언
사용할 HTML의 종류를 선언하는 부분.

html 요소
HTML 문서의 최상위 요소로 문서의 루트(root) 요소라고도 한다. head 부분과 body 부분으로 나뉜다.

head 요소
문서 제목, 문자코드, 키워드, 설명문, 관련 파일 등과 같은 문서의 기본 정보를 기술하는 부분. head 요소에 기술하는 것은 브라우저에 나타나지 않는다.

body 요소
내용을 기술하는 부분. 여기에 기술하는 것이 실제 브라우저 화면에 나타난다.

DOM 트리

HTML 문서는 그릇이 포개져 있는 것과 같이 큰 그릇이 작은 그릇을 담는 듯한 구조처럼 되어 있는데, 이 같은 구조를 트리 형태로 나타낸 것이 DOM 트리(문서 구조)입니다. 상위에 있는 요소와 하위에 있는 요소가 부모-자식 관계의 구조를 이루며 상위 요소를 부모 요소, 하위 요소를 자식 요소라고 합니다.

● 예제 01-4 요소 그릇과 DOM 트리

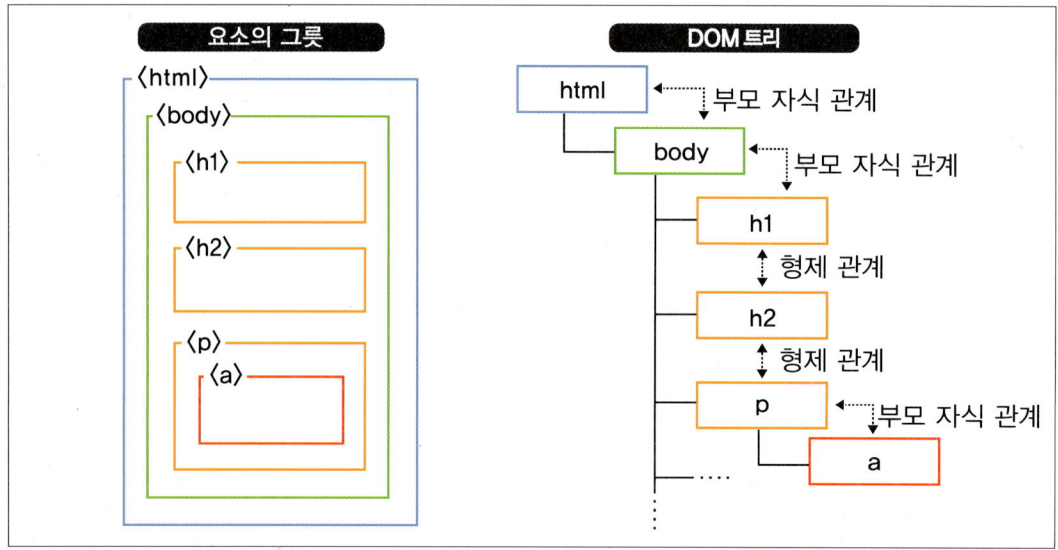

DOCTYPE 선언(문서형 선언)

독타입 선언이란 어떤 버전의 HTML 언어로 기술할 것인지 도큐먼트 타입을 명시하기 위한 것으로 HTML 문서의 첫머리에 기술하게 되어 있습니다. 현재의 표준 규격은 HTML5이므로 특별한 이유가 없

Memo 독타입에 HTML4.01/XHTML1.0을 사용할 경우, 기술하는 데 주의할 점이 설명된 60쪽 보강을 참조해 주세요.

다면 〈!DOCTYPE html〉을 사용합니다. 사용할 HTML의 규격에 따라 독타입 작성법이 정해져 있으므로 선택한 HTML의 언어 규격에 맞는 정확한 독타입을 넣어야 합니다.

● 표 01-1 HTML 버전

언어 규격		DOCTYPE 선언
HTML5		〈!DOCTYPE html〉
HTML4.01	Strict	〈!DOCTYPE HTML PUBLIC "-//W3C//DTD HTML 4.01//EN" "http://www.w3.org/TR/html4/strict.dtd"〉
	Transitional	〈!DOCTYPE HTML PUBLIC "-//W3C//DTD HTML 4.01 Transitional//EN" "http://www.w3.org/TR/html4/loose.dtd"〉
XHTML1.0	Strict	〈!DOCTYPE html PUBLIC "-//W3C//DTD XHTML 1.0 Strict//EN" "http://www.w3.org/TR/xhtml1/DTD/xhtml1-strict.dtd"〉
	Transitional	〈!DOCTYPE html PUBLIC "-//W3C//DTD XHTML 1.0 Transitional//EN" "http://www.w3.org/TR/xhtml1/DTD/xhtml1-transitional.dtd"〉

html 요소

html 요소는 HTML 문서의 최상위 요소이며 문서 전체를 포괄하는 요소입니다. html 요소에는 일반적으로 <mark>lang 속성</mark>(문서의 언어코드)을 기술하는 것이 관례입니다. 대표적인 언어코드에는 ko(한국어), en(영어), ja(일본어), zh(중국어) 등이 있습니다.

```
<html lang="ko">
```

[주요 언어코드]

ko(한국어), en(영어), ja(일본어), zh(중국어), fr(프랑스어), de(독일어), it(이태리어), es(스페인어), pt(포르투칼어), ru(러시아어), hi(힌디어) 등

head 요소

HTML 문서의 제목, 문자코드, 키워드 등 문서의 보충 정보를 기재하는 것을 head 요소라 합니다. CSS나 JavaScript 같은 외부 로딩 파일 지정뿐만 아니라 검색 엔진을 위한 검색 키워드 정보까지도 기술할 수 있습니다.

```
<head> ~ </head>
```

title 요소

title 요소는 이름 그대로 HTML의 제목을 표시하는 것으로 검색엔진 최적화(SEO : Search Engine Optimization)에도 매우 중요합니다. 모든 HTML 문서는 그와 관련된 내용을 적절하게 나타내는 내용을 title 요소로 설정해야 합니다.

```
<title>문서 제목</title>
```

meta 요소

meta 요소는 문자코드나 문서의 개요, 키워드 등 브라우저 화면에는 나타나지 않는 문서 정보를 기술하는 데 필요한 요소입니다. 주요 meta 요소는 다음과 같습니다.

```
<meta charset="utf-8">
<meta name="description" content="문서의 개요가 들어갑니다">
<meta name="keywords" content="키워드 A, 키워드 B">
```

문자코드 지정

HTML 문서는 head 요소 안에 반드시 문자코드를 지정해야 합니다. 문자코드 지정은

```
<meta charset="utf-8">
```

처럼 보통 짧은 서식으로 기술합니다. 그러나

```
<meta http-equiv="Content-Type" content="text/html; charset=UTF-8">
```

처럼 긴 서식으로 지정할 수도 있습니다. 드물기는 하지만 이 서식이 사용되기도 하므로 기억해 두기 바랍니다.

문자코드에서 주의해야 할 것은 ==HTML 파일의 실제 문자코드와 meta 요소의 문자코드를 반드시 일치시켜 지정해야 한다==는 것입니다. 만약 이 두 가지가 일치하지 않으면 브라우저에 띄웠을 때 글자가 깨져 보입니다. 실제 무슨 문자코드를 사용하고 있는지 텍스트 에디터에서 확인하기 바랍니다.

● 예제 01-5 텍스트 에디터의 문자코드 표시

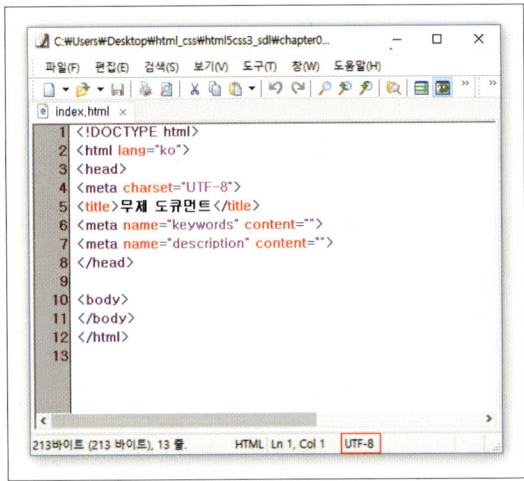

만약에 사용하고 싶은 문자코드가 아닌 다른 문자코드가 지정되어 있는 경우에는 문자코드 종류를 선택할 수 있는 텍스트 에디터로 저장하든지, 문자코드를 일괄 변환하는 프리웨어 소프트웨어(누구나 무료로 내려받아 사용할 수 있는 소프트웨어)를 이용해 변경하면 됩니다.

최근 윈도우 표준 문자코드는 일반적으로 utf-8을 선택합니다. 특별한 이유가 없는 경우는 문자코드를 utf-8로 작성하는 것이 좋습니다.

기본양식 코드 샘플

아래는 LESSON 02에서 사용하는 기본 양식 소스코드 입니다. 각 요소가 무엇을 의미하는지 확실히 이해하여 간단한 기본 양식은 직접 쓸 수 있도록 합니다.

```html
<!DOCTYPE html>
<html lang="ko">
<head>
<meta charset="utf-8">
<title>무제</title>
<meta name="keywords" content=" ">
<meta name="description" content=" ">
</head>

<body>
</body>
</html>
```

POINT

- 문자열에 문서 정보의 의미를 부여하는 것이 HTML의 역할이다.
- 사용할 마크업 언어의 종류를 DOCTYPE 선언으로 지정한다.
- HTML 서식 코드의 의미를 확실히 이해해 두자.

HTML로 문서 작성하기

문서를 HTML로 마크업하기

LESSON 02에서는 간단한 문서를 예제로 들어 실제로 따라 하면서 마크업 연습을 해 보겠습니다.
먼저 원고의 문서 구조를 익힌 다음 HTML의 각 요소로 마크업하도록 하겠습니다. 또한 문서 구조를
쉽게 익히는 방법과 HTML의 각 요소를 자세히 알아보겠습니다.

샘플 파일 Chapter01 ▶ lesson02 ▶ before ▶ index.html

● Before

● After

★우리 집 야옹이★

우리 집 야옹이들, 고양이들을 소개하겠습니다!

- 우리 집 야옹이 소개
- 기르는 주인 소개
- 고양이 사진 모집

우리 집 야옹이 소개

●스바루(흰색에 호랑무늬, 남자)

눈과 귀가 크고 멋진 미남. 우는 소리조차 귀엽다.어린 시절을 원룸에서 보낸 탓인지 다른 고양이에게 관심이 없는 편이다.성격
은 지극히 자기중심적. 골판지상자 모서리나 가늠에 발톱 갈기를 좋아한다.

[사진]

특징 : 커다란 눈과 귀, 말린 꼬리.

성격 : 자기중심적.

더 보기→

●그레코(잿빛 털, 여자)

갓 태어났을 때는 어여쁜 쇼트헤어 같았는데 크면서 점점 잿빛 고양이로 바뀌었다. 긴 털을 가진 롱종의 혈통이 좀 섞였는지
털이 부드럽고 목신축신하게 부풀어 있어 가득솜이 털복숭이라 부르고 있다. 반 목소리와 관련 있는 생김새로부터는 상상할 수
없을 정도로 애교를 잘 부리고 처음 보는 사람에게도 낯을 가리지 않고 스스럼없이 다가오기 때문에 손님들이 굉장히 귀여워한
다.

[사진]

특징 : 반 목소리, 메굴메굴 구르며 공격.

성격 : 애교가 많다.영훌함.

더 보기→

●네즈코(흰색과 갈색 무늬, 여자)

그레코와 함께 우리 집에 온 흰색 털이 도는 어린 고양이. 그레코와는 달리 전형적인 고양이 성격.포의적인 태도보다는 오히려
적대적인 태도를 보일 때가 많다(눈물). 그레코와 벌인 세력쟁탈전에서 패배한 후 집을 나가 지금은 거의 우리고양이 신세가 되었
다. 생김새는 원래 순 퇴종 용으로 깨끗했었는데 밖에서 살던 중에 까마귀의 공격을 받아 한쪽 눈을 잃었다. 고고한 고양이.

[사진]

특징 : 한쪽 눈, 작은 얼굴.

성격 : 자존심이 강하다. 사람에게는 여왕처럼 군다.

더 보기→

기르는 주인 소개

H.N. : roka404

하는 일 : 프리랜서로 웹 관련 일을 하고 있다.

mail : info@hogehoge.com

Web : http://www.hogehoge.com/

고양이 사진 모집

갤러리 페이지를 기획중입니다. 여러분의 소중한 고양이를 소개해 보세요? 고양이 열 마리가 모이면 페이지를 개설하겠습니다

응모는 이쪽→

실습 문서 구조 마크업 하기

HTML 문서 기본 양식을 사용해 문서 베이스를 만든다

샘플의 lesson 02/before 폴더에는 원고 텍스트(text–index.txt)와 HTML의 기본 양식 데이터(index. html)가 들어 있습니다. 기본 양식 데이터에는 HTML 문서에 필요한 독타입 선언 등이 기술되어 있으므로 이 기본 양식을 사용해 HTML의 토대인 문서 구조를 만들어 보겠습니다.

1 기본 양식 폴더를 열어 내용을 확인한다

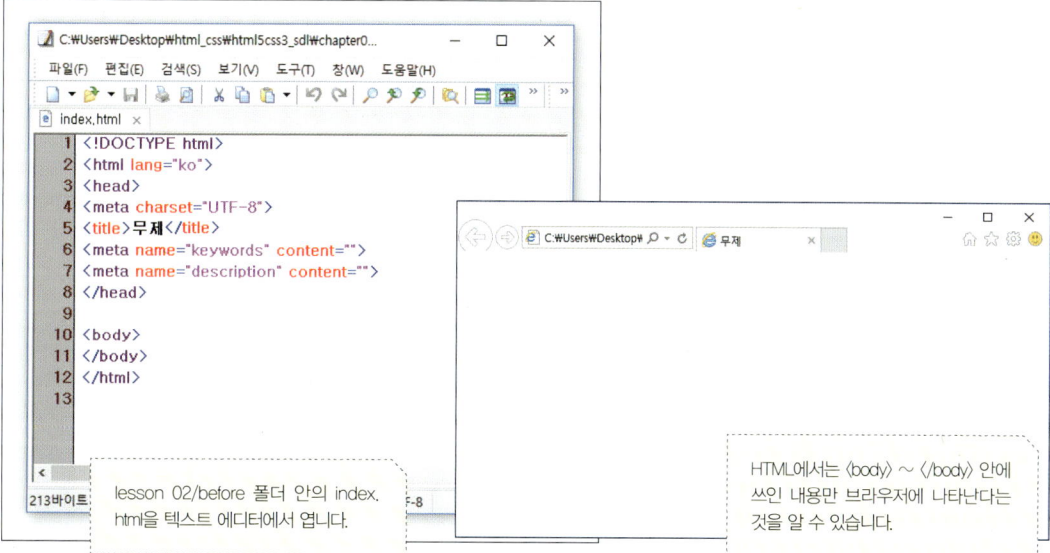

lesson 02/before 폴더 안의 index. html을 텍스트 에디터에서 엽니다.

HTML에서는 〈body〉 ~ 〈/body〉 안에 쓰인 내용만 브라우저에 나타난다는 것을 알 수 있습니다.

2 문서 파일을 변경한다

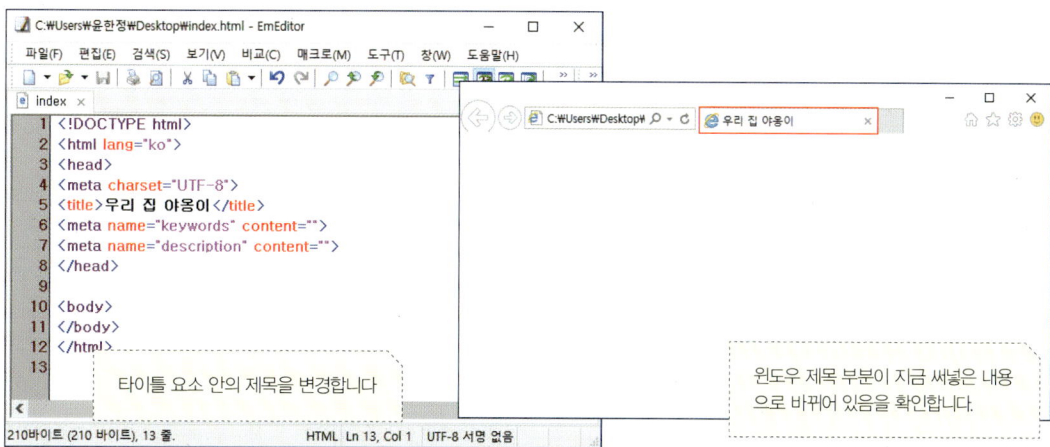

타이틀 요소 안의 제목을 변경합니다

윈도우 제목 부분이 지금 써넣은 내용으로 바뀌어 있음을 확인합니다.

meta 요소에 키워드와 설명문을 설정한다

```html
1  <!DOCTYPE html>
2  <html lang="ko">
3  <head>
4  <meta charset="UTF-8">
5  <title>우리 집 야옹이</title>
6  <meta name="keywords" content="야옹이, 고양이, 나비, 애완동물 소개">
7  <meta name="description" content="우리 집에서 키우고 있는 세 마리의 고양이를 귀여운 사진과
   함께 소개하겠습니다.">
8  </head>
```

meta 요소의 keywords와 description은 검색엔진용 정보를 제공합니다. 문서의 중심 내용을 넣도록 하세요.

description에 적절한 소개글을 넣어 두면 검색 결과 페이지에 사이트 제목과 함께 나타납니다.

4 텍스트 원고를 넣는다

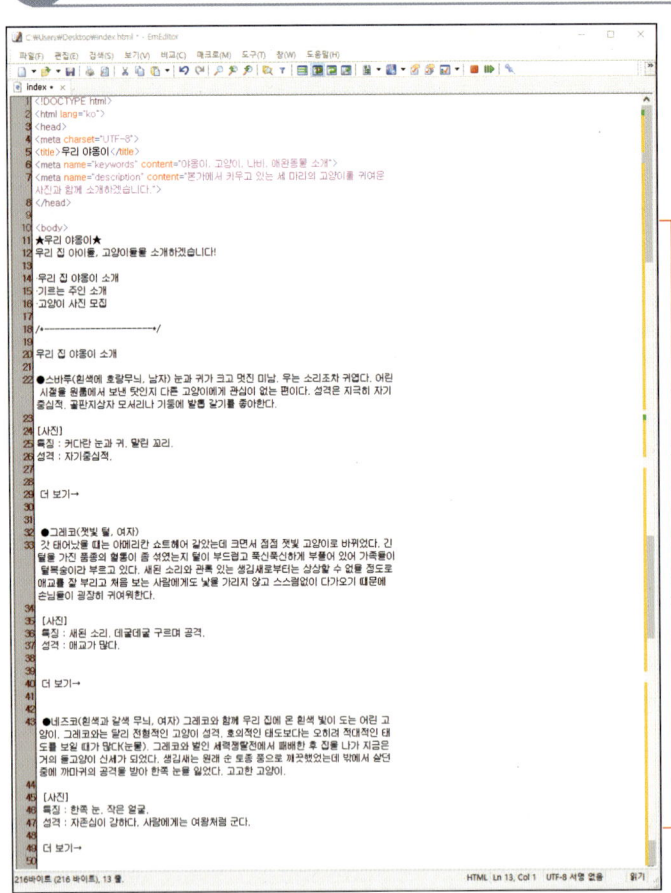

text-index.txt 파일 내용을 index.html의 〈body〉 ~ 〈/body〉에 복사해 붙인 다음 저장합니다. 원고 안의 단락을 나누는 선 /*——————*/ 은 콘텐츠의 단락을 알기 쉽게 임시로 넣어둔 것이므로 마지막에 삭제하면 됩니다.

Caution 나타내고 싶은 콘텐츠 내용은 모두 〈body〉 ~ 〈/body〉 안에 기술해야 합니다.

내용의 문서 구조를 생각한다

마크업 전의 HTML 문서를 확인한다

meta 정보와 원고 텍스트를 넣은 index.html을 브라우저에 띄우면 다음과 같이 나옵니다.

```
★우리 집 야옹이★ 우리 집 아이돌, 고양이들을 소개하겠습니다! ·우리 집 야옹이 소개 ·기르는 주인 소개
·고양이 사진 모집 /*———————————————*/ 우리 집 야옹이 소개 ●스바루(흰색
에 호랑무늬, 남자) 눈과 귀가 크고 멋진 미남. 우는 소리조차 귀엽다. 어린 시절을 원룸에서 보낸 탓인지 다
른 고양이에게 관심이 없는 편이다. 성격은 지극히 자기중심적. 골판지상자 모서리나 기둥에 발톱 갈기를 좋
아한다.    [사진]  특징 : 커다란 눈과 귀. 말린 꼬리. 성격 : 자기중심적.  더 보기→  ●그레코(갯빛 털, 여
자)        갓 태어났을 때는 아메리칸 쇼트헤어 같았는데 크면서 점점 갯빛 고양이로 바뀌었다.
긴 털을 가진 품종의 혈통이 좀 섞였는지 털이 부드럽고 폭신폭신하게 부풀어 있어 가족들이 털북숭이라 부
르고 있다. 쉰 목소리와 관록 있는 생김새로부터는 상상할 수 없을 정도로 애교를 잘 부리고 처음 보는 사람
에 대한 낯 가림이 없어 스스럼없이 다가오기 때문에 손님들이 굉장히 귀여워한다.    [사진]  특징 : 쉰 목소
리. 데굴데굴 구르며 공격. 성격 : 애교가 많다. 엉큼함.  더 보기→  ●네즈코(흰색과 갈색 무늬, 여자)
    그레코와 함께 우리 집에 온 흰색 빛이 도는 어린 고양이. 그레코와는 달리 전형적인 고양이 성격. 호의
적인 태도보다는 오히려 적대적인 태도를 보일 때가 많다(눈물). 그레코와 벌인 세력쟁탈전에서 패배한 후
집을 나가 지금은 거의 들고양이 신세가 되었다. 생김새는 원래 순 토종 풍으로 깨끗했는데 밖에서 살던
중에 까마귀의 공격을 받아 한쪽 눈을 잃었다. 고고한 고양이.    [사진]  특징 : 한쪽 눈. 작은 얼굴. 성격 :
자존심이 강하다. 사람에게는 여왕처럼 군다.  더 보기→
/*———————————————*/ 기르는 주인 소개 H.N. : roka404 하는 일 : 프리랜
서로 웹 관련 일을 하고 있다. mail : info@hogehoge.com Web : http://www.hogehoge.com/
/*———————————————*/ 고양이 사진 모집 갤러리 페이지를 기획중입니다. 여러
분의 소중한 고양이를 소개해 보세요♪ 고양이 열 마리가 모이면 페이지를 개설하겠습니다! 응모는 이쪽→
Copyright &copy; UCHI NO NYAN'S All Rights Reserved.
```

콘텐츠 부분이 HTML 태그로 마크업되어 있지 않기 때문에 이와 같이 줄이 바뀌어 있지 않고 빽빽한 형
태가 나옵니다. 이 상태에서는 문서의 제목이 어디인지, 그에 관련되는 내용은 어디부터 어디까지인지,
어디가 메뉴이고 어디가 콘텐츠인지 구분하기 어렵습니다.

이와 같이 정확하게 마크업되어 있지 않은 HTML 문서는 컴퓨터에서 보면 분석하기 힘든 문자 모음에
불과해 정보로서는 이용하기 어렵습니다. 따라서 제작자는 HTML 태그를 사용해 ==콘텐츠 내용에 적절하
게 의미를 부여==해 주고 컴퓨터에서도 구조를 해석하기 쉽게 해 줄 필요가 있습니다. 이것이 HTML을 쓴
다=마크업한다는 의미입니다. 적절하게 마크업된 HTML 문서는 음성 브라우저에서도 내용을 정확하게
읽을 수 있기 때문에 접근성이 더 향상됩니다.

2 원고에서 문서 구조를 읽는다

제대로 마크업을 하기 위해서는 HTML로 표현 가능한 범위에서 그 문서의 ==정보 구조(문서 구조)==를 읽고
거기에 맞게 적절한 요소를 적용해가야 합니다. 이것은 웹페이지를 만드는 사람이 스스로 판단할 수밖
에 없습니다. 다음에 문서 구조를 참고하면서 원고 텍스트 문서 구조를 스스로 한번 생각해 보기 바랍
니다.

● 예제 02-1 텍스트의 문서 구조

★우리 야옹이★

우리 집 아이돌, 고양이들을 소개하겠습니다!

• 우리 집 야옹이 소개

• 기르는 주인 소개

• 고양이 사진 모집

/*－－－－－－－－－*/

우리 집 야옹이 소개

●스바루(흰색에 호랑무늬, 남자)

눈과 귀가 크고 멋진 미남. 우는 소리조차 귀엽다.

어린 시절을 원룸에서 보낸 탓인지 다른 고양이에게 관심이 없는 편이다.

성격은 지극히 자기중심적.

골판지상자 모서리나 기둥에 발톱 갈기를 좋아한다.

[사진]

특징 : 커다란 눈과 귀. 말린 꼬리.

성격 : 자기중심적.

더 보기→

●그레코(잿빛 털, 여자)

갓 태어났을 때는 아메리칸 쇼트헤어 같았는데 크면서 점점 잿빛 고양이로 바뀌었다.

긴 털을 가진 품종의 혈통이 좀 섞였는지 털이 부드럽고 푹신푹신하게 부풀어 있어 가족들이 털복숭이라 부르고 있다.

새된 소리와 관록 있는 생김새로부터는 상상할 수 없을 정도로 애교를 잘 부리고 처음 보는 사람에게도 낯을 가리지 않고 스스럼 없이 다가오기 때문에 손님들이 굉장히 귀여워한다.

[사진]

특징 : 새된 소리. 데굴데굴 구르며 공격.

성격 : 애교가 많다.

더 보기→

●네즈코(흰색과 갈색 무늬, 여자)

그레코와 함께 우리 집에 온 흰색 빛이 도는 어린 고양이.

그레코와는 달리 전형적인 고양이 성격. 호의적인 태도보다는 오히려 적대적인 태도를 보일 때가 많다(눈물). 그레코와 벌인 세력 쟁탈전에서 패배한 후 집을 나가 지금은 거의 들고양이 신세가 되었다.

생김새는 원래 순 토종 풍으로 깨끗했었는데 밖에서 살던 중에 까마귀의 공격을 받아 한쪽 눈을 잃었다. 고고한 고양이.

[사진]

특징 : 한쪽 눈. 작은 얼굴.

성격 : 자존심이 강하다. 사람에게는 여왕처럼 군다.

더 보기→

/*－－－－－－－－－*/

```
기르는 주인 소개                                    콘텐츠 ② '기르는 주인 소개'
H.N. : roka404
하는 일 : 프리랜서로 웹 관련 일을 하고 있다.
mail : info@hogehoge.com
Web : http://www.hogehoge.com
/*——————————*/

고양이 사진 모집                                    콘텐츠 ③ '고양이 사진 모집'
갤러리 페이지를 기획중입니다. 여러분의 소중한 고양이를 소개해 보세요♪
고양이 열 마리가 모이면 페이지를 개설하겠습니다!
응모는 이쪽→
Copyright &Copy; UCHI NO NYANS'S ALL Rights Reserved.
```

● 표제를 찾는다

문서 구조를 생각할 때 기본이 되는 것이 '표제'입니다. 무슨 정보가 쓰여 있는지 의식하면서 콘텐츠 정보를 그룹으로 나누고 각 그룹의 표제에 해당하는 부분을 '표제 요소'로 지정하도록 합니다. 표제를 나타내는 h 요소는 큰 제목, 중간 제목, 소 제목 식으로 표제 레벨에 따라 h1에서 h6까지 6단계가 있습니다. 레벨에 맞는 요소를 생각하도록 합니다.

● 항목 리스트를 찾는다

표제 다음으로 찾기 쉬운 것이 '항목 리스트'입니다. 콘텐츠 일부로서 존재하는 경우도 있지만, 가장 알기 쉬운 부분은 내비게이션 부분입니다. 웹사이트는 많은 HTML 문서로 구성되어 있어 이들 문서가 자리를 잘 찾도록 내비게이션을 설치하는 경우가 많습니다. 여러 항목으로 되어 있는 내비게이션 부분은 기본적으로 '항목'으로 마크업합니다.

● 문장 모음을 찾는다

표제와 항목 부분이 결정되면 남는 것은 대부분 텍스트나 본문 등과 같은 문장 콘텐츠입니다. 이러한 텍스트 부분은 '단락'으로 마크업합니다.

● 기타 정보 구조를 찾는다

HTML 문서 구조는 대개 표제, 항목 리스트, 단락, 이 세 가지로 되어 있습니다. 하지만 이 세 가지만으로는 표현할 수 없는 것이 있으며 이 요소보다 더 적절한 요소가 포함되는 경우도 있습니다. 또한 사전에 어떤 요소가 존재하는지를 알아 두지 않으면 알맞은 요소를 찾기 어려운 경우도 있습니다. 다음 장에 흔히 사용되는 요소들을 정리해 두었으니 참고해 적절한 요소를 사용하도록 합니다. 비교적 사용 빈도가 많은 것은 표, 기술 목록, 연락처 등입니다.

● 표 02-1 자주 사용하는 요소

분류	요소	용도	비고	사용 빈도
블록 레벨 요소	⟨h1⟩~⟨/h1⟩ …… ⟨h6⟩~⟨/h6⟩	표제	h1~h6까지의 6단계	★★★
	⟨p⟩~⟨/p⟩	단락		★★★
	⟨ul⟩~⟨/ul⟩	순서가 없는 목록	li 요소와 세트로 사용한다.	★★★
	⟨ol⟩~⟨/ol⟩	순서가 있는 목록	li 요소와 세트로 사용한다.	★★
	⟨dl⟩~⟨/dl⟩	기술 목록	dt 요소, dd 요소와 세트로 사용한다.	★★
	⟨table⟩~⟨/table⟩	표	tr 요소, td 요소 등과 세트로 사용한다.	★★
	⟨address⟩~⟨/address⟩	연락처		★
	⟨div⟩~⟨/div⟩	임의의 범위·그룹화		★★★
인라인 레벨 요소	⟨a⟩~⟨/a⟩	하이퍼링크		★★★
	⟨em⟩~⟨/em⟩	강조		★
	⟨strong⟩~⟨/strong⟩	중요한 문구		★★
	⟨img⟩	이미지		★★★
	⟨span⟩~⟨/span⟩	임의의 범위		★★★

> **Memo**
> • 이 표에 기술되어 있는 것은 HTML5 이전부터 있었던 대표적인 요소입니다. 이것은 어떤 버전의 HTML에서든지 반드시 사용하는 요소이므로 확실히 알아 두는 것이 좋습니다.
> • HTML5에 새롭게 추가된 요소에 대해서는 159쪽 챕터 04에서 자세히 소개하겠습니다.

마크업 작업은 내용이 복잡하면 복잡할수록 만드는 사람에 따라 차이가 생길 수 있기 때문에 절대적인 정답이 존재하지는 않습니다. 처음에 '정말 이 정도로 괜찮을까?'라는 고민이 들 수도 있을 겁니다. 하지만 마크업 본래의 역할과 각 요소의 의미를 고려해 작업하면 크게 잘못될 일은 없습니다. HTML 문서 구조는 그다지 까다롭거나 복잡하지 않기 때문에 우선은 ==요소의 의미를 생각하면서 부적절한 것은 선정하지 않는다는 목표==로 시작하도록 합니다.

이번에는 위 표를 참고하여 예제 02-2와 같이 마크업해 보겠습니다. 확인하면서 잘 따라오기 바랍니다.

● 예제 02-2 문서 구조와 사용하는 요소

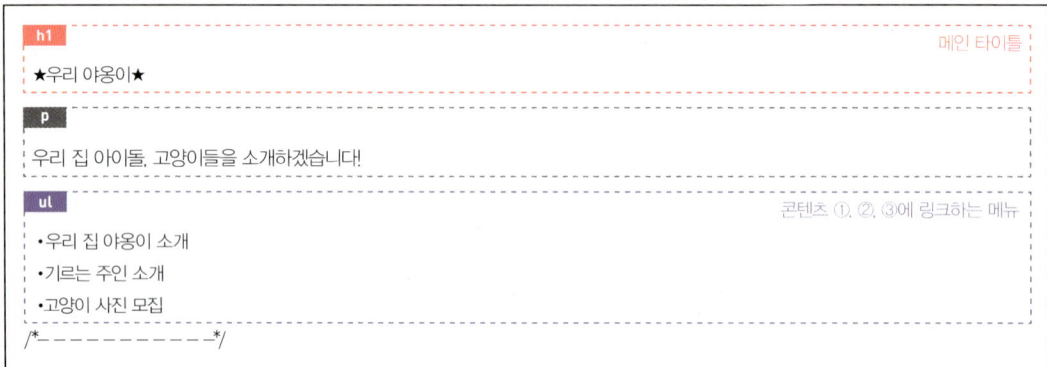

콘텐츠 ① '야옹이 소개'

`h2`

우리집 야옹이 소개

`h3`　　　　　　　　　　　　　　　　　　　　　　　첫 번째 고양이 소개

●스바루(흰색에 호랑무늬. 남자)

`p`

눈과 귀가 크고 멋진 미남. 우는 소리조차 귀엽다. 어린 시절을 원룸에서 보낸 탓인지 다른 고양이에게 관심이 없는 편이다. 성격은 지극히 자기중심적. 골판지상자 모서리나 기둥에 발톱 갈기를 좋아한다.

[사진] `img`

`dl`

특징 : 커다란 눈과 귀. 말린 꼬리.
성격 : 자기중심적.

`p`

더 보가→

위와 같음　　　　　　　　　　　　　　　　　　　　　　　두 번째 고양이 소개

위와 같음　　　　　　　　　　　　　　　　　　　　　　　두 번째 고양이 소개

/*—————————*/

콘텐츠 ② '기르는 주인 소개'

`h2`

기르는 주인 소개

`dl`

H.N. : roka404
하는 일 : 프리랜서로 웹 관련 일을 하고 있다.
mail : info@hogehoge.com
Web : http://www.hogehoge.com

/*—————————*/

콘텐츠 ③ '고양이 사진 모집'

`h2`

고양이 사진 모집

`p`

갤러리 페이지를 기획중입니다. 여러분의 소중한 고양이를 소개해 보세요♪ 고양이 열 마리가 모이면 페이지를 개설하겠습니다!

`p`

응모는 이쪽→

`p`

● 예제 02-3 표제 요소에 의한 콘텐츠 트리 구조

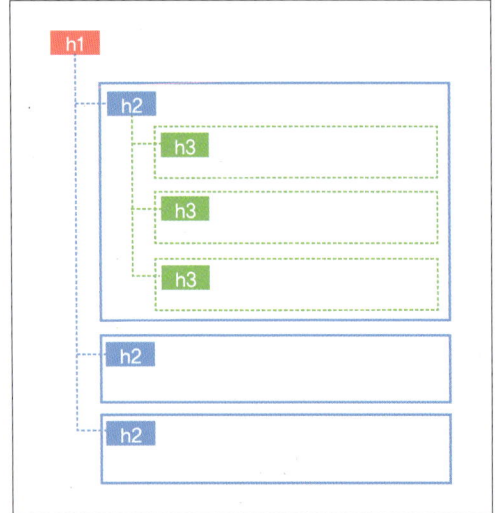

HTML 태그로 마크업하기

문서 구조가 정해졌으면 거기에 맞춰 실제로 HTML을 작성합니다.

표제를 마크업한다

● 예제 02-4 hx의 기본 서식

```
<h1>표제 텍스트</h1>
```

[index.html]

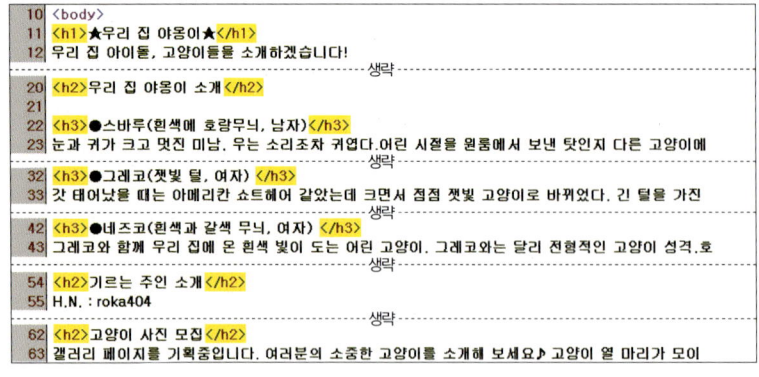

```
10  <body>
11  <h1>★우리 집 야옹이★</h1>
12  우리 집 아이돌, 고양이들을 소개하겠습니다!
          ──────────── 생략 ────────────
20  <h2>우리 집 야옹이 소개</h2>
21
22  <h3>●스바루(흰색에 호랑무늬, 남자)</h3>
23  눈과 귀가 크고 멋진 미남. 우는 소리조차 귀엽다.어린 시절을 원룸에서 보낸 탓인지 다른 고양이에
          ──────────── 생략 ────────────
32  <h3>●그레코(잿빛 털, 여자)</h3>
33  갓 태어났을 때는 아메리칸 쇼트헤어 같았는데 크면서 점점 잿빛 고양이로 바뀌었다. 긴 털을 가진
          ──────────── 생략 ────────────
42  <h3>●네즈코(흰색과 갈색 무늬, 여자)</h3>
43  그레코와 함께 우리 집에 온 흰색 빛이 도는 어린 고양이. 그레코와는 달리 전형적인 고양이 성격.호
          ──────────── 생략 ────────────
54  <h2>기르는 주인 소개</h2>
55  H.N. : roka404
          ──────────── 생략 ────────────
62  <h2>고양이 사진 모집</h2>
63  갤러리 페이지를 기획중입니다. 여러분의 소중한 고양이를 소개해 보세요♪ 고양이 열 마리가 모이
```

표제로 하고 싶은 텍스트 앞뒤에 시작 태그와 종료 태그를 넣어 〈h1〉콘텐츠〈/h1〉 식으로 기술하면 됩니다. 필요한 곳에 〈h1〉 ~ 〈/h1〉, 〈h2〉 ~ 〈/h2〉, 〈h3〉 ~ 〈/h3〉 식으로 기술해 주세요.

★우리 집 야옹이★

우리 집 아이돌, 고양이들을 소개하겠습니다! ·우리 집 야옹이 소개·기르는 주인 소개·고양이 사진 모집/*----------
---------*/

우리 집 야옹이 소개

●스바루(흰색에 호랑무늬, 남자)

눈과 귀가 크고 멋진 미남. 우는 소리조차 귀엽다.어린 시절을 원룸에서 보낸 탓인지 다른 고양이에게 관심이 없는 편이다.성격은 지극히 자기중심적. 골판지상자 모서리나 기둥에 발톱 갈기를 좋아한다. [사진] 특징 : 커다란 눈과 귀. 말린 꼬리. 성격 : 자기중심적. 더 보기→

●그레코(잿빛 털, 여자)

갓 태어났을 때는 아메리칸 쇼트헤어 같았는데 크면서 점점 잿빛 고양이로 바뀌었다. 긴 털을 가진 품종의 혈통이 좀 섞였는지 털이 부드럽고 북신북신하게 부풀어 있어 가족들이 털북숭이라 부르고 있다. 쉰 목소리와 관록 있는 생김새로부터는 상상할 수 없을 정도로 애교를 잘 부리고 처음 보는 사람에게도 낯을 가리지 않고 스스럼없이 다가오기 때문에 손님들이 굉장히 귀여워한다. [사진] 특징 : 쉰 목소리. 데굴데굴 구르며 공격. 성격 : 애교가 많다.엉큼함. 더 보기→

●네즈코(흰색과 갈색 무늬, 여자)

그레코와 함께 우리 집에 온 흰색 빛이 도는 어린 고양이. 그레코와는 달리 전형적인 고양이 성격.호의적인 태도보다는 오히려 적대적인 태도를 보일 때가 많다(눈물). 그레코와 벌인 세력쟁탈전에서 패배한 후 집을 나가 지금은 거의 들고양이 신세가 되었다. 생김새는 원래 순 토종 풍으로 깨끗했었는데 밖에서 살던 중에 까마귀의 공격을 받아 한쪽 눈을 잃었다. 고고한 고양이. [사진] 특징 : 한쪽 눈. 작은 얼굴. 성격 : 자존심이 강하다. 사람에게는 여왕처럼 군다. 더 보기→ /*---*/

기르는 주인 소개

H.N. : roka404 하는 일 : 프리랜서로 웹 관련 일을 하고 있다. mail : info@hogehoge.com Web : http://www.hogehoge.com/ /*---*/

고양이 사진 모집

갤러리 페이지를 기획중입니다. 여러분의 소중한 고양이를 소개해 보세요♪ 고양이 열 마리가 모이면 페이지를 개설하겠습니다! 응모는 이쪽→ Copyright © UCHI NO NYAN'S All Rights Reserved.

다 기술했으면 저장한 다음 브라우저에 띄워 제대로 되었는지 확인합니다.

표제가 설정된 곳은 글자가 크고 굵어지며 줄이 바뀌어 앞뒤로 공백이 생기는 것을 알 수 있습니다. 브라우저가 표제라는 것을 인식하고 자동적으로 그에 상응하는 표시를 해 주기 때문입니다. 글자의 크기나 앞뒤 공백은 나중에 CSS로 자유롭게 변경할 수 있으므로 마크업 단계에서는 크게 신경 쓸 필요가 없습니다.

표제어는 h1에서 h6까지 6단계가 있습니다. 최상위 표제가 h1이며 이것은 필수적으로 페이지에 1개가 있습니다. h2 이하는 문서 구조에 따라 적당히 사용할 수 있으나 중간 레벨을 건너뛰거나 레벨의 상하 관계를 바꾸는 것은 원칙적으로는 불가능합니다. h1~ h6의 표제 요소로 만들어진 트리 구조는 그대로 HTML의 문서 구조의 골격이 됩니다.

2 단락을 마크업한다

● 예제 02-5 p 요소의 기본 서식

```
<p>단락 텍스트</p>
```

[index.html]

```
10  <body>
11  <h1>★우리 집 야옹이★</h1>
12  <p>우리 집 아이돌, 고양이들을 소개하겠습니다!</p>
                                                        생략
22  <h3>●스바루(흰색에 호랑무늬, 남자)</h3>
23  <p>눈과 귀가 크고 멋진 미남. 우는 소리조차 귀엽다.어린 시절을 원룸에서 보낸 탓인지 다른 고양
    이에게 관심이 없는 편이다.성격은 지극히 자기중심적. 골판지상자 모서리나 기둥에 발톱 갈기를 좋
    아한다.</p>
```

> 단락으로 정한 곳을 ⟨p⟩콘텐츠
> ⟨/p⟩ 식으로 기술해 주세요.

★우리 집 야옹이★

우리 집 아이돌, 고양이들을 소개하겠습니다! ⟶ 줄 바꿈과 공백

· 우리 집 야옹이 소개 · 기르는 주인 소개 · 고양이 사진 모집 /*·

우리 집 야옹이 소개

●스바루(흰색에 호랑무늬, 남자)

눈과 귀가 크고 멋진 미남. 우는 소리조차 귀엽다.어린 시절을 원룸에서 보낸 탓인지 다른 고양이에게 관심이 없는 편격은 지극히 자기중심적. 골판지상자 모서리나 기둥에 발톱 갈기를 좋아한다. ⟶ 줄 바꿈과 공백

[사진] 특징 : 커다란 눈과 귀. 말린 꼬리. 성격 : 자기중심적. 더 보기→

> 브라우저에 띄워 확인합니다.
> ⟨p⟩ ~ ⟨/p⟩로 마크업된 곳은
> 자동으로 줄이 바뀌어 앞뒤에
> 공백이 생긴다는 것을 알 수
> 있습니다.

---

3 항목을 마크업한다

● 예제 02-6 ul 요소 · ol 요소의 기본 서식

```
<ul>
   <li>리스트 항목</li>
</ul>
```

```
<ol>
   <li>리스트 항목</li>
</ol>
```

항목 리스트에 사용되는 요소는 ul 요소와 ol 요소입니다. 둘 다 항목 리스트이지만 ul 요소가 무순, 즉 정보의 순서를 따지지 않는 목록임에 반해 ol 요소는 정보의 순서를 엄밀하게 보이기 위한 목록이라는 차이가 있습니다. 이것은 ⟨ul⟩과 ⟨ol⟩로 마크업을 한 2개의 목록을 브라우저에 띄워 보면 잘 알 수 있습니다. ⟨ul⟩은 머리에 '·'이 붙지만 ⟨ol⟩은 1, 2, 3...이라고 번호가 매겨집니다. 항목 마크업을 하는 데 어느 쪽을 사용할지 망설여진다면, 그 정보를 순서대로 읽지 않으면 의미가 통하지 않거나 곤란한 경우에는 ol 요소를 사용하고, 그렇지 않은 경우에는 모두 ul 요소로 해두면 좋습니다.

여기서는 ul 요소로 마크업하겠습니다.

● 예제 02-7 ul과 ol의 비교

- ui리스트
- ui리스트
- ui리스트

1. ol리스트
2. ol리스트
3. ol리스트

ul(ol) 요소는 h 요소나 p 요소처럼 시작 태그나 종료 태그만으로 되어 있는 것이 아니라 '항목 영역을 보이기 위한 태그'와 '개별 목록 정보'를 보이기 위한 태그의 이중 구조로 되어 있습니다. 구체적으로는 다음과 같이 기술합니다. 텍스트 원고 상에 있는 목록 첫머리의 '·'은 넣지 않도록 합니다.

[index.html]

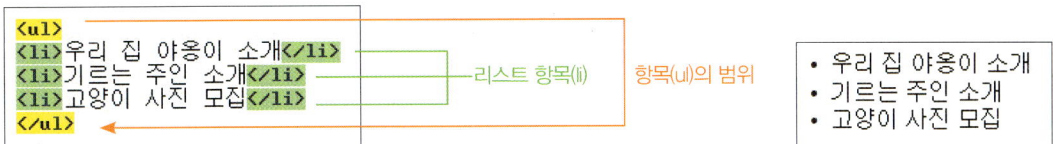

ul(ol) 요소와 li 요소는 2개로 하나를 이루기 때문에 각각 단독으로 사용할 수는 없습니다. 즉, ul 요소 바로 밑에는 li 요소 밖에 들어갈 수 없습니다. 다만 li 요소 안에 다시 요소를 넣을 수는 있습니다. ul(ol) 요소를 사용해 아래와 같이 복잡한 계층 구조를 갖는 항목 리스트를 만들 수도 있습니다.

● 예제 02-8 항목 리스트 예

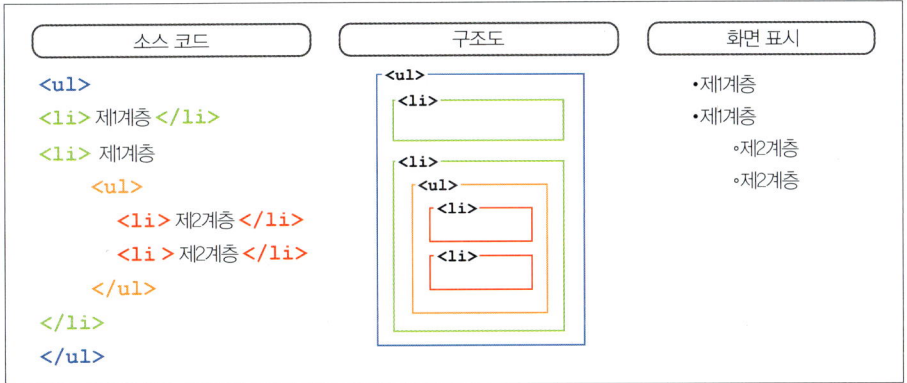

4 기술 목록(정의 목록)을 마크업한다

● 예제 02-9 dl 요소의 기본 서식

```
<dl>
   <dt>항목 제목</dt>
   <dd>항목 내용 텍스트</dd>
</dl>
```

기술 목록이란 '항목과 그 설명'이 한 세트로 된 리스트 구조를 말합니다. 다음과 같이 우선 전체를 ⟨dl⟩ ~ ⟨/dl⟩로 감싸고 항목을 ⟨dt⟩ ~ ⟨/dt⟩, 그 설명을 ⟨dd⟩ ~ ⟨/dd⟩로 마크업합니다. 이 ⟨dt⟩와 ⟨dd⟩가 한 세트가 되어 하나의 정보 항목이 되는 것이므로 ⟨dt⟩만 사용하거나 ⟨dd⟩만 사용하는 것은 불가능합니다. 하나의 ⟨dt⟩에 여러 ⟨dd⟩가 매달리는 구조는 가능합니다.

[index.html]

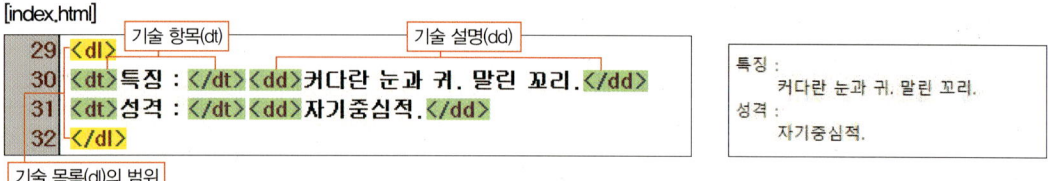

나머지 두 마리의 특징과 성격, 기르는 주인 소개 부분도 마찬가지로 기술 목록으로 마크업해 주세요. 기술 목록은 2열 표로 표현할 수 있는 구조에 많이 이용되는 요소입니다. 이 경우, dl 요소가 아니라 테이블 요소로 마크업해도 문제가 없습니다. 이처럼 같은 구조라도 사용할 수 있는 요소가 여러 개 있는 경우도 있습니다.

> **Memo**
> dl 요소는 원래 '정의 목록'이라 하는데 그 이름 그대로 '용어'와 '그 정의'를 나타냈던 것입니다. 그런데 본래의 역할을 넘어 확대 해석되어 사용되었기 때문에 HTML5에서 실제 사용에 맞게 이용 범위를 확대했습니다. dl 요소의 사용 예로서는 갱신 이력의 '날짜나 갱신 내용'이라든가 Q&A의 '질문과 답변' 같은 사용법을 들 수 있습니다.
> 본래의 용어 정의로 사용할 때에는 ⟨dt⟩⟨dfn⟩용어⟨/dfn⟩⟨/dt⟩처럼 dt 요소의 안쪽에 dfn 요소를 넣어 '정의하는 용어'를 나타낼 필요가 있습니다.

 정보의 그룹화

● 예제 02-10 div 요소의 기본 서식

```
<div> 블록 영역 </div>
```

정보를 그룹화하기 위해서는 기본적으로 div 요소를 사용합니다. div 요소 자체에는 표제나 단락 같은 문서 구조로서의 의미는 없으므로 '문서의 의미부여'라는 것에서는 불필요하지만 다음과 같은 목적으로 웹 제작을 할 때 아주 많이 사용합니다.

　① 정보를 정리할 때마다 소스를 그룹화하고 거기에 이름을 붙여 소스의 가독성을 높인다.
　② 레이아웃이나 디자인의 구현을 위해 필요한 범위를 지정한다.

다음 예제는 ①과 ②의 역할에 해당하는 부분에 div를 설정한 것입니다. div 요소에는 그 역할에 맞는 알기 쉬운 이름을 붙여 관리하는 것이 좋습니다. 요소 이름은 id 속성을 사용해 지정합니다.

● 예제 02-11 div 테두리 만들기

[index.html]

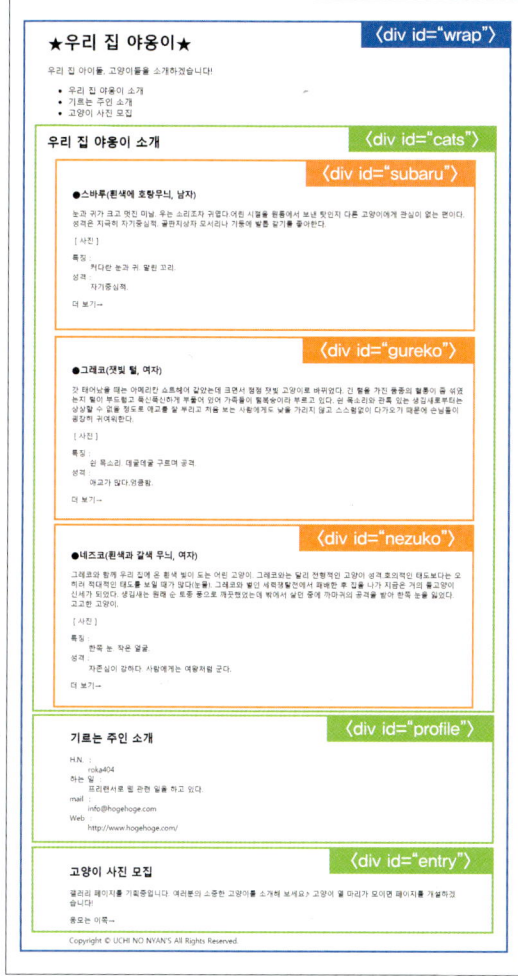

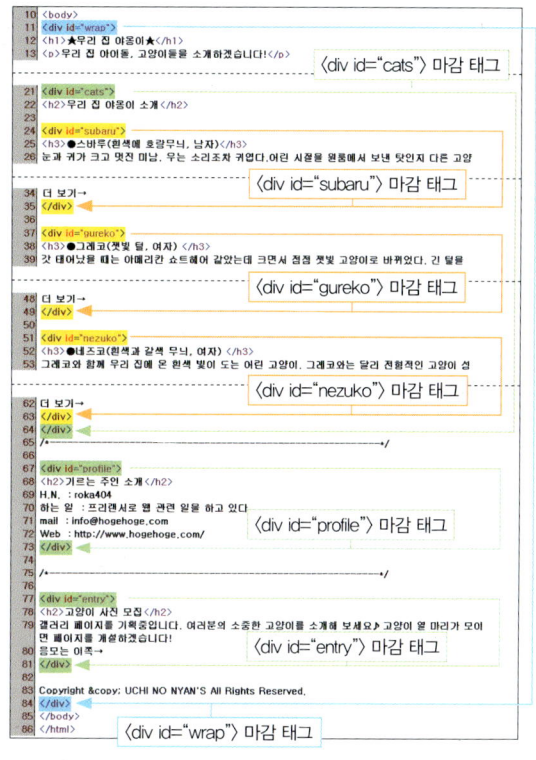

> **Memo**
>
> div 요소는 시작 태그와 종료 태그가 많이 떨어진 곳에 위치하는 경우가 많습니다. 위에서 순서대로 두는 것이 아니라 그룹화하고 싶은 범위를 확인하면서 시작 태그와 종료 태그를 한 세트로 묶으면서 기술해야 실수가 적습니다.

 div를 section으로 바꾼다

● 예제 02-12 section 요소의 기본 서식

```
<section> 섹션 영역 </section>
```

HTML5 이전 버전에서는 '표제와 그에 따른 콘텐츠'처럼 문서 구조적으로 의미가 있는 그룹이라 해도 거기에 의미를 줄 수 있는 요소 자체가 존재하지 않았기 때문에 요소끼리 그룹화할 때는 일률적으로 div 요소를 사용했습니다.

HTML5에서는 '표제와 그의 따른 콘텐츠'같이 문서의 골격을 이루는 중요한 그룹에 새로운 전용 요소인 'section 요소'라는 것을 사용할 수 있습니다. 즉, '표제와 그에 따른 콘텐츠 모음=section'이라 할 수 있습니다. 이번에는 이것을 사용해 해당하는 div 요소를 section 요소로 바꿔 보도록 하겠습니다. 자세한 것은 159쪽 Chapter 04에서 자세히 설명하고 있으니 참고하면 됩니다.

> **Memo**
> HTML5에서는 단순한 그루핑(grouping)에 지나지 않는 div 요소가 아니라 섹션으로서의 의미를 보여 주는 section 요소를 사용하는 것이 일반적입니다. 그러나 section 요소를 사용하는 것은 의무가 아니므로 이전의 HTML과 마찬가지로 div 요소로 테두리만을 사용해도 됩니다.

● 예제 02-13 section 요소로 바꾼 치환도   [index.html]

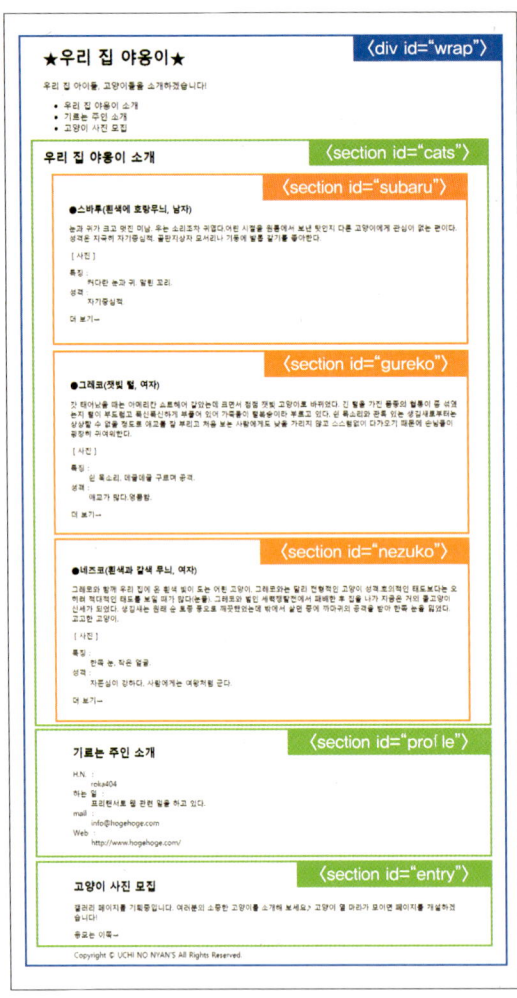

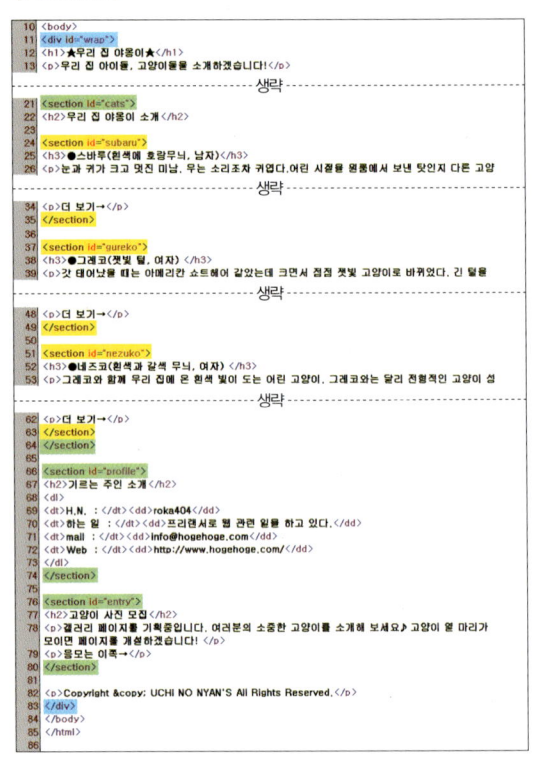

위의 섹션 요소로 바꾼 치환도에서 'h1과 콘텐츠 모음'을 감싸고 있는 ⟨div id="warp"⟩은 섹션 요소가 아니라 div 요소라는 점에 주목하기 바랍니다. ==섹션 요소는 기본적으로 제2계층 이하 표제에 대해서만 사용할 수 있습니다.== 이것은 최상위 표제인 h1과 콘텐츠는 'HTML 문서의 콘텐츠 전체'를 가리키고 있으며 문서 콘텐츠 전체를 감싸고 있는 바디 요소가 이미 섹션 요소와 동등한 역할을 하고 있으므로 일부러 페이지 전체를 섹션 요소로 감쌀 필요는 없기 때문입니다.

섹션 요소를 사용하는 규칙은 비교적 어려우므로 일반적인 사용법만 이해해 두면 됩니다.

> **Memo** 섹션 요소의 규칙을 알고 싶은 분들은 160쪽을 참조해 주세요.

7 불필요한 구분선을 삭제

마지막으로 텍스트 원고에 들어 있는 구분선(/*————————*/)을 삭제합니다.

 강의 기억해 두어야 할 마크업 규칙

요소의 구조와 부모 자식 관계

ul / li 요소뿐만 아니라 HTML 문서 전체가 html 요소를 최상위(루트)의 부모 요소로 하는 부모 자식 관계로 이루어져 있습니다. 바깥쪽에 있는 요소가 부모 요소, 안쪽에 있는 요소가 자식 요소, 그리고 그 안쪽에 있는 요소가 손자 요소 식으로 되어 있습니다. 같은 계층으로 병렬로 놓여 있는 요소끼리는 형제 요소가 됩니다. 소스 코드 상에서 앞에 나와 있는 것이 형제 요소, 뒤에 나와 있는 것이 동생 요소입니다.

● 예제 02-14 요소의 구조와 부모 자식 관계

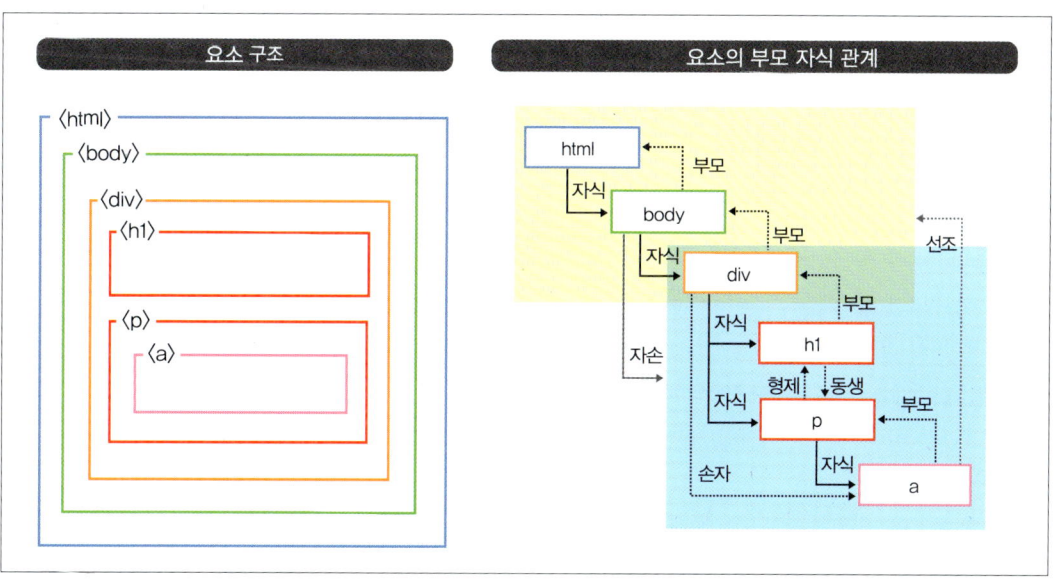

브라우저는 HTML 문서를 불러왔을 때 소스 코드에 기술된 요소의 상태를 확인해 각 요소의 트리 구조를 만듭니다. 이 트리 구조가 제대로 만들어져 있지 않으면 브라우저에 띄웠을 때 이상하게 나오기 때문에 HTML 기술을 할 때는 항상 ==요소의 관계를 바르게 유지해야== 합니다.

● 예제 02-15 요소 구조가 바른 경우와 잘못된 경우

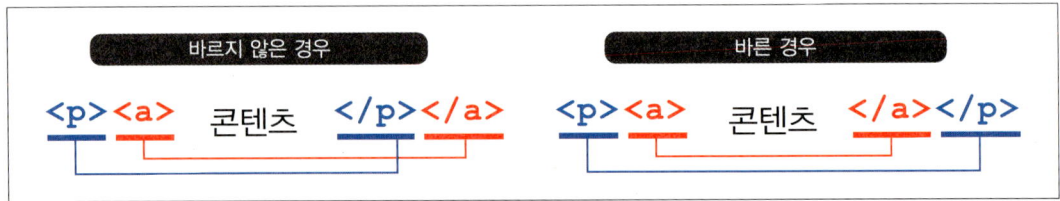

이와 같은 요소의 구조 관계는 CSS로 페이지 레이아웃을 할 때 매우 중요합니다. 각각의 요소를 하나의 상자로 취급하고 상자를 차곡차곡 담듯이 머릿속에 시뮬레이션을 할 수 있게 되면 CSS를 사용한 레이아웃을 이해하기 쉽습니다. 즉 마크업할 때는 요소의 구조를 생각하는 습관을 들이는 것이 좋습니다.

● 예제 02-16 소스와 구조 변환

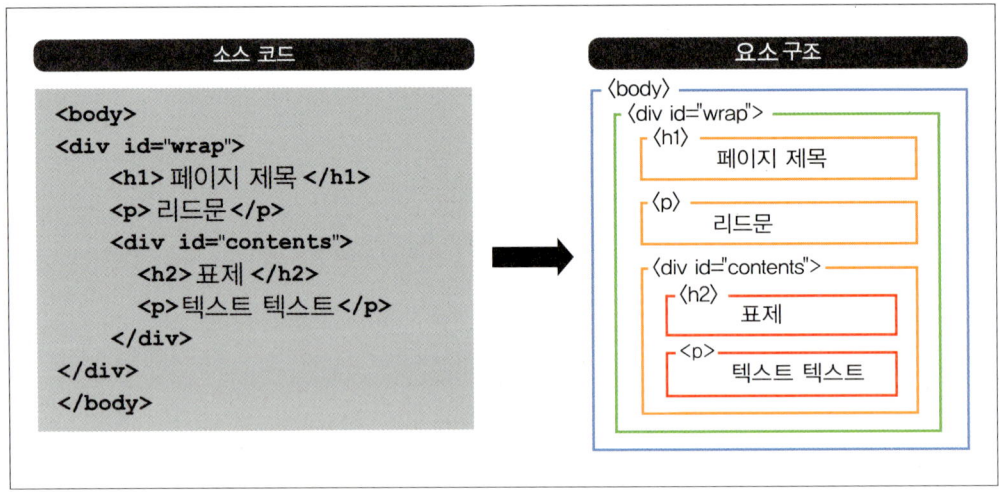

콘텐츠 모델과 요소 분류

HTML에서 요소의 구조를 정리할 때는 명확한 규칙이 있습니다. 어느 요소 안에 어떤 요소를 넣을 수 있는지를 정한 규칙을 '콘텐츠 모델'이라 합니다. HTML5 콘텐츠 모델은 생각보다 굉장히 복잡하기 때문에 처음 배울 때는 '단순한 개념'으로 파악해 두는 것이 이해하기 쉽습니다.

단순한 개념이란 HTML5 이전의 HTML 버전에서 정해 놓은 '블록 요소/인라인 요소'라는 분류 방법으로 생각하는 방법입니다.

HTML5 이전의 버전에서는 거의 모든 요소가 '블록 요소'와 '인라인 요소' 두 가지 카테고리로 분류되었습니다. 블록 요소란 표제, 단락, 항목, 표 등과 같은 문서 구조의 골조를 구성하는 요소군이며, 이들은 말하자면 정보의 그릇이라 할 수 있습니다.

그릇 안에는 내용물이 들어갑니다. HTML의 내용물이란 텍스트 데이터나 이미지 등과 같은 콘텐츠입니다. 인라인 요소는 이 내용물이 되는 콘텐츠에 의미를 부여하는 용도로 사용되는 요소로, 그 자체가 텍스트 데이터와 같은 취급을 받는 텍스트 레벨의 요소입니다.

26쪽에서 소개한 '자주 사용하는 요소'도 위와 같은 식으로 분류한 것입니다. 이처럼 HTML의 요소를 크게 2종류의 카테고리로 나눠 생각했을 때 콘텐츠 모델로서 알아야 할 규칙은 단 한 가지, <mark>블록 안에 인라인을 넣을 수는 있지만 거꾸로는 허용되지 않는다</mark>'는 것입니다. 그릇 안에 내용물을 넣을 수는 있으나 내용물 안에 그릇을 넣을 수는 없겠죠? 이와 같은 원리입니다.

가장 간단하게 블록/인라인을 구분하는 방법은 그 요소를 기술했을 때 브라우저 쪽이 자동적으로 줄이 바뀌는지 바뀌지 않는지를 보면 됩니다. 자동적으로 줄이 바뀐다=블록 레벨, 줄이 바뀌지 않는다=인라인 레벨이라 알아 두면 됩니다.

● 예제 02-17 블록 / 인라인 개념도　　● 예제 02-18 요소의 내포 관계

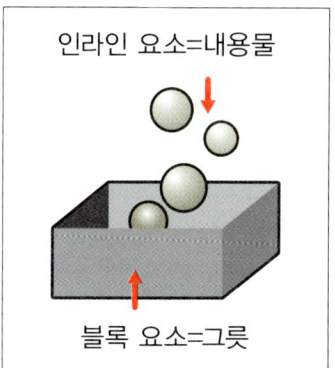

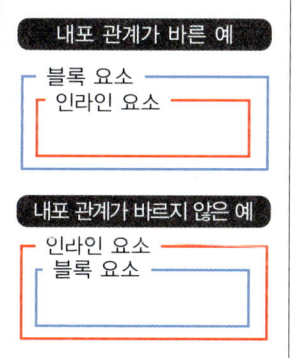

Memo HTML5의 정식 콘텐츠 모델에 대한 설명은 170쪽을 참조해 주세요.

POINT

● 마크업의 핵심은 콘텐츠의 내용을 이해하고 문서 구조를 찾는 것이다.

● HTML 문서 구조의 기본은 표제, 단락, 항목이다.

● 요소의 구조 . 내포 관계 규칙을 지키자.

HTML로 문서 작성하기

줄 바꾸기와 강조, 이미지, 링크 넣기

LESSON 03에서는 이미지 등 콘텐츠 넣기와 텍스트 레벨의 상세한 의미 부여, 그리고 링크 설정을 배워 보겠습니다. 링크 설정에는 절대경로, 상대경로 같은 이해하기 어려운 개념이 등장하지만 웹을 제작하는 데는 필수 항목이므로 확실히 이해해 두기 바랍니다.

샘플 파일　📁 Chapter01 ▶　📁 lesson03 ▶　📁 before ▶　📄 index.html

● Before

- 우리 집 야옹이 소개
- 기로는 주인 소개
- 고양이 사진 모집

우리 집 야옹이 소개

●스바루(흰색에 호랑무늬, 남자)

눈과 귀가 크고 멋진 미남. 우는 소리조차 귀엽다.어린 시절을 원룸에서 보낸 탓인지 다른 고양이에게 관심이 없는 편이다.
성격은 지극히 자기중심적. 글판지상자 요서리나 기둥에 발톱 갈기를 좋아한다.

[사진]

특징:
　커다란 눈과 귀. 말린 꼬리.
성격:
　자기중심적.

더 보기→

●그레코(잿빛 털, 여자)

갓 태어났을 때는 아메리칸 쇼트헤어 같았는데 크면서 점점 잿빛 고양이로 바뀌었다. 긴 털을 가진 품종의 힐통이 좀 쉬웠는지 털이 부드럽고 목신래하게 부풀어 있어 가족들이 털뭉술이라 부르고 있다. 원 목소리와 관록 있는 생김새로부터는 상상할 수 없을 정도로 애교를 잘 부리고 처음 보는 사람에게도 낯을 가리지 않고 스스럼없이 다가오기 때문에 손님들이 굉장히 귀여워한다.

[사진]

특징:
　원 목소리. 데굴데굴 구르며 공격.
성격:
　애교가 많다.영릉함.

더 보기→

●네즈코(흰색과 갈색 무늬, 여자)

그레코와 함께 우리 집에 온 흰색 빛이 도는 어린 고양이. 그레코와는 달리 전형적인 고양이 성격.호의적인 태도보다는 오히려 적대적인 태도를 보일 때가 많다(눈물). 그레코와 영원 세력쟁탈전에서 패배한 후 집을 나가 지금은 거의 들고양이 신세가 되었다. 생김새는 원래 순 토종 풍으로 깨끗했었는데 박에서 살면 중에 까마귀의 공격을 받아 한쪽 눈을 잃었다. 고고한 고양이.

[사진]

특징:
　한쪽 눈. 작은 얼굴.
성격:
　자존심이 강하다. 사람에게는 여왕처럼 군다.

더 보기→

기로는 주인 소개

H.N　：
　roka404
하는 일　：
　프리랜서로 웹 관련 일을 하고 있다.
mail　：
　info@hogehoge.com
Web　：
　http://www.hogehoge.com/

고양이 사진 모집

갤러리 페이지를 기획중입니다. 여러분의 소중한 고양이를 소개해 보세요♪ 고양이 열 마리가 모이면 페이지를 개설하겠습니다.

● After

★우리 집 야옹이★

우리 집 야옹이, 고양이들을 소개하겠습니다!

- 우리 집 야옹이 소개
- 기로는 주인 소개
- 고양이 사진 모집

우리 집 야옹이 소개

●스바루(흰색에 호랑무늬, 남자)

눈과 귀가 크고 멋진 미남. 우는 소리조차 귀엽다. 어린 시절을 원룸에서 보낸 탓인지 다른 고양이에게 관심이 없는 편이다. 성격은 지극히 자기중심적. 글판지상자 요서리나 기둥에 발톱 갈기를 좋아한다.

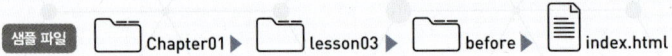

특징:
　커다란 눈과 귀. 말린 꼬리.
성격:
　자기중심적.

더 보기→

●그레코(잿빛 털, 여자)

갓 태어났을 때는 아메리칸 쇼트헤어 같았는데 크면서 점점 잿빛 고양이로 바뀌었다. 긴 털을 가진 품종의 힐통이 좀 쉬웠는지 털이 부드럽고 목신래하게 부풀어 있어 가족들이 털뭉술이라 부르고 있다. 원 목소리와 관록 있는 생김새로부터는 상상할 수 없을 정도로 애교를 잘 부리고 처음 보는 사람에게도 낯을 가리지 않고 스스럼없이 다가오기 때문에 손님들이 굉장히 귀여워한다.

특징:
　원 목소리. 데굴데굴 구르며 공격.
성격:
　애교가 많다. 영릉함.

더 보기→

●네즈코(흰색과 갈색 무늬, 여자)

그레코와 함께 우리 집에 온 흰색 빛이 도는 어린 고양이. 그레코와는 달리 전형적인 고양이 성격. 호의적인 태도보다는 오히려 적대적인 태도를 보일 때가 많다(눈물).그레코와 영원 세력쟁탈전에서 패배한 후 집을 나가 지금은 거의 들고양이 신세가 되었다. 생김새는 원래 순 토종 풍으로 깨끗했었는데 박에서 살면 중에 까마귀의 공격을 받아 한쪽 눈을 잃었다. 고고한 고양이.

특징:
　한쪽 눈. 작은 얼굴.
성격:
　자존심이 강하다. 사람에게는 여왕처럼 군다.

더 보기→

기로는 주인 소개

H.N.　：
　roka404
하는 일　：
　프리랜서로 웹 관련 일을 하고 있다.
mail　：
　info@hogehoge.com
Web　：
　http://www.hogehoge.com/

고양이 사진 모집

갤러리 페이지를 기획중입니다. 여러분의 소중한 고양이를 소개해 보세요♪
고양이 열 마리가 모이면 페이지를 개설하겠습니다.

목록으로 돌아가기→

 실습 콘텐츠 부분 마크업하기

1 읽기 쉽게 단락 내에서 줄을 바꾼다

● 예제 03-1 br 요소(강제 줄 바꾸기)

```
<br>
```

단락 안에서 줄을 바꾸고 싶을 때에는 br 요소(강제 줄 바꾸기)를 넣어야 합니다. 줄을 바꿀 곳에 br 요소를 넣고 브라우저에 띄워 확인해 보도록 합니다. br 요소처럼 시작 태그만 있을 뿐 종료 태그가 존재하지 않는 요소를 '비어 있는 요소'라 합니다.

[index.html]

```
21  <section id="cats">
22  <h2>우리 집 야옹이 소개</h2>
23
24  <section id="subaru">
25  <h3>●스바루(흰색에 호랑무늬, 남자)</h3>
26  <p>눈과 귀가 크고 멋진 미남. 우는 소리조차 귀엽다.어린 시절을 원룸에서 보낸 탓인지 다른 고양
    이에게 관심이 없는 편이다.<br>
27  자기중심적. 골판지상자 모서리나 기둥에 발톱 갈기를 좋아한다.</p>
```

●스바루(흰색에 호랑무늬, 남자)

눈과 귀가 크고 멋진 미남. 우는 소리조차 귀엽다. 어린 시절을 원룸에서 보낸 탓인지
다른 고양이에게 관심이 없는 편이다.
성격은 지극히 자기중심적. 골판지상자 모서리나 기둥에 발톱 갈기를 좋아한다.

└ 여기서 줄 바꾸기

> 필요한 곳에 〈br〉을 넣으면 됩니다.

2 중요한 어구를 강조한다

● 예제 03-2 strong 요소(중요한 어구와 내용임을 나타낸다)

```
<strong> 중요한 어구 </strong>
```

콘텐츠 안에 특별히 중요한 어구가 있을 경우 strong 요소를 사용해 강조할 수 있습니다. strong 요소를 사용하면 브라우저에서 굵은 글자로 표시됩니다. 이것은 중요하다는 의미를 표현하고 싶은 곳에 사용하는 것으로 디자인 면에서 굵은 글자로 보이고 싶다는 이유로 strong 요소를 사용해서는 안 됩니다.

> **Memo** '악센트를 붙여 강조한다'는 의미에서는 em 요소라는 것도 있습니다. 그러나 em 요소는 그 문구를 강조할 때 사용하는 것일뿐 중요성을 나타내는 의미는 없습니다.

[index.html]

```
75  <section id="entry">
76  <h2>고양이 사진 모집</h2>
77  <p>갤러리 페이지를 기획중입니다. 여러분의 소중한 고양이를 소개해 보세요♪<br>
78  <strong>고양이 열 마리가 모이면 페이지를 개설하겠습니다!</strong></p>
79  <p>응모는 이쪽→</p>
80  </section><!-- /#entry -->
```

고양이 사진 모집

갤러리 페이지를 기획중입니다. 여러분의 소중한 고양이를 소개해 보세요♪
고양이 열 마리가 모이면 페이지를 개설하겠습니다!

응모는 이쪽→

 ## 중요한 문구를 강조한다

HTML 문서에 그림을 삽입하는 것이 img 요소입니다. img 요소의 기본 서식은 다음과 같습니다.

● 예제 03-3 img 요소의 기본 서식

```
<img src="img/subaru.jpg" width="320" height="100" alt="스바루">
```
　　　　①이미지 파일 경로　　　②가로 크기　　②세로 크기　　③대체 텍스트

① src 속성

이미지의 경로(※경로에 대해서는 44쪽 참조)를 기술합니다.

② width 속성(가로 폭)과 height 속성(세로 폭)

필수 항목은 아니지만 지정해 두면 렌더링(웹페이지의 화면 표시)의 체감 속도가 올라가므로 표시 크기를 고정하고 싶을 때 지정하면 좋습니다.

③ alt 속성

이미지가 표시되지 않는 환경에서 열었을 때 대신 나타나는 텍스트입니다. 그림 위치에 어떠한 이미지가 있는지 알 수 있는 텍스트를 넣도록 합

> **Memo**
> 빈 alt로 하는 장식용 이미지나 사진은 정보로서의 의미를 갖지 않기 때문에 HTML 상에 img 요소로 넣지 말고 가능하면 CSS에서 배경 이미지로 배치하는 것이 바람직합니다.

니다. 이미지 사진이나 장식용 이미지 등 내용을 몰라도 특별히 문제가 되지 않는 경우에는 'alt=""'라는 형태로 빈 alt 속성을 넣어 두면 됩니다.

첫 고양이 소개문에 사진을 넣어 보겠습니다. 텍스트 원고에 들어 있는 [사진] 글자는 삭제하고 한 장의 이미지를 넣도록 합니다.

[index.html]

```
28  <img src="img/subaru.jpg" width="320" height="100" alt="스바루">
29  <dl>
30  <dt>특징 : </dt><dd>커다란 눈과 귀. 말린 꼬리.</dd>
31  <dt>성격 : </dt><dd>자기중심적.</dd>|
32  </dl>
```

성격은 지극히 자기중심적. 굴판지상자 모서리나 기둥에 발톱 갈기를 좋아한다.

특징 :
　　커다란 눈과 귀. 말린 꼬리.

나머지 2장도 같은 방식으로 기술하세요.

・두 번째 사진 (그레코)

```
<img src="img/gureko.jpg" width="320" height="100" alt="그레코">
```

・세 번째 사진 (네즈코)

```
<img src="img/nezuko.jpg" width="320" height="100" alt="네즈코">
```

④ 링크를 설정한다

콘텐츠에 하이퍼링크를 설정하는 것이 a 요소입니다. 기본 서식은 아래를 참고 하면 됩니다.

● 예제 03-4 a 요소의 기본 서식

<**a href**="index.html"> 콘텐츠 </**a**>

href 속성 : 링크처 정보

링크를 붙이려면 그 콘텐츠를 〈a〉 ~ 〈/a〉로 감쌉니다. 그러나 이것만으로는 링크되지 않기 때문에 <mark>href 속성</mark>에 링크처 정보를 기술합니다. 링크처에는 다음과 같은 종류가 있습니다.

(1) 동일 페이지 내의 다른 장소(페이지 내 링크)

(2) 동일 사이트 내의 다른 장소(사이트 내 링크)

(3) 다른 서버에 있는 외부 웹 페이지(외부 링크)

▶ 페이지 내 점프 메뉴에 링크를 붙인다

페이지 내 점프 메뉴 부분은 ul/li 요소로 마크업되어 있습니다. ul/li 요소는 블록 레벨이고, a 요소는 인라인 레벨이므로 링크를 설정할 때 반드시 '그릇'인 li 요소 안쪽에 〈a〉 ~ 〈/a〉가 들어가도록 기술해야 합니다. 페이지 내 링크의 경우 링크처는 <mark>#링크처 id명</mark> 형식으로 기술합니다(이 경우 #는 '현재의 페이지'

를 의미하며 〈a href="#cats"〉는 '현재의 페이지에서 cats라는 이름이 붙어 있는 곳이 됩니다).

페이지 내 링크 설정이 끝나면 브라우저 높이를 작게 해 링크를 클릭해 보세요. 설정한 곳으로 점프되어 있으면 성공한 것입니다.

Memo

구 HTML에서는 〈a name="cats"〉X/a〉 또는 〈a name="cats" id="cats"〉X/a〉처럼 a 요소에 name 속성/id 속성으로 이름을 붙이고 그것을 앵커로서 페이지 안에 링크시켰습니다. 그러나 HTML5부터는 a 요소를 앵커 링크로 사용할 수 없습니다.

Caution

링크처 이름으로는 −(하이픈), _(언더 바) 기호를 사용할 수 있습니다. 또한 링크처 이름은 반드시 알파벳으로 시작해야 합니다. 숫자나 기호로 시작하는 이름으로는 링크가 작동하지 않습니다.

[index.html]

```
15  <ul>
16  <li><a href="#cats">우리 집 야옹이 소개</a></li>
17  <li><a href="#profile">기르는 주인 소개</a></li>
18  <li><a href="#entry">고양이 사진 모집</a></li>
19  </ul>
```

▶ 사이트 내의 다른 페이지에 링크를 붙인다

각 고양이 소개문 마지막에 있는 '더 보기→'와 고양이 사진 모집 마지막 부분에 있는 '응모는 이쪽→'은 각각 사이트 내의 다른 페이지 링크를 붙입니다. 내부 링크의 경우는 href 속성 안에 이동하려는 파일까지의 경로를 기술합니다(경로에 대해서는 44쪽을 참조해 주세요).

[index.html]

```
34  <p><a href="cats/subaru.html">더 보기→</a></p>
35  </section><!-- /#subaru -->
                      생략
48  <p><a href="cats/gureko.html">더 보기→</a></p>
49  </section><!-- /#gureko -->
                      생략
61  <p><a href="cats/nezuko.html">더 보기→</a></p>
62  </section><!-- /#nezuko -->
                      생략
79  <p><a href="entry.html">응모는 이쪽→</a></p>
80  </section><!-- /#entry -->
```

● 예제 03-5 파일 구성

- index.html
- entry.html
- /cats/
  - subaru.html
  - gureko.html
  - nezuko.html

▶ 외부 사이트에 링크를 붙인다

프로필 안에 외부 블로그 URL 링크를 넣습니다. 도메인이 다른 외부 사이트 링크를 넣을 경우에는 http로 시작하는 URL(절대경로)를 기술해야 합니다. 타깃 속성을 _blank로 하면 새로운 윈도우에서 원하는 URL을 열 수가 있습니다(이 URL은 더미(dummy)입니다).

[index.html]

```
67  <dl>
68  <dt>H.N.  : </dt><dd>roka404</dd>
69  <dt>하는 일  : </dt><dd>프리랜서로 웹 관련 일을 하고 있다.</dd>
70  <dt>mail  : </dt><dd>info@hogehoge.com</dd>
71  <dt>Web  : </dt><dd><a href="http://www.hogehoge.com" target="_blank">http://www.hogehoge.com/</a></dd>
72  </dl>
```

▶ **메일 주소에 링크를 붙인다**

href 속성 안에 ==mailto: 메일 주소==를 기술하면 자동적으로 메일 소프트웨어가 실행됩니다. 다만 이처럼 바로 메일을 보낼 수 있는 상태로 공개하면 스팸 메일이나 악의 있는 메일이 들어올 가능성이 높으므로 실제로 사용할지 신중하게 판단해야 합니다.

[index.html]

```
67  <dl>
68  <dt>H.N.  : </dt><dd>roka404</dd>
69  <dt>하는 일  : </dt><dd>프리랜서로 웹 관련 일을 하고 있다.</dd>
70  <dt>mail  : </dt><dd><a href="mailto:info@hogehoge.com">info@hogehoge.com</a></dd>
71  <dt>Web  : </dt><dd><a href="http://www.hogehoge.com"
    target="_blank">http://www.hogehoge.com/</a></dd>
72  </dl>
```

> **Memo** ⟨a href="tel:0312345678"⟩03-1234-5678⟨/a⟩처럼 href 속성을 tel :전화번호라는 서식으로 쓰면 클릭하기만 해도 전화가 걸리게 됩니다(휴대전화, 스마트폰의 경우). 지금 여기서는 사용하지 않지만, 휴대전화용 웹사이트를 제작 때 활용하면 사용자의 편리성을 높일 수가 있습니다.

⑤ 저작권 표기임을 명시한다

HTML5에는 small 요소라는 것이 있습니다. 이것은 면책조항, 경고, 법적 제약, 저작권 표기, 라이선스 요건, 오해를 피하기 위한 주의사항 등을 작은 글자로 나타내는 요소입니다. 일반적인 웹사이트에서는 주로 저작권 표기나 소비세 보충 설명을 할 때 비교적 많이 사용합니다.

small 요소로 마크업되면 자동적으로 글자 크기가 한 단계 작아집니다. 하지만 이것은 어디까지나 위와 같은 정보를 나타내고 싶을 때 사용하도록 합니다. 단순히 디자인 목적으로 글자를 작게 하기 위해 small 요소를 사용해서는 안 됩니다. 이러한 점은 다른 요소에서도 모두 동일합니다.

● 예제 03-6 small 요소의 기본 서식

```
<small> 텍스트 텍스트 </small>
```

아래 문서에서는 맨 밑에 있는 저작권 표기문에 small을 사용하도록 합니다. p 요소 안쪽을 small 요소로 마크업해 둡니다.

```
84  <p><small>Copyright &copy; UCHI NO NYAN'S All Rights Reserved.</small></p>
85  </div><!-- /#wrap-->
86  </body>
87  </html>
```

이미지나 링크를 지정할 때는 '경로'라는 것이 등장합니다. 경로는 파일의 장소를 나타내기 위한 중요한 구조이며 그 구조를 이해하는 것은 웹 제작에서 굉장히 중요한 일입니다. 여기서는 절대경로와 상대경로의 구조에 대해 알아보겠습니다.

절대경로

절대경로라는 것은 <mark>http로 시작되는 웹사이트의 주소(URL)를 사용해 파일 장소를 지정하는 방법</mark>입니다. 아래는 http://www.hogehoge.com/ 이라는 사이트의 파일 계층도입니다.

● 예제 03-7 절대경로의 경우

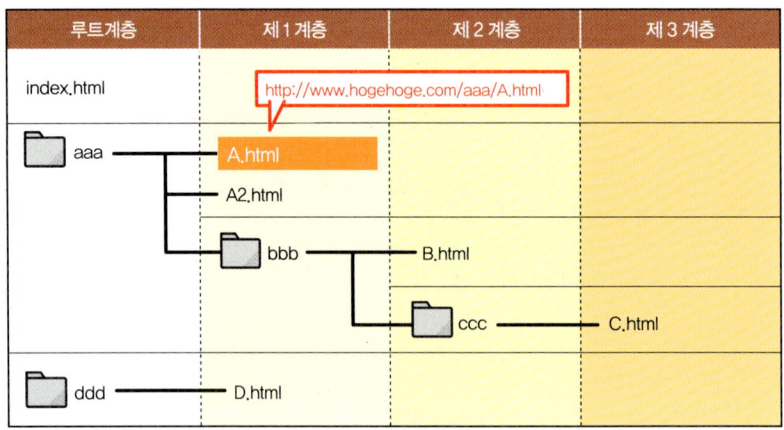

절대경로는 항상 URL을 기준으로 파일 장소를 나타냅니다. A.html을 나타내는 경우에는 http://www.hogehoge.com/aaa/A.html, C.html을 나타낼 경우에는 http://www.hogehoge.com/aaa/bbb/ccc/C.html이 됩니다. 절대경로라는 것은 집 주소 같은 것이므로 어디부터 지정하든 항상 같은 경로가 나타납니다. 이 방법은 주로 다른 서버에 존재하는 파일을 지정할 때 사용합니다.

상대경로

상대경로라는 것은 <mark>현재 파일로부터 목적 파일까지 상대적인 위치 관계를 지정하는 방법</mark>입니다. 사이트 내부 파일을 지정하는 경우에는 보통 이 방법을 사용합니다. 상대경로는 절대경로와 달리 좀 이해하기 힘들지만 매우 중요하므로 확실히 알아두기 바랍니다.

▶ 동일 계층의 경로

상대경로에서 현재의 파일과 같은 계층은 './'로 나타냅니다. A.html과 A2.html은 동일 계층이므로 A에서 A2로 전송하는 경로는 './A2.html'이 됩니다. 그러나 './'는 생략 가능하므로 보통 'A2.html'이라 씁니다.

- 예제 03-8 동일 계층에 전송하는 경로

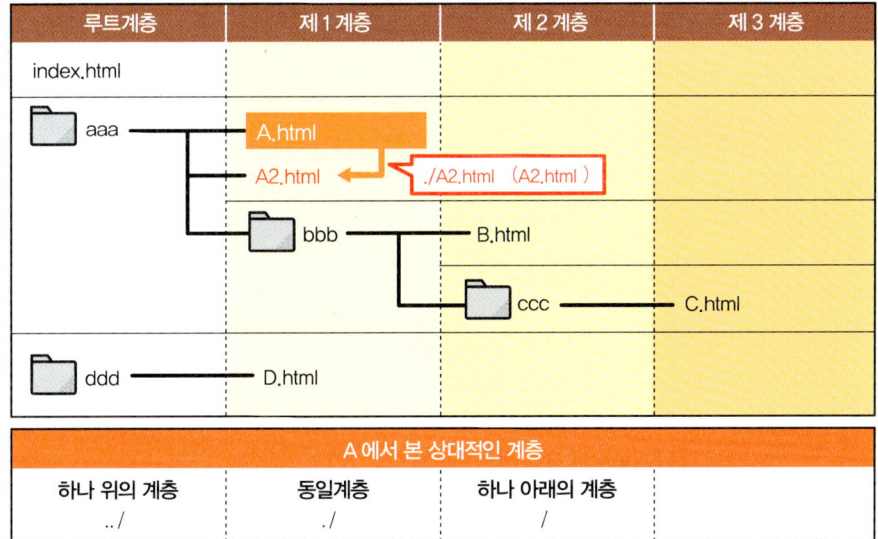

▶ 아래 계층에 전송하는 경로

아래 계층은 폴더명을 '/'로 구분한 후 파일명을 지정합니다. A에서 B에 전송하는 경우에는 'bbb/B.html', A 에서 C에 전송하는 경우는 'bbb/ccc/C.html'이 됩니다. 현재보다 아래 계층에 있는 파일을 지정하는 경로는 이와 같이 목적 파일까지 통과하는 폴더명을 모두 '/'로 구분하면 되기 때문에 비교적 알기 쉽습니다.

- 예제 03-9 아래 계층에 전송하는 경로

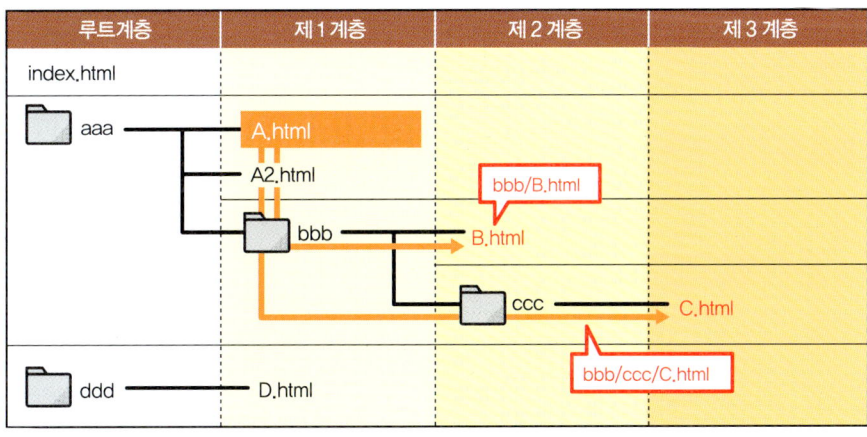

▶ 위의 계층에 전송하는 경로

현재보다 위의 계층을 지정할 경우에는 하나 위의 계층을 '../'로 나타냅니다. 두 개 위는 '../../'가 되고, 세 개 위는 '../../../'가 됩니다. 따라서 A에서 하나 위의 계층에 있는 루트인 index.html에 전송하는 경로는 '../index.html', C에서 A에 전송하는 경로는 '../../A.html', C에서 index에 전송하는 경로는 '../../../index. html'이 됩니다.

● 예제 03-10 위의 계층에 전송하는 경로

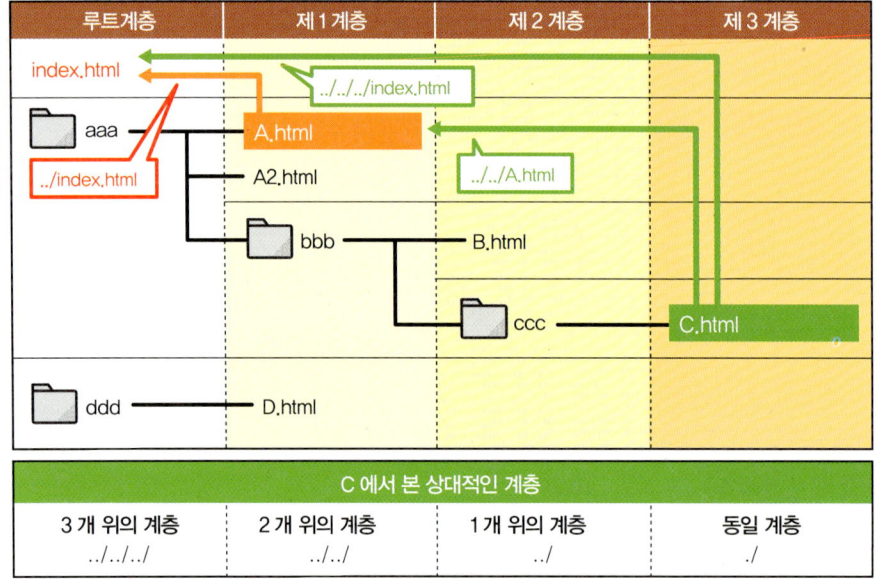

루트계층	제 1 계층	제 2 계층	제 3 계층

C 에서 본 상대적인 계층			
3 개 위의 계층 ../../../	2 개 위의 계층 ../../	1 개 위의 계층 ../	동일 계층 ./

▶ 폴더를 거치는 경우의 경로

A에서 D처럼 소속하는 폴더가 다른 폴더를 지정하는 경우 일단 부모(조상) 폴더가 동일 계층에 존재하는 곳까지 되돌아가 거기서 원하는 폴더 안에 들어가는 방법으로 지정해야 합니다. A에서 D의 경우는 일단 각 부모 폴더가 동일 계층에 있는 1개 위의 계층에 돌아가 거기서 ddd 폴더 안으로 들어가야 합니다. 이것을 절대경로로 표기하면 '../ddd/D.html'이 됩니다. 이 루트를 따르면 C에서 D까지 가는 경로는 '../../../ddd/D.html'이 됩니다.

● 예제 03-11 폴더를 거치는 경우의 경로

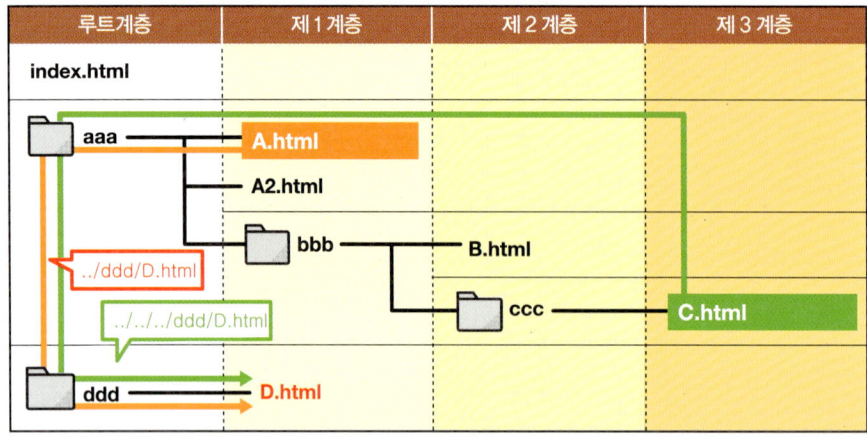

루트계층	제 1 계층	제 2 계층	제 3 계층

상대경로 구조는 초보자에게는 조금 어려울 수 있습니다. 하지만 상대경로로 폴더를 지정해 두면 로컬 환경(자신의 컴퓨터상)에서도 링크를 정확히 실행할 수 있는 장점이 있습니다.

절대경로에서는 무언가를 수정할 때마다 폴더 하나하나를 서버에 업로드해야만 확인을 할 수 있지만, 상대경로에서는 공개하기 전에 자신의 컴퓨터 환경에서 표시와 동작 확인을 할 수가 있습니다. 또한 상대경로로 지정된 것은 웹 서버에 업로드해도 그대로 실행됩니다. 서버를 옮겨도 경로를 수정할 필요가 없습니다. 즉, 서로 상대적인 위치 관계에서 파일을 지정하는 것이기 때문에 사이트를 통째로 옮겨도 띄우는 데는 문제가 없습니다.

루트 상대경로

이 책에서는 사용하지 않지만 또 하나 '루트 상대경로'라는 것이 있습니다. 상대경로가 그때의 파일 장소를 기준으로 하는 데 반해 루트 상대경로는 항상 최상위 루트 계층을 기준으로 합니다. 예를 들면 A에서 A2를 지정할 경우 상대경로에서는 'A2.html'이 되지만 루트 상대경로의 경우에는 '/aaa/A2.html'처럼 항상 '/'=루트부터 순서대로 경로를 지정하는 형태가 됩니다. 어느 계층에서 불러오든 언제나 똑같은 경로로 표현할 수 있다고 하는 점에서는 절대경로와 비슷한 성질을 갖고 있습니다.

● 예제 03-12 루트 상대경로의 경우

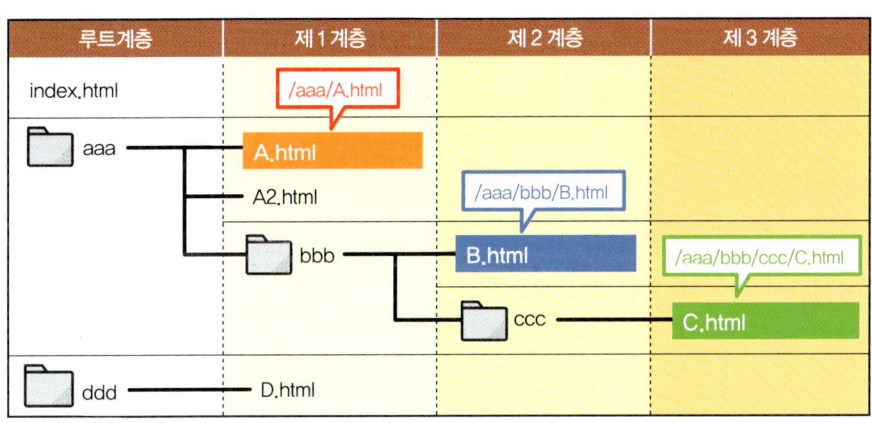

루트 상대경로는 사이트 전체에서 사용하는 메뉴 등을 부품화(컴포넌트)하고, 그것을 프로그램 언어로 모든 HTML에 넣어 표시하는 등 고도의 웹사이트 제작 구조를 만들 때 종종 이용됩니다. 상대경로의 경우는 불러오는 계층에 따라 경로 표기가 달라지기 때문에 소스를 사용하기가 힘듭니다. 하지만 루트 상대경로는 어느 계층에서 불러오기를 해도 항상 일정 경로를 기술하면 되기 때문에 부품을 공통화할 수 있습니다.

POINT

- img 요소의 대체 텍스트인 alt 는 매우 중요하다.
- a 요소의 href 속성을 바꾸면 다양한 타입의 링크를 만들 수 있다.
- 상대경로의 구조를 이해하는 것은 웹 제작에 필수이다.

HTML 문서 작성하기

표와 폼 설치하기

LESSON 04에서는 표과 폼의 코딩 방법에 대해 알아보겠습니다. 폼이란 브라우저상에서 사용자가 데이터를 입력하기 위한 구조의 HTML 요소로, 송신 버튼을 눌러 지정된 장소에 데이터를 송신할 수 있습니다. 이번에는 테이블 요소로 표를 작성해 그 안에 폼을 배치해 보겠습니다.

샘플 파일 ▶ Chapter01 ▶ Chapter04 ▶ before ▶ entry.html

실습 표과 설문지 폼 마크업하기

표를 마크업한다.

● 예제 04-1 테이블 요소(표)의 기본 서식

```
<table>
   <tr>
      <td>1열째 셀</td>
      <td>2열째 셀</td>
   </tr>
</table>
```

1 테이블 요소의 기본적인 구조를 마크업한다.

[entry.html]

```
15  <table>
16  <tr>
17  <td></td>
18  <td></td>
19  </tr>
20  </table>
```

LESSON **04**

● 예제 04-2 표 개념도

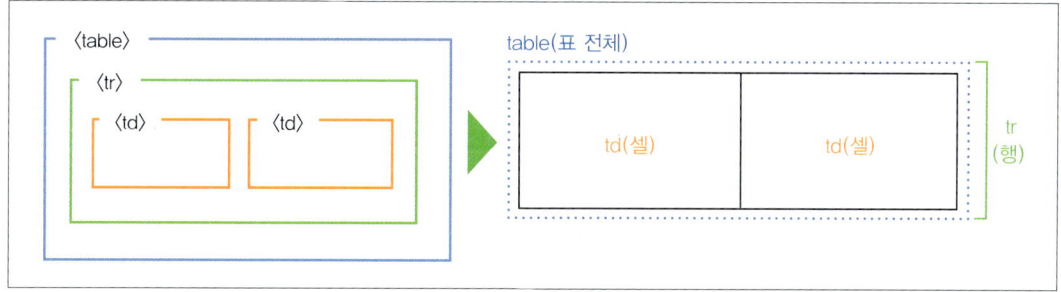

⟨table⟩ ～ ⟨/table⟩은 표 데이터 전체를 영역, ⟨tr⟩ ～ ⟨/tr⟩은 행, ⟨td⟩ ～ ⟨/td⟩는 셀을 나타냅니다. 위의 소스 코드는 '2열 1행'의 표 구조를 나타낸 것입니다.

② 표제 셀 요소를 ⟨th⟩로 변경한다

[entry.html]

```
15  <table>
16  <tr>
17  <th>고양이 이름</th>
18  <td></td>
19  </tr>
20  </table>
```

첫째 셀에는 응모 폼의 표제 항목이 들어갑니다. 표 데이터 중 표제가 되는 셀에는 td 요소가 아니라 th 요소를 사용하는 것이 좋습니다.

③ 행을 늘려 필요한 표제 문구를 입력한다

[entry.html]

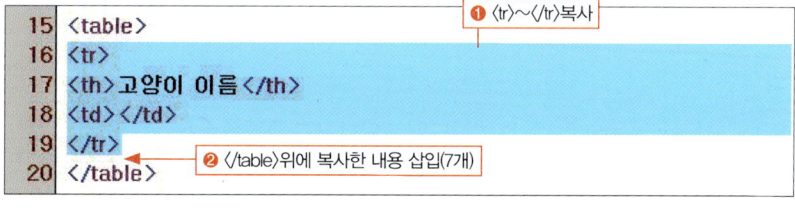

```
15  <table>
16  <tr>
17  <th>고양이 이름</th>
18  <td></td>
19  </tr>
20  </table>
```

❶ ⟨tr⟩～⟨/tr⟩복사

❷ ⟨/table⟩위에 복사한 내용 삽입(7개)

표제 문구

고양이 이름 :

주소 :

성별 :

좋아하는 것 :

사진 :

기르는 주인 이름 :

메일 주소 :

코멘트 :

⟨tr⟩～⟨/tr⟩(표의 1행)을 7개 복사하고 2줄×8개 표의 각 항목 첫머리 문구를 입력하세요.

표의 상태를 확인한다

[entry.html]

```
15  <table border="1">
16  <tr>
17  <th>고양이 이름</th>
18  <td></td>
19  </tr>
20  </table>
```

> Google Chrome의 경우, 이것만으로는 경계선이 나타나지 않아 구조를 알 수 없습니다. 그러므로 일시적으로 border 속성을 설정해 표 상태를 확인합니다(이 border 속성은 마지막에 삭제합니다).

```
고양이 이름 :
주소 :
성별 :
좋아하는 것 :
사진 :
기르는 주인 이름 :
메일 주소 :
코멘트 :
```

> **Memo**
> 크기 지정이 없는 테이블 요소는 셀 안의 콘텐츠 폭에 맞춰 전체 크기를 자동 조정합니다. 여기서는 오른쪽 콘텐츠 셀에 아무것도 들어 있지 않으므로 이미지처럼 셀이 깨져 표시됩니다.

응모 폼을 마크업한다

이번에는 응모 폼을 마크업해 보겠습니다. 폼은 HTML 문서가 사용자로부터 데이터 입력을 받기 위한 구조로, 입력 방식에 따라 다양한 종류가 있습니다. 각각 용도를 이해하면서 기술하는 방법을 배워 두기 바랍니다.

 폼 영역을 설정한다

[entry.html]

```
15  <form id="entryForm" action="#" method="post">
16  <table border="1">
17    <tr>
18      <th>고양이 이름 : </th>
```
─────────────────── 생략 ───────────────────
```
49  </table>
50  </form>
```

● 예제 04-3 form 요소의 기본 서식

```
<form id="① 폼 이름" action="② 데이터 송신처의 경로" method="③ 데이터 송신 방식">
</form>
```

① id 속성   어느 폼에서 보내온 것인지를 판별하기 위해 사용하는 이름.

② action 속성   데이터 송신처(주로 웹 서버에 준비된 프로그램 파일)의 경로.

③ method 속성   데이터 송신 방식. get(데이터를 URL의 일부로서 송신) 또는 post(데이터를 본문으로 송신)
어느 쪽인지를 선택.

폼을 사용할 경우에는 반드시 form 요소가 필요합니다. 〈form〉 ~ 〈/form〉으로 감싼 범위가 송신 버튼을 눌렀을 때 서버에 송신되는 데이터 범위가 됩니다. 여기서는 데이터를 수신해 처리하는 쪽의 프로그램을 준비하지 않았으므로 action 속성의 내용물은 더미가 됩니다.

② 텍스트 박스를 넣는다

[entry.html]

```
18  <th>고양이 이름 : </th>
19  <td><input type="text" name="cat-name"></td>
                      ────── 생략 ──────
38  <th>기르는 주인 이름 : </th>
39  <td><input type="text" name="name"></td>
                      ────── 생략 ──────
42  <th>메일 주소 : </th>
43  <td><input type="email" name="email"></td>
```

● 예제 04-4 input 요소의 기본 서식

```
<input type="text" name="데이터 명">
```

input 요소는 데이터를 입력하기 위한 요소로 type 속성에 따라 다양한 종류의 입력 폼을 작성할 수 있습니다. 1행 텍스트 데이터를 입력할 경우는 type="text"로 합니다. 입력하는 텍스트를 e-mail 형식으로 한정하고 싶을 경우에는 type="email"로 하면 서식에 맞지 않는 입력을 무효화할 수 있습니다.

> **Memo**
> type쪽을 자세한 설명은 54쪽을 참조해 주세요.

● 예제 04-5 서식 위반 경고

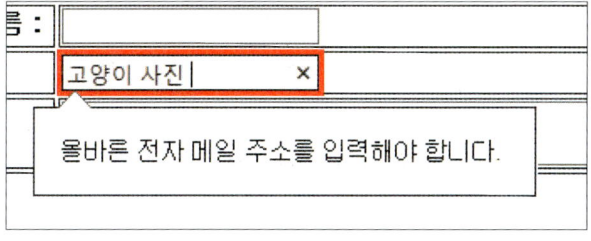

서식에 어긋난 값을 넣어 송신하려고 하면 경고가 나타난다.

③ 텍스트 영역을 넣는다

[entry.html]

```
46  <th>코멘트 : </th>
47  <td><textarea name="comment" row="4" cols="40"></textarea></td>
```

● 예제 04-6 textarea 요소의 기본 서식

```
<textarea name="데이터 명" rows="표시 행의 수" cols="표시 글자 수"></textarea>
```

textarea 요소는 여러 행의 입력 범위를 표시하는 요소입니다. rows 속성, cols 속성으로 지정하는 수치는 표시상 행의 수와 글자 수입니다. 데이터는 그보다 더 입력할 수 있습니다. rows 속성과 cols 속성은 필수입니다. 하지만 브라우저에 따라 표시 크기에 차이가 있으므로 정확하게 만들고 싶을 경우에는 CSS에서 크기를 지정하면 됩니다.

 풀다운 메뉴를 넣는다

[entry.html]

```
22  <th>주소 : </th>
23  <td>
24  <select name="pref">
25  <option value="" selected>선택해 주세요.</option>
26  <option value="서울">서울</option>
27  <option value="광주">광주</option>
28  <option value="대구">대구</option>
29  <option value="대전">대전</option>
30  <option value="부산">부산</option>
31  <option value="울산">울산</option>
32  <option value="제주도">제주도</option>
33  </select>
34  </td>
```

● 예제 04-7 select 요소의 기본 서식

```
<select name="데이터 명">
<option value="송신 데이터">선택지 레벨</option>
...
</select>
```

select 요소는 선택지 목록에서 선택하는 풀다운 메뉴를 만드는 요소입니다. 풀다운에 표시되는 선택지는 option 요소로 작성합니다. option 요소의 value 속성 값이 실제 서버에 송신되는 데이터가 되는데 레이블과 동일하지 않아도 상관없습니다. 특정 선택지를 처음부터 선택한 상태에서 나타내고 싶은 경우에는 해당 option 요소에 'selected'라고 기술하면 됩니다.

 라디오 버튼을 넣는다

[entry.html]

```
37  <th>성별 : </th>        name에 선택 그룹 이름 넣기
38  <td>
39  <input type="radio" name="sex" value="남자" checked>남자
40  <input type="radio" name="sex" value="여자">여자
41  </td>
```

● 예제 04-8 input 요소 (type="radio")의 기본 서식

```
<input type="radio" name="데이터 그룹명" value="송신 데이터">
```

type="radio"는 여러 선택지 중에서 하나만을 선택하는 '라디오 버튼'입니다. 선택지 그룹(그중에서 1개를 선택한다)을 만들려면 해당 input 요소의 name 속성에 같은 값을 설정합니다. 처음부터 선택된 상태로 해 두고 싶은 경우에는 'checked'라고 기술하면 됩니다.

 체크 박스를 넣는다

[entry.html]

```
44  <th>좋아하는 것 : </th>  개별적으로 선택하기 위해 모두 다른 name을 사용한다
45  <td>
46  <input type="checkbox" name="like1" value="생선">생선
47  <input type="checkbox" name="like2" value="고기">고기
48  <input type="checkbox" name="like3" value="우유">우유
49  <input type="checkbox" name="like4" value="바삭바삭한 것">바삭바삭한 것
50  <input type="checkbox" name="like5" value="고양이 통조림">고양이 통조림
51  <input type="checkbox" name="like6" value="단것">단것
52  </td>
```

● 예제 04-9 input 요소 (type="checkbox")의 기본 서식

```
<input type="checkbox" name="데이터 명" value="송신 데이터">
```

type="checkbox"는 여러 개의 선택지 중에서 몇 개든지 선택할 수 있는 체크 박스입니다. type="radio"와는 달리 각 네임 속성을 모두 다른 값으로 해야 합니다. 처음부터 선택된 상태로 하고 싶을 경우는 'checked'라고 기술하면 됩니다.

 어느 체크 박스에서 송신된 데이터인지 정확히 판별할 수 있는 프로그램을 수신하는 측에 준비할 수 있다면 체크 박스의 네임 속성을 같은 이름으로 사용할 수 있습니다. 그러나 바르게 처리할 수 있을지는 어디까지나 수신측 프로그램이 대응하기 나름입니다.

 파일 업로드 요소를 넣는다

[entry.html]

```
55  <th>사진 : </th>
56  <td><input type="file" name="photo"></td>
```

● 예제 04-10 input 요소 (type="file")의 기본 서식

```
<input type="file" name="데이터 명">
```

type="file"은 파일을 선택해 서버에 송신할 수 있는 업로드 버튼입니다. 이 요소는 브라우저의 종류에 따라 표시 형식이 다르게 되어 있습니다.

[entry.html]

```
71  <div>
72  <input type="reset" value="취소">
73  <input type="submit" value="투고">
74  </div>
```

● 예제 04-11 리셋 버튼과 송신 버튼의 기본 서식

```
<input type="버튼 종류" value="버튼 레벨명">
```

type="reset", type="submit"는 각각 '리셋 버튼', '송신 버튼'입니다. 버튼의 레이블을 변경하고 싶은 경우에는 value 속성의 내용을 변경하면 됩니다. 폼 요소 안에 배치된 리셋/송신 버튼은 그 폼 요소 안의 모든 데이터를 리셋/송신합니다.

🧑‍🏫 강의 폼의 종류와 용도

아래는 HTML에서 사용하는 모든 폼을 한곳에 정리한 표입니다. 각 기능을 이해한 다음 적절한 폼을 선택해 사용합니다. HTML5에서는 input 요소의 type 속성 종류가 대폭 늘어 다양한 종류의 데이터를 입력할 수 있게 되었습니다. 다만 이들 속성은 브라우저의 대응 상황이 제각각이며 반드시 모든 환경에서 사용할 수 있는 것은 아닙니다. 언젠가는 모든 환경에서 사용할 수 있게 되겠지만 그때까지는 모든 환경에서 이용할 수 있는 것과 그렇지 않은 것을 구별해서 적절하게 사용하는 것이 좋습니다.

예전부터 있었던 폼 종류

표시	샘플
싱글 텍스트	텍스트 필드(싱글 라인) ⟨input type="text" name="text"⟩
멀티 라인 텍스트	텍스트 필드(멀티 라인) ⟨textarea name="textarea" ⟩test test⟨/textarea⟩
••••	텍스트 필드(패스워드) ⟨input type="password" name="password"⟩
◉ aaa ○ bbb	라디오 버튼 ⟨input type="radio" name="radio" value="1" checked⟩aaa ⟨input type="radio" name="radio" value="2"⟩bbb
☑ aaa ☐ bbb ☐ ccc	체크 박스 ⟨input type="checkbox" name="check1" value="1" checked⟩aaa ⟨input type="checkbox" name="check2" value="2"⟩bbb ⟨input type="checkbox" name="check3" value="3"⟩ccc
파일 선택 선택된 파일 없음	파일 업로드 ⟨input type="file" name="file"⟩

	비표시 필드 〈input type="hidden" name="hidden" value="1"〉 ※화면상에는 보이지 않지만 폼을 서버로 전송할 때 서버로 함께 전송되는 요소
송신	송신 버튼 〈input type="submit" value="송신"〉
리셋	리셋 버튼 〈input type="reset" value="리셋"〉
버튼	범용 버튼 〈input type="button" value="버튼"〉 ※송신/리셋 같은 특별한 기능이 없는 범용 버튼. 기능이 없는 경우에는 JavaScript를 사용해 조정한다.
이미지버튼	이미지 버튼 〈input type="image" src="img/button.png" alt="송신"〉 ※임의의 이미지를 버튼으로 사용할 수 있다. 기능적으로는 type="submit"과 동일하다.
메뉴-2 ▼	선택 메뉴(단일 선택) 〈select name="select"〉 〈option value="1"〉메뉴-1〈/option〉 〈option value="2" selected〉메뉴-2〈/option〉 〈option value="3"〉메뉴-3〈/option〉 〈/select〉
메뉴-1 메뉴-2 메뉴-3 메뉴-4	선택 메뉴(복수 선택) 〈select name="select" multiple〉 〈option value="1"〉메뉴-1〈/option〉 〈option value="2" selected〉메뉴-2〈/option〉 〈option value="3" selected〉메뉴-3〈/option〉 〈/select〉
	레이블 〈input type="checkbox" name="checkbox1" id="checkbox1"〉〈label for="checkbox1"〉aaa〈/label〉 ※for 속성에 대상이 되는 폼에 id 속성 값을 지정하면 레이블 텍스트가 대상 폼에 연관되어 레이블 클릭으로 폼을 선택할 수 있게 됩니다.

HTML5에 추가된 폼 종류

표시	샘플	특징
검색테스트	검색 텍스트 〈input type="search" name="search" value=""〉	일부 브라우저에서는 입력 폼의 모양이 검색 창처럼 변화됩니다.
info@example.com	메일 주소 〈input type="email" name="email" value="info@example.com"〉	최소한의 이메일 서식이 충족되지 않으면 송신할 수 없습니다.
http://www.example.com	URL 〈input type="url" name="url" value="http://www.example.com"〉	최소한의 URL 서식이 충족되지 않으면 송신할 수 없습니다.
0120-123-456	전화번호 〈input type="tel" name="tel" value="0120-123-456"〉	입력할 수 있는 값에 제한이 없으나 모바일 OS에서는 입력할 때 숫자 입력 모드로 바뀝니다.
1	수치 〈input type="number" name="num" value="1"〉	입력할 수 있는 값이 숫자로 한정됩니다. 그리고 대응 브라우저에서는 상하 화살표로 수치를 입력할 수 있게 됩니다.

표시	샘플	특징
년 / 월 / 일	날짜 〈input type="date" name="date" value="2017-03-01"〉	입력할 수 있는 값이 날짜 서식(YYYY-MM-DD)만 됩니다. 대응 브라우저에서는 캘린더가 표시됩니다.
-- --:--	시각 〈input type="time" name="time" value="12:01"〉	입력할 수 있는 값이 시각 서식(00:00)만 됩니다. 대응 브라우저에서는 상하 화살표로 시각을 입력할 수 있게 됩니다.
	일정 범위 내의 수치 〈input type="range" name="range"〉	대응 브라우저에서는 슬라이더 형식의 UI로 대략의 수치를 입력할 수 있게 됩니다.
	색상 〈input type="color" name="color"〉	대응 브라우저에서는 RGB 컬러 패널에서 색상 코드를 선택할 수 있게 됩니다.

> **Memo** 새로운 type 속성 값을 지원하지 않는 브라우저에서 열었을 경우 모두 〈input type="text"〉로 취급됩니다.

폼을 자유자재로 사용할 수 있는 HTML5의 새로운 속성

HTML5에는 필수 제한이나 입력 형식 체크 등을 HTML만으로 실현할 수 있는 입력 보조 기능을 위한 속성이 있습니다. 이를 잘 이용하면 HTML만으로 입력 폼을 좀 더 편리하게 사용할 수 있습니다. 하지만 브라우저의 지원 상황에 따라 사용이 어려운 것도 있으니, 체크해 두고 사용할 수 있는 것부터 사용하기 바랍니다.

▶ autofocus(입력 커서 표시) 속성

화면을 열었을 때 폼의 원하는 요소에 마우스 커서가 자동적으로 표시되도록 할 수 있습니다.

```
<input type="text" name="example" autofocus>
```
참고 : autofocus 속성은 페이지 안에 1군데만 설정할 수 있습니다.

▶ autocomplete(자동완성기능 제어) 속성

첫 글자를 입력하기만 하면 이어지는 문자열을 자동으로 표시하는 속성입니다. 속성을 설정하지 않은 경우는 "on"으로 되어 있으나 autocomplete="off"로 하면 이 기능은 해제됩니다.

```
<input type="search" name="example" autocomplete="off">
```
참고 : form 요소에 설정한 경우 폼 안의 모든 입력 폼에 그 설정이 적용됩니다.

▶ placeholder(힌트 표시) 속성

이 속성을 설정하면 입력 폼 안에 짧은 힌트를 표시시켜 사용자에게 해당 필드에 어떤 내용을 입력해야 할 지 알려 줍니다.

```
<lable>이름 : <input type="text" name="fullname" placeholder="홍길동"></lable>
```

● 예제 04-12 Placeholder

[입력 전]

홍길동

Placeholder(입력 샘플)가 표시되어
있다.

[입력 후]

홍

입력을 시작하면 Placeholder는 사
라지고 입력 데이터로 바뀐다.

참고 : Placeholder는 사용자가 입력을 시작하면 사라져 버리므로 레이블 대체로서 사용하는 것은 바람직하지 않습니다.
예) ⟨input type="text" name="fullname" placeholder="이름:"⟩

▶ required(필수 필드 지정) 속성

이 속성을 설정하면 필수 입력 항목이 됩니다. 필수 필드에 내용이 채워지지 않으면 브라우저에서 오류
메시지가 나와 무언가를 입력할 때까지는 송신할 수 없습니다.

```
<label><input type="radio" name="agree" value="동의한다" required>동의한다</label>
<label><input type="radio" name="agree" value="동의하지 않는다" required>동의하지 않는다</label>
```

● 예제 04-13 입력 필수 경고

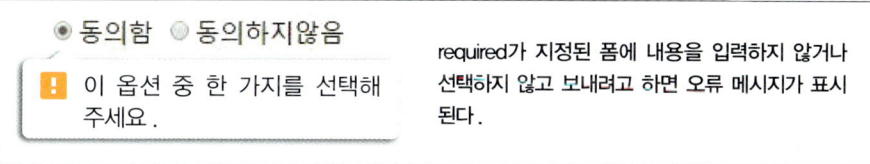

◉ 동의함 ◎ 동의하지않음

❗ 이 옵션 중 한 가지를 선택해
주세요.

required가 지정된 폼에 내용을 입력하지 않거나
선택하지 않고 보내려고 하면 오류 메시지가 표시
된다.

참고 : 라디오 버튼 그룹의 경우 같은 그룹 안에 한 군데라도 required 속성이 있으면 그룹 전체가 필수 항목이 됩니다. 다만 혼란
을 피하기 위해 그룹 내 모든 라디오 버튼에 required 속성을 지정할 것을 권합니다.

▶ min 속성/max 속성/step 속성

min 속성, max 속성, step 속성은 수치나 날짜, 시각을 입력할 때 최솟값, 최댓값, 간격 값을 지정하는
속성입니다. 아래 예에서는 1 이상 10 미만으로 0.5 간격의 수치만을 입력할 수 있습니다.

```
<input type="number" name="num" min="1" max="10" step="0.5">
```

POINT

● 테이블 요소는 표 데이터 구조를 표시하기 위한 요소이다.

● 폼은 사용자가 데이터를 입력하기 위한 구조이다.

● 폼은 인터페이스 종류 외의 데이터명(name 속성)이나 데이터 내용(value 속성) 설정을 잊지 않도록 해 준다.

문법 체크하기

마크업을 다 마쳤으면 반드시 HTML 문법을 검사하는 것이 좋습니다. 확실히 썼다고 생각해도 오류가 나올 수 있기 때문입니다. HTML에 오류를 남긴 채 CSS 코딩을 하면 표시 상태가 좋지 않고 원인이 어디에 있는지 알아내기 어려워집니다. HTML에 문제가 없는지 확인하고 나서 CSS를 쓰는 것이 좋습니다. 또한 CSS를 쓰기 시작한 다음에 HTML에 구조 변경을 한 경우도 마찬가지로 문법 체크를 하도록 합니다.

강의 W3C HTML Validator Service

HTML의 문법 검사를 할 수 있는 서비스는 몇 가지가 있지만, 특히 W3C(World Wide Web Consortium)가 제공하는 온라인 문법 체크 툴(밸리데이터)이 편리합니다.

URL http://validator.w3.org/

● 밸리데이터 (validator) 화면

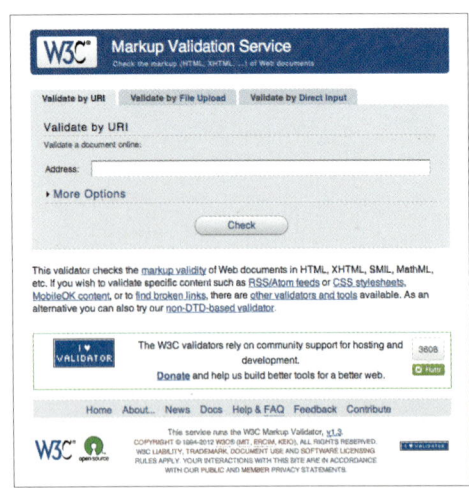

영어 사이트이지만 사용하는 법은 아주 간단합니다.

1 체크 방법 선택

● URL 화면

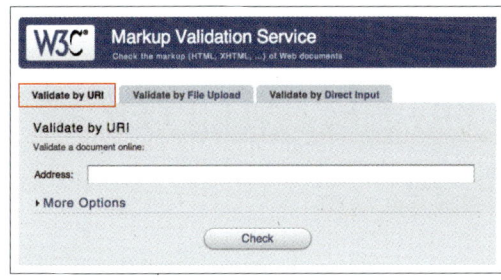

웹 서버상에 공개한 페이지를 검사할 경우에는 [Validate by URI] 탭에서 대상 URL을 입력하면 됩니다.

● 파일 업로드 화면

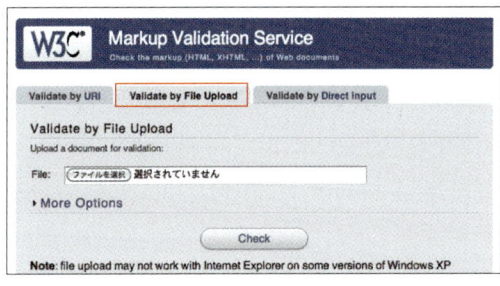

공개 전의 로컬 파일을 체크할 경우에는 중앙에 있는 탭을 선택해 파일을 업로드합니다.

●인풋 화면

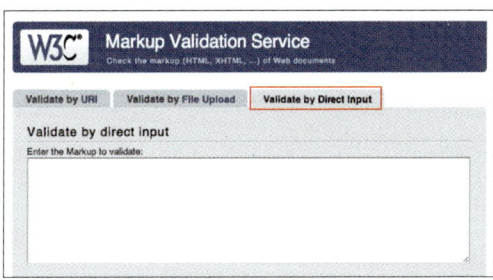

소스 코드를 직접 입력해서 확인할 경우에는 맨 오른쪽에 있는 태그를 선택하고 폼 안에 소스 코드를 입력합니다.

2 검사 결과를 확인

Check 버튼을 클릭합니다. 문법 검사를 한 다음 파일의 Doctype에 따라 검사 결과 화면이 바뀝니다. 문법 오류가 있으면 어디가 잘못되었는지 알려 주기 때문에 적절히 대응할 수 있습니다.

● HTML5 문서의 경우

체크결과

Error
문법 오류 항목입니다. 수정이 필요합니다.

Info
문서 서식에 관한 정보입니다. 특별히 신경 쓸 필요는 없습니다

Warning
주의 정보입니다. 내용에 따라 대처해 주세요.

DOCTYPE을 HTML4.01/XHTML1.0으로 할 경우 주의할 점

현재의 HTML 표준 규격은 HTML5이며 이 책에서도 이 규격을 기준으로 설명합니다. 그러나 이 세상의 모든 HTML 문서가 HTML5로 되어 있지는 않기 때문에, 오래된 웹사이트에서는 구 규격이 기준이 되는 일이 많을 것이고 사내 규정 등으로 예전 규격을 채택하는 경우도 있을 수 있습니다. HTML5에서 채택된 새로운 요소와 새로운 속성만 사용하지 않는다면 HTML의 기본적인 규칙이나 개념은 거의 같으므로 그리 신경 쓸 필요는 없습니다. 그러나 자세한 부분에서는 다소 규칙이 다르니 사용할 때는 주의해야 합니다. 아래는 구 규격의 HTML 문서를 작성할 때 신경을 써야 할 점을 정리한 것입니다. 참고해 주세요.

DOCTYPE의 차이

앞의 DOCTYPE 일람표에서 나타낸 것처럼 HTML4.01, XHTML1.0의 경우 DOCTYPE이 상당히 길고 복잡합니다. 그리고 HTML5와 달리 'strict', 'transitional'이라는 구분이 있어 어느 쪽을 선택하느냐에 따라 지켜야 할 문법상의 규칙도 달라지는 특징이 있습니다.

Strict 형과 Transitional 형

Strict 형은 언어 사양에 따라 기술할 것을 요구하는 문서형입니다. 반면 Transitional 형은 HTML4.01/XHTML1.0의 사양에 정해져 있지 않은 예전의 HTML 문법이나 요소, 속성을 사용해도 에러가 나지 않는 문서형입니다. '폐지' 또는 '비권장' 요소나 속성을 사용할 수 있느냐, 사용 못하느냐의 차이가 있다고 할 수 있습니다.

어느 문서형을 사용하든 정해진 규칙에 따라 기술하고 레이아웃 같은 장식 요소는 CSS로 지정하는 것이 원칙입니다. 기본적으로는 이러한 요소나 속성을 사용할 수 없는 Strict에 준하여 기술합니다.

> **Term**
>
> **사양**
> 사양이란 충족되어야 할 요건으로 HTML 언어 사양의 경우는 요소나 속성의 정의, 사용 방법, 동작 등을 상세하게 정한 규칙을 가리킵니다. HTML의 사양은 W3C(World Wide Web Consortium)라는 단체가 관리하고 있습니다.

> **Memo**
>
> HTML4.01/XHTML1.0에서 폐지 혹은 비권장이 된 요소와 속성 대부분은 center 요소나 color 속성같이 본래 CSS에서 취급해야 할 색상이나 크기, 레이아웃 등 디자인을 하기 위해 예전에 사용되었던 것입니다.

HTML4.01/XHTML1.0에서는 'taget 속성'이나 'iframe 요소'처럼 흔히 사용하고 있음에도 CSS로 대신 사용할 수 없는 것까지 비권장 되었습니다. 그렇기 때문에 문법 검사 시에 오류가 생기지 않도록 문서형 선언만은 'Transitional'로 하는 경우도 많습니다.

코드의 기술 규칙

HTML이나 XHTML은 사용하는 요소나 속성, 기본적인 규칙 등이 거의 같아 기능적으로는 똑같다고 생각해도 별 문제가 없습니다. 하지만 XHTML은 HTML에 비해 기술 규칙이 세세하고 엄밀하다는 특징이 있습니다. HTML과 XHTML의 기술 규칙의 차이는 다음과 같습니다. XHTML를 사용할 경우에는 표 내용을 참고해 주의하기 바랍니다.

● **HTML 과 XHTML 의 규칙 차이**

	HTML	XHTML
태그나 속성의 대문자/소문자	어느 쪽도 가능	소문자만 가능
종료 태그의 생략	가능 ○ : 〈p〉내용 ○ : 〈p〉내용〈/p〉	불가능 × : 〈p〉내용 ○ : 〈p〉내용〈/p〉
속성 인용부호(" ")의 생략	가능 ○ : 〈table width=100〉 ○ : 〈table width="100"〉	불가능 × : 〈table width=100〉 ○ : 〈table width="100"〉
속성의 이름과 값이 같은 경우, 속성명 생략	가능 ○ : checked ○ : checked="checked"	불가능 × : checked ○ : checked="checked"

비어 있는 요소의 취급

 XHTML에서 기술하는 경우, 비어 있는 요소에는 부등호 〉 앞에 /(슬래시)를 넣으면 됩니다.
예 : HTML의 경우…〈br〉   XHTML의 경우…〈br/〉

HTML5와 그 이전 정의가 다른 요소와 속성

이전부터 존재하는 요소나 속성 중에는 HTML5와 다른 정의나 사용법이 몇 가지 있습니다. HTML5만 사용한다면 신경 쓸 필요가 없겠지만 예전 규격을 다루는 경우에는 요소나 속성에 주의해야 합니다. 아래에 대표적인 것들을 정리해 두었으니 한번 읽어 보기 바랍니다.

● **의미가 달라진 요소**

	HTML5의 정의	HTML5 이전의 정의
strong 요소	중요한 텍스트	보다 강한 강조
em 요소	악센트를 붙여 강조하는 텍스트	강조
b 요소	키워드나 고유 명사 등, 다른 것과 구별하고 싶은 텍스트	글자를 굵게 한다(비권장)
i 요소	대체 음성이나 기분 등 스타일이 다른 텍스트	글자를 이탤릭체로 한다(비권장)
small 요소	면책조항이나 저작권 정보 등 법률 관계의 주석, 보조적인 코멘트	글자의 크기를 조금 작게 한다(비권장)

※b, i, small 요소는 HTML5 이전 규격에서는 비권장이기 때문에 사용할 수 없습니다.

● 사용법이 바뀐 요소와 속성

	HTML5에서 사용하는 법	HTML5 이전의 사용법
a 요소	하이퍼텍스트, Placeholder(앵커 링크는 폐지)	하이퍼링크, 앵커 링크
hr 요소	섹션 내의 단락에서 화제나 주제가 바뀌는 곳	수평선
img 요소의 alt 속성	alt 속성의 텍스트를 이미지와 바꿔도 콘텐츠 정보를 불러오는 것에 지장이 없도록 자세한 설명문을 넣는다.	이미지의 내용을 단적으로 나타내는 간단한 텍스트를 넣는다.
table 요소의 border 속성	border="1"로 레이아웃 목적의 표가 아님을 명시한다.	표의 경계선 굵기를 수치로 지정한다.

HTML4.01 / XHTML1.0의 서식

HTML5는 주로 head 등의 기본 서식이 그 이전의 규격과 다릅니다. 아래에 HTML4.01 Transitional과 XHTML1.0 Transitional의 각 템플릿을 제시해 두었으니 HTML5와의 차이를 알아두기 바랍니다.

● HTML4.01 Transitional

```
<!DOCTYPE HTML PUBLIC "-//W3C//DTD HTML 4.01
Transitional//EN" "http://www.w3.org/TR/html4/
loose.dtd">
<html lang="ko">


<head>
<meta http-equiv="Content-Type"
content="text/html; charset=UTF-8">❶
<meta http-equiv="Content-Style-Type"
content="text/css">❷
<meta http-equiv="Content-Script-Type"
content="text/javascript">❷


<title>페이지 제목</title>
<meta name="description" content="페이지 개요">
<meta name="keywords" content="키워드 1, 키워드 2">


<link type="text/css" rel="stylesheet" href="파일
경로" media="all">❸
<script type="text/javascript" src="파일 경로"></
script>❸

</head>
<body>
</body>
</html>
```

● XHTML1.0 Transitional

```
<?xml version="1.0" encoding="UTF-8"?>❹
<!DOCTYPE html PUBLIC "-//W3C//DTD XHTML 1.0
Transitional//EN" http://www.w3.org/TR/xhtml1/DTD/
xhtml1-transitional.dtd">
<html xmlns="http://www.w3.org/1999/xhtml"
lang="ko-KR" xml:lang="ko-KR">❺


<head>
<meta http-equiv="Content-Type"
content="text/html; charset=utf-8" />❻
<meta http-equiv="content-style-type"
content="text/css" />
<meta http-equiv="content-script-type"
content="text/javascript" />


<title>페이지 제목</title>
<meta name="description" content="페이지 개요" />
<meta name="keywords" content="키워드 1, 키워드 2" />


<link type="text/css" rel="stylesheet" href="파일
경로" media="all" />
<script type="text/javascript" src="파일 경로"></
script>

</head>
<body>
</body>
</html>
```

❶ 문자 코드는 반드시 이 서식을 사용해야 합니다.

❷ 문서 안에서 CSS나 JavaScript를 사용할 때는 이들을 사용하기 위한 선언문이 필요합니다.

❸ 외부 CSS나 JavaScript를 불러올 때는 반드시 타입 속성을 기술해야 합니다.

❹ XHTML 문서에는 첫머리에 XML 선언을 해야 합니다(※문자코드 UTF-8의 경우에는 생략 가능).

❺ XHTML 문서에서는 html 요소에 이름 충돌 문제를 해결할 수 있는 'XML 이름 공간'이 필요합니다. 또한 언어코드를 기술할 경우에는 lang 속성과 xml: lang 속성 둘 다 기술해야 합니다.

❻ head 요소 이하는 기본적으로 HTML4.01과 같으나 XHTML 문서의 경우, 모두 비어 있는 요소에는 끝에 />를 넣어야 합니다.

※ 여기서 정리한 것은 최소한 알아 두어야 할 항목입니다. 자세한 것은 인터넷에서 검색하여 정보를 수집해 두기 바랍니다.

Chapter 02

CSS로 문서 장식하기

이 장에서는 CSS의 기본 서식, 선택자, 프로퍼티, 박스 모델 등 CSS를 이용하는 데 반드시 마스터해 두어야 할 사항을 알아봅니다. 또한 색상이나 여백, 글꼴 설정 등 흔히 사용하는 문서 장식을 직접 따라하면서 기본적인 CSS 프로퍼티 연습을 해 보겠습니다.

CSS로 문서 장식하기

CSS의 개요

LESSON 05에서는 CSS의 역할과 기본 서식 등 CSS를 쓰기 전에 알아 두어야 할 기본 지식을 배워 보겠습니다.

강의 CSS의 개요와 기본 규칙

CSS란?

CSS(Cascading Style Sheets)는 HTML 문서에 장식이나 레이아웃을 하기 위한 언어입니다. CSS는 어디까지나 HTML이라는 토대 아래서 다양한 표시를 조정해가는 언어이기 때문에 토대가 되는 HTML이 바르게 만들어져 있어야 합니다. 이것은 CSS를 제대로 설정하는 데 꼭 필요한 전제 조건입니다.

HTML과 CSS의 관계는 건물의 기초 구조와 내장, 외장의 관계와 비슷합니다. 웹 페이지는 HTML 마크업과 보기 좋고 읽기 쉽게 만드는 CSS가 제 기능을 다해야 이상적이라 할 수 있습니다.

바르게 마크업이 되어 있지 않아도 보기 좋게 만들 수는 있습니다. 하지만 제대로 구조화된 심플한 HTML을 토대로 해야 CSS 자체도 심플하고 효율적으로 쓸 수가 있습니다. 따라서 CSS를 써 보기 전에 다시 한 번 HTML 소스를 살펴보기 바랍니다.

● 예제 05-1 HTML과 CSS의 관계

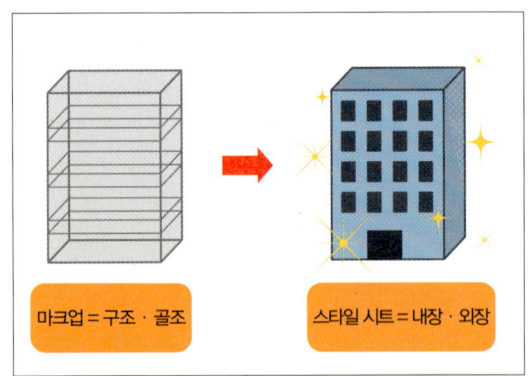

마크업 = 구조 · 골조 　　　스타일 시트 = 내장 · 외장

CSS를 HTML에 적용하는 방법

CSS를 HTML에 기술하는 방법은 아래의 세 가지가 있습니다.

 인라인

```
<h1 style="color:#FF0000;">제목1</h1>
```

HTML 태그 안에 스타일 속성에 따라 직접 CSS를 기술할 수 있습니다. 이 방법은 직관적이고 알기 쉽습니다. 하지만 구조인 HTML 소스 코드에 직접 디자인을 지정하는 것이기 때문에 ==일시적으로 테스트할 때 이외에는 원칙적으로 사용하지 않습니다.==

2 내부 참조

```
<head>
<style>
    h1{color:#FF0000;}
</style>
</head>
```

HTML 문서의 헤드 요소 안에 스타일 요소를 설정하고 그 안에 CSS를 기술할 수 있습니다. HTML 소스 코드와 스타일 지정을 분리할 수는 있지만 헤드 요소 안에 기술한 CSS는 그 페이지에서밖에 사용할 수가 없습니다. 따라서 일시적인 테스트나 예외적으로 그 페이지에만 사용하고 싶은 스타일을 지정하는 등 한정적으로 사용하도록 합니다.

3 외부 참조

```
<head>
    <link href="외부 CSS 파일 경로" rel="stylesheet" media="all">
</head>
```

또는

```
<head>
<style>
    @import url(외부 CSS 파일 경로);
</style>
</head>
```

CSS를 ==외부 파일화==해서 그것을 참조하는 방법입니다. link 요소를 사용해 참조하는 방법과 @import 구문(CSS 안에서 다른 CSS 파일을 참조하기 위한 구문)을 사용해 참조하는 방법이 있습니다. 이 중

link 요소를 이용해 외부 참조하는 방법이 일반적입니다.

CSS를 HTML에 기술하는 경우는 아래와 같은 장점이 있기 때문에 원칙적으로 외부 CSS 파일을 참조하는 형태가 권장되고 있습니다.

CSS를 외부 파일화할 때의 장점

CSS를 외부 파일화하는 최대의 장점은 <mark>여러 페이지에서 스타일을 재사용할 수 있다</mark>는 점입니다. 개별 HTML에 스타일을 쓰면 디자인 수정이나 변경을 해야 할 경우 모든 HTML 파일을 수정해야 합니다. 그런데 외부 CSS 파일에서 스타일 정보를 일괄적으로 관리하면 몇 백 페이지를 수정해야 해도 CSS 파일 한곳만 고치면 수정이 완료됩니다. 이것이 CSS를 사용하는 큰 장점입니다.

어느 정도 규모의 웹사이트가 되면 스타일 정보가 눈 깜짝할 사이에 방대한 분량이 됩니다. 그 방대한 분량의 스타일 정보를 한 페이지에서 관리하고 운용한다는 것은 굉장히 어렵습니다. 그렇기 때문에 대부분의 경우는 역할에 따라 여러 CSS 파일로 분할해 관리합니다. 예를 들면 사이트 공통 CSS, 상단용 전용 CSS, 하단용 개별 CSS로 분할해 각각 필요한 CSS만을 불러옵니다. 이와 같이 <mark>CSS를 부품(컴포넌트)화해서 분할 관리</mark>하는 운용상의 장점도 외부 파일화되어 있어야만 누릴 수 있습니다.

● 예제 05-2 분할 관리의 개념도

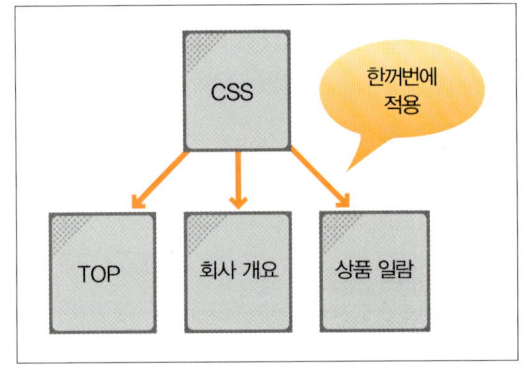

● 예제 05-3 사용 개념도

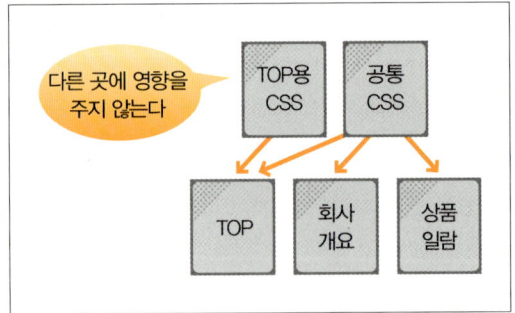

> **Memo** 지나치게 잘게 분할하는 것은 표시 면에서 좋지 않기 때문에 분할한다 해도 몇 장 정도로 하는 것이 일반적입니다.

CSS의 기본 규칙

▶ **기본 서식**

● 예제 05-4 CSS 기본 서식

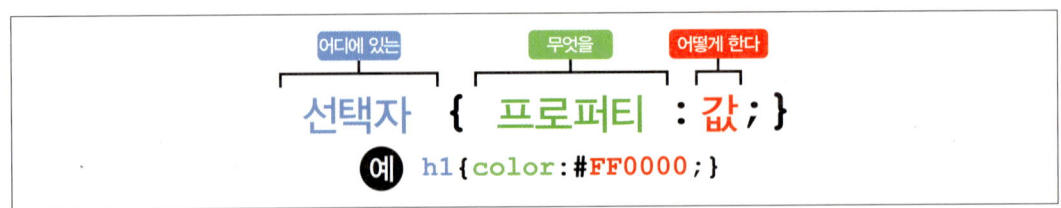

CSS의 기본 서식은 아주 간단합니다. HTML 소스 코드 안에 있는 '어느 부분의', '어떤 속성을', '어떤 값으로 할 것인가' 하는 것을 정한 서식에 따라 써 가면 됩니다. 따라서 <mark>어디에 있는(=선택자) 무엇을(=프로퍼티) 어떻게 한다(=값)</mark> 이 기본 서식과 그 의미를 꼭 머릿속에 기억해 두기 바랍니다.

▶ CSS에서 하는 색상 지정

위의 예로 든 h1{color:#FF0000;}은 'h1 요소의 글자 색상을 빨간색으로 한다'는 명령입니다. 색상을 바꾸는 것은 CSS를 사용하는 가장 기본 단계입니다. CSS로 색상 지정을 할 때는 일반적으로 16진수 RGB 값을 사용합니다.

16진수 RGB 값은 대문자든 소문자든 상관없습니다. 또한 각 RGB가 같은 값인 경우에는 생략해서 3자리

● 예제 05-5 16 진수 색상 코드

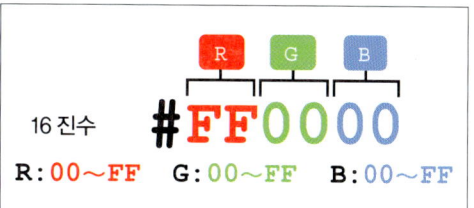

로 표현할 수도 있습니다. 아래의 예와 같이 #FF0000, #ff0000, #F00, #f00 어느 패턴이든지 정확히 인식됩니다. 이외에도 10진수의 RGB 값이나 불투명도를 지정할 수 있는 RGBa(IE9 이상)의 값, 정해진 색상명으로도 정의할 수 있습니다.

● 예제 05-6 CSS의 색상 표현 서식

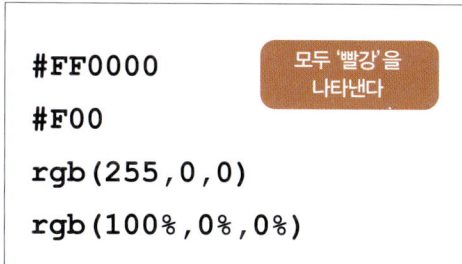

● 표 05-1 색상명

black(#000000)		silver(#c0c0c0)	
navy(#000080)		aqua(#00ffff)	
olive(#808000)		lime(#00ff00)	
maroon(#800000)		fuchsia(#ff00ff)	
gray(#808080)		white(#ffffff)	
teal(#008080)		blue(#0000ff)	
green(#008000)		yellow(#ffff00)	
purple(#800080)		red(#ff0000)	

▶ CSS에서 사용하는 단위

프로퍼티와 함께 알아 두어야 할 것은 CSS에서 사용하는 단위입니다. CSS에서 취급할 수 있는 주요 단위는 다음과 같습니다. 이 중에서 웹 제작에서 실제로 사용하는 단위는 <mark>'px(픽셀)', '%(퍼센트)', 'em(엠)'</mark> 같은 상대 단위가 대부분입니다. 인쇄용 스타일시트를 작성할 때는 pt나 mm 같은 절대 단위를 사용하는 경우도 있으나 빈도는 아주 낮습니다.

● 표 05-2 주요 단위

상대 단위

px	모니터의 화소(픽셀)를 1로 하는 단위
%	퍼센트로 비율을 지정
em	부모 요소 대문자 M의 높이(폰트 사이즈)를 1로 하는 단위
ex	부모 요소 소문자 x의 높이를 1로 하는 단위
rem	루트 요소(html 요소) 대문자 M의 높이를 1로 하는 단위 (※IE9 이상 대응)

절대 단위

pt	포인트(1/72인치)를 1로 하는 단위
pc	1파이카(12포인트)를 1로 하는 단위
mm	밀리미터를 기준으로 한 단위
cm	센티미터를 기준으로 한 단위
in	인치(2.54센티미터)를 1로 하는 단위

'em'은 부모 요소에 지정(또는 계승)된 폰트 사이즈를 기준으로 한 단위입니다. 사용자 환경에 따라서 폰트 사이즈가 바뀌는 웹 디자인에서 '한 글자 분량의 여백을 비워 둔다'든가 '행간을 글자 높이의 1.5배로 한다'는 등등, 그때그때의 폰트 사이즈에 맞는 크기를 지정할 수 있는 것이 특징입니다. 일상생활에서는 그다지 볼 수 없는 단위이지만 CSS에서는 흔히 사용되므로 기억해 두기 바랍니다.

● 예제 05-7 em 사용 예

예 : 행간을 글자 크기의 1.5배로 한다.

예 : 행의 첫머리 부분을 한 글자 분량만큼 내린다.

em과 rem의 차이

em과 rem은 둘 다 '대문자 M의 높이=한 글자 분량'을 기준으로 하는 상대 단위라는 점에서는 같은 성질을 갖고 있습니다. 그러나 em이 인접 부모 요소에 지정되어 있는 폰트 사이즈를 기준으로 해서 계산되는데 반해 rem은 항상 최상위 루트 요소에 지정되어 있는 폰트 사이즈를 기준으로 계산된다는 점에서 차이가 있습니다.

예를 들어 루트로 지정되어 있는 폰트 사이즈가 16px일 때 li 요소를 1.2em으로 지정한 경우와 1.2rem으로 지정한 경우에 어떤 차이가 생기는지를 그림으로 나타내 보면 다음과 같습니다.

● 예제 05-8 em과 rem의 차이

■소스 코드

```
<ul>
        <li>제1계층의 텍스트 </li>
        <li>제1계층의 텍스트
                <ul>
                        <li>제2계층의 텍스트 </li>
                </ul>
        </li>
</ul>
```

■단위 em으로 지정한 경우

```
html { font-size: 16px; }
li { font-size: 1.2em; }
```

• 제1계층의 텍스트

• 제1계층의 텍스트

16×1.2=19.2px

• 제2계층의 텍스트

19.2×1.2=23.04px

■단위 rem으로 지정한 경우

```
html { font-size: 16px; }
li { font-size: 1.2rem; }
```

• 제1계층의 텍스트

• 제1계층의 텍스트

16×1.2=19.2px

• 제2계층의 텍스트

16×1.2=19.2px

이처럼 em의 경우는 기준이 되는 크기가 바뀔 수 있습니다. 이에 반해 rem의 경우는 항상 기준 크기가 일정해 의도하지 않은 크기로 바뀌는 현상을 막을 수가 있습니다.

> **Memo**
> rem은 IE9 이상에서 사용할 수 있습니다.

POINT

● CSS의 기본은 어디에 있는(= 선택자) 무엇을(= 프로퍼티) 어떻게 한다(= 값)이다.

● CSS는 원칙적으로 외부 파일화하는 것이 좋다.

● 16 진수의 RGB 색상과 px 나 %, em 같은 상대 단위를 잘 알아 둔다.

CSS로 문서 장식하기

기본 프로퍼티와 선택자 사용법

LESSON 06에서는 자주 사용하는 기본적인 프로퍼티를 사용해 실제로 문서를 장식하는 순서를 알아 보겠습니다. 또한 요소 자체를 선택자로 하는 방법 등 다양한 선택자에 대해서도 알아보겠습니다.

샘플 파일 ▸ Chapter01 ▸ lesson06 ▸ before ▸ index.html/style.css

📖 실습 | 기본 프로퍼티와 선택자로 문서를 장식한다

lesson 06/before의 index.html과 style.css를 편집기에서 열고, index.html을 브라우저에 띄워 둡니다. 아래와 같이 컴퓨터 화면상에서 편집 파일과 브라우저를 나란히 놓아 바로 비교할 수 있게 레이아웃해 두기 바랍니다.

● 예제 06-1 화면 배치

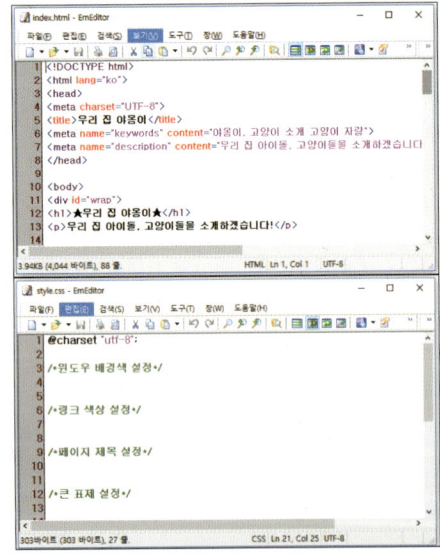

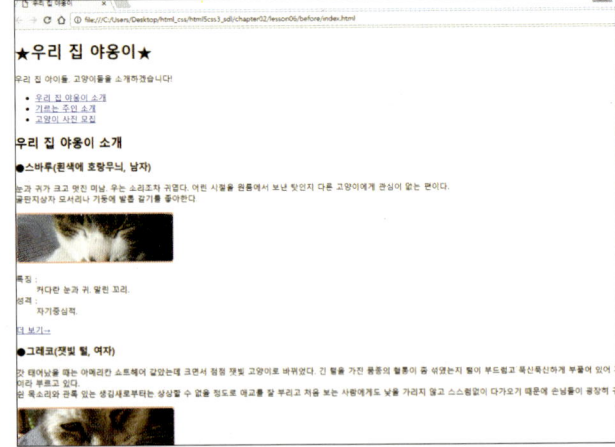

LESSON 06

● Before

★우리 집 야옹이★

우리 집 아이들, 고양이들을 소개하겠습니다!

- 우리 집 야옹이 소개
- 기르는 주인 소개
- 고양이 사진 모집

우리 집 야옹이 소개

●스바루(흰색에 호랑무늬, 남자)

눈과 귀가 크고 멋진 미남. 우는 소리조차 귀엽다. 어린 시절을 원룸에서 보낸 탓인지 다른 고양이에게 관심이 없는 편이다.
골판지상자 모서리나 기둥에 발톱 갈기를 좋아한다.

특징 :
　커다란 눈과 귀. 말린 꼬리.
성격 :
　자기중심적.

더 보기→

●그레코(잿빛 털, 여자)

갓 태어났을 때는 아메리칸 쇼트헤어 같았는데 크면서 점점 잿빛 고양이로 바뀌었다. 긴 털을 가진 품종의 혈통이 좀 섞였는지 털이 부드럽고 복신복신하게 부풀어 있어 가족들이 털복숭이라 부르고 있다.
쉰 목소리와 관록 있는 생김새로부터는 상상할 수 없을 정도로 애교를 잘 부리고 처음 보는 사람에게도 낮을 가리지 않고 스스럼없이 다가오기 때문에 손님들이 굉장히 귀여워한다.

특징 :
　쉰 목소리. 데굴데굴 구르며 공격.
성격 :
　애교가 많다. 엉큼함.

더 보기→

●네즈코(흰색과 갈색 무늬, 여자)

그레코와 함께 우리 집에 온 흰색 빛이 도는 어린 고양이. 그레코와는 달리 전형적인 고양이 성격. 호의적인 태도보다는 오히려 적대적인 태도를 보일 때가 많다(눈물). 그레코와 벌인 세력쟁탈전에서 패배한 후 집을 나가 지금은 거의 둘고양이 신세가 되었다.
생김새는 원래 순 토종 풍으로 깨끗했었는데 밖에서 살던 중에 까마귀의 공격을 받아 한쪽 눈을 잃었나. 고고한 고양이.

특징 :
　한쪽 눈. 작은 얼굴.
성격 :
　자존심이 강하다. 사람에게는 여왕처럼 군다.

더 보기→

기르는 주인 소개

H.N. :
　roka404
하는 일 :
　프리랜서로 웹 관련 일을 하고 있다.
mail :
　info@hogehoge.com
Web :
　http://www.hogehoge.com/blog/

고양이 사진 모집

갤러리 페이지를 기획중입니다. 여러분의 소중한 고양이를 소개해 보세요♪
고양이 열 마리가 모이면 페이지를 개설하겠습니다!

응모는 이쪽→

● After

★우리 집 야옹이★

우리 집 아이들, 고양이들을 소개하겠습니다!

- 우리 집 야옹이 소개
- 기르는 주인 소개
- 고양이 사진 모집

우리 집 야옹이 소개

●스바루(흰색에 호랑무늬, 남자)

눈과 귀가 크고 멋진 미남. 우는 소리조차 귀엽다. 어린 시절을 원룸에서 보낸 탓인지 다른 고양이에게 관심이 없는 편이다.
골판지상자 모서리나 기둥에 발톱 갈기를 좋아한다.

특징 :
　커다란 눈과 귀. 말린 꼬리.
성격 :
　자기중심적.

더 보기→

●그레코(잿빛 털, 여자)

갓 태어났을 때는 아메리칸 쇼트헤어 같았는데 크면서 점점 잿빛 고양이로 바뀌었다. 긴 털을 가진 품종의 혈통이 좀 섞였는지 털이 부드럽고 복신복신하게 부풀어 있어 가족들이 털복숭이라 부르고 있다.
쉰 목소리와 관록 있는 생김새로부터는 상상할 수 없을 정도로 애교를 잘 부리고 처음 보는 사람에게도 낮을 가리지 않고 스스럼없이 다가오기 때문에 손님들이 굉장히 귀여워한다.

특징 :
　쉰 목소리. 데굴데굴 구르며 공격.
성격 :
　애교가 많다. 엉큼함.

더 보기→

●네즈코(흰색과 갈색 무늬, 여자)

그레코와 함께 우리 집에 온 흰색 빛이 도는 어린 고양이. 그레코와는 달리 전형적인 고양이 성격. 호의적인 태도보다는 오히려 적대적인 태도를 보일 때가 많다(눈물). 그레코와 벌인 세력쟁탈전에서 패배한 후 집을 나가 지금은 거의 둘고양이 신세가 되었다.
생김새는 원래 순 토종 풍으로 깨끗했었는데 밖에서 살던 중에 까마귀의 공격을 받아 한쪽 눈을 잃었다. 고고한 고양이.

특징 :
　한쪽 눈. 작은 얼굴.
성격 :
　자존심이 강하다. 사람에게는 여왕처럼 군다.

더 보기→

기르는 주인 소개

H.N. :
　roka404
하는 일 :
　프리랜서로 웹 관련 일을 하고 있다.
mail :
　info@hogehoge.com
Web :
　http://www.hogehoge.com/blog/

고양이 사진 모집

갤러리 페이지를 기획중입니다. 여러분의 소중한 고양이를 소개해 보세요♪
고양이 열 마리가 모이면 페이지를 개설하겠습니다!

응모는 이쪽→

외부 CSS 파일에 링크한다

외부 CSS 파일을 준비한다

여기서 style.css라는 이름으로 미리 기본 양식을 준비했습니다.

● 예제 06-2 style.css

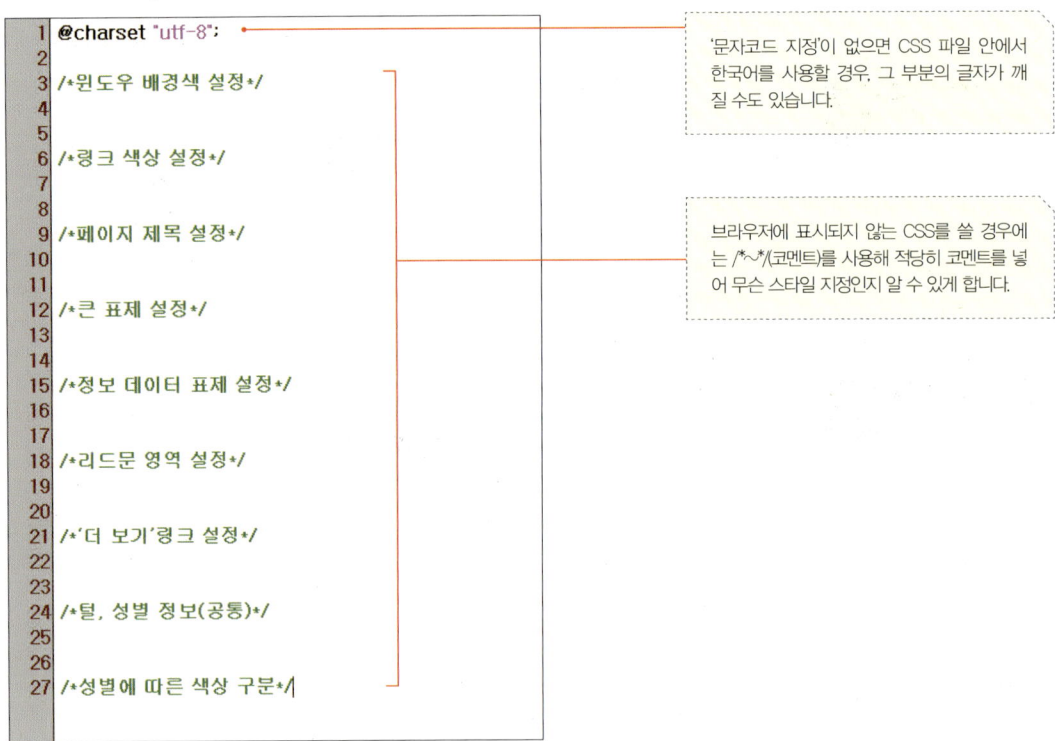

```
 1  @charset "utf-8";
 2
 3  /*윈도우 배경색 설정*/
 4
 5
 6  /*링크 색상 설정*/
 7
 8
 9  /*페이지 제목 설정*/
10
11
12  /*큰 표제 설정*/
13
14
15  /*정보 데이터 표제 설정*/
16
17
18  /*리드문 영역 설정*/
19
20
21  /*'더 보기'링크 설정*/
22
23
24  /*털, 성별 정보(공통)*/
25
26
27  /*성별에 따른 색상 구분*/
```

> '문자코드 지정'이 없으면 CSS 파일 안에서 한국어를 사용할 경우, 그 부분의 글자가 깨질 수도 있습니다.

> 브라우저에 표시되지 않는 CSS를 쓸 경우에는 /*~*/(코멘트)를 사용해 적당히 코멘트를 넣어 무슨 스타일 지정인지 알 수 있게 합니다.

② HTML에서 외부 CSS 파일 링크

index.html의 헤드 요소에 외부 CSS 파일을 참조하는 링크 요소를 설정합니다. index.html의 헤드 요소 안에 다음과 같이 추가해 주세요.

```
 7  <meta name="description" content="우리 집 아이돌, 고양이들을 소개하겠습니다!
 8  귀여운 고양이 사진이 많이 게재되어 있습니다.">
 9  <link href="style.css" rel="stylesheet" media="all">
10  </head>
```

● 예제 06-3 외부 CSS 불러오기 기본 서식

- href 속성 : 외부 참조 CSS 파일의 경로를 기술한다.
- rel 속성 : 외부 참조 파일의 종류, CSS 파일을 참조하는 경우에는 항상 위와 같이 기술한다.
- media 속성 : CSS 파일을 적용하는 대상 미디어에 따라 값을 지정한다.

media 속성에 사용하는 값
screen(모니터), print(인쇄), handheld(휴대전화), tv 등. media="all"로 한 경우는 미디어를 한정하지 않고 모든 미디어에서 같은 CSS를 적용하게 됩니다.

요소에 대한 기본적인 장식을 설정한다

여기서부터는 모두 style.css에 기술합니다. 한 개의 프로퍼티를 기술했다면 바로바로 저장한 다음 브라우저에서 확인하기 바랍니다. 바르게 쓰여 있는지 확인할 수 있고 프로퍼티와의 관계 이미지를 파악하는 데 도움이 될 것입니다.

① 윈도우 배경색 설정

```
3  /*윈도우 배경색 설정*/
4  body{
5      background-color:#fbf9cc;
6  }
7
```

★기억해 두세요.
background-color [배경색]

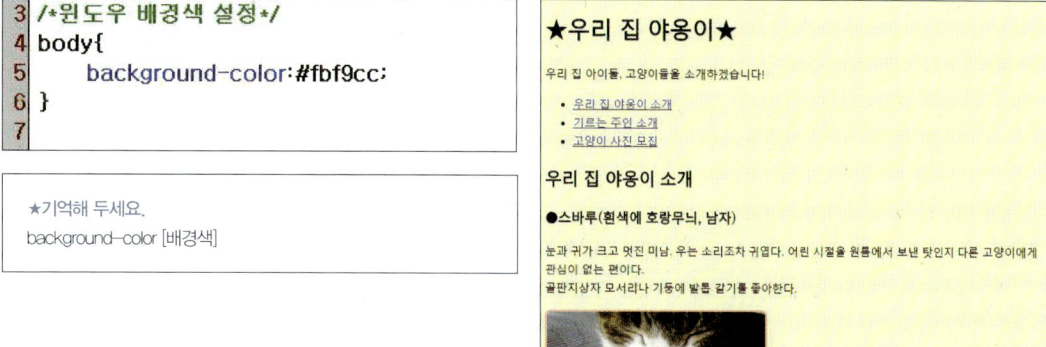

브라우저 윈도우 전체의 배경에 배경색을 설정하고 싶은 경우에는 body 요소를 선택자로 합니다.

② 링크 색상 설정

```
 8  /*링크 색상 설정*/
 9  a{
10      color: #df4839;
11  }
12
13  a:hover{
14      color: #ff705b;
15  }
```

- 우리 집 야옹이 소개
- 기르는 주인 소개
- 고양이 사진 모집

★기억해 두세요.
color [글자색]

텍스트 링크의 기본 스타일을 설정합니다. 텍스트 링크는 '링크할 수 있는 영역'이라는 것을 시각적으로 알 수 있게 하기 위해 마우스를 올려놓았을 때 스타일이 변경되는 것이 일반적입니다. 이와 같이 어느 요소가 특정 조건 아래에 있을 때만 반응하는 선택자를 만들기 위한 것을 가상(유사) 클래스라 합니다. 링크는 :link(미 방문 링크) :visited(방문을 마친 링크) :hover(마우스를 올려놓았을 때) :active(마우스를 눌렀을 때) :focus(포커스 되었을 때)의 상태로 나눌 수 있습니다. 위와 같이 마우스 포인터가 올려 있는지, 있지 않는지의 따라 다른 효과를 줄 때에는 :hover 가상 클래스를 설정합니다.

● 표 06-1 링크에 사용하는 가상 클래스

:link	미 방문 링크
:visited	방문을 마친 링크
:hover	마우스 포인터를 올려놓았을 때
:active	마우스 포인터를 눌렀을 때
:focus	포커스 되었을 때

③ 페이지 스타일 (h1)의 설정

```
17  /*페이지 제목 설정*/
18  h1{
19      color: #6fbb9a;
20      text-align: center;
21      font-size: 250%;
22  }
```

★우리 집 야옹이★

★기억해 두세요.
text-align [행 정렬](값은 left, center, right 3종류)
font-size [글자 크기]

페이지 제목이 눈에 띄도록 색상을 바꾸고 크기를 크게 해서 중앙 정렬합니다.

4 큰 표제 (h2)의 설정

```
28  /*큰 표제 설정*/
29  h2{
30      color: #6fbb9a;
31      border: #94c8b1 1px dotted;
32      border-left: #d0e35b 10px solid;
33      padding: 5px 20px;
34      margin-bottom: 0;
35  }
```

★기억해 두세요.
border   [경계선]
padding [경계선의 안쪽 여백]
margin   [경계선의 바깥쪽 여백]
border/padding/margin은 각각 *-top, *-bottom, *-left, *-right라는
형태로 상하좌우 개별로 지정할 수 있습니다.

Memo CSS는 위에서 순서대로 실행되기 때문에 border → border-left 순으로 지정하면 일단 네 변 모두 점선을 긋고 나서 좌변만 10px 실선으로 값을 덮어쓰는 형태가 됩니다.

우리 집 야옹이 소개

큰 표제를 경계선(border)을 사용해 디자인합니다. border를 설정하면 마크업된 요소의 테두리 영역이 명확해집니다. CSS에서는 요소의 경계선인 border의 안쪽 여백을 padding, 바깥쪽 여백을 margin이라 구별합니다. 요소 안쪽 여백을 설정할 때는 padding을, 이웃하는 다른 요소와의 간격을 설정할 때는 margin을 사용합니다.

● 예제 06-4 border/padding/margin의 관계

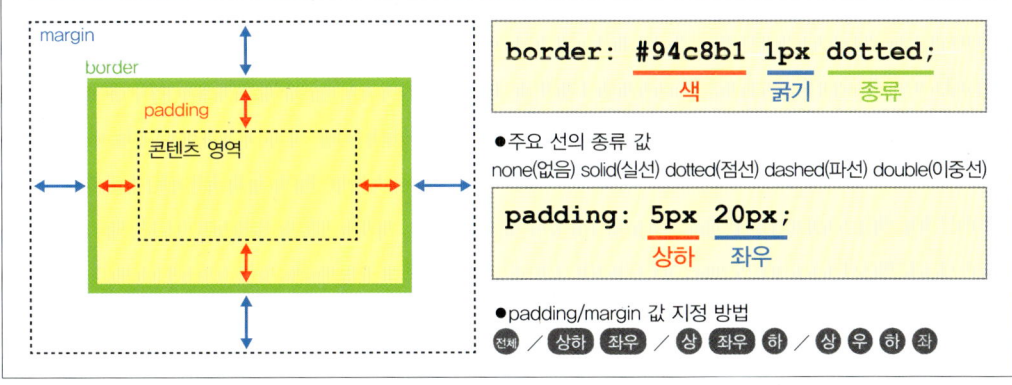

⑤ 정보 데이터 표제(dt) 설정

```
37  /*정보 데이터 표제 설정*/
38  dt{
39      font-weight: bold;
40  }
```

특징 :
　　쉰 목소리. 데굴데굴 구르며 공격.
성격 :
　　애교가 많다. 엉큼함.

★기억해 두세요.
font-weight [글자 굵기]

정보 데이터의 표제 부분에 해당하는 dt 요소를 굵은 글자로 합니다. font-weight 값은 100~900까지 9단계로 굵기를 지정하지만 한국어로는 가는 글자와 굵은 글자 2단계만 나타내는 폰트가 많습니다. 그렇기 때문에 실무에서는 normal(가는 글자)와 bold(굵은 글자) 2종류의 값만 기억해 두면 됩니다.

COLUMN

CSS가 반영되지 않는다!?

CSS를 처음 다루는 사람 중엔 삽입한 CSS가 반영되지 않아 애를 먹었던 일이 많았으리라 생각됩니다. 그럴 때는 다음 항목을 하나씩 체크해 보세요.

1. 프로퍼티나 값 레벨이 바르게 되어 있는가?
2. : 혹은 ; 같은 구문이 바르게 되어 있는가?
3. { } 닫는 괄호를 잊지 않았는가?
4. 선택자를 바르게 기술했는가?
5. 16진수 색상 코드의 #를 잊지 않았는가?(색상 지정의 경우)
6. 16진수 색상 코드의 자릿수가 제대로 되어 있는가?(색상 지정의 경우)
7. 편집한 파일을 잊지 않고 저장했는가?
8. 편집한 CSS와 HTML이 제대로 연결되어 있는가?
9. 편집한 파일과 다른 것을 브라우저에 띄운 것이 아닌가?

● **W3C CSS 검증 서비스 (http://jigsaw.w3.org/css-validator)**

W3C CSS 검증 서비스는 CSS 문법을 체크해 잘못된 곳을 지적해 줍니다. 눈으로 잘못된 곳을 찾을 수 없을 경우에 활용하면 좋습니다. 다만 { }를 잊는 일 같은 중대한 구문 오류인 경우에는 '해석 오류'가 되어 버리기 때문에 반드시 문제 있는 곳을 찾아 준다고 할 수는 없습니다. 익숙해지기 전까지는 실수를 범하기도 쉽기 때문에 자주 표시 확인을 하는 것이 좋습니다.

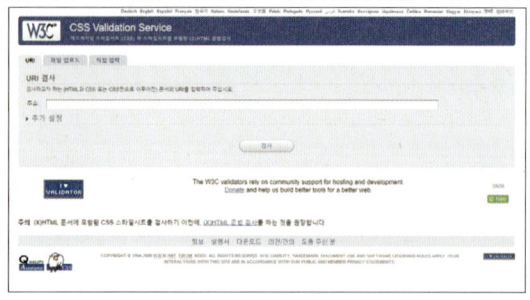

요소에 이름을 붙여 스타일을 설정한다

여기까지는 요소 자체를 선택자로 하여 직접 스타일을 설정했습니다. 그러나 p 요소나 div 요소처럼 많이 사용하는 요소의 경우에는 각각의 요소끼리 구별해 다른 스타일을 적용해야 하는 경우도 많습니다. 이러한 경우에는 요소에 임의의 이름을 붙이고 그 이름으로 요소를 구별할 수 있습니다.

이제부터 할 작업은 'HTML 수정→CSS 쓰기' 순서입니다. 여기서는 HTML과 CSS를 번갈아 사용하면서 진행하겠습니다.

리드문 영역에 id 속성으로 이름을 붙인다 [HTML]

제목 아래 리드문 영역의 위아래에 점선을 그어 눈에 띄게 만들어 보도록 하겠습니다. 리드문 영역은 p 요소로 마크업이 되어 있어 다른 p 요소와 구별이 되지 않기 때문에 요소에 '이름'을 붙여 다른 것과 구별합니다. 페이지 안에서 리드문 영역은 제목 아래 한 군데뿐이므로 'id 속성'으로 이름을 붙이도록 하겠습니다.

[index.html]

```
11  <div id="wrap">
12  <h1>★우리 집 야옹이★</h1>
13  <p id="lead">우리 집 아이돌, 고양이들을 소개하겠습니다!</p>
```

> id 속성은 소스 코드상의 장소를 한 군데 특정하기 위한 것이므로 id 속성으로 붙인 이름은 그 페이지 안에 1개뿐이어야 합니다. 예를 들어 같은 페이지 안에 id="lead"가 여러 번 나오는 소스는 문법상 잘못된 것입니다.

id 속성을 선택자로 해서 스타일을 지정한다 [CSS]

[style.css]

```
42  /*리드문 영역 설정*/
43  #lead{
44      border-top: #6fbb9a 1px dotted;
45      border-bottom: #6fbb9a 1px dotted;
46      padding: 15px;
47      text-align: center;
48  }
```

dotted : 점선을 나타내는 border-style의 값

> 우리 집 아이돌, 고양이들을 소개하겠습니다!

id 선택자는 '요소명 #id명'이라는 형식으로 기술합니다. <p id="lead">의 경우는 p #lead가 됩니다. 요소명을 생략하고 단순히 #lead라고 기술해도 됩니다.

'더 보기' 링크에 Class 속성으로 이름을 붙인다 [HTML]

이번에는 고양이 소개 상세 페이지의 링크 '더 보기'를 오른쪽 끝에 두도록 하겠습니다. 여기도 p 요소이므로 리드문과 같이 이름을 붙여 구분해야 합니다. 여기서는 3군데 모두 오른쪽 끝에 둘 예정이므로 id 속성은 사용할수 없습니다. 따라서 여러 군데에서 같은 스타일을 사용하기 위해 'class 속성'을 사용하도록 합니다.

[index.html]

```
35  <p class="more"><a href="cats/subaru.html">더 보기→</a></p>
36  </section><!-- /#subaru -->
```

※ 나머지 2개도 마찬가지로 class="more"를 추가한다.

> class 속성은 스타일을 분류하기 위한 것으로 id 속성과는 달리 같은 명칭을 여러 번 사용해도 상관없습니다. 여기서는 같은 스타일 설정을 갖는 '더 보기' 링크가 세 군데 있기 때문에 id 속성이 아닌 class 속성으로 이름을 붙여야 합니다.

 class 속성을 선택자로 해서 스타일을 설정한다 [CSS]

[style.css]

```
50  /*'더 보기'링크 설정*/
51  .more{
52      text-align: right;
53  }
```

```
기다란 묘사 위, 붉은 포마.
성격:
    자기중심적.
                                            더 보기→
●그레크/재비 털 연자)
```

class 선택자는 **'요소명.class 속성명'** 형식으로 기술합니다. 〈p class="more"〉의 경우는 p.more이 됩니다. id처럼 요소명을 생략할 수 있으므로 간단히 .more 이라고 해도 됩니다. 요소명을 붙인 경우에는 그 요소 한정으로 이용할 수 있는 class가 됩니다. 요소명을 생략하면 어떤 요소라도 이용 가능한 범용 class가 됩니다.

여러 class를 사용해 스타일에 변화를 준다

h3 요소 안에 있는 (털의 종류·성별) 부분을 색상과 작은 글자의 스타일로 설정합니다. 아무것도 마크업되어있지 않은 영역에 스타일을 설정할 수는 없기 때문에 텍스트 범위 지정을 하기 위한 span 요소로 마크업을 해둬야 합니다. span 요소 자체에는 문서 구조적인 의미가 없기 때문에 장식적인 목적으로 문자열의 범위를 지정하고 싶은 경우 자유롭게 사용할 수 있습니다. 추가한 span 요소에는 3군데 공통 설정을 하기 위한 cat-type과 성별마다 다른 설정을 하기 위해 male/female라는 2개의 class명을 붙여 둡니다.

> **Memo**
> 문자열에 무언가의 의미를 부여하고 싶을 때에는 거기에 대응한 요소(중요성을 강조할 경우에는 strong 요소 등)를 사용합니다. 그러나 단순히 스타일을 지정하기 위한 요소가 필요할 경우에는 span 요소를 사용하는 것이 적절합니다.

> **Memo**
> 공백으로 구분하면 여러 class명을 설정할 수 있습니다.

털의 종류와 성별란에 span 요소를 추가해 Class명을 설정한다

[index.html]

```
24  <section id="subaru">
25  <h3>●스바루<span class="cat-type male">(흰색에 호랑무늬, 남자)</span></h3>
26  <p>눈과 귀가 크고 멋진 미남. 우는 소리조차 귀엽다. 어린 시절을 원룸에서 보낸 탓인지 다른 고양
    이에게 관심이 없는 편이다. <br>
27  골판지상자 모서리나 기둥에 발톱 갈기를 좋아한다. </p>

38  <section id="gureko">
39  <h3>●그레코<span class="cat-type female">(잿빛 털, 여자)</span></h3>
40  <p>갓 태어났을 때는 아메리칸 쇼트헤어 같았는데 크면서 점점 잿빛 고양이로 바뀌었다. 긴 털을
    가진 품종의 혈통이 좀 섞였는지 털이 부드럽고 푹신푹신하게 부풀어 있어 가족들이 털복숭이라 부
    르고 있다. <br>
41  천 목소리와 관록 있는 생김새로부터는 상상할 수 없을 정도로 매교를 잘 부리고 처음 보는 사람에
    게도 낯을 가리지 않고 스스럼없이 다가오기 때문에 손님들이 굉장히 귀여워한다. </p>

53  <section id="nezuko">
54  <h3>●네즈코<span class="cat-type female">(흰색과 갈색 무늬, 여자) </span></h3>
55  <p>그레코와 함께 우리 집에 온 흰색 빛이 도는 어린 고양이. 그레코와는 달리 전형적인 고양이 성
```

2 베이스가 되는 스타일을 .cat-type에 설정한다

[style.css]

```
55  /*털, 성별 정보(공통)*/
56  .cat-type{
57      font-size: 80%;
58      font-weight: normal;
59  }
```

●스바루(흰색에 호랑무늬, 남자)

class 선택자로 3군데에 동일하게 글자 크기와 굵기를 설정해 둡니다.

3 성별에 다른 글자 색상을 설정한다

남자/여자 색상을 개별 class에 각각 설정하면 베이스의 스타일과 달리 관리할 수 있게 됩니다.

[style.css]

```
61  /*성별에 따른 색상 구분*/
62  .cat-type.male{
63      color: #2793a7;
64  }
65
66  .cat-type.female{
67      color: #df972f;
68  }
```

●스바루(흰색에 호랑무늬, 남자)

●네즈코(흰색과 갈색 무늬, 여자)

여러 class명이 설정되어 있는 경우, 'class1 class2'와 같이 class 선택자끼리 결합하면 'class1이며 또한 class2이기도 하다'라는 의미의 선택자를 만들 수가 있습니다.

 Memo multi class(멀티 클래스)를 사용한 스타일 관리는 공통하는 베이스 스타일에 몇 가지 변화를 주는 디자인을 할 때 도움이 됩니다.

요소의 부모 자식 관계를 이용해 스타일을 설정한다

id 속성이나 class 속성에서 직접 이름을 붙이는 방법 이외에 요소의 부모 자식 관계를 이용해 범위를 제한해가는 방법이 있습니다. 이것을 <mark>자손 선택자</mark>라고 합니다.

 1 제목의 ★를 span 요소로 감싼다

[index.html]

```
12  <div id="wrap">
13  <h1><span>★</span>우리 집 야옹이<span>★</span></h1>
14  <p id="lead">우리 집 아이들, 고양이들을 소개하겠습니다!</p>
```

제목의 ★ 표시는 정보의 의미를 갖는 것이 아닌 단순히 색상을 넣으려는 것뿐이므로 span 요소로 해당 텍스트를 마크업해 둡니다. h1 요소는 페이지 안에 한 군데뿐이므로 여기서 'h1 요소 안의 span 요소로 감싼 부분'이라는 형태로 ★ 표시를 특정해 선택할 수 있게 됩니다.

2 ★ 표시 색상을 변경한다

[style.css]

```
17  /*페이지 제목 설정*/
18  h1{
19      color: #6fbb9a;
20      text-align: center;
21      font-size: 250%;
22  }
23
24  h1 span{
25      color: #d0e35b;
26  }
```

★우리 집 야옹이★

'h1 요소 안의 span 요소'처럼 요소끼리 친자관계로 범위를 특정할 수 있는 경우에는 자손 선택자를 사용할 수 있습니다. 자손 선택자는 <mark>부모 요소 자손 요소</mark>라는 식으로 바깥쪽에 있는 조상 요소에서 순서대로 공백으로 선택자를 구분하면서 범위를 제한해가며 기술합니다.

성별에 따른 글자 색상을 설정한다 (자손 선택자 이용의 경우)

부모 요소에 그 범위를 특정하기 위한 id/class 속성이 붙어 있는 경우에는 자손 선택자를 활용해 다른 지정을 할 수도 있습니다. 그 경우에는 다음과 같이 기술합니다.

```
#subaru .cat-type{
color: #2793a7;
}

#gureko .cat-type,
#nezuko .cat-type{
color: #df972f; }
```

각 고양이 소개 테두리에 붙어 있는 id 속성을 사용해 남자와 여자 색상 구분을 적용했습니다. 여자의 경우는 여러 선택자를 콤마(,)로 구분함으로써 같은 스타일을 일괄 지정할 수 있는 '그룹 선택자'라는 기능을 활용했습니다. 이렇게 하면 같은 것을 여러 번 기술하지 않아도 됩니다.

강의 여러 선택자

잘 다뤄야 하는 선택자

선택자를 잘 다룰 줄 알아야 CSS를 마스터할 수 있습니다. 타입(요소), id, class 이 세 가지 선택자를 싱글, 그룹, 자손 세 지정 방법과 조합하면 기본적인 지정을 할 수 있습니다.

▶ 3 종류의 선택자

● 예제 06-5 선택자의 종류

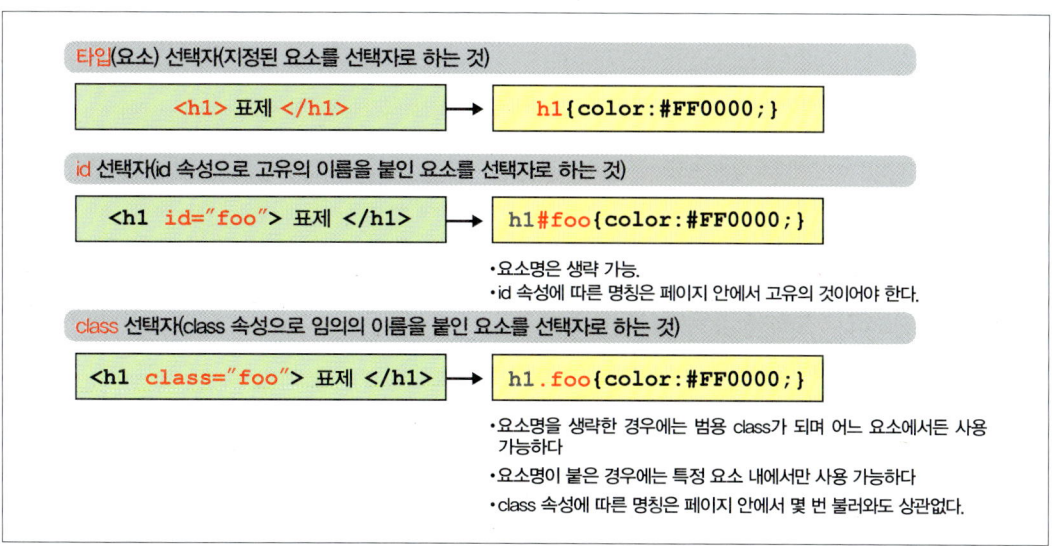

타입(요소) 선택자(지정된 요소를 선택자로 하는 것)

`<h1> 표제 </h1>` → `h1{color:#FF0000;}`

id 선택자(id 속성으로 고유의 이름을 붙인 요소를 선택자로 하는 것)

`<h1 id="foo"> 표제 </h1>` → `h1#foo{color:#FF0000;}`

• 요소명은 생략 가능.
• id 속성에 따른 명칭은 페이지 안에서 고유의 것이어야 한다.

class 선택자(class 속성으로 임의의 이름을 붙인 요소를 선택자로 하는 것)

`<h1 class="foo"> 표제 </h1>` → `h1.foo{color:#FF0000;}`

• 요소명을 생략한 경우에는 범용 class가 되며 어느 요소에서든 사용 가능하다
• 요소명이 붙은 경우에는 특정 요소 내에서만 사용 가능하다
• class 속성에 따른 명칭은 페이지 안에서 몇 번 불러와도 상관없다.

● 예제 06-6 선택자 조합

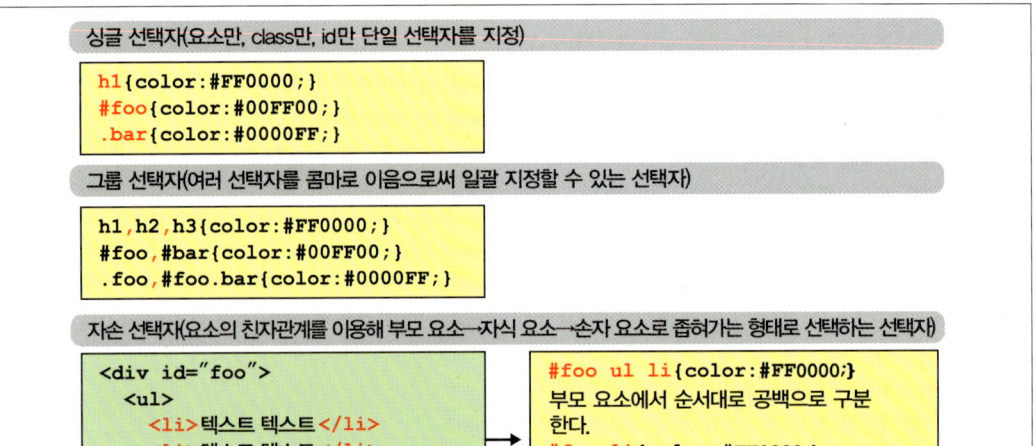

CSS2.1에서 정의된 선택자 목록

아래는 CSS2.1에서 정의된 선택자 목록입니다. 기본 선택자를 사용할 수 있게 되었다면 이제 아래에 나온 선택자도 활용해 보도록 하세요. 참고로 아래 목록의 선택자는 ==IE8 이상에서 이용할 수 있습니다.==

> **Memo**
>
> **CSS 레벨**
> CSS는 어떤 기능을 사용할 수 있느냐에 따라 레벨이 나뉘어 있습니다. IE8 포함 현존하는 모든 환경에서 이용할 수 있는 것은 CSS 레벨 2.1이라 부르는 범위입니다. CSS 레벨 3은 IE9 이상 대부분의 환경이 지원 대상입니다.

● 선택자 목록

선택자	명칭	의미	예
*	전체 선택자	모든 요소를 선택한다	* { margin:0;}
E	타입 선택자	그 요소(E)를 선택한다	h1 { color:#ff0000;}
#id	id 선택자	id 속성이 [id]인 요소	#title{ font-size:150%;}
.class	class 선택자	class 속성이 [class]인 요소	.note { font-size:80%;}
E F	자손 선택자	부모 요소 E에 포함되는 자손 요소 F를 선택한다	h1 span { color:#ff0000;}
E > F	자식 선택자	부모 요소 E의 바로 밑 자식 요소인 F를 선택한다	ul > li {border-top:#ccc 1px solid;}
E + F	인접 선택자	형 요소 E에 인접하는 동생 요소 F를 선택한다	h2 + p {margin-top:0;}

● 예제 06-7 자식 선택자와 인접 선택자

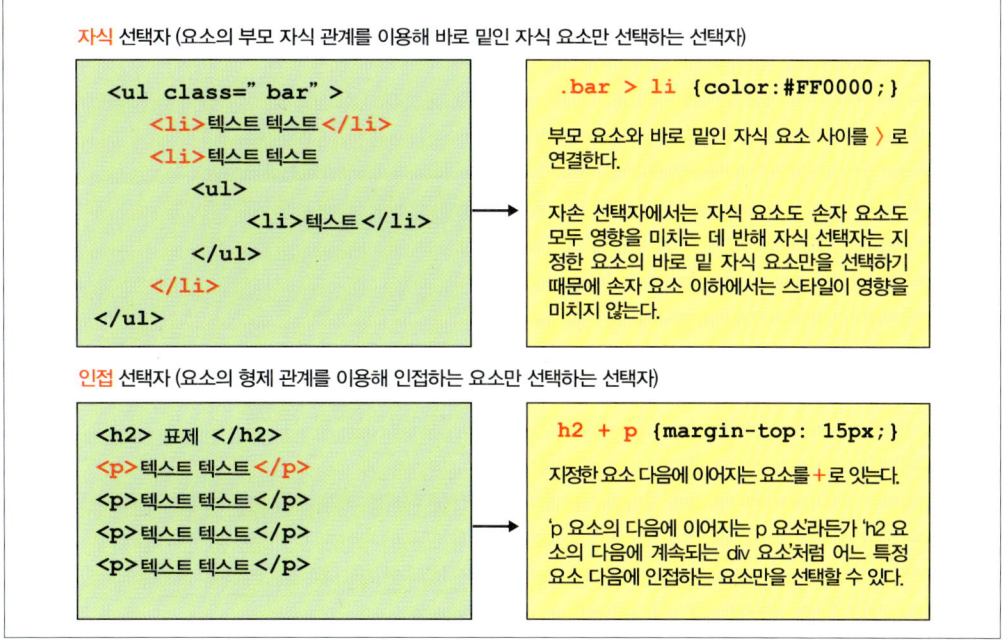

● 속성 선택자

속성 선택자는 속성 값을 판별해 요소를 선택할 수 있는 선택자의 일종입니다. CSS2.1에서는 속성의 유무, 또는 속성 값을 지정해 선택자로 합니다.

선택자	의미	예
E[attr]	속성 attr를 갖는 요소 (E)를 선택한다	a[href] href 속성을 갖는 a 요소
E[attr="vaule"]	속성 attr 값이 value인 요소 (E)를 선택한다	a[target="_blank"] 타깃 속성 값이 _blank인 a 요소

● 가상 클래스

가상 클래스란 소스 코드가 일정한 조건을 충족시킨 상태나 상황이 된 경우에 스타일을 설정할 수 있는 선택자의 일종입니다. :hover과 같이 사용자의 마우스 조작에 따라 스타일을 바꾸고 싶은 경우나 :first-child처럼 HTML 소스 구조에 규칙성이 있는 경우에 활용합니다.

선택자	의미	예
:link	미방문 링크	a:link{color:#000099;}
:visited	방문을 마친 링크	a:visited{color:#cccccc;}
:hover	요소에 마우스 포인터를 올려놓았을 때	a:hover{color:#ff0000;}
:active	요소가 활동하고 있을 때	a:active{color:#ffff00;}
:focus	요소에 초점이 맞춰 있을 때	a:focus{color:#ffff00;}
:first-child	요소 안의 첫 자식 요소	li:first-child{border-top:none;}
:lang()	요소에 그 언어코드가 지정되어 있을 때	span:lang(en){font-size:80%;}

● 가상 요소

가상 요소란 실제 요소가 존재하지 않는 곳을 가상으로 요소가 있는 것처럼 스타일을 설정할 수 있는 선택자의 일종입니다.

선택자	의미	예
:first-letter	요소의 첫 한 글자	p:first-letter{font-size:200%;}
:first-line	요소의 첫 1행	p:first-line{font-weight:bold;}
:before	요소 내의 첫머리에 콘텐츠를 생성	p:before{content:" 「 ";}
:after	요소 내의 끝에 콘텐츠를 생성	p:after{content:" 」";}

● 예제 06-8 가상 요소

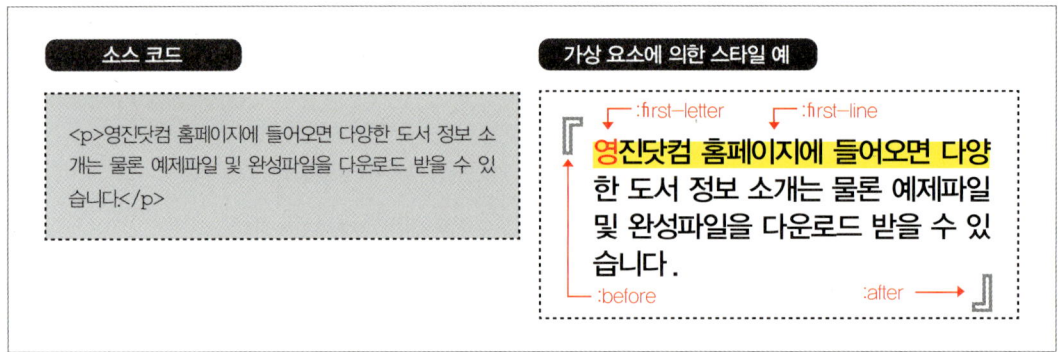

:before 가상 요소/:after 가상 요소

:before 가상 요소와 :after 가상 요소는 요소의 안쪽에 CSS로 가상 콘텐츠를 생성할 수 있는 특수 선택자로 HTML에 물리적인 요소를 기술하는 일 없이 마치 거기에 요소가 있었던 것처럼 이용할 수 있습니다.

● 예제 06-9 :before/:after 가상 요소의 생성 위치

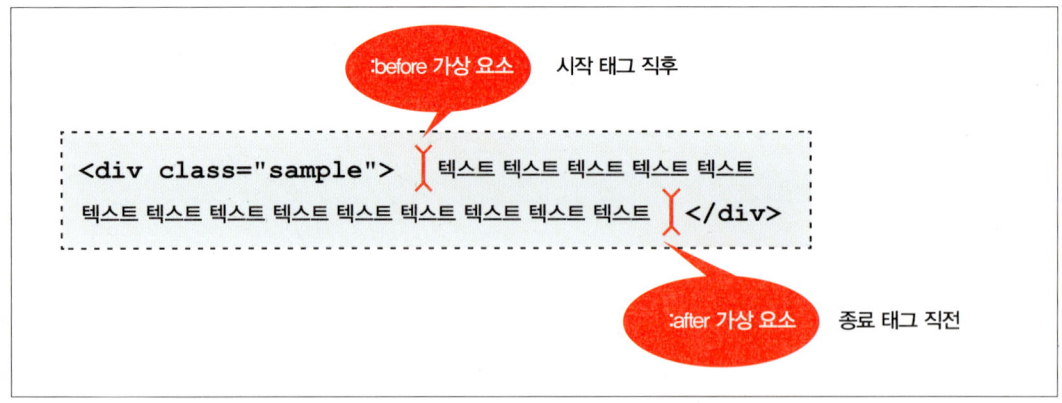

:before/:after로 콘텐츠를 생성하려면 content 프로퍼티를 사용해야 합니다. content 프로퍼티로는 텍스트, 이미지, 빈 박스 등을 생성할 수가 있습니다.

● 예

```
<텍스트 생성>
.sample:before {
        content: "문자열";
}
<이미지 생성>
.sample:before {
        content: url(이미지 경로);
}
<빈 박스 생성>
.sample:before {
        content: "";
}
```

생성된 :before/:after 가상 요소는 <mark>보통의 요소에 지정하는 것과 마찬가지로 색상이나 배경, 크기 지정 등 다양한 스타일을 설정할 수가 있습니다.</mark> 그러나 HTML 소스 코드 상에 실제 모습이 없기 때문에 데이터가 아니라 장식적인 요소를 추가하고 싶은 경우에 사용하는 것이 좋습니다.

> **Memo**
> content 프로퍼티로 생성된 박스는 초기 설정에서는 텍스트 레벨의 span 요소와 같이 취급합니다. 크기 지정이 가능한 div 요소와 같이 취급하고 싶은 경우에는 display 프로퍼티 (224쪽)를 변경해야 합니다.

CSS3에 추가된 선택자 목록

CSS3에서 정의된 선택자는 아래와 같습니다. 이 선택자는 <mark>IE9 이상</mark>이면 모두 이용할 수 있습니다. CSS3에 추가된 선택자 사용법은 Chapter 07(262쪽)에서 자세히 설명하겠습니다. 여기시는 대략적인 내용만 확인해도 됩니다.

● CSS3 선택자

선택자	명칭	의미
E~F	간접 선택자	형 요소 E 뒤에 계속되는 모든 요소 F를 선택한다.

● CSS3 속성 선택자

선택자	의미
E[attr^='value']	속성 attr의 값이 vaule로 시작되는 요소(E)를 선택
E[attr$='value']	속성 attr의 값이 vaule로 끝나는 요소(E)를 선택
E[attr*='value']	속성 attr의 값에 vaule를 포함하는 요소(E)를 선택

● CSS3 가상 클래스

종류	선택자	의미
구조적 가상 클래스	E:last-child	마지막 자식인 E요소
	E:nth-chlid(n)	n번째 자식인 E요소
	E:nth-last-child(n)	뒤에서 n번째 자식인 E요소
	E:only-child	유일한 자식인 E요소
	E:first-of-type	맨 첫 번째 E요소
	E:last-of-type	맨 마지막 E요소
	E:nth-of-type(n)	n번째 E요소
	E:nth-last-of-type(n)	뒤에서 n번째 E요소
	E:only-of-type	유일한 E요소
	:root	문서의 루트 요소(html 요소)
	E:empty	텍스트를 포함, 자식을 갖지 않는 E 요소
부정 가상 클래스	E:not(s)	선택자 s가 아닌 E요소
타깃 가상 클래스	E:target	타깃이 되는 E요소
UI 가상 클래스	E:enabled	입력 가능한 상태인 E요소(UI 요소만)
	E:disabled	입력 불가능한 상태인 E요소(UI 요소만)
	E:checked	선택된 상태의 E요소(UI 요소만)

● CSS3 가상 요소

선택자	의미
::first-line	요소의 첫 1행
::first-letter	요소의 첫 한 글자
::before	요소의 첫머리 생성 콘텐츠
::after	요소의 마지막 생성 콘텐츠
::selection	사용자가 선택한 영역

Memo ::selection 이외는 CSS2.1부터 사용했던 것과 똑같습니다. CSS3부터는 가상 클래스와의 차이를 명확하게 하기 위해 맨 앞의 선두 기호가 콜론 1개에서 콜론 2개로 바뀌었습니다.

선택자의 우선순위와 상세도

CSS에는 같은 장소의 같은 프로퍼티에 각기 다른 여러 개의 선택자가 지정되었을 경우 기본적으로는 나중에 기술된 것을 우선해서 값이 쓰이지만 선택자 상세도에 따라서도 우선순위가 바뀔 수 있습니다.

선택자의 상세도

선택자의 상세도란 선택자가 어느 정도 자세히 지정되어 있는지를 나타내는 것으로 그 값이 가장 큰 선택자가 최우선시됩니다. 만약 상세도가 동일한 경우에는 나중에 기술된 선택자가 우선됩니다. 하지만 상세도가 높은 선택자와 낮은 선택자가 중복된 경우에는 기술된 순서에 상관없이 상세도가 높은 쪽이 우선시 됩니다. 상세도는 선택자의 종류 등에 따라 포인트제 같은 형태로 되어 있고 내부적으로는 수치로 관리되고 있습니다. 이 수치 결정의 알고리즘은 조금 복잡하므로 다음과 같은 기본 법칙을 파악해 두기 바랍니다.

● 예제 06-10 CSS의 우선순위

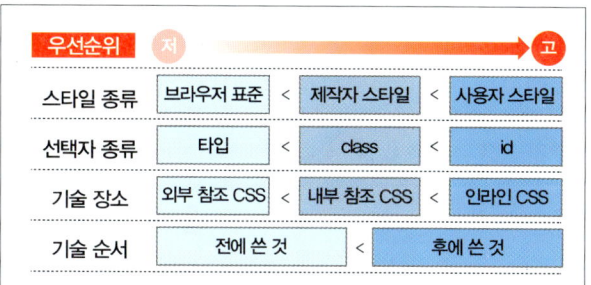

- 태그(타입)〈class〈id의 순으로 상세도가 높아지고 우선순위가 올라간다.
- 외부 참조〈내부 참조〈인라인 지정 순으로 상세도가 높아지고 우선순위가 올라간다.
- 자손 선택자 등으로 선택자가 복수가 되었을 경우 '보다 상세하게' 지정되어 있는 쪽이 우선시된다.

!important

선택자의 상세도가 원인이 되어 스타일 덮어쓰기가 되지 않을 경우는 원칙적으로 보다 상세도가 높은 선택자를 만들어 덮어쓰든지, 같은 상세도의 선택자를 기술 순서에 따라 덮어쓰게 되도록 수정하는 수밖에 없습니다. 만약 이도 저도 불가능한 경우, 프로파티의 뒤에 '!important'라고 기술하면 상세도를 무시하고 그 지정이 최우선시됩니다. 예를 들어 아래 코드의 경우 id 선택자가 사용되는 위의 선택자 쪽이 class 선택자만 사용하는 아래 선택자보다도 상세도가 높으므로 위의 선택자 쪽이 우선시됩니다.

● 예제 06-11 보통의 우선도

```
#hoge .fuga{ color: red; }/*우선*/
.fuga { color: blue; }
```

그러나 아래와 같이 !important를 사용하면 상세도가 무시되고 !important가 붙은 쪽이 우선되게 됩니다.

● 예제 06-12 !important로 최우선 지정

```
#hoge .fuga{ color: red; }
.fuga { color: blue !important; }/*우선*/
```

!important는 이것을 사용하는 것 외의 다른 방법이 없을 때는 사용해도 괜찮지만 남용하면 일반적인 스타일의 계승과 구조가 무너져 버립니다. 따라서 최소한으로 이용하도록 합니다.

POINT

- CSS 란 '어디에 있는', '무엇을', '어떻게 한다'의 반복이다.
- '어디에 있는'에 해당하는 선택자를 이해하는 것이 숙달의 지름길이다.
- 잘 사용하는 프로퍼티는 몇 번이든 써서 기억해 두자.

CSS로 문서 장식하기

배경 이미지로 장식하기

LESSON 07에서는 배경 이미지를 다루는 법을 연습해 보겠습니다. 배경 이미지를 자유롭게 사용할
수 있게 되면 표현 능력에 현격한 차이를 느낄 수 있습니다.

샘플 파일 　Chapter02 ▶ 　lesson07 ▶ 　before ▶ 　index.html/style.css

● Before

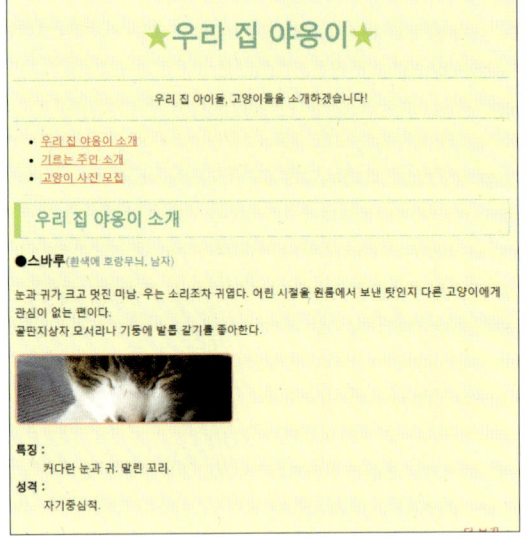

● After

 **실습** 배경 이미지로 장식한다

브라우저 전체의 배경에 스트라이프 모양을 설정한다

1 사용할 이미지를 확인한다

사용할 이미지는 img 폴더에 bg-stripe01.png라는 이름으로 저장되어 있습니다.
크기는 100×140px입니다.

2 body 요소에 배경 이미지를 설정한다

[style.css]

```
3  /*윈도우 배경색 설정*/
4  body{
5      background-color: #fbf9cc;
6      background-image: url(img/bg-stripe01.png);
7  }
```

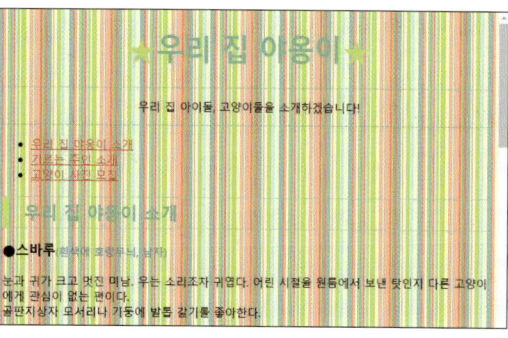

★기억해 두세요.
background-image [배경 이미지]

background-image 프로퍼티로 지정하면 가로세로 반복 배치되어 요소 전체가 이미지로 채워집니다.

3 배경 이미지의 반복 방향을 지정한다

[style.css]

```
3  /*윈도우 배경색 설정*/
4  body{
5      background-color: #fbf9cc;
6      background-image: url(img/bg-stripe01.png);
7      background-repeat: repeat-x;
8  }
```

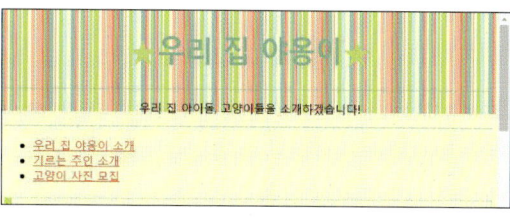

★기억해 두세요.
background-image [배경 이미지가 반복되는 방향]

준비한 이미지를 가로 방향으로만 반복하고 싶다면 repeat-x를 지정합니다. 세로 방향만은 repeat-y,
반복을 원하지 않을 때는 no-repeat, 디폴트값은 repeat로 지정하면 됩니다.

고양이 소개 블록에 배경 이미지를 설정한다

 사용할 이미지를 확인한다

사용할 이미지는 img 폴더에 bg-stripe02.png라는 이름으로
저장되어 있습니다. 크기는 100×10px입니다.

 HTML 소스에 같은 스타일을 적용하기 위한 class명을 설정한다

[index.html]

```
25  <section id="subaru" class="frame">
26  <h3>●스바루<span class="cat-type male">(흰색에 호랑무늬, 남자)</span></h3>

39  <section id="gureko" class="frame">
40  <h3>●그레코<span class="cat-type female">(잿빛 털, 여자)</span></h3>

53  <section id="nezuko" class="frame">
54  <h3>●네즈코<span class="cat-type female">(흰색과 갈색 무늬, 여자) </span></h3>
```

위와 같이 각각 다른 id 속성이 설정되어 있는 div 틀에 같은 스타일을 설정할 경우에는 #subaru, #gureko, #nezuko처럼 그룹 선택자로 일괄 지정할 수도 있습니다. 그러나 공통 스타일 설정은 같은 이름으로 조정하는 쪽이 관리하고 유지하는 데 좋으므로 'frame'라는 class명을 추가해 둡니다.

③ **.frame에 테두리의 스타일을 설정한다**

[style.css]

```
76  /*프레임 설정*/
77  .frame{
78      margin: 20px 0;
79      padding: 35px 30px 30px 30px;
80      background-image: url(img/bg-stripe02.png);
81      background-repeat: repeat-x;
82      background-color: #fbf9cc;
83  }
```

 Memo padding(margin)에 일괄 지정으로 4개 값을 준 경우, 위/오른쪽/아래/왼쪽을 나타냅니다.

●스바루(흰색에 호랑무늬, 남자)

눈과 귀가 크고 멋진 미남. 우는 소리조차 귀엽다. 어린 시절을 원룸에서 보낸 탓인지 다른 고양이에게 관심이 없는 편이다.
골판지상자 모서리나 기둥에 발톱 갈기를 좋아한다.

'더 보기' 링크에 화살표 아이콘을 설정한다

[style.css]

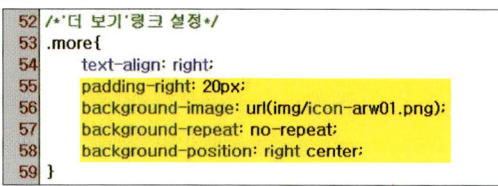

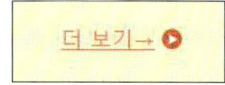

```
52  /*'더 보기'링크 설정*/
53  .more{
54      text-align: right;
55      padding-right: 20px;
56      background-image: url(img/icon-arw01.png);
57      background-repeat: no-repeat;
58      background-position: right center;
59  }
```

★기억해 두세요.
background-position [배경 이미지의 배치]
값 : 가로 위치 세로 위치

background-repeat에서 no-repeat를 지정하면 준비된 이미지를 반복하지 않고 그대로 배치할 수 있습니다. background-position은 삽입한 이미지의 위치를 지정할 수 있습니다. right center는 오른쪽+위아래 중앙의 위치입니다.

배경 이미지의 지정을 일괄 지정으로 수정한다

[style.css]

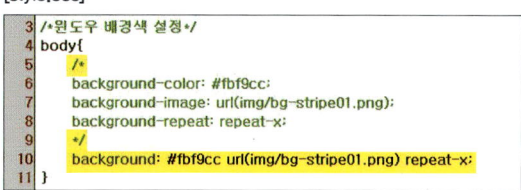

```
3   /*윈도우 배경색 설정*/
4   body{
5       /*
6       background-color: #fbf9cc;
7       background-image: url(img/bg-stripe01.png);
8       background-repeat: repeat-x;
9       */
10      background: #fbf9cc url(img/bg-stripe01.png) repeat-x;
11  }
```

Memo

/*~*/ 범위의 코드는 코멘트로 취급되어 무효입니다. 일시적으로 코드를 코멘트 사이에 넣어 무효로 하는 것을 '코멘트 아웃'이라 합니다.

background 관련 프로퍼티는 background 프로퍼티로 일괄 지정할 수 있습니다. 이 경우 반드시 값을 공백으로 구분해 나란히 적어야 합니다. 생략한 값은 디폴트값이 자동적으로 설정됩니다. 또한 background 프로퍼티의 경우 값의 순서는 관계없기 때문에 자신이 알기 쉽게 기술하면 됩니다.
.frame과 .more의 배경 관련 프로퍼티도 body와 같이 일괄 지정으로 수정해 둡니다.

자주 사용하는 일괄 지정

CSS에서는 여러 프로퍼티를 1행에 모아 기술하는 '일괄 지정'이라는 기법을 많이 이용합니다. 일괄 지정으로 기술할 수 있는 프로퍼티는 여러 가지가 있는데, 그 중에서도 다음 세 가지를 가장 많이 사용합니다. 아래 내용을 통해 주의할 점 등을 확실히 이해해 두도록 합니다.

① margin/padding
상하좌우의 margin/padding을 일괄 지정할 수 있습니다. 값의 순서에 의미가 있습니다.

● 예제 07-1 일괄지정 margin

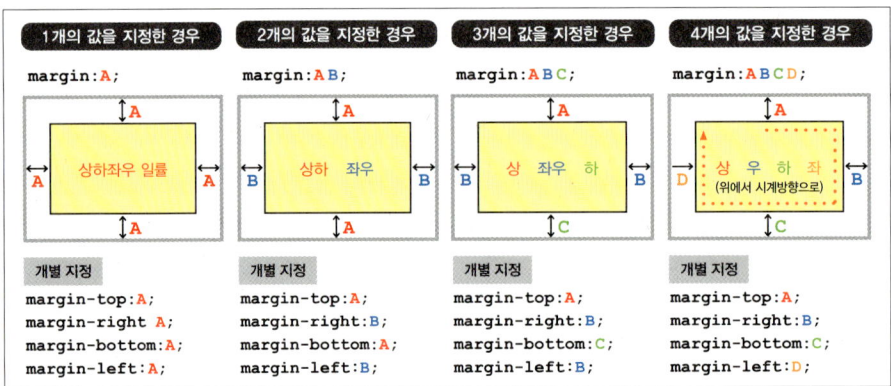

② border
border-style, border-width, border-color 이 세 가지 프로퍼티를 일괄 지정할 수 있습니다. 값의 순서는 의미가 없기 때문에 바꿀 수도 있지만 세 값은 전부 기술해야 합니다.

● 예제 07-2 일괄 지정 border

③ background
background에 관련된 여러 프로퍼티를 일괄 지정할 수 있습니다. 값의 순서에 의미가 없기 때문에 바꿀 수도 있습니다. 각 프로퍼티 초기 값(디폴트)과 같은 경우는 값을 생략할 수도 있습니다. 생략된 값은 초기 값으로 지정됩니다.

● 예제 07-3 일괄 지정 background

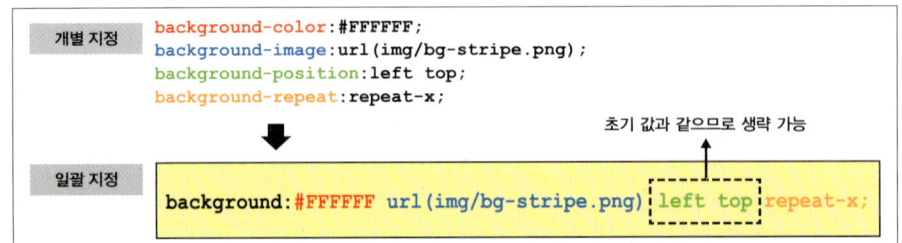

● 표 07-1 background 관련 프로퍼티의 의미와 초기 값

프로퍼티	의미	값	초깃값
background-color	배경색	색상 코드 ¦ 색상명 ¦ transparent	transparent(투명)
background-image	배경 이미지	url(파일 경로) ¦ none	none(이미지 없음)
background-repeat	배경 이미지의 반복 방향	repeat ¦ repeat-x ¦ repeat-y ¦ no-repeat	repeat(가로세로 반복)
background-position	배경 이미지의 표시 시작 위치	위치를 나타내는 키워드 ¦ % ¦ 수치(px)	왼쪽 위 (left top ¦ 0% 0% ¦ px 0px)
background-attachment	배경 이미지의 고정, 이동	fixed ¦ scroll	scroll

👆강의 배경 관련 프로퍼티에 관한 보충

background-position 프로퍼티 값을 수치로 지정한 경우

```
background-position:left top;
                    ①    ②
```
① 좌우 방향의 위치 left ¦ center ¦ right 중 어느 한쪽 값을 취한다.
② 상하 방향의 위치 top ¦ center ¦ bottom 중 어느 한쪽 값을 취한다.

기본은 위와 같이 좌우 방향, 상하 방향의 키워드를 지정하지만 여기에 px 등의 단위로 수치를 지정할 수도 있습니다. 다만 이 경우에는 반드시 왼쪽 위가 기점이 됩니다.

● 예제 07-4 background-position

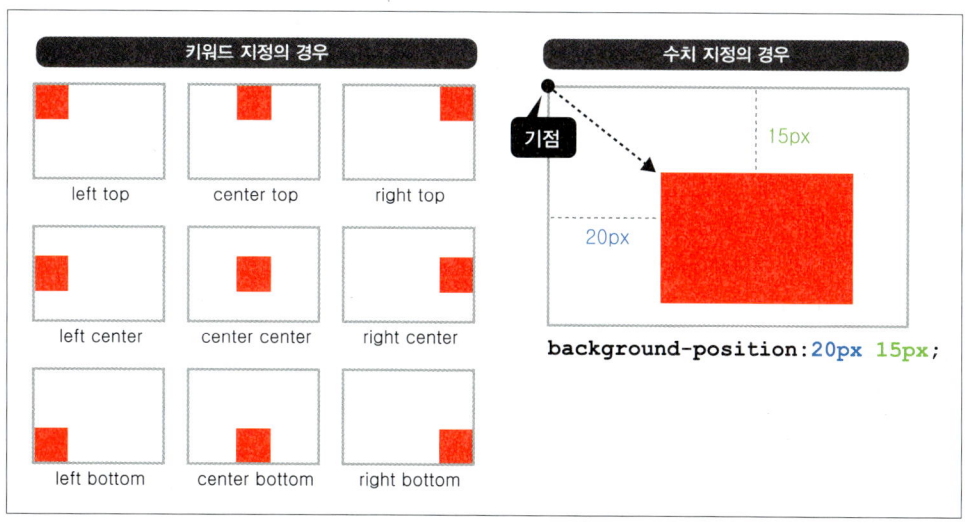

일괄 지정으로 색상 지정을 생략한 경우 주의할 점

background-color는 개별적으로 지정하고 배경 이미지는 일괄적으로 지정하는 경우가 있습니다. 이때 프로퍼티 기술 순서에 주의해야 합니다.

[NG 예]

```
선택자{
background-color:#ff0000;
background:url(img/bg.gif) right top no-repeat;
}
```

[OK 예]

```
선택자{
background:url(img/bg.gif) right top no-repeat;
background-color:#ff0000;
}
```

NG 예에서는 일괄 지정 전에 배경색이 지정되어 있습니다. 이 경우 배경색은 표시되지 않습니다. 이것은 다음 두 가지 CSS 규칙과 관련되어 있습니다.

- background 일괄 지정으로 생략된 값은 디폴트값이 설정된다.
- 같은 요소의 같은 프로퍼티에 다른 값을 설정했을 때는 나중에 읽은 값이 우선된다.

NG 예의 경우 맨 처음에 background-color를 빨강으로 설정한 후에 일괄 지정으로 background를 설정했습니다. 그리고 일괄 지정에서는 background-color 값을 생략했습니다. 이 경우 디폴트의 값인 transparent(투명)로 빨강 지정을 덮어쓰기 때문에 배경색이 표시되지 않습니다.

배경 이미지를 사용하지 않으면 구현할 수 없는 디자인 구분 법

둥근 모서리이나 그레데이션, 드롭 섀도우 등 자주 사용하는 디자인 표현은 CSS3에 새롭게 추가된 프로퍼티를 사용하면 CSS만으로 구현할 수 있어 이미지를 따로 준비하지 않아도 됩니다.

CSS2.1까지(IE8 이하에 대응)는 CSS만으로는 구현할 수 없기 때문에 '바탕색이 있고 모서리가 사각인 것' 이외에는 모두 이미지를 준비해야 합니다. 또한 1개의 요소에 사용할 수 있는 배경 이미지는 1장뿐이라는 제한도 있습니다. CSS3를 사용하지 못하는 환경을 고려해야 한다면 위의 상황을 주의하도록 합니다.

● **예제 07-5 CSS 레벨로 구현 가능한 표현의 차이**

Web에 사용하는 이미지의 형식

웹에 사용하는 이미지의 형식은 주로 JPEG/PNG/GIF 3종류입니다. 이 세 종류에는 각기 특징이 있으므로 용도에 맞춰 선택해야 합니다.

형식	GIF	JPEG	PNG-8	PNG-24/32
색상 수	최대 256색	모든 색상	최대 256색	모든 색상
압축 방법	가역압축	비가역압축	가역압축	가역압축
압축률	중	고	고	저
투과 기능	○	×	○	○
알파 채널	×	×	△	○
애니메이션	○	×	×	×
주요 용도	아이콘, 일러스트, 이미지 글자, 애니메이션	사진	아이콘, 일러스트, 이미지 글자	반투명 처리가 필요한 이미지
비고	PNG-8에 비해 압축률이 조금 낮다.	압축으로 이미지 질이 나빠진다.		JPEG보다 파일 크기가 커진다.

대부분은 '비트맵 형식'의 이미지 형식을 사용하지만 최근에는 '벡터 형식'의 이미지로서 'SVG'라는 형식을 쓰는 일이 늘고 있습니다.

벡터 형식의 이미지는 어도비 일러스트레이터로 작성한 데이터처럼 모두 수식으로 구성되어 있어 아이콘이나 로고 이미지 등 가장자리가 날카로운 일러스트용 이미지 형식에 적합합니다. 비트맵 이미지와 다른 점은 '확대나 축소를 해도 매끄러운 가장자리를 유지할 수 있다'는 점입니다. 특히 이미지의 멀티 디바이스 대응에 대한 솔루션으로서 최근 주목을 받고 있습니다(IE8 이하와 Android2.x 이하는 대응할 수 없습니다).

POINT

● 자주 사용하는 배경 관련 프로퍼티를 기억해 두자.

● 일괄 지정하는 법과 일괄 지정 시 주의할 점을 확인하자.

● CSS 레벨에 따른 디자인 구현력의 차이에 주의하자.

CSS로 문서 장식하기

기본적인 문서 레이아웃과 박스 모델

LESSON 08에서는 CSS에서 문서를 레이아웃할 때 반드시 필요한 '박스 모델'의 개념과 float를 사용한 기본적인 레이아웃 방법에 대해 알아보겠습니다. 박스 모델의 개념은 선택자와 같이 CSS 레이아웃에서 매우 중요한 개념이므로 확실히 이해해 두기 바랍니다. float를 사용한 레이아웃은 다음 장에서 보다 자세히 다루지만 우선 간단한 예시를 통해 기본을 이해해 두었으면 합니다.

샘플 파일 ▶ Chapter02 ▶ lesson08 ▶ before ▶ index.html/style.css

● Before

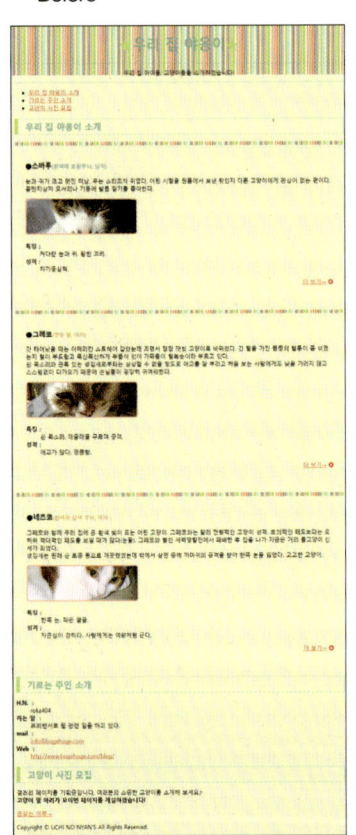

● After

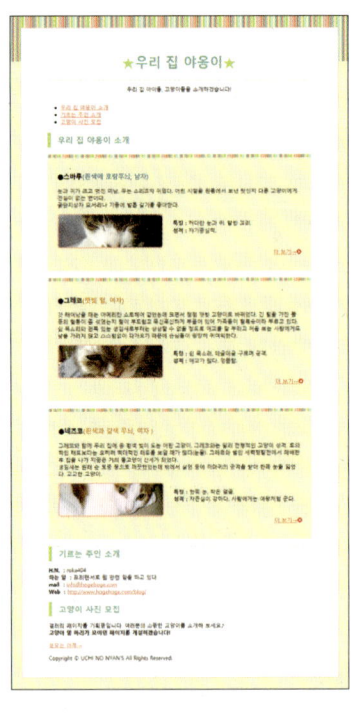

 **실습** 페이지 전체의 레이아웃을 조정한다

콘텐츠 영역의 스타일을 설정한다

콘텐츠 전체를 흰 테두리 안에 넣어 읽기 쉽게 레이아웃을 조정해 보겠습니다.

1 #wrap에 padding, border, background-color를 설정한다

#wrap에 배경색과 여백, 경계선을 설정해서 콘텐츠 전체를 읽기 쉽게 조정합니다.

[style.css]

```
13  /*콘텐츠 전체 테두리 설정*/
14  #wrap{
15      padding: 40px 80px;
16      border: #f6bb9e 1px solid;
17      background-color: #fff;
18  }
```

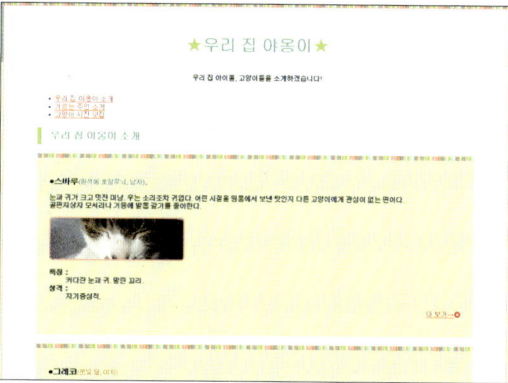

2 #wrap의 가로 폭을 960px로 설정해서 브라우저 중앙에 배치한다

가로 폭이 너무 넓어지면 가독성이 떨어지므로 #wrap의 가로 폭을 960px로 고정하고 브라우저 중앙에 배치합니다.

[style.css]

```
13  /*콘텐츠 전체 테두리 설정*/
14  #wrap{
15      width: 900px;
16      margin: 40px auto;
17      padding: 40px 80px;
18      border: #f6bb9e 1px solid;
19      background-color: #fff;
20  }
```

★기억해 두세요.
width [박스의 가로 폭]

좌우 margin 값을 자동(auto)으로 하면 가로 폭을 고정한 박스 그 자체를 중앙으로 모을 수 있습니다. text-align:center는 박스의 내용물만 중앙으로 모읍니다.

③ #wrap의 가로 폭이 border를 포함해 960x가 되도록 조정한다

width:960px로 한 경우, border까지 포함한 전체 가로 폭은 960+80+80+1+1=1122px입니다. width가 padding과 border를 포함하지 않는 순수한 콘텐츠 영역만을 가리키는 것이기 때문입니다.

● 예제 08-1 박스 모델

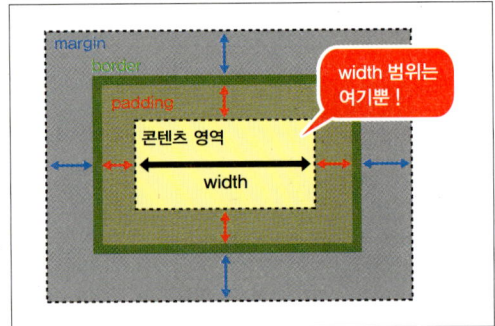

● 예제 08-2 width:960px일 때의 가로 폭

border을 포함한 콘텐츠 폭을 960px로 하고 싶은 경우, 설정되어 있는 padding과 border의 수치를 960에서 빼서 960-80-80-1-1=798px로 만듭니다. 이와 같은 크기 계산 모델을 박스 모델이라 하는데 CSS 레이아웃에서는 매우 중요한 개념입니다.

[style.css]

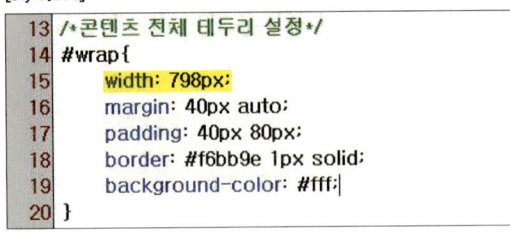

```
13  /*콘텐츠 전체 테두리 설정*/
14  #wrap{
15      width: 798px;
16      margin: 40px auto;
17      padding: 40px 80px;
18      border: #f6bb9e 1px solid;
19      background-color: #fff;
20  }
```

Memo 박스 모델에 대해서는 102쪽에서 자세히 설명하겠습니다.

사진과 특징 데이터를 옆으로 나란히 놓는다

고양이 사진과 특징 데이터들을 세로가 아니라 가로로 놓이도록 레이아웃을 변경하겠습니다.

1 사진과 특징 데이터에 Class명을 붙인다

[index.html]

```
30 <img src="img/subaru.jpg" width="320" height="100" alt="스바루" class="ph">
31 <dl class="data">
32 <dt>특징 : </dt><dd>커다란 눈과 귀. 말린 꼬리. </dd>
33 <dt>성격 : </dt><dd>자기중심적.</dd>
34 </dl>
```

※나머지 2개의 데이터에도 동일하게 class명을 붙입니다.

우선 스타일 설정을 하기 쉽게 class명을 붙여 둡니다. 이들 class명은 CSS의 단계에서 필요할 때마다 붙여도 되고 문서 구문을 마크업할 때 미리 붙여 두어도 됩니다.

2 float 프로퍼티를 사용해 사진과 특징 데이터를 옆으로 나란히 놓는다

[style.css]

```
66 /*사진과 데이터 설정*/
67 .ph{
68     float: left;
69     margin-right: 30px;
70 }
71
72 .data{
73     float: left;
74 }
```

★기억해 두세요.
float [요소가 고정되지 않음(흘러 들어감)]
값 : left : right

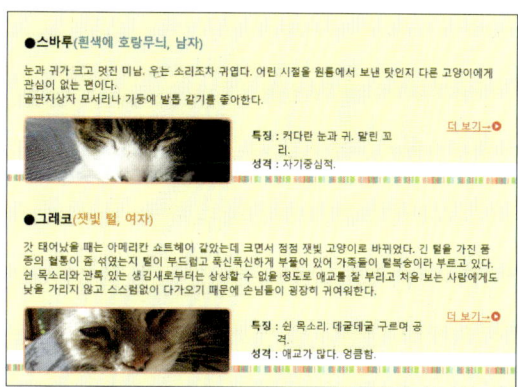

float:left;가 설정된 요소는 왼쪽 끝에 배치되고 오른쪽 여백 영역에 후속 요소가 채워져 표시됩니다. 이 구조에 의해 보통은 세로 정렬로 배치되는 요소를 가로 정렬로 바꿀 수 있습니다. 채워진 후속 요소는 float 요소에 딱 붙어 버리기 때문에 사진에는 margin-right로 여백을 확보해 둡니다.

3 clear 프로퍼티를 사용해 float를 해제한다

```
76  /*'더 보기'링크 설정*/
77  .more{
78      text-align:right;
79      /*
80      background-image:url(img/icon-arw01.png);
81      background-repeat:no-repeat;
82      background-position:right center;
83      */
84      background:url(img/icon-arw01.png) no-repeat right center;
85      padding-right:15px;
86      clear: left;
87  }
```

★기억해 두세요.
clear [float 해제]
값 : left ¦ right ¦ both

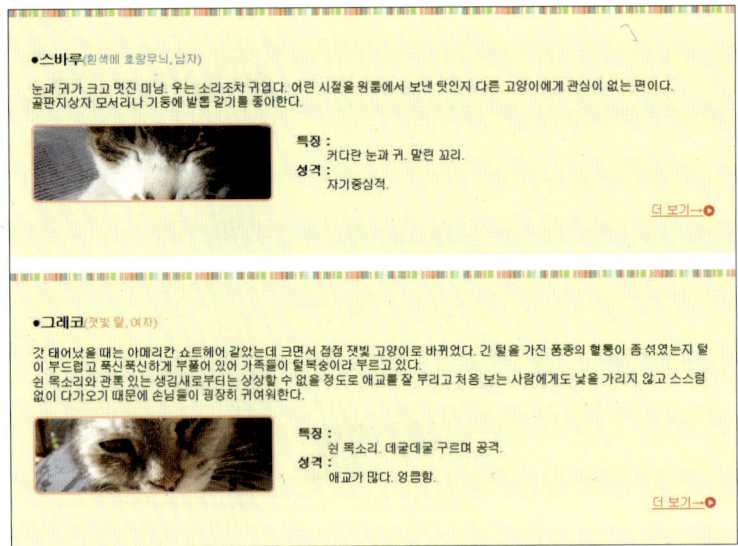

사진과 특징 데이터에 각각 float:left;만 설정하면 특징 데이터의 오른쪽 여백에 '더 보기'까지 들어가게 됩니다. 그러면 각 고양이 소개 테두리도 축소되어 내용물이 빠져나오기 때문에 레이아웃이 엉망이 됩니다. 이것은 float(흘러들어감)가 해제되어 있지 않기 때문에 빈틈이 있는 곳에 후속 요소가 들어가 버린 것입니다. 따라서 '더 보기'에 해당하는 p 요소가 들어가지 않게 하기 위해 clear 프로퍼티를 설정해 float 를 해제해야 합니다. 여기서는 float:left밖에 사용하지 않았기 때문에 clear 값도 left면 됩니다.

특징 데이터의 체제를 정리한다

1 dt와 dd를 옆으로 나란히 놓는다

좀 특수한 경우이지만 dt 요소에만 clear:left와 float:left를 모두 지정해 두면 기술 목록의 dt와 dd가 옆으로 나란히 배열됩니다.

[style.css]

```
51  /*정보 데이터 표제 설정*/
52  dt{
53      clear: left;
54      float: left;
55      font-weight:bold;
56  }
```

> **특징** : 커다란 눈과 귀. 말린 꼬
> 리.
> **성격** : 자기중심적.

2 .data에 width를 명시한다

dt와 dd를 나란히 옆으로 놓으면 dd가 이상한 위치에서 흘러들어 온다는 것을 알 수 있습니다. 이것은 dl요소(.data)에 width가 명시되어 있지 않기 때문입니다. float를 적용한 요소는 원칙적으로 width를 명시할 것을 권장하고 있으므로 .data에 width를 설정해 둡니다.

[style.css]

```
72  .data{
73      float: left;
74      width: 388px;
75      background-color:#f00;
76  }
```

● 예제 08-3 width 지정이 있는 것과 없는 것 비교

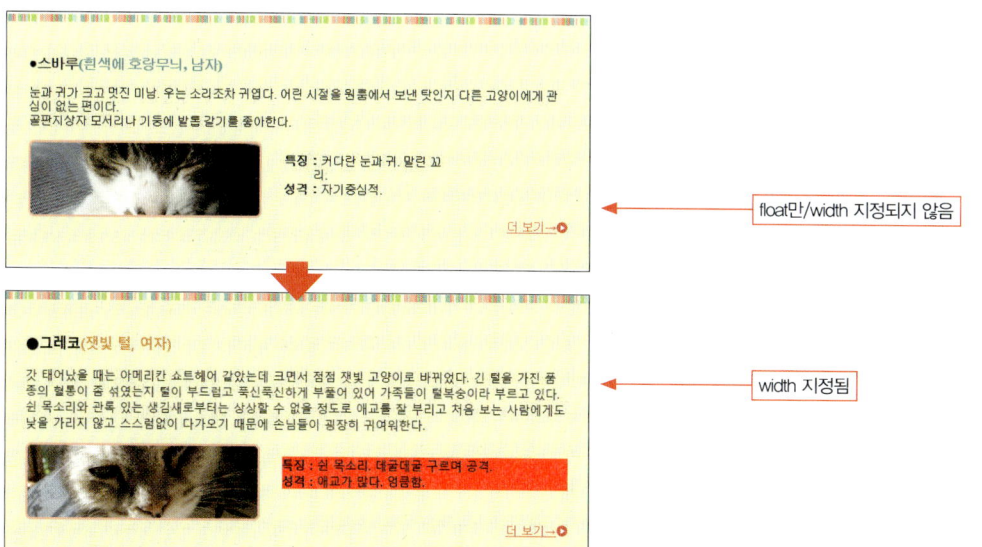

width를 몇 픽셀로 할 것인지는 부모 요소부터 순서대로, 박스 모델을 토대로 계산하면 나옵니다. 여기서는 아래 그림을 참고해 주세요.

● 예제 08-4 width 산출

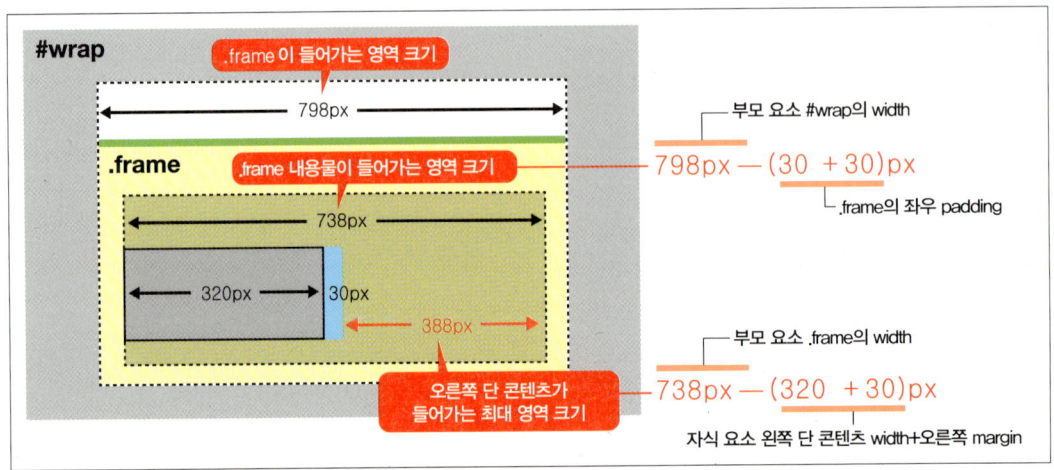

강의 박스 모델이란?

HTML 태그로 마크업이 된 요소는 1개의 상자=박스로 간주됩니다. 이 박스에 대한 width/height, padding, border, margin이 어떠한 관계로 있는지를 나타낸 것을 박스 모델이라 합니다. 다음 그림을 참고하세요.

● 예제 08-5 박스 모델의 개념도

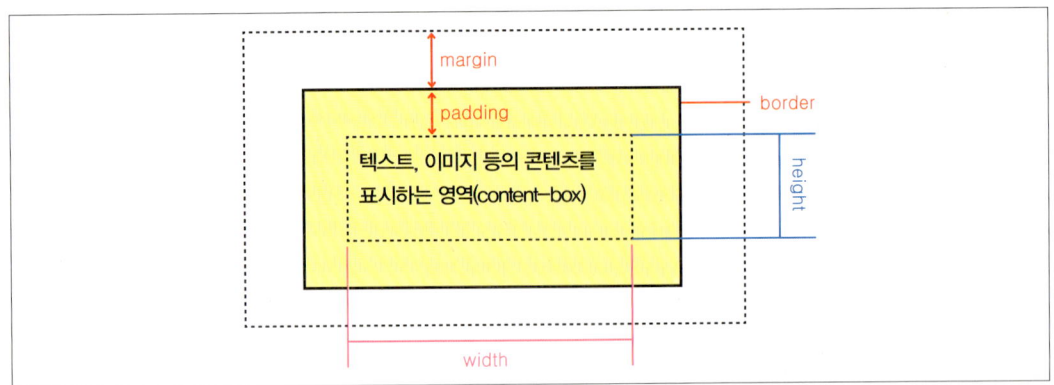

박스의 경계선인 border를 경계로 안쪽 여백이 padding, 바깥쪽 여백이 margin이 된다는 것은 앞에서 이미 설명했습니다. 박스 모델의 포인트는 크기를 지정하는 width, height의 범위입니다.

보통 사람이 '폭'이라 인식하는 것은 색상이나 배경 이미지를 넣을 수 있는 border까지의 영역입니다. 하지만 CSS의 <mark>width/height는 원칙적으로 border, padding을 제외한 콘텐츠 영역(이 영역을 content-box라 합니다)</mark>만을 가리킵니다.

● 예제 08-6 겉보기 폭과 width의 차

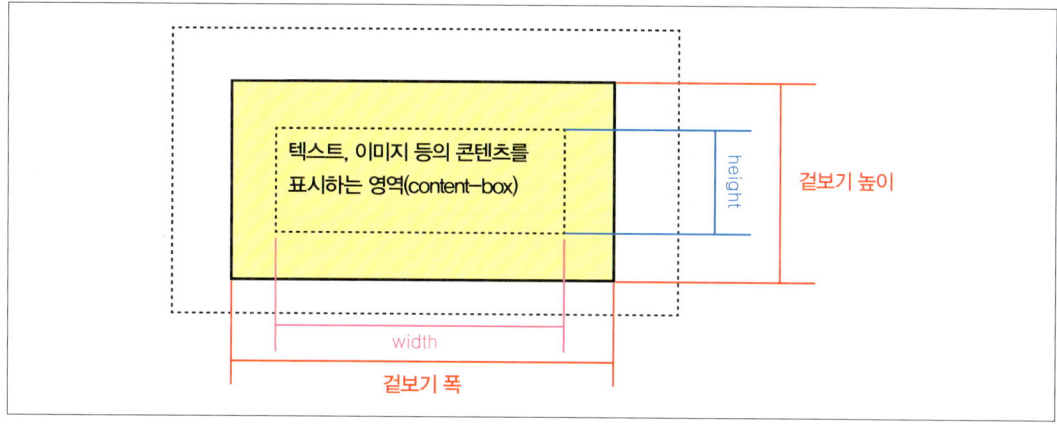

예컨대 border, padding이 없는 경우에는 폭=width가 되지만 border, padding이 있을 경우에는 <mark>겉보기 폭과 width 값이 일치하지 않기 때문</mark>에 주의가 필요합니다.

디자인에서 크기를 읽어 CSS로 레이아웃할 경우 겉보기 폭과 width값의 차에 대해 박스 모델의 개념을 토대로 확실히 파악하면서 코딩해야 합니다. 특히 float 프로퍼티를 사용해 단을 만들 경우, 옆으로 나란히 놓은 자식 요소 박스의 합계가 부모 요소의 width를 1px라도 초과하면 가장 끝의 박스가 다음 행으로 바뀌어 버립니다.

웹 페이지의 레이아웃은 박스 크기가 큰 박스에 작은 박스가 들어가는 것처럼 성립되어 있는 것이 대부분이므로 여러 박스가 잘 포개어져 있는 경우라도 바르게 width를 나눌 수 있게 박스 모델의 합계를 계산할 줄 알아야 합니다. 예를 들어 실습에 나온 .data(dl 요소)의 width 나누는 법은 다음과 같이 생각하면 바르게 계산할 수 있습니다.

▶ Step ① : #wrap의 width를 구한다

#wrap의 width는 798px로 이미 나누어져 있으므로 이 값이 자식 요소 전체가 들어갈 수 있는 영역이 된다.

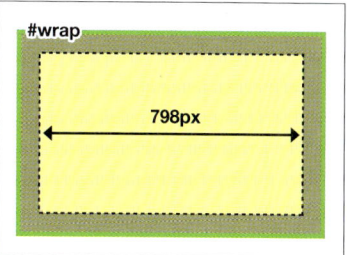

▶ Step ② : .frame의 width를 구한다.

.frame에는 width가 명시되어 있지 않으나 좌우에 padding이 30px씩 설정되어 있으므로 798px-60px=738px가 된다. 이것이 새로운 width 영역이다.

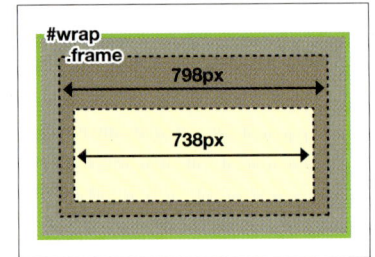

▶ Step ③ : .ph를 배치하는 데 필요한 영역 크기를 구한다.

.ph를 배치하는 데 필요한 폭은 img 요소의 width인 320px+오른쪽 여백 30px=350px이다.

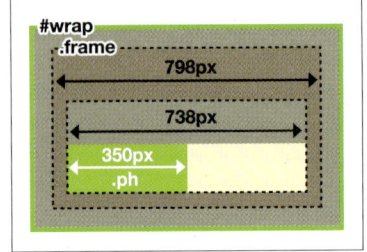

▶ Step ④ : ②에서 왼쪽의 요소에 필요한 영역 ③을 뺀 나머지 영역 크기를 구한다.

738px-350px=388px가 된다. 이것이 .data를 배치할 수 있는 영역의 최대 크기이다. 여기서는 .data의 border, padding, margin은 필요 없기 때문에 388px를 전체 .data의 width로서 이용할 수 있다. 만약 data 자체에 margin/padding이나 border가 필요한 경우는 이들 프로퍼티에 필요한 크기를 뺀 나머지가 width가 된다.

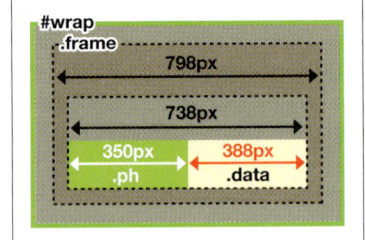

강의 기본적인 float의 구조

float는 CSS 레이아웃의 가장 기본적인 테크닉입니다. 이 부분을 이해하지 못하면 CSS에서 웹페이지를 레이아웃하기 어렵습니다. 이 구조를 확실히 이해해 두기 바랍니다.

▶ 보통의 소스 코드와 표시 상태의 관계

보통 소스 코드 상에 나란히 있는 코드 블록은 예제와 같이 소스 코드 기술 순으로 위에서부터 순서대로 세로로 나란히 표시됩니다.

● 예제 08-7 보통 소스 코드와 표시 상태

▶ float가 설정된 경우의 소스 코드와 표시 상태의 관계

소스 코드 블록에 float:left;를 설정하면 소스 코드에서 상→하 순서로 나란히 있던 블록이 그대로 좌→우 순으로 옆으로 나란히 놓입니다. 이때 float 설정된 블록에는 보통 width를 설정하므로 부모 요소의 width에 다 들어가지 못한 요소는 줄을 바꿔 2행 이후에 들어갑니다.

모두 float:right;로 한 경우에는 상→하 순으로 나란히 놓인 블록이 우→좌 순으로 옆으로 놓입니다(소스 코드 상에서 맨 앞에 있는 블록이 브라우저 상에는 맨 오른쪽에 오게 되어 코드 표시 순과는 반대로 놓이게 됩니다).

● 예제 08-8 float:left 소스 코드와 표시 상태

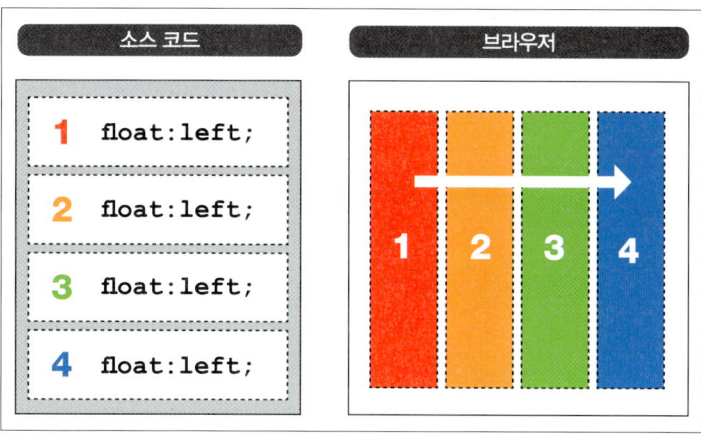

● 예제 08-9 float:right 소스 코드와 표시 상태

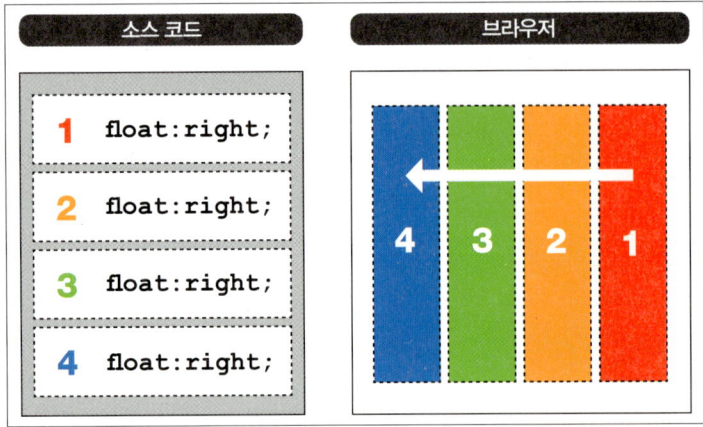

▶ 코드 블록 일부에만 float가 설정된 경우의 소스 코드와 표시 상태의 관계

소스 코드 중 몇 개의 블록에만 float가 설정될 경우, float가 설정된 블록 뒤에 <mark>계속되는 요소(후속 요소)가 영역의 빈 곳이 있으면 멋대로 들어와 버립니다.</mark> 이것을 그대로 내버려 두면 레이아웃을 망치게 됩니다.

● 예제 08-10 부분적인 float 의 소스 코드와 표시 상태

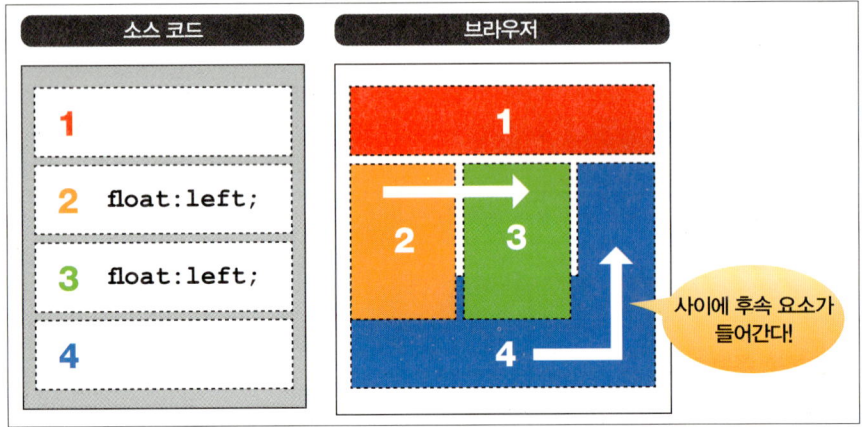

▶ **일부분에만 float를 설정하고 후속 요소를 해제했을 경우의 소스 코드와 표시 상태 관계**

코드 블록 일부분만 float를 설정하고 도중에 원래로 되돌리고 싶을 경우 원래로 되돌리고 싶은 후속 요소에 <mark>clear 프로퍼티를 사용해 float를 해제</mark>해야 합니다. <mark>float와 clear는 한 세트</mark>로 사용하는 것이 기본입니다.

● 예제 08-11 float → clear 의 소스 코드와 표시 상태 예제

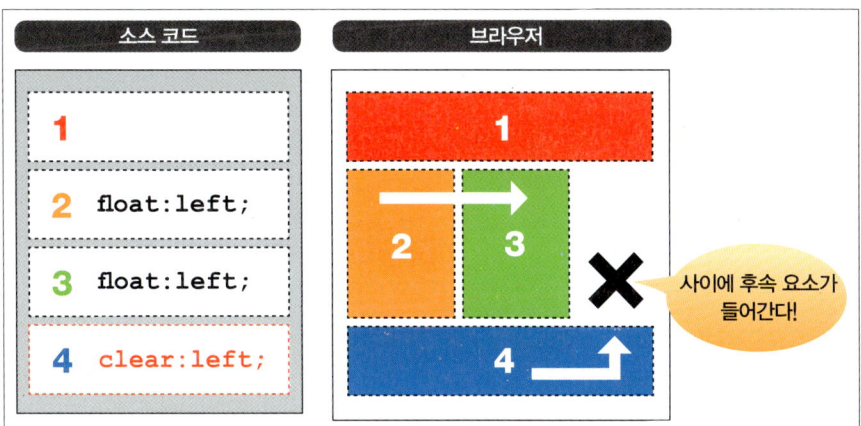

이것이 float 지정 레이아웃의 가장 기본적인 형태입니다. Chapter 03에서는 더 복잡한 단의 경우와 효율적인 설정 방법을 자세히 알아보겠습니다. 우선 이 기본형을 확실히 머릿속에 넣어두길 바랍니다.

POINT

● 박스 모델 계산에서, width/height 는 padding과 border를 포함하지 않는 것이 원칙이다.

● width가 지정된 박스를 중앙에 모을 경우에는 좌우의 margin을 오토(auto) 로 한다.

● float를 설정했으면 후속 요소에서 반드시 clear 할 필요가 있다.

Chapter 02
LESSON 09

CSS로 문서 장식하기

표와 입력 폼의 스타일링

LESSON 09에서는 표와 입력 폼에 스타일 지정하는 방법을 알아보겠습니다. 표과 입력 폼은 표시하는 데에 일정한 서식이 있습니다. 특히 입력 폼은 OS나 브라우저에 따라 표시 상태가 많이 달라질 수가 있습니다. 보이는 것에 치중할 것이 아니라 사용하기 쉽게 하는 것이 중요하므로 어떻게 해야 좋을지 생각하면서 스타일링을 해야 합니다.

샘플 파일 Chapter02 ▶ lesson09 ▶ before ▶ index.html/style.css/entry.html

● Before

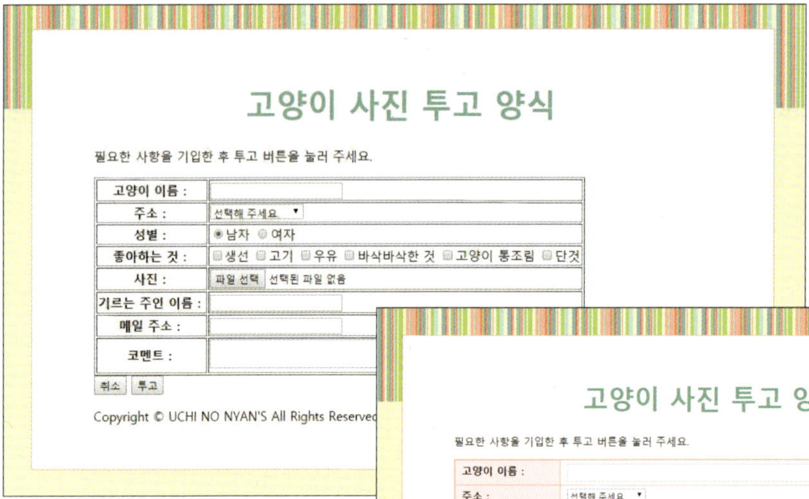

● After

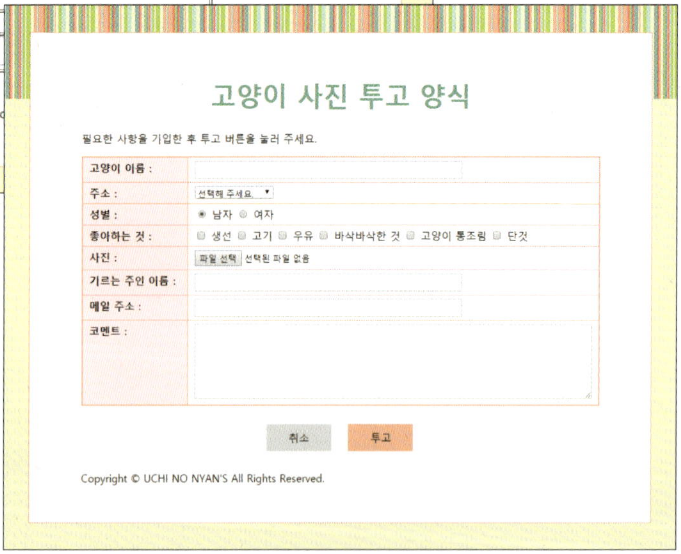

 응모 폼을 읽기 쉽게 스타일링한다

표의 스타일을 설정한다

1 표에 격자 모양의 경계선과 기본 스타일을 설정한다

표에 기본이 되는 스타일을 설정합니다. 셀에 padding을 설정하면 읽기 쉬워집니다.

[style.css]

```
117  /*표 설정*/
118  table.entryForm{
119      width: 100%;
120      border: #f6bb9e 2px solid;
121  }
122
123  .entryForm th,
124  .entryForm td{
125      padding: 5px 10px;
126      border: #f6bb9e 1px solid;
127  }
```

2 인접하는 셀의 경계선을 겹쳐 표시

초기 상태에서는 이웃하는 경계선이 각각 독자적으로 표시되기 때문에 border 프로퍼티로 셀의 네 변에 경계선을 그으면 이중선이 되어 버립니다. border-collapse 프로퍼티를 사용하면 이 인접하는 border를 떼는지(separate) 겹치는지(collapse) 지정할 수 있습니다. 여기서는 border-collapse:collapse;를 사용해 격자 모양의 괘선을 설정했습니다.

[style.css]

```
117  /*표 설정*/
118  table.entryForm{
119      width: 100%;
120      border: #f6bb9e 2px solid;
121      border-collapse: collapse;
122  }
```

★기억해 두세요.
border-collapse [표의 괘선 표시 방법]
값 : separate : collapse

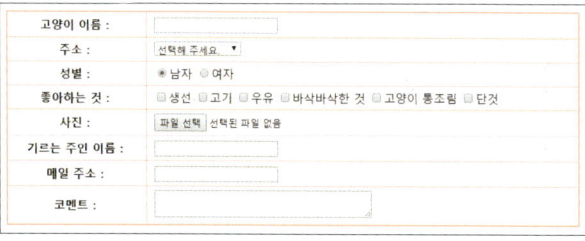

③ 표제 셀 스타일을 설정

표제 셀에 전용 스타일을 설정합니다. 폰트 사이즈를 변경해도 글자가 흘러들어 오는 일이 없도록 th 요소의 width에 10em이라 지정하면 10글자 양의 가로 폭을 확보할 수 있습니다. td/th는 vertical-align 프로퍼티로 세로 방향 배치를 설정할 수 있지만 여기서는 덮어쓰기 배치로 해 두겠습니다.

[style.css]

```
130  .entryForm th{
131      width: 10em;
132      background-color: #ffeeee;
133      text-align: left;
134      vertical-align: top;
135  }
```

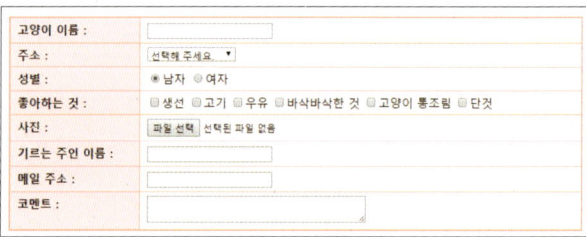

★기억해 두세요.
vertical-align [수직 방향 정렬]
값 : top ¦ middle ¦ bottom

입력 폼의 스타일을 설정한다

입력 폼과 관련된 요소는 표준 상태이면 좀 읽기 힘들거나 사용하기 어려운 점이 있습니다. 가독성을 높이거나 편리하게 조작하기 위해 적절한 스타일을 설정해 두기 바랍니다.

① 텍스트 영역과 텍스트 박스에 스타일을 설정한다

텍스트 영역과 텍스트 박스는 그대로 두면 답답하기 때문에 적절한 폭과 여백을 설정해 읽기 편하게 만들어야 합니다.

[style.css]

```
137  /*입력 폼 설정*/
138  .entryForm textarea{
139      width: 600px;
140      height: 100px;
141      padding: 5px;
142      border: #ccc 1px solid;
143  }
144
145  .entryForm input[type="text"],
146  .entryForm input[type="email"]{
147      width:400px;
148      padding: 5px;
149      border: #ccc 1px solid;
150  }
151
152  .entryForm input:focus,
153  .entryForm textarea:focus{
154      background-color: #ffffee;
155  }
```

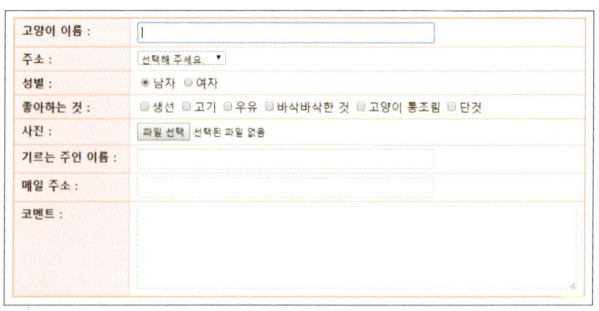

Memo 여기서는 1행의 텍스트 박스를 선택하는 데 '속성 선택자'를 사용했으나 전용 class를 설정해도 상관없습니다.

Memo 텍스트를 입력하는 곳에는 현재 입력 중인 폼 항목을 알기 쉽게 하기 위해 focus 가상 클래스를 사용해 배경색을 바꿨습니다.

2 레이블 요소를 추가한다

라디오 버튼과 체크 박스는 요소가 작아 클릭하기 힘들 수도 있기 때문에 레이블 자체를 클릭하는 것으로 선택할 수 있게 만들면 편리합니다. entry.html에 다음과 같이 수정하도록 합니다.

[entry.html]

```
37  <tr>
38  <th>성별 : </th>          ┌── label 요소의 for 속성 값과, 대응하는 input 요소의 id 속성 값을 맞춘다
39  <td>
40  <input type="radio" name="sex" id="sex1" value="남자" checked>
41  <label for="sex1">남자</label>  ◄────── 레이블 텍스트를 label 요소로 감싼다
42  <input type="radio" name="sex" id="sex2" value="여자">
43  <label for="sex2">여자</label>
44  </td>
45  </tr>
46  <tr>
47  <th>좋아하는 것 : </th>
48  <td>
49  <input type="checkbox" name="like1" id="like1" value="생선">
50  <label for="like1">생선</label>
51  <input type="checkbox" name="like2" id="like2" value="고기">
52  <label for="like2">고기</label>
53  <input type="checkbox" name="like3" id="like3" value="우유">
54  <label for="like3">우유</label>
55  <input type="checkbox" name="like4" id="like4" value="바삭바삭한 것">
56  <label for="like4">바삭바삭한 것</label>
57  <input type="checkbox" name="like5" id="like5" value="고양이 통조림">
58  <label for="like5">고양이 통조림</label>
59  <input type="checkbox" name="like6" id="like6" value="단것">
60  <label for="like6">단것</label>
61  </td>
62  </tr>
```

label 요소를 대응하는 input 요소와 관련짓기 위해서는 label 요소의 for 속성 값에 input 요소의 id 속성 값을 넣어야 합니다. input 요소에 id 속성을 설정하는 것을 잊지 말고, 레이블 문자 부분을 클릭해 라디오 버튼/체크박스가 선택되는지 확인합니다.

> **Memo**
> for 속성으로 레이블과 input 요소를 관련시키는 방법 외에 <label><input type="xxx">레이블 텍스트</label>처럼 input 요소 +레이블 텍스트를 label 요소로 감싸는 방법도 있습니다.

3 클릭 가능한 입력 폼 요소의 커서 모양을 변경한다.

입력 폼 요소는 커서를 올려놓으면 커서가 '손가락' 모양이 되지 않고 화살표 그대로입니다. 그 상태에서도 조작은 가능하지만, 레이블 등은 클릭할 수 있는지 없는지 눈으로 판단할 수 없기 때문에 조작이 가능하다는 것을 알려주기 위해 cursor 프로퍼티를 사용해 커서 모양을 pointer로 변경합니다.

[style.css]

```
157  label,
158  input[type="radio"],
159  input[type="checkbox"],
160  input[type="reset"],
161  input[type="submit"]{
162      cursor: pointer;
163  }
```

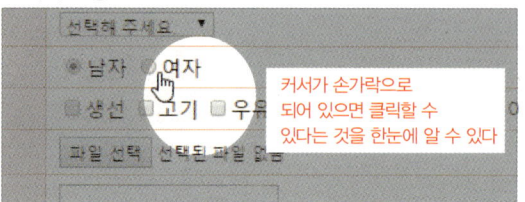

커서가 손가락으로
되어 있으면 클릭할 수
있다는 것을 한눈에 알 수 있다

★기억해 두세요.
cursor [커서 모양]

Memo 커서 모양을 변경하고 싶은 요소에 개별적으로 class명을 설정해도 상관없습니다. 그러나 입력 폼의 경우에는 속성 선택자를 활용하면 class 속성을 넣지 않아도 대상이 되는 요소를 선택할 수 있습니다.

4 버튼 스타일을 변경한다(기본)

중앙 정렬한 다음 가로 폭을 넓혀 누르기 쉽게 만듭니다.

[style.css]

```
166  /*버튼 설정*/
167  .btns{
168      margin: 30px;
169      text-align: center;
170  }
171
172  .btns input{
173      width: 100px;
174  }
```

5 버튼의 스타일을 변경한다(응용)

브라우저 표준 버튼 스타일이 아닌 다음과 같은 모양으로 버튼 스타일을 적용해 보겠습니다.

[완성]

▶ class를 추가

투고 버튼과 취소 버튼은 색상만 다를 뿐 이외의 설정은 완전히 같으므로 HTML 버튼의 기본 스타일용과 버튼 종류용 2종류의 class명을 설정합니다.

[entry.html]

```
81  <div class="btns">
82    <input type="reset" value="취소" class="btn btn-clear">
83    <input type="submit" value="투고" class="btn btn-send">
84  </div>
```

▶ 버튼 기본 스타일의 설정 추가

먼저 .btn에 버튼 기본 스타일을 추가합니다. 아래와 같이 width/margin/padding/font-size를 설정해 아주 기본적인 스타일을 만듭니다. 이 스타일 설정을 윈도우와 맥의 크롬으로 비교해 보면 다음과 같이 표시가 달라집니다.

[style.css]

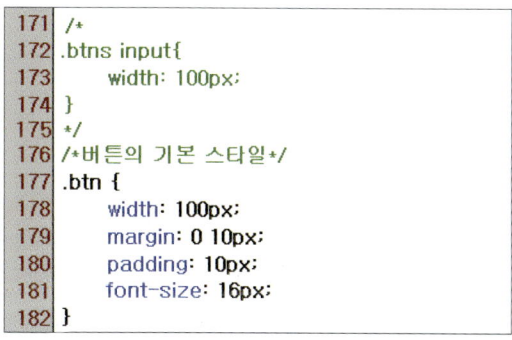

```
171  /*
172  .btns input{
173      width: 100px;
174  }
175  */
176  /*버튼의 기본 스타일*/
177  .btn {
178      width: 100px;
179      margin: 0 10px;
180      padding: 10px;
181      font-size: 16px;
182  }
```

[Windows 표시]

[Mac 표시]

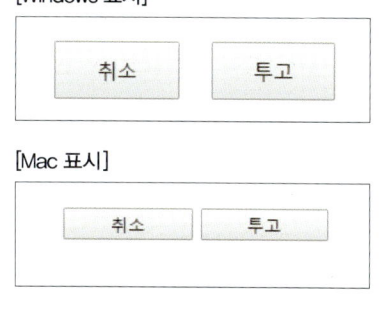

input 폼에는 사용자 환경을 위한 특수한 스타일이 초기 스타일로 미리 설정되어 있습니다. 브라우저에 따라서는 이 특수 스타일로 인해 일부 스타일 지정이 잘 안 될 수가 있습니다.

▶ 버튼에 border:none; 을 지정

border를 설정하면 사용자 측의 설정을 유효하게 할 수 있습니다. 여기서는 디자인적인 border는 필요 없으므로 border:none;을 지정합니다. 이렇게 하면 특수 스타일이 해제되어 윈도우와 맥의 버튼 크기가 거의 같게 됩니다.

[style.css]

```
176 /*버튼의 기본 스타일*/
177 .btn {
178     width: 100px;
179     margin: 0 10px;
180     padding: 10px;
181     border: none;
182     font-size: 16px;
183 }
```

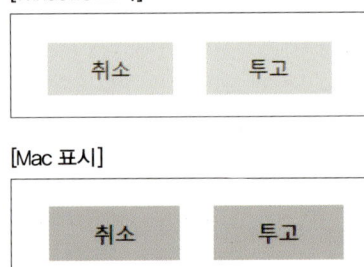

[Windows 표시]

[Mac 표시]

▶ 필요한 스타일을 모두 설정

버튼의 특수 스타일이 해제되었으므로 이제 필요한 버튼 스타일을 설정하면 완성됩니다.

[style.css]

```
184 /*버튼에 마우스를 올려놓았을 때*/
185 .btn:hover {
186     opacity: 0.7;
187 }
188 /*버튼을 누른 시간*/
189 .btn:active {
190     color: #fff;
191 }
192 /*버튼의 역할에 맞춰 색상 나누기*/
193 .btn-clear {
194     background-color: #ccc;
195 }
196 .btn-send {
197     background-color: #f6bb9e;
198 }
```

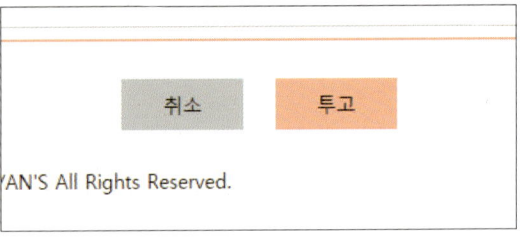

YAN'S All Rights Reserved.

★기억해 두세요.
opacity [요소의 불투명도]
값 : 0~1(※0=투명, 1=불투명)

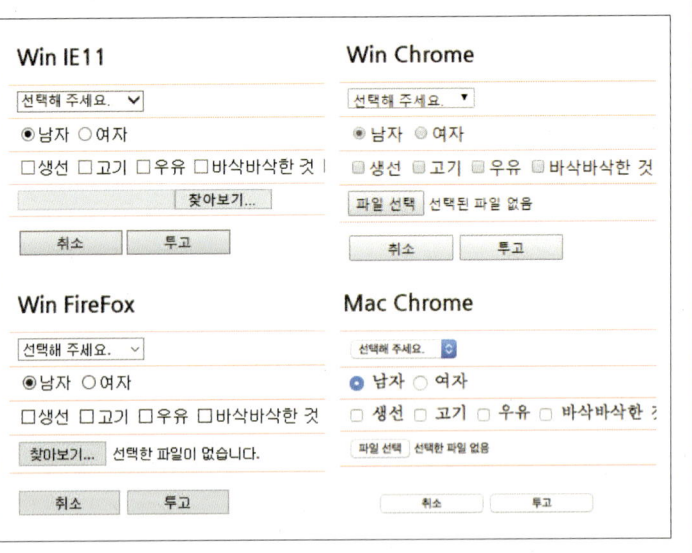

강의 표와 폼의 구조화

표나 입력 폼이 심플하다면 문제가 없지만 복잡한 구조를 가진 데이터의 경우에는 구조를 좀 더 자세히 마크업해 두는 쪽이 시각적으로 컨트롤 하기 쉽고 사용성이나 접근성을 향상시킬 수 있습니다.

행과 열의 그룹화

최소한의 표 구조는 table 요소, tr 요소, th 요소, td 요소만으로 마크업이 가능합니다. 더 나아가 thead 요소, tfoot 요소, tbody 요소를 사용하면 행 방향의 그룹화를 할 수 있고, colgroup 요소를 사용하면 열 방향의 그룹화도 할 수 있습니다.

● 예제 09-1 행열 그룹 구조

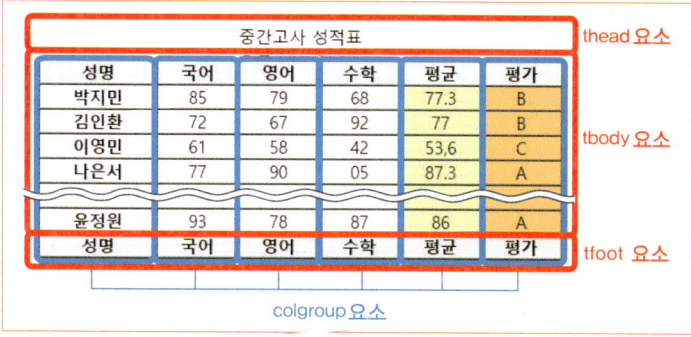

▶ thead 요소

테이블의 헤더 행 그룹을 나타내는 요소입니다.

▶ tfoot 요소

테이블의 푸터 행 그룹을 나타내는 요소입니다. tfoot 요소로 정의된 푸터 행은 테이블의 끝에 고정됩니다. 다만 HTML에서는 thead 요소→tfoot 요소→tbody 요소 순으로 기술해야 합니다.

▶ tbody 요소

테이블의 데이터 행 그룹을 나타내는 요소입니다.

▶ colgroup 요소

테이블의 열 그룹 구조를 나타내는 요소입니다. 열을 구조화하면 열에 간단히 배경색이나 경계선 등 스타일을 설정할 수 있습니다. 그러나 셀 안 텍스트에 대한 설정(text-align, color 등)은 안됩니다.

접근성을 높이는 테이블 관련 요소, 속성

● 예제 09-2 테이블 구조

▶ caption 요소

화면상에 나타나는 표의 간결한 설명문을 나타내는 요소입니다. 대상이 되는 table 요소의 시작 태그 바로 뒤에 1개만 기술합니다. caption 요소 안에는 텍스트와 텍스트 레벨만 들어갈 수 있습니다.

▶ scope 속성

주로 th 요소에 설정해 각각 어느 쪽 방향에 대한 표제인지를 명시하기 위한 속성입니다. 가로(행) 방향에 대한 표제의 경우는 'scope="row"'라 지정하고, 세로(열) 방향에 대한 표제의 경우는 'scope="col"'이라 지정합니다.

▶ 구조화된 표의 소스 샘플

```
<table>
<caption> 중간고사 성적표 </caption>
<colgroup id="name"></colgroup>
<colgroup id="language"></colgroup>
<colgroup id="english"></colgroup>
<colgroup id="nmathemctics"></colgroup>
<colgroup id="average"></colgroup>
<colgroup id="evaluation"></colgroup>
<thead>
<tr>
<th scope="col">섬명</th>
<th scope="col">국어</th>
<th scope="col">영어</th>
<th scope="col">수학</th>
<th scope="col">평균</th>
<th scope="col">평가</th>
</tr>
</thead>
<tfoot>
<tr>
<th scope="col">섬명</th>
<th scope="col">국어</th>
<th scope="col">영어</th>
<th scope="col">수학</th>
<th scope="col">평균</th>
<th scope="col">평가</th>
</tr>
</tfoot>
<tbody>
<tr>
<th scope="row">박지민</th>
<td>85</td>
<td>79</td>
<td>68</td>
<td>77.3</td>
<td>B</td>
</tr>
<tr>
```

```
<tr>
<th scope="row">윤정원</th>
<td>93</td>
<td>78</td>
<td>87</td>
<td>86</td>
<td>A</td>
</tr>
</tbody>
</table>
```

caption 요소
테이블 표제

colgroup 요소
열의 그룹화

thead 요소
열의 그룹화(헤더행)

tfoot 요소
행의 그룹화(푸터행)
※ tfoot는 thead 요소의 바로 뒤)

tbody요소
행의 그룹화(데이터행)

셀의 결합

1개의 표제 셀에 대해 여러 데이터가 있는 경우에는 셀을 결합하면 보다 알기 쉬운 표를 만들 수 있습니다. 셀의 결합은 가로 방향으로도, 세로 방향으로도 할 수 있습니다. 그러나 직접 기술할 경우에는 알기 어렵기 때문에 복잡하게 결합해야 할 때에는 어도비 드림위버 같은 소프트웨어를 이용하는 것이 좋을 수도 있습니다.

● 예제 09-3 결합 전의 테이블

셀1	셀2	셀3
셀4	셀5	셀6
셀7	셀8	셀9

```html
<table>
  <tr>
    <td>셀1</td>
    <td>셀2</td>
    <td>셀3</td>
  </tr>
  <tr>
    <td>셀4</td>
    <td>셀5</td>
    <td>셀6</td>
  </tr>
  <tr>
    <td>셀7</td>
    <td>셀8</td>
    <td>셀9</td>
  </tr>
</table>
```

▶ 가로 방향의 결합 (colspan)

가로 방향으로 셀을 결합할 경우에는 결합하는 맨 앞의 셀에 colspan 속성을 지정하고 결합하는 셀의 수를 수치로 지정한 다음 불필요한 셀의 태그를 삭제합니다.

● 예제 09-4 가로 결합

셀1 셀2 셀3 병합		
셀4	셀5	셀6
셀7	셀8	셀9

```html
<table>
  <tr>
    <td colspan="3">셀1 셀2 셀3 병합</td>
  </tr>
  <tr>
    <td>셀4</td>
    <td>셀5</td>
    <td>셀6</td>
  </tr>
  <tr>
    <td>셀7</td>
    <td>셀8</td>
    <td>셀9</td>
  </tr>
</table>
```

▶ 세로 방향의 결합 (rowspan)

세로 방향으로 셀을 결합할 경우는 결합하는 선두 셀에 rowspan 속성을 지정하고 결합하는 셀의 수를 수치로 지정한 다음 불필요한 셀의 태그를 삭제합니다. 세로 방향 결합의 경우는 행(⟨tr⟩ ~ ⟨/tr⟩)에 걸쳐 있는 불필요한 셀을 삭제할 필요가 있으므로 주의가 필요합니다.

● 09-5 세로 결합

셀1셀4셀7 병합	셀2	셀3
	셀5	셀6
	셀8	셀9

```
<table>
 <tr>
  <td rowspan="3">셀1셀4셀7병합</td>
  <td>셀2</td>
  <td>셀3</td>
 </tr>
 <tr>
  <td>셀5</td>
  <td>셀6</td>
 </tr>
 <tr>
  <td>셀8</td>
  <td>셀9</td>
 </tr>
</table>
```

▶ colspan과 rowspan의 동시 지정

colspan과 rowspan을 동시에 지정해 세로와 가로 양방향에 대해 셀을 결합할 수 있습니다.

● 09-6 가로세로 결합

셀1셀2셀4셀5 병합		셀3
		셀6
셀7	셀8	셀9

```
<table>
 <tr>
  <td colspan="2" rowspan="2">셀1셀2셀4셀5 병합</td>
  <td>셀3</td>
 </tr>
 <tr>
  <td>셀6</td>
 </tr>
 <tr>
  <td>셀7</td>
  <td>셀8</td>
  <td>셀9</td>
 </tr>
</table>
```

폼의 그룹화

fieldset 요소로 폼의 입력 컨트롤을 그룹화할 수 있습니다. 공통의 의미를 갖는 폼을 fieldset 요소로 구조화해 두면, 특히 음성 브라우저 같은 비시각적 환경에서 사용자의 이해를 도울 수 있습니다. 그리고 시각적으로도 표제가 붙은 테두리로 감쌀 수 있기 때문에 무엇에 대한 입력 항목인지를 한눈에 판단할 수 있는 장점이 있습니다. 특히 카테고리별 입력 항목이 많은 폼을 작성할 때 활용하면 좋습니다.

▶ fieldset 요소

폼의 입력 컨트롤은 의미적으로 그룹화하기 위한 요소입니다. fieldset 요소의 내용물은 반드시 그룹의 표제를 나타내는 legend 요소로 시작해야 합니다.

● 예제 09-7 fieldset 요소

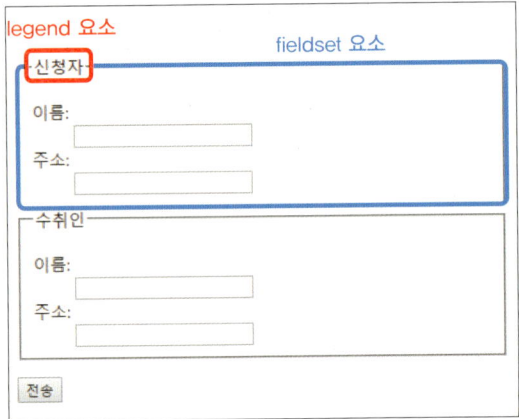

● fieldset 소스

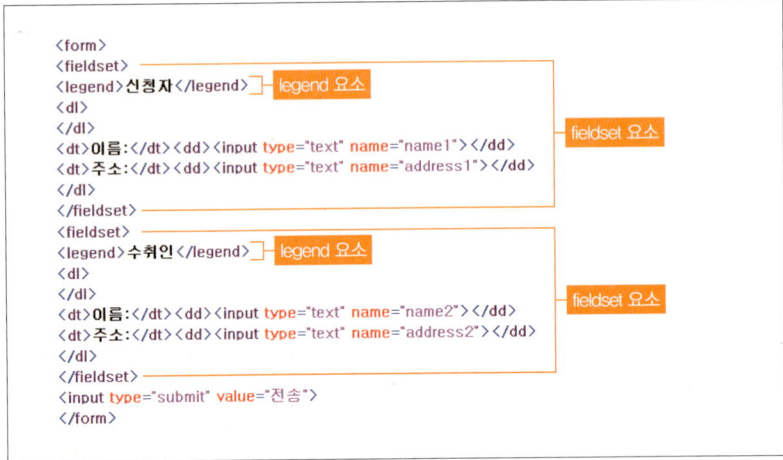

Chapter 03

CSS 레이아웃의 기본

웹사이트의 레이아웃은 그 용도나 목적에 따라 다양한 기법이 있습니다. 이 장에서는 다양한 레이아웃 기법의 특징과 용도를 소개하면서 베이스가 되는 'float 프로퍼티'와 'position 프로퍼티'를 사용한 레이아웃의 제작 방법을 알아보겠습니다.

CSS 레이아웃의 기본

레이아웃의 종류

'고정인가 가변인가', '단을 구성하는가 그렇지 않은가', '그리드인가 프리인가' 등 웹사이트에는 다양한 레이아아웃이 있습니다. 이러한 레이아아웃을 '가변, 단 구성, 그리드'나 '고정, 단 구성, 프리'처럼 조합하여 만들기도 합니다. LESSON 10에서는 웹 레이아웃의 주요 종류와 그 특징을 설명하도록 하겠습니다.

강의 대표적인 레이아웃 기법

고정형 레이아웃(Fixed Layouts)

콘텐츠를 특정의 가로 폭으로 고정한 레이아웃을 말합니다. 가로 폭은 px로 설계됩니다. PC용 웹사이트의 대표적인 레이아웃 기법으로 정착되었고 현재도 대부분의 웹사이트에서 사용되고 있습니다. 디자인한 것을 그대로 구현할 수 있기 때문에 레이아웃 기법으로서는 가장 간편하다고 할 수 있습니다. 하지만 대형화된 디스플레이에서는 가로 폭이 좁고 답답하게 느껴지거나 진부하다는 인상을 줄 수 있습니다. 또한 다양한 화면 크기의 디바이스로 웹사이트를 열람하는 것을 생각하면 고정폭이 좋은 장점만을 가지고 있는 것은 아닙니다.

● 예제 10-1

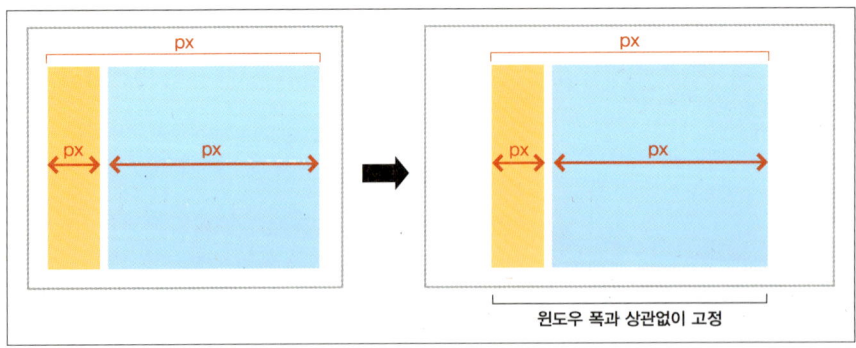

● 예제 10-2 참고 : http://www.yahoo.co.jp/

유동형 레이아웃(Fluid Layouts)

윈도우 가로 폭이 바뀌어도 그에 맞춰 콘텐츠의 가로 폭이 늘거나 줄도록 퍼센트로 가로 폭을 설계한 레이아웃을 가리킵니다. 리퀴드 레이아웃과 유연한 레이아웃이 대표적인 예입니다. 콘텐츠의 가로 폭이 늘거나 주는 것이 아니라 윈도우 폭에 맞게 재배치되는 유동 그리드 레이아웃도 유동형 레이아웃의 일종이라 할 수 있습니다. 웹사이트의 레이아웃으로서는 오랫동안 고정 레이아웃이 주류였으나 현재는 열어 보는 환경이 다양하기 때문에 유동형 레이아웃을 이용하는 경우도 늘었습니다.

▶ 리퀴드 레이아웃 (Liquid Layout)

가로 폭을 퍼센트로 지정하는 가장 기본적인 유동형 레이아웃입니다. 화면 폭이 좁아져도 쓸데없는 가로 스크롤이 발생하지 않아 사용자에게 적합한 열람 환경을 제공할 수 있습니다. 하지만 극단적으로 좁거나 넓은 화면의 경우에는 반대로 가독성이 나빠진다는 단점이 있습니다. 따라서 굉장히 좁고 넓은 화면의 경우는 모든 단을 퍼센트로 하는 경우와 일부 단만 퍼센트로 하는 경우가 있습니다.

● 예제 10-3

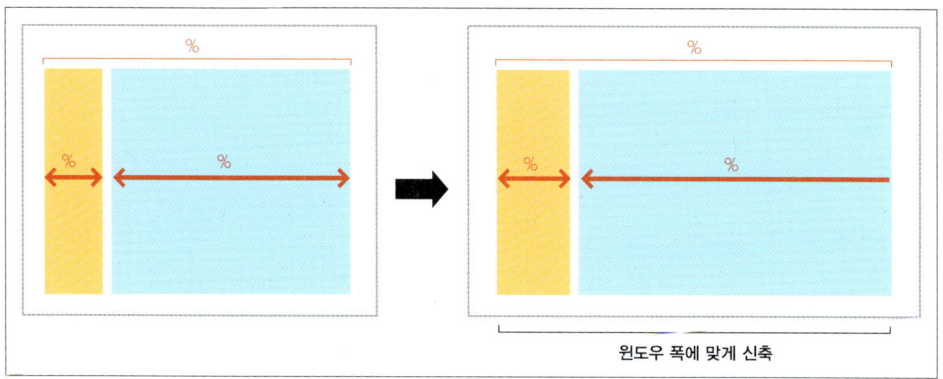
윈도우 폭에 맞게 신축

▶ 유연한 레이아웃 (Flexible Layout)

min-width, max-width를 사용해 늘거나 줄었을 때의 최소치와 최대치를 설정함으로써 리퀴드 레이아웃의 결점인 극단적으로 좁거나 넓은 화면의 가독성을 좋게 한 개량판 리퀴드 레이아웃입니다. 현재는 일반 리퀴드 레이아웃보다는 유연한 레이아웃 기법을 사용한 사이트가 늘고 있습니다. 리퀴드 레이아웃처럼 여러 단으로 구성한 경우는 모든 단을 퍼센트로 하는 경우와 일부 단만 퍼센트로 하는 경우가 있습니다.

● 예제 10-4

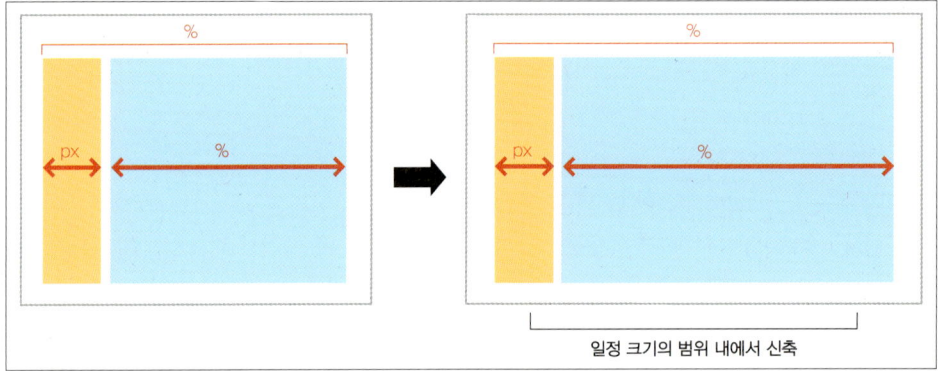

● 예제 10-5 참고 : http://www.amazon.co.jp/

▶ 유동형 그리드 레이아웃 (Fluid Grid Layout)

유동성이 있는 그리드 레이아웃은 일정 그리드에 따라 콘텐츠를 늘어놓고 윈도우 폭이 변경될 때마다 콘텐츠를 재배치하는 식의 레이아웃입니다. 콘텐츠의 폭 자체가 늘거나 줄어들지는 않지만 윈도우 폭에 맞춰 표시되는 콘텐츠 양이 변경된다는 의미에서 유동형 레이아웃으로 분류됩니다. 비교적 새로운 레이아웃 기법으로, 콘텐츠가 재배치될 때는 jQuery 등의 라이브러리를 사용해 시각 효과를 주는 경우가 많습니다.

● 예제 10-6

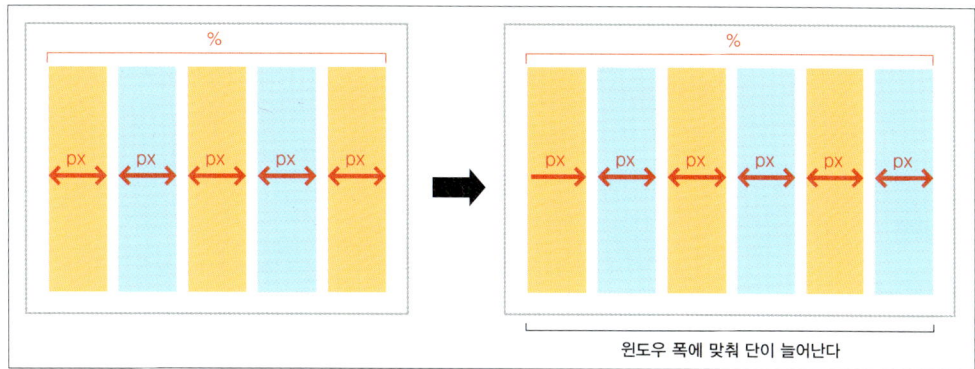

● 예제 10-7 참고 : http://amana.jp/

단 레이아웃

● 예제 10-8

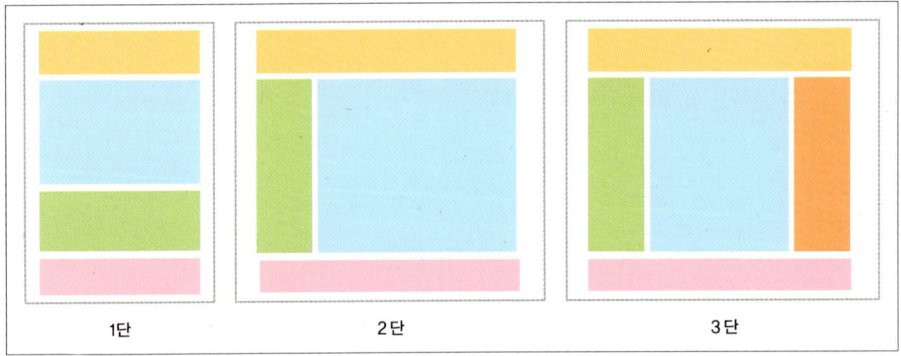

| 1단 | 2단 | 3단 |

▶ 1단 레이아웃

윈도우 폭 전체에 위에서 아래로 정보를 배치하는 레이아웃입니다. 기본적으로 위에서 아래로 정보를 배치하기 때문에 열람자의 주의를 콘텐츠에 집중시키는 효과가 큽니다. PC용의 경우는 하나의 주제에 대해 깊이 있게 다루는 프레젠테이션 형 사이트와, 1페이지로 완결하는 판촉 사이트에서 자주 이용합니다. 스마트폰처럼 물리적으로 열람 환경의 가로 폭이 좁은 경우는 꼭 1단 레이아웃을 하는 일도 있습니다.

▶ 다단 레이아웃

여러 단에 정보를 배치하는 레이아웃입니다. 물리적인 화면 영역이 넓고 정보량이 많은 PC용 웹사이트 대부분이 이 레이아웃을 쓰고 있습니다. 2단, 3단 정도가 일반적이지만 정보의 양과 종류가 많은 사이트나 많은 콘텐츠를 병렬로 늘어놓고 싶은 경우에는 4단 이상으로 하는 일도 있습니다.

복수의 단으로 레이아웃하는 사이트는 일반적으로 정보량이나 페이지 수가 많기 때문에 방대한 콘텐츠 중에서 사용자가 원하는 정보를 헤매지 않고 찾아 읽을 수 있도록 적절한 내비게이션을 설계하는 것이 좋습니다.

웹사이트 레이아웃은 기본적으로 단의 수와 가변 혹은 고정으로 짜는데, 정보량이나 열어 보는 환경에 맞게 적절하게 선택해야 합니다. 그리고 서로 같지 않은 단을 필요에 따라 조합할 수도 있습니다.

여러 단으로 레이아웃한 것을 CSS로 실현하려면 'float'를 사용하는 방법과 'position'을 사용하는 방법 2종류가 있으며, 일반적으로 float 쪽이 적합합니다.

그리드 레이아웃과 프리 레이아웃

▶ 그리드 레이아웃

그리드 레이아웃이란 글자와 이미지, 단 등의 요소를 일정 규칙에 따라 격자 모양으로 레이아웃하는 기법을 말합니다. CSS에 의한 다단 레이아웃과 잘 맞아 가지런하게 정보를 늘어놓을 수가 있기 때문에 기업 사이트나 EC 사이트, 정보 사이트 등에서 많이 이용하고 있습니다. 다단 레이아웃은 기본적으로 이 그리드 레이아웃으로 분류되며 주로 float를 사용해 요소를 배치합니다.

● 예제 10-9

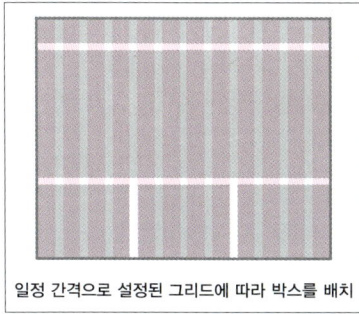

일정 간격으로 설정된 그리드에 따라 박스를 배치

● 예제 10-10 참고 : http://www.kikiandbree.com/

▶ 프리 레이아웃

프리 레이아웃은 새하얀 캠퍼스에 자유자재로 그림을 그려가듯이 그리드에 관계없이 요소를 배치하는 레이아웃 기법입니다. 프리 레이아웃은 포스터나 광고처럼 그래픽이 중요시되는 웹사이트에서 주로 사용됩니다. HTML 순서와 관계없이 자유롭게 화면상에 요소가 배치되는 일이 많기 때문에 일반적으로는 'position'을 사용합니다. 이것은 화면 크기가 변동하는 유동형 레이아웃보다 고정 레이아웃 쪽이 적합합니다.

● 예제 10-11

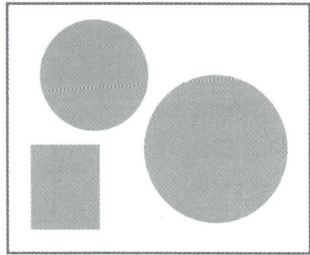

그래픽 중시 프리 배치

● 예제 10-12 참고

복합적인 레이아웃 기법

▶ 반응형 레이아웃 (Responsive Layout)

반응형 레이아웃은 가로 폭 가변의 그리드 레이아웃을 기본으로 하고 화면의 가로 폭 사이즈에 맞춰 단과 이미지 크기 등을 유연하게 조정할 수 있는 복합적인 레이아웃 기법입니다. 화면 폭에 따라 레이아웃 방법을 변경할 때는 CSS의 미디어 쿼리(Media Queries)라는 기능을 사용해 적용할 CSS를 나누면 됩니다.

단말기 화면에 맞춰 레이아웃을 달리 보여 주는 반응형 레이아웃은 어떤 화면으로 열어도 문제가 생기지 않도록 정보 설계나 디자인 등을 치밀하게 계산해야 합니다. 따라서 레이아웃 기법 중에서도 가장 난이도가 높은 기법입니다.

● 예제 10-13

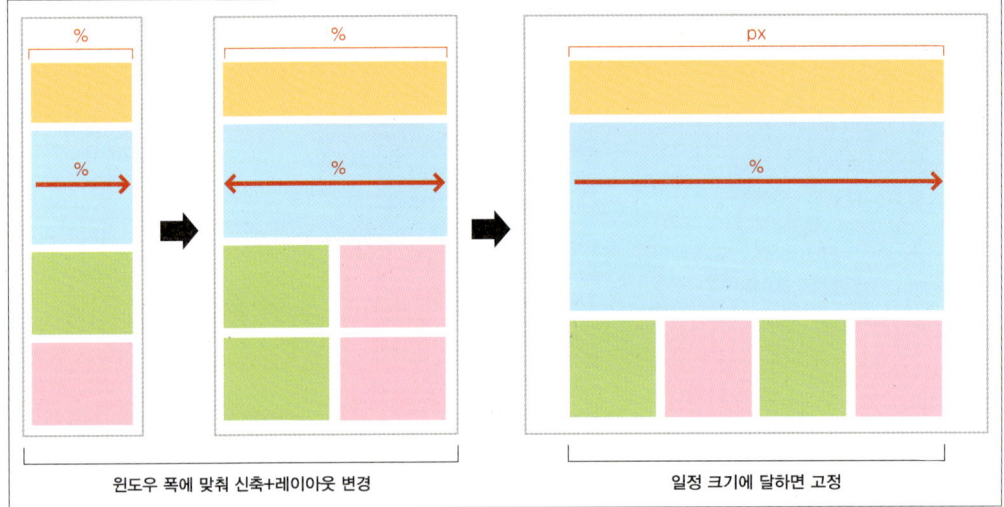

윈도우 폭에 맞춰 신축+레이아웃 변경   일정 크기에 달하면 고정

● 예제 10-14 참고 : http://www.kinugawakanaya.com

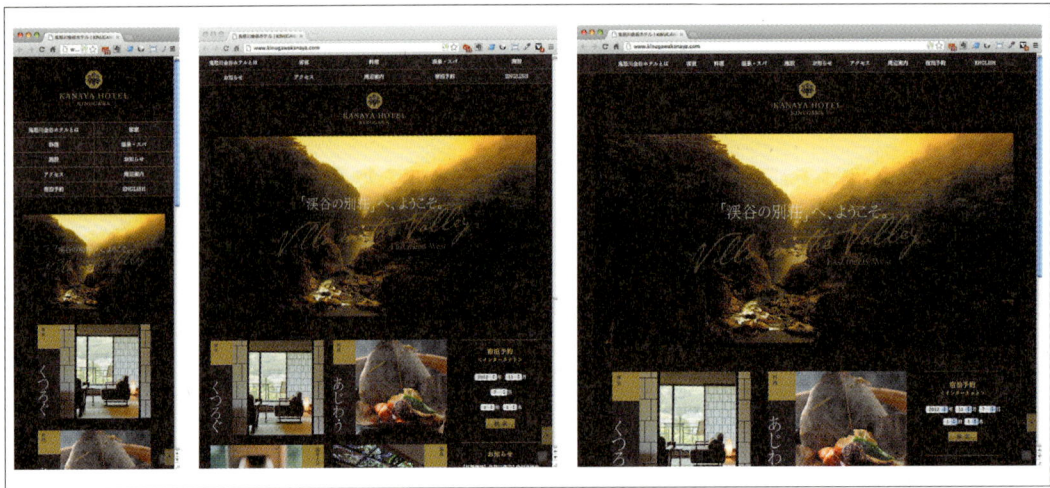

적응형 레이아웃(Adaptive Layout)

반응형 레이아웃처럼 CSS3의 미디어 쿼리를 사용해 화면폭에 맞춰 복수의 레이아웃을 하는 기법입니다. 반응형 레이아웃은 항상 가로 폭을 가변으로 늘리거나 줄이면서 레이아웃이 변화하는 데 반해 적응형 레이아웃은 특정의 디바이스를 예상한 여러 개의 고정 레이아웃을 조합한다는 점에서 커다란 차이가 있습니다.

적응형 레이아웃의 경우 지정한 디바이스 폭 이외의 환경에서 열어 보면 콘텐츠 폭이 너무 좁거나 너무 넓게 되는 등의 문제가 생길 수 있지만 각 레이아웃 패턴 자체는 고정 크기로 설정할 수 있기 때문에 반응형 레이아웃에 비해 정교한 디자인에서도 깨지지 않고 구축 난이도가 낮은 장점이 있습니다.

● 예제 10-15 반응형 레이아웃과 적응형 레이아웃의 차이

이와 같이 웹사이트의 레이아웃에는 다양한 종류가 있는데 CSS로서는 'float'와 'Position'이라는 두 프로퍼티가 레이아웃 작성의 기본이 됩니다. 어떤 패턴이든 자유롭게 만들 수 있으려면 이들 레이아웃 프로퍼티를 확실히 사용할 수 있어야 합니다. 다음의 LESSON에서는 float 지정 레이아웃과 Position 레이아웃에 대해 배워 보도록 하겠습니다.

POINT

- 웹사이트 레이아웃은 '고정인가 가변인가', '단을 구성하는가 그렇지 않은가', '그리드인가 프리인가' 등으로 크게 분류할 수 있다.
- 다단 레이아웃에는 원칙적으로 float 를 이용한다.
- 프리 스타일의 레이아웃에는 원칙적으로 position을 이용한다.

CSS 레이아웃의 기본

float 레이아웃

LESSON 11에서는 CSS 레이아웃의 기본 중의 기본이 되는 'float'를 사용한 단 레이아웃하는 법을 알아보겠습니다. 레이아웃의 조정 부분에 집중하기 위해 이 레슨의 샘플에서는 테두리만 있는 더미 콘텐츠를 사용해 설명하겠습니다.

샘플 파일 ▶ Chapter03 ▶ lesson11 ▶ before ▶

```
2col | 2col.html / style.css
3col | 3col-1.html / style1.css
       3col-2.html / style2.css
box | box.html / style.css
```

실습 float에 의한 다단 레이아웃

기본적인 float 지정 레이아웃의 구조

float를 사용하지 않는 보통 배치의 경우 블록 요소인 각 콘텐츠는 소스 코드의 순서대로 위에서 아래, 즉 세로로 표시합니다. float가 설정된 블록은 보통 콘텐츠 배치 흐름에서 분리되어 왼쪽 또는 오른쪽에 섬처럼 떠 있는 상태가 됩니다. 그리고 후속 콘텐츠는 float가 설정된 블록을 피하듯이 옆의 빈 곳으로 흘러들어와 배치되는 상태가 됩니다.

CSS로 하는 레이아웃은 재목을 쌓아 놓은 것처럼 세로로 쌓아올린 콘텐츠를 늘어놓는 작업이라 할 수 있습니다. 이와 같은 float 구조를 사용하면 <mark>보통이라면 세로로 놓이는 콘텐츠를 옆으로 나란히 놓을 수가 있습니다.</mark>

● 예제 11-1 보통 배치와 float 배치 비교

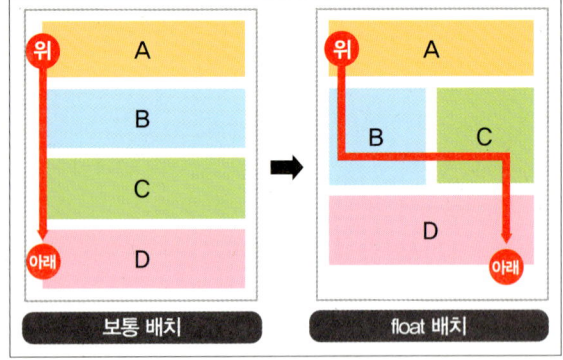

2단 레이아웃을 만든다

가장 간단한 형태의 2단 레이아웃입니다. 각 단의 너비를 적절하게 설정한 다음 왼쪽에 배치하고 싶은 것에 float:left;, 오른쪽에 배치하고 싶은 것에 float:right;를 설정하고 후속 블록에 clear:both;를 넣어 float를 해제합니다. 샘플 파일의 2col.html을 사용해 순서에 따라 2단 레이아웃을 만듭니다.

● 예제 11-2 2단 레이아웃의 구조

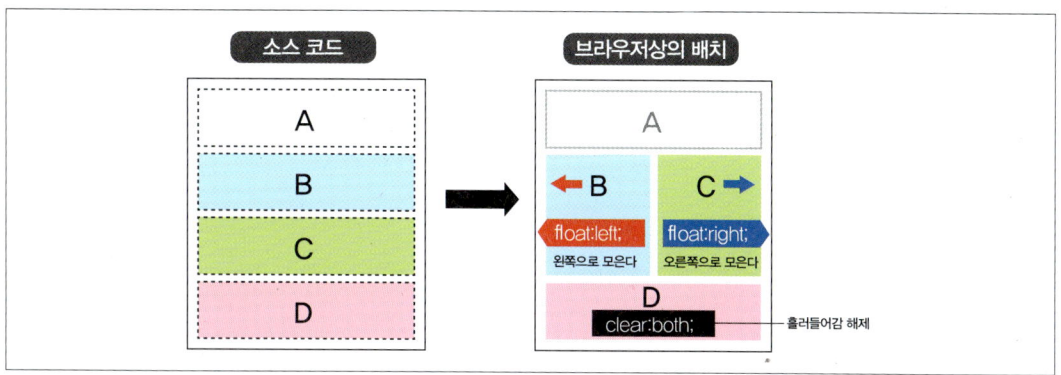

① 각 블록에 필요한 가로 폭과 배경색을 설정한다

먼저 각 블록에 너비를 설정합니다. 배경색은 레이아웃에 따라서 필요 없는 것도 있으나 시각적으로 배치를 알기 쉽게 하기 위해 설정해 둡니다.

[2col/style.css]

```
1  @charset "UTF-8";
2  /* CSS Document */
3
4  *{
5          margin:0;
6          padding:0;
7  }
8
9  #wrap{
10         width:800px;
11         margin:30px auto;
12         background-color:#ccc;
13 }
14
15 #header{
16         background-color:#f00;
17 }
18
19 #main{
20         width:500px;
21         background-color:#0f0;
22 }
23
24 #side{
25         width:280px;
26         background-color:#00f;
27 }
28
29 #footer{
30         background-color:#f0f;
31 }
```

[2col/2col.html]

> 새로 레이아웃을 만들 때뿐만 아니라 제작 도중에 레이아웃이 흐트러졌을 때도 일시적으로 배경색을 넣으면 문제점을 발견하기 쉽습니다.

2 main과 #side에 float를 설정하고 좌우로 모아 배치한다

이번에는 옆으로 나란히 놓고 싶은 블록에 float를 설정합니다. 기본적으로는 '왼쪽에 배치하고 싶은 것은 float:left;, 오른쪽에 배치하고 싶은 것은 float:right;'를 설정합니다.

[2col/style.css]

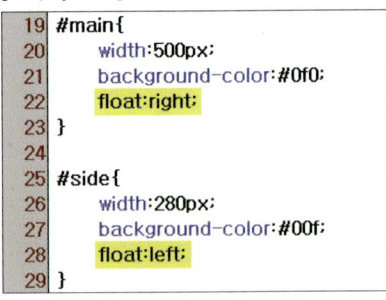

```
19  #main{
20      width:500px;
21      background-color:#0f0;
22      float:right;
23  }
24
25  #side{
26      width:280px;
27      background-color:#00f;
28      float:left;
29  }
```

[2col/2col.html]

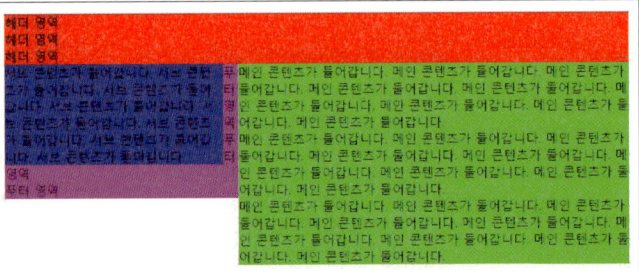

> 2단 레이아웃에서는 각 블록을 좌우로 할당하면 HTML 소스에 단 블록 부분의 배치 순서를 신경 쓸 필요가 없고 단과 단 사이의 여백에 대해서도 특별히 설정하지 않아도 됩니다.

> **Memo** 푸터 영역이 단의 빈곳에 들어오는 것은 브라우저가 잘못된 것이 아닌 CSS가 바르게 작동한 것입니다.

3 후속 요소 #footer에서 float를 해제한다

단을 만들고 싶지 않은 블록에 clear:both;를 설정해 데이터가 흘러들어 가는 것을 해제하면 기본인 2단 레이아웃이 완성됩니다.

[2col/style.css]

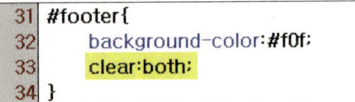

```
31  #footer{
32      background-color:#f0f;
33      clear:both;
34  }
```

[2col/2col.html]

> clear:both;는 좌우 양쪽의 float 설정을 한 번에 해제할 수 있습니다. clear 프로퍼티가 설정된 박스는 margin-top이 잘 설정되지 않는 상태가 되므로, 만약 단 콘텐츠와 #footer 사이에 간격을 두고 싶은 경우는 단 콘텐츠 쪽에 margin-bottom을 넣는 것으로 대처하세요.

3단 레이아웃을 만든다(1)

소스 코드상의 순서와 표시 배열이 같은 경우는 ①에서처럼 순서대로 모두 float:left;나 ②에서처럼 순서대로 float:left;를 설정하고 마지막 블록만 float:right;로 하는 등의 방법으로 배치합니다. 이번에는 샘플 파일의 col3-1.html을 사용해 기본 3단 레이아웃을 작성해 보겠습니다.

● 예제 11-3 소스 순서대로 배치하는 3 단 레이아웃의 구조①

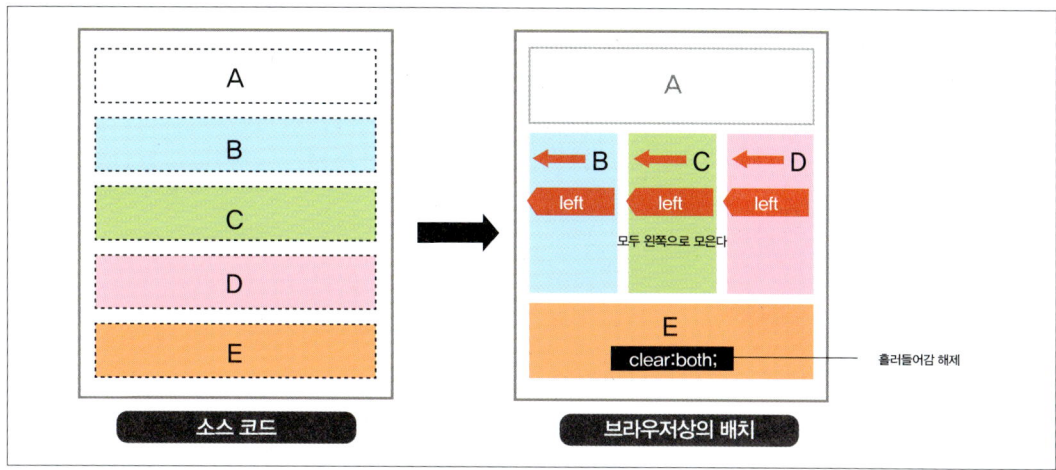

● 예제 11-4 소스 순서대로 배치하는 3 단 레이아웃의 구조②

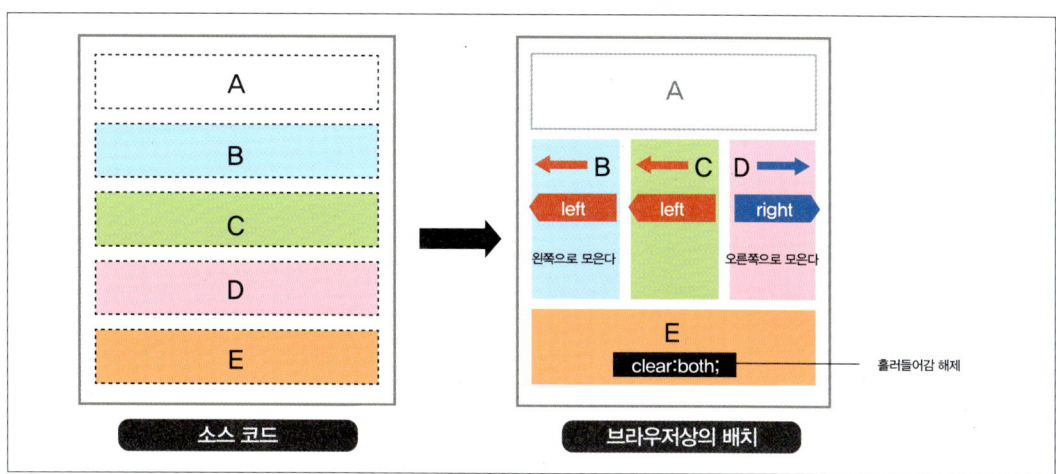

각 블록에 필요한 가로 폭과 배경색을 설정한다

2단일 때와 마찬가지로 각 블록에 너비와 배경색을 설정합니다.

[3col/style1.css]

```css
1   @charset "UTF-8";
2   /* CSS Document */
3
4   *{
5           margin:0;
6           padding:0;
7   }
8
9   #wrap{
10          width:940px;
11          margin:30px auto;
12          background-color:#ccc;
13  }
14
15  #header{
16          background-color:#f00;
17  }
18
19  #cont1{
20      background-color:#ff0;
21      width:300px;
22
23  }
24
25  #cont2{
26      background-color:#0f0;
27      width:300px;
28
29  }
30
31  #cont3{
32      background-color:#00f;
33      width:300px;
34
35  }
36
37  #footer{
38      background-color:#f0f;
39
40  }
```

[3col/3col-1.html]

2 **#cont1~#cont3에 모두 float:left를 설정해서 왼쪽에 배치한다.**

가로로 나란히 놓기 위해 3단에 모두 float:left;를 설정하고 clear:both;를 넣어 후속 요소에서 흘러들어 감을 해제합니다. 단의 간격이 필요 없는 경우에는 위 방법으로 쉽게 완성할 수 있습니다.

[3col/style1.css]

```
19  #cont1{
20      background-color:#ff0;
21      width:300px;
22      float:left;
23  }
24
25  #cont2{
26      background-color:#0f0;
27      width:300px;
28      float:left;
29  }
30
31  #cont3{
32      background-color:#00f;
33      width:300px;
34      float:left;
35  }
36
37  #footer{
38      background-color:#f0f;
39      clear:both;
40  }
```

[3col/3col-1.html]

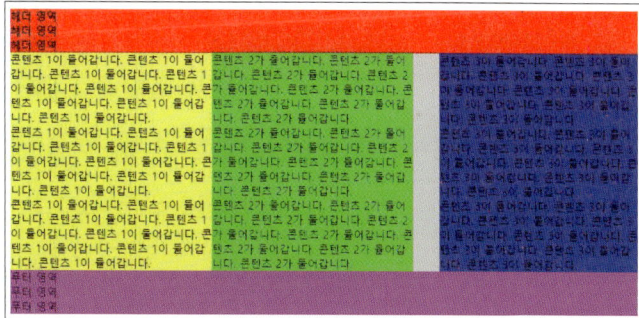

3단 모두를 float:left로 하면 소스 코드 순서대로 왼쪽에서 오른쪽으로 놓입니다. 단 간격이 필요한 경우는 두 군데에 margin-right을 설정하면 됩니다.

#cont3만 float:right로 변경한다

마지막 1단만 float:right;로 하는 방법도 있습니다. #cont3을 float:right;로 변경하면 됩니다.

[3col/style1.css]

```
31  #cont3{
32      background-color:#00f;
33      width:300px;
34      float:right;
35  }
```

float:left와 float:right가 옆에 나란히 있는 곳은 자동적으로 빈틈이 생기므로 단 간격 설정은 한 군데만 하면 됩니다.

[3col/3col-1.html]

④ #cont1에 margin-right를 설정한다

#cont2와 #cont3 사이는 자동적으로 빈틈이 생기므로 #cont1에 margin-right를 20px 설정하면 3단 레이아웃이 완성됩니다.

```
19  #cont1{
20      background-color:#ff0;
21      width:300px;
22      float:left;
23      margin-right:20px;
24  }
```

[3col/3col-1.html]

단 간격 중 한 군데를 브라우저 쪽의 자동 계산에 맡기는 상태로 설정하면, 만일 브라우저의 버그나 제작자의 실수로 계산의 오차가 발생해 부모 요소보다 오버하는 일이 발생되었다고 해도, 약간의 오차 범위라면 오차 흡수를 하여 단이 흐트러지는 일을 막을 수 있습니다.

Memo 단 간격을 margin-right로 설정하는 것은 'float와 같은 방향에 margin을 넣으면 그 값이 2배로 표시된다'는 IE6의 버그를 막는 수단으로 알려진 과거의 기법에 지나지 않습니다. #cont2에 margin-left를 넣는 방법을 사용해도 특별한 문제는 없습니다.

3단 레이아웃을 만든다(2)

아래 예제는 소스 코드 순서와 표시된 배열이 다른 경우의 구조입니다. 다단 레이아웃 구성의 경우, HTML 소스 코드에서는 '사이드바' 라는 보조 콘텐츠보다 '메인 콘텐츠'가 되는 단을 먼저 기술하는 것이 보통입니다. 그러면 3단의 경우, 한가운데(2열째)에 배치하고 싶은 메인 콘텐츠를 소스상에서는 가장 위에 기술하는 것이 되기 때문에 이 상태에서는 float로 잘 배치할 수가 없습니다.

이와 같은 경우에는 메인 콘텐츠와 좌우 어느 한쪽 서브 콘텐츠를 div로 감쌈으로써 일단 2단 상태를 만들고, 단 안에서 다시 2단을 만드는 방법을 사용합니다. 샘플 파일의 3col-2.html을 사용해 이와 같은 패턴의 3단을 만들어 보겠습니다.

● 예제 11-5 소스 순서와는 다른 배열로 배치하는 3단 레이아웃의 구조

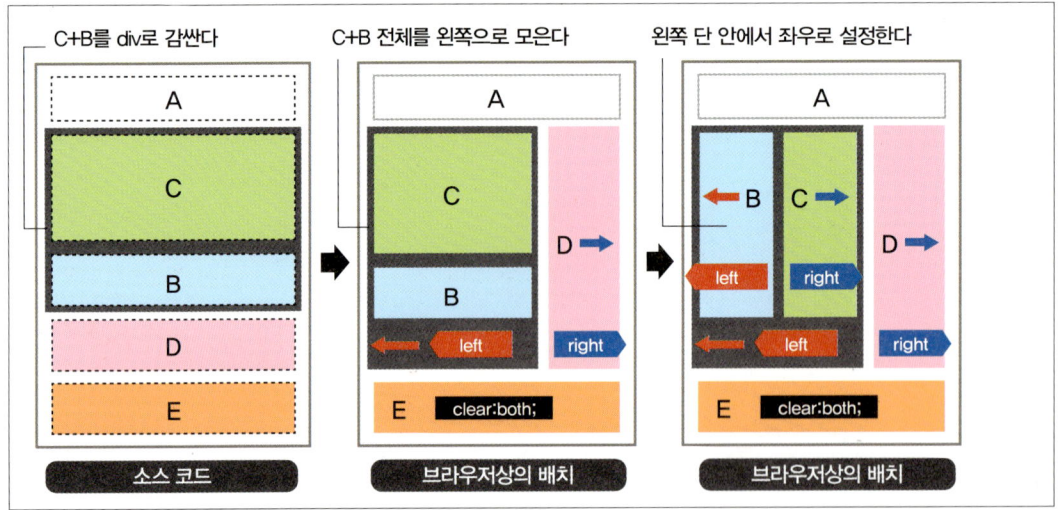

각 블록에 필요한 가로 폭과 배경색을 설정한다

각 블록에 너비와 배경색을 설정합니다.

[3col/style2.css]

```
1  @charset "UTF-8";
2  /* CSS Document */
3
4  *{
5      margin:0;
6          padding:0;
7  }
8
9  #wrap{
10     width:800px;
11     margin:30px auto;
12     background-color:#ccc;
13 }
14
15 #header{
16     background-color:#f00;
17 }
18
19 #side1{
20     background-color:#ff0;
21     width:200px;
22 }
23
24 #main{
25     background-color:#0f0;
26     width:360px;
27 }
28
29 #side2{
30     background-color:#00f;
31     width:200px;
32 }
33
34 #contents{
35     background-color:#000;
36     border:#000 3px solid;
37     width:580px;
38 }
39
40 #footer{
41     background-color:#f0f;
42 }
```

[3col/3col-2.html]

2 **#contents와 #side2에 float를 사용해 좌우로 모아 배치한다.**

먼저 #contents와 #side2에 float를 삽입해 1단계(바깥쪽)의 2단 레이아웃을 만들고 #footer에 clear을 삽입해 흘러들어감을 해제합니다.

[3col/style2.css]

```
31  #side2{
32      background-color:#00f;
33      width:200px;
34      float:right;
35  }
36
37  #contents{
38      background-color:#000;
39      border:#000 3px solid;
40      width:580px;
41      float:left;
42  }
43
44  #footer{
45      background-color:#f0f;
46      clear:both;
47  }
```

[3col/3col-2.html]

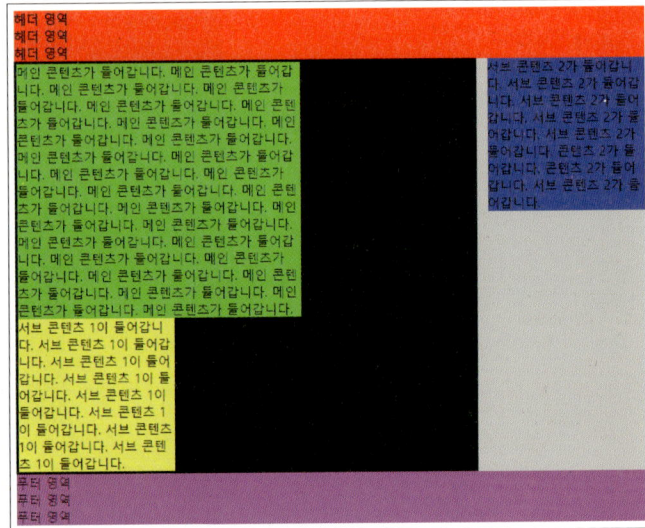

3 **#main과 #side1에 float를 사용해 좌우로 모아 배치한다.**

위와 같이 2단이 되면 이번에는 #contents의 내용물을 다시 2단으로 만들면 완성입니다.

[3col/style2.css]

```
19  #side1{
20      background-color:#ff0;
21      width:200px;
22      float:left;
23  }
24
25  #main{
26      background-color:#0f0;
27      width:360px;
28      float:right;
29  }
```

[3col/3col-2.html]

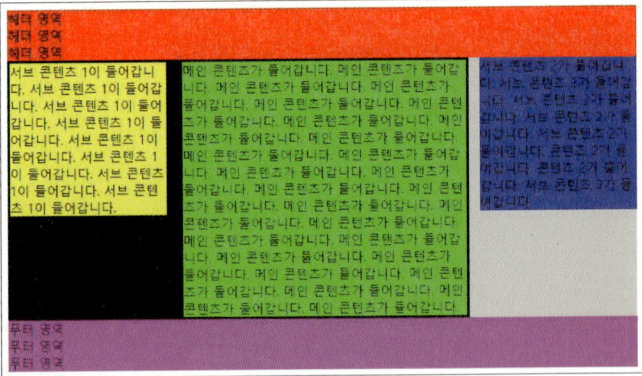

박스를 격자 모양으로 배열하는 레이아웃을 만든다

 .box li에 float:left;를 삽입해 왼쪽에 모은다

같은 크기의 박스를 격자 모양으로 배열하는 레이아웃의 경우는 나중에 삽입이나 삭제, 순서 교체가 발생했을 때도 HTML에 쓸데없는 class를 넣지 않아도 되도록 박스를 모두 float:left;로 배열해 둡니다.

[box/style.css]

```
 1 @charset "UTF-8";
 2 /* CSS Document */
 3
 4 *{
 5         margin:0;
 6         padding:0;
 7 }
 8
 9 ul,li{
10     list-style: none;
11 }
12
13
14 #wrap{
15     width: 960px;
16     margin: 0 auto;
17 }
18
19 #header{
20     background-color: #f00;
21 }
22
23 #footer{
24     background-color: #00f;
25     clear: both;
26 }
27
28 .box li{
29     float: left;
30 }
```

[box/box.html]

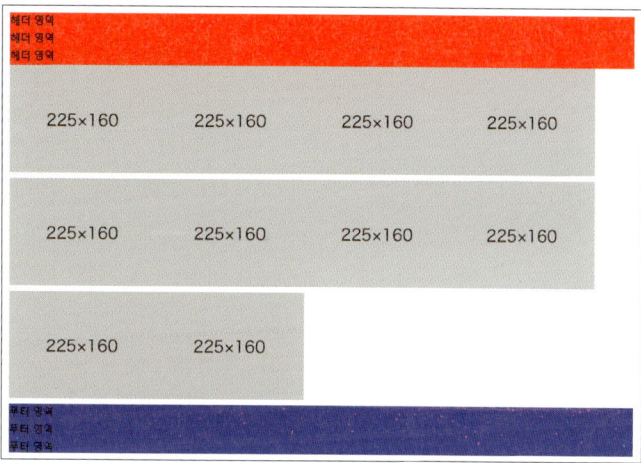

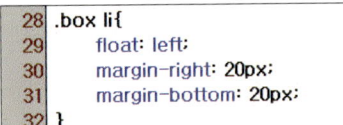

.box li에 오른쪽과 아래에 일률적으로 margin을 20px 설정한다

박스 간격의 margin을 20px로 설정합니다. 그러나 맨 오른쪽 끝 열에 해당하는 박스에도 margin-right:20px;가 적용되기 때문에 이대로 하면 문제가 생깁니다.

[box/style.css]

```
28  .box li{
29      float: left;
30      margin-right: 20px;
31      margin-bottom: 20px;
32  }
```

[box/box.html]

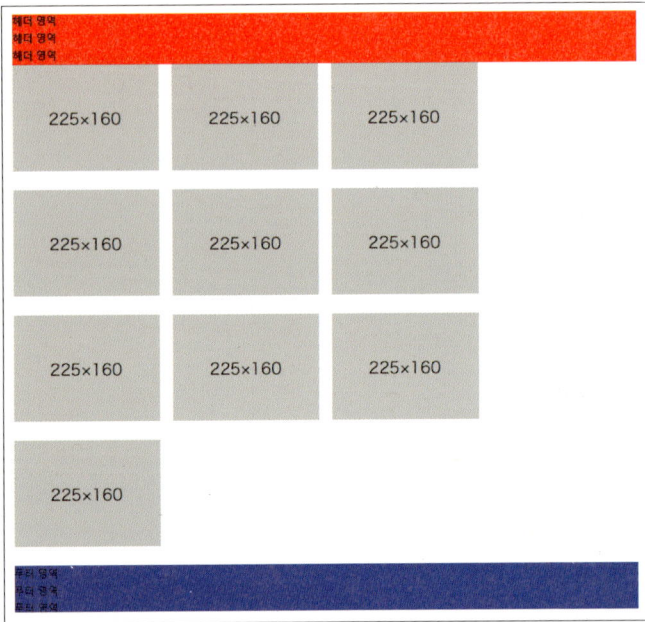

3   단을 수정한다

소스 코드의 유지 관리를 위해 HTML에 class를 설정하지 않고 CSS만으로 맨 오른쪽 끝 열의 margin을 무효로 하는 방법은 다음 두 가지가 있습니다.

① CSS3의 가상 클래스 :nth-child(n)을 활용하는 방법
② 부모 요소에 네거티브 마진을 설정하는 방법

▶ **CSS3의 가상 클래스 :nth-child(n)을 활용하는 방법**

:nth-child(n)은 지정하는 자식 요소에 일련 번호를 넣고 번호를 지정해 스타일을 적용할 수 있게 하는 것입니다. .box li:nth-child(4n)으로 하면 '.box의 자식 요소 중 4의 배수에 해당하는 li 요소만을 선택자로 할 수가 있습니다.

[box/style.css]

```
34  .box li:nth-child(4n) {
35      margin-right: 0;
36  }
```

> **Memo** CSS3 가상 클래스 사용법은 265쪽을 참조해 주세요.

▶ 부모 요소에 네거티브 마진을 설정하는 방법

CSS3를 사용하지 않는 경우에는 부모 요소인 .box 오른쪽에 네거티브 마진(마진값을 음수로 표기하는 방법)을 설정하면 오른쪽 끝의 박스에 붙은 오른쪽 마진을 상쇄할 수 있습니다. 이때 자식 요소의 오른쪽 마진 20px 정도가 부모 요소의 바깥쪽으로 빠져 나오는 형태가 되기 때문에 .box에는 overflow:hidden;을 추가해 빠져 나온 영역을 비표시로 해 둘 필요가 있습니다.

[box/style.css]

```
33  .box {
34      margin-right: -20px;
35      overflow: hidden;
36  }
```

★기억해 두세요.

overflow
값 : auto ¦ scroll ¦ hidden ¦ visible
박스에서 빠져 나온 콘텐츠의 표시 방법을 지정하기 위한 프로퍼티. hidden으로 하면 빠져 나온 영역을 비표시할 수 있다.

[box/box.thml]

Memo 부모 요소에 네거티브 마진을 설정할 때는 단위가 반드시 px여야 합니다. 기본적으로 고정 크기 레이아웃용 테크닉이므로 주의하세요.

COLUMN

float로 격자 모양 레이아웃 만들 때 주의할 점

박스를 격자 모양으로 배열하는 레이아웃을 float로 만들 경우 각 박스의 높이가 가지런하도록 조정하지 않으면 원하지 않는 내용이 들어와 레이아웃을 망칠 수 있습니다.
박스의 높이가 가변인 경우에는 기본적으로는 요소의 높이를 가지런히 하는 JavaScript를 사용해야 합니다.

▼ 요소의 높이를 가지런히 하는 플러그인 예

- jquery.tile.js (http://urin.github.io/jquery.tile.js/)
- jquery.matchHeight.js (http://brm.io/jquery-match-height/)

※모두 jQuery 플러그인으로 제공되는 것이므로 이용하려면 jQuery를 다운로드 받은 후 사용힙니다.

[레이아웃이 엉망이 된 예]

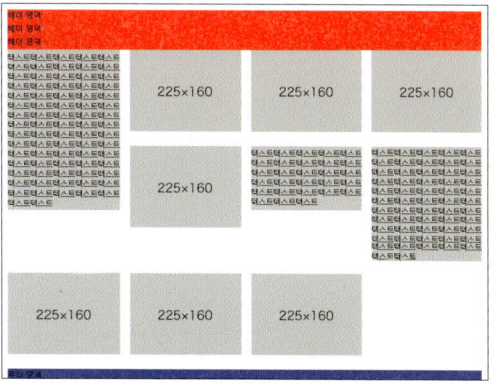

float 지정 레이아웃의 제약

float를 지정한 레이아웃에서 다단이나 가로 정렬 콘텐츠를 배치한 경우 디자인상 몇 가지 제약이 발생합니다. 이들은 CSS만으로 해결할 수 없으므로 잘 기억해 두시기 바랍니다.

▶ 가로 정렬 블록끼리 높이를 자동적으로 가지런히 할 수는 없다

float 프로퍼티로 가로 정렬한 <mark>블록의 높이를 자동적으로 가지런히 할 수는 없습니다.</mark> height를 지정하면 서로 비슷하게 정돈할 수는 있지만 그 경우 만약 내용이 늘어나면 테두리에서 내용물이 빠져 나와 버리기 때문에 정확히 높이가 고정되는 경우 이외에는 사용할 수 없습니다.

가로 정렬한 블록의 높이를 맞추는 것은 디자인상의 당연한 부분은 아닙니다. 하지만 float 지정 레이아웃에서는 아예 불가능한 부분이기 때문에 다른 방법으로 해결해야 합니다.

● 예제 11-6

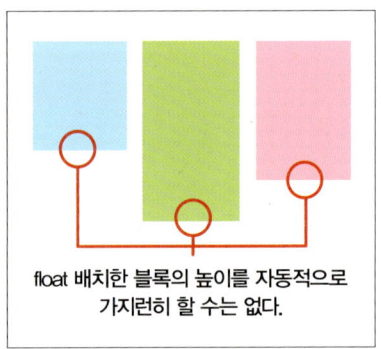

float 배치한 블록의 높이를 자동적으로 가지런히 할 수는 없다.

▶ 가로 정렬 블록은 윗부분만 가지런히 할 수 있다

float 프로퍼티로 가로 정렬한 블록은 <mark>윗부분만 가지런히 할 수 있습니다.</mark> 그러나 블록 높이를 아랫부분에 맞춰 배치하거나 상하 중앙에 맞춰 배치할 수는 없습니다. 또한 블록의 높이를 height로 고정한 경우, 내용물의 콘텐츠만 테두리 안에서 하단 정렬하거나 상하 중앙 정렬로 할 수도 없습니다.

이와 같은 디자인을 실현하고 싶을 경우에는 float 이외의 방법을 사용해야 합니다.

● 예제 11-7

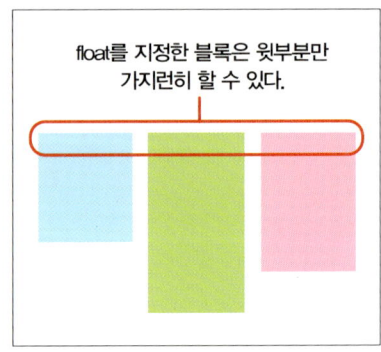

float를 지정한 블록은 윗부분만 가지런히 할 수 있다.

float 해제에 주의가 필요한 케이스

float로 다단 레이아웃을 작성할 때에는 기본적으로 다음 순서를 통해 작업합니다.

❶ 소스코드상에서 콘텐츠 블록 순서를 검토 　❷ 필요에 따라 div 요소 등으로 그룹화

❸ 배치하고 싶은 방향에 float를 설정 　❹ 후속 콘텐츠로 float를 해제(clear:both;)

그러나 ❹의 float를 해제하는 단계에서 곤란한 일이 발생하는 경우가 있습니다. 예를 들어 예제 11-8처럼 float를 지정한 #left와 #right를 div 요소(#container)로 감싼 경우, #footer에서 clear:both;를 지정해도 #container의 테두리가 윗부분에 붙어버리게 됩니다.

LESSON **11**

● 예제 11-8 후속 요소가 없는 float의 경우

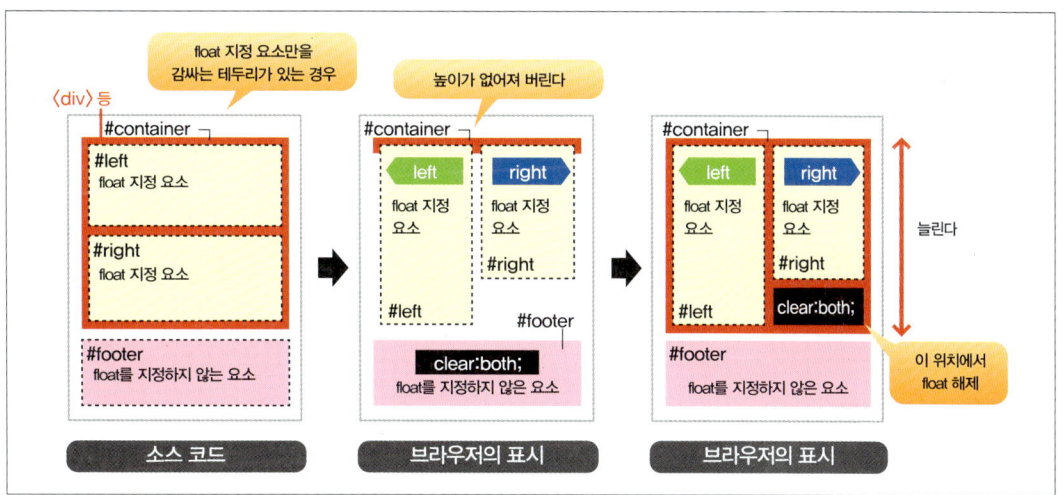

이 현상은 자식 요소에 float가 설정되면 그것을 감싸는 부모 요소는 높이가 없어진 상태가 된다는, float가 가지고 있는 성질대로 동작하는 것입니다. 이 상태의 요소 높이를 원래대로 되돌리려면 높이가 없어져 버리는 요소(이 경우는 #container)의 안쪽에서 float를 해제해야 합니다. 하지만 이와 같은 경우에서는 HTML의 구조상 clear:both;를 설정하려는 위치에 요소가 존재하지 않습니다. 이러한 일은 상당히 빈번하게 발생합니다.

후속 요소가 없는 상태에서 float를 해제하는 방법은 아래와 같이 2가지가 있습니다.

> Memo
> float를 지정한 자식 요소를 감싸는 부모 요소에 float 지정이 되어 있는 경우에는 높이가 없어지지 않습니다.

▶ **클리어픽스(clearfix)**

하나는 오스트레일리아 토니 아슬렛 씨가 2004년에 개발한 통칭 '클리어픽스'라 하는 테크닉입니다. 간단히 말하자면 float가 설정된 자식 요소를 포함하는 부모 요소에 :after 가상 요소를 생성해 거기에 clear:both;를 설정하면 HTML상에서 물리적으로 요소가 없는 상태에서도 부모 요소의 안쪽에서 float를 해제할 수 있게 한 것입니다.

이 테크닉이 개발된 당시는 가상 요소를 이해하지 못하는 브라우저도 다수 존재했기 때문에 구형 브라우저에서도 사용할 수 있도록 맞춰 있는 것이 특징입니다. 인터넷에서 클리어픽스를 검색하면 조금 다른 코

● 예제 11-9

클리어픽스의 구조

드가 발견되기도 하지만 이것은 '어디까지 구형 브라우저를 지원하는가' 하는 차이일 뿐 기본적인 구조는 모두 같습니다.

사용하는 방법은 클리어픽스 코드를 자신의 CSS에 복사해 붙이고 대상이 되는 요소에 class="clearfix"라고 class명을 넣으면 됩니다.

● 예제 11-10 클리어픽스 사용법

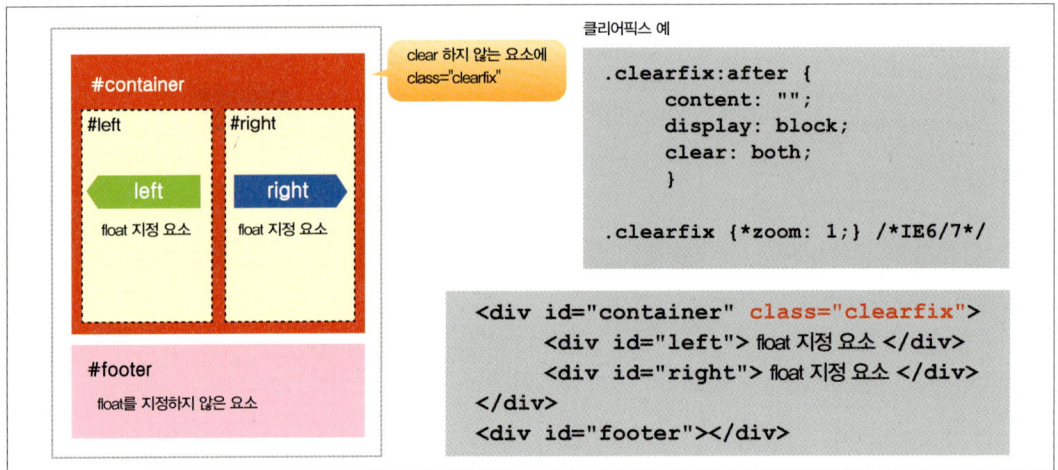

▶ overflow

두 번째는 overflow 프로퍼티를 이용하는 방법입니다. 참고로 overflow 프로퍼티는 원래 폭이나 높이가 고정된 요소에서 콘텐츠가 빠져 나왔을 때 어떻게 표시되는지를 지정하기 위한 프로퍼티이지, 해제를 위한 프로퍼티는 아닙니다.

● 예제 11-11 본래의 overflow 사용 법

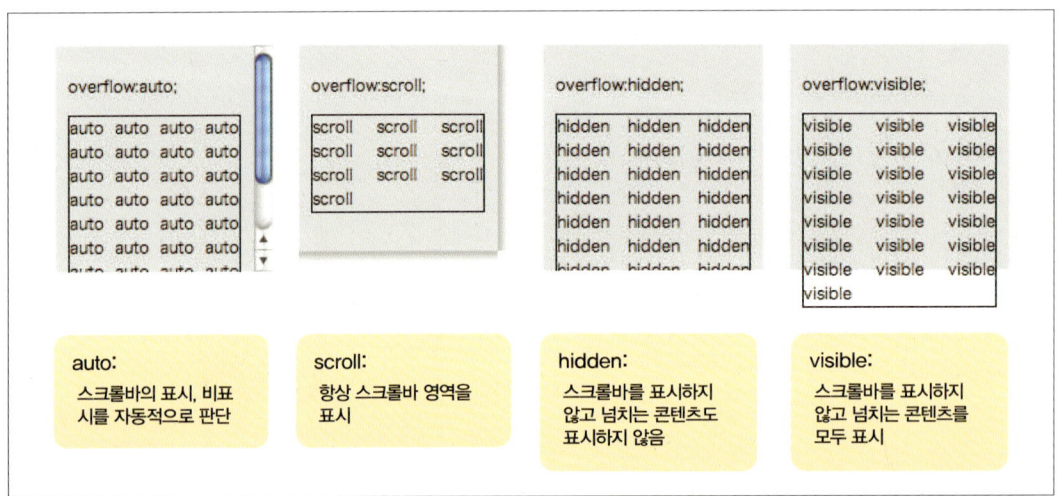

자식 요소에 float가 설정되었기 때문에 높이가 없어진 부모 요소에 <mark>overflow:hidden;이라 설정하면 결과적으로 클리어픽스한 것과 같은 표시 상태가 됩니다.</mark>

사용하는 법은 높이가 없어진 부모 요소에 overflow:hidden;을 CSS에 기술하면 됩니다.

● 예제 11-12 overflow:hidden; 사용법

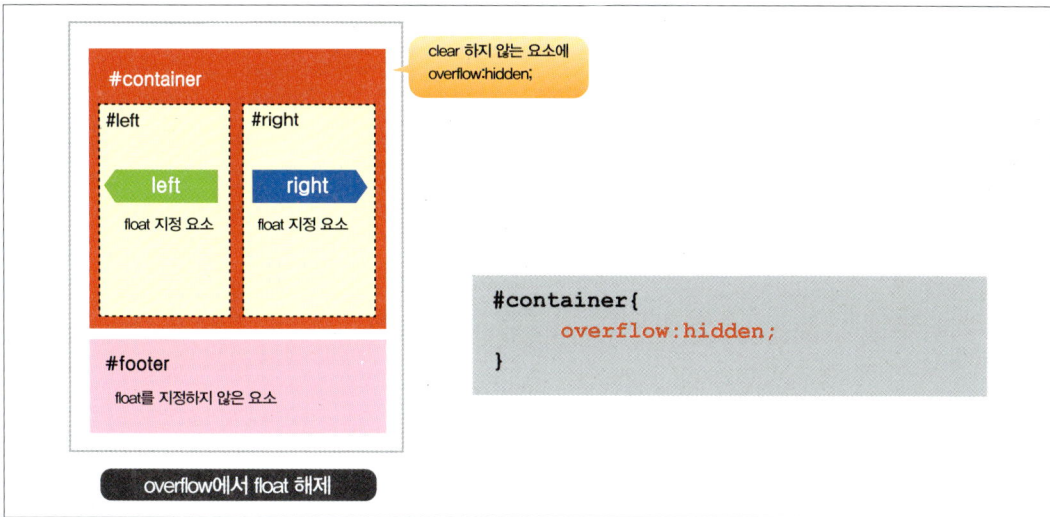

> **Memo**
>
> overflow:hidden;을 사용한 float 해제 방법은 심플하고 편리하지만 원래의 용도인 '넘치는 콘텐츠를 비표시한다'고 하는 동작을 동반하기 때문에 디자인에는 이용할 수 없는 경우가 많으므로 주의할 필요가 있습니다. 또한 인쇄할 때 여러 페이지에 걸치는 긴 콘텐츠에 설정된 경우 일부 영역에서 2쪽 이후부터 인쇄되지 않는 일이 생길 수가 있습니다. 이용할 경우에는 이러한 점이 발생하지 않았는지 확인하고 나서 사용하는 것이 좋습니다.

POINT

- float 레이아웃은 소스 코드 순서와 표시 순서가 연동하기 때문에 레이아웃에 일정한 제약이 있다.
- 후속 요소가 있는 경우에는 clear:both;, 없는 경우에는 클리어픽스나 overflow:hidden;으로 float를 해제한다.
- float를 지정한 자식 요소를 갖는 부모 요소는 높이가 없어진다.

Chapter 03
LESSON **12**

CSS 레이아웃의 기본

position 레이아웃

LESSON 12에서는 float와 같이 CSS 레이아웃의 기본인 'position'을 사용한 레이아웃 기법을 알아보겠습니다. position을 사용한 레이아웃은 float와 달리 HTML 소스의 나열 순에 의존하지 않는 레이아웃 배치가 가능하기 때문에 잘 사용하면 보다 자유롭고 대담한 레이아웃을 할 수 있습니다.

샘플 파일 ▶ Chapter03 ▶ lesson12 ▶ before ▶ absolute | index.html / style.css
relative | index.html / style.css
fixed | index.html / style.css

실습 position 레이아웃

프리 레이아웃을 가능하게 하는 position:absolute;

보통의 배치나 float 배치는, HTML 소스 코드의 나열 순과 브라우저의 표시 순이 연동하기 때문에 레이아웃하는 데 일정한 제약이 따릅니다. 그러나 position 프로퍼티를 사용하면 소스 코드 순서에 의존하지 않는 자유로운 레이아웃을 할 수 있습니다. 예를 들어 소스 코드의 맨 뒤에 기술되어 있는 요소를 페이지 맨 앞에 표시할 수도 있습니다.

position은 표시 위치를 지정하는 방법을 나타내기 위한 프로퍼티로 디폴트값은 static(보통 배치)입니다. 이것을 absolute(절대 배치)로 변경하면 프리 레이아웃이 가능해집니다.

● 예제 12-1 absolute로 하는 절대배치

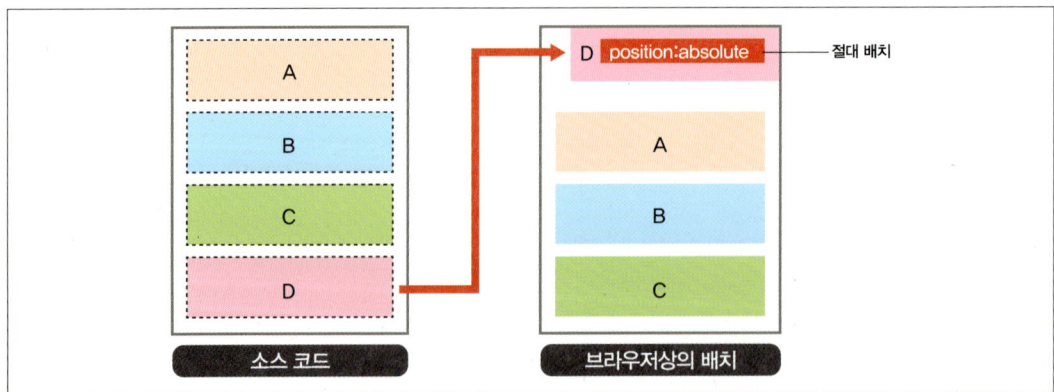

요소를 절대 배치로 레이아웃한다

▶ **절대 배치의 구조**

position:absolute;가 설정되면 그 콘텐츠는 보통 콘텐츠 배치의 흐름에서 완전히 벗어나 '기준 박스'를 지점으로 자유롭게 배치시킬 수 있게 됩니다. 또한 그 콘텐츠가 본래 표시될 예정이었던 영역이 없어지고 후속 콘텐츠로 채워집니다. 마치 보통 HTML 위에 투명한 레이어를 한 장을 늘리고 그 위에 콘텐츠를 겹쳐 표시하는 듯한 상태가 되는 것입니다.

● 예제 12-2 position:absolute의 개념도

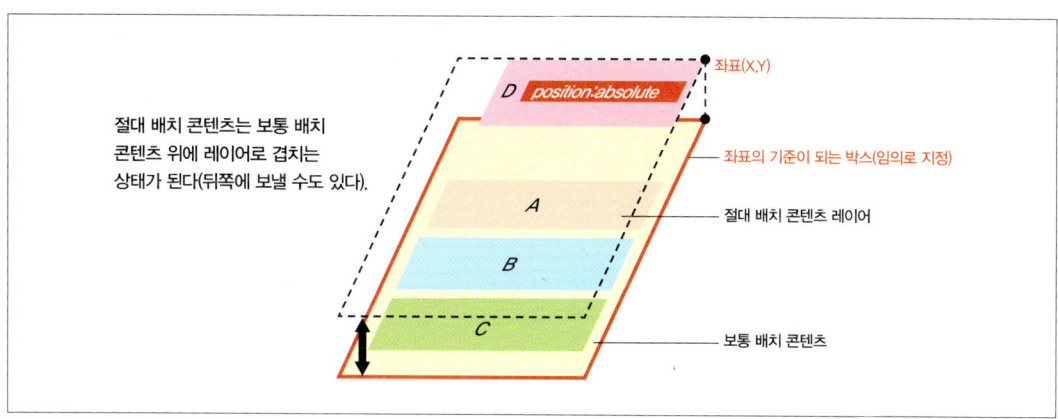

lesson12 샘플 파일의 absolute/index.html을 사용해 position:absolute; 사용법을 연습해 보겠습니다.

① 절대 배치하고 싶은 요소에 position:absolute;를 설정한다

대상이 되는 요소에 position:absolute;를 지정합니다.

[absolute/style.css]

```
23  /* 절대배치 콘텐츠*/
24  #pos {
25      background-color: #f00;
26      padding: 10px;
27      width: 15px;
28      position: absolute;
29  }
```

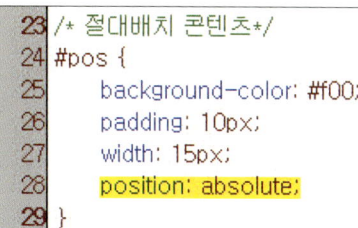

★기억해 두세요.

position [콘텐츠 배치 방법 지정]
값 : static 〈초깃값〉 : absolute : relative : fixed

position:absolute;가 설정되면 그 요소가 원래 존재했던 영역이 없어지고 후속 콘텐츠가 위에 채워집니다.

메인 콘텐츠가 들어갑니다. 메인 콘텐츠가 들어갑니다. 메인 콘텐츠가 들어갑니다. 메인 콘텐츠가 들어갑니다. 메인 콘텐츠가 들어갑니다. 메인 콘텐츠가 들어갑니다. 메인 콘텐츠가 들어갑니다. 메인 콘텐츠가 들어갑니다. 메인 콘텐츠가 들어갑니다.

요소 원래의 배치 영역이

메인 콘텐츠가 들어갑니다. 메인 콘텐츠가 들어갑니다. 메인 콘텐츠가 들어갑니다. 메인 콘텐츠가 들어갑니다. 메인 콘텐츠가 들어갑니다. 메인 콘텐츠가 들어갑니다.

없어진다!

메인 콘텐츠가 들어갑니다. 메인 콘텐츠가 들어갑니다. 메인 콘텐츠가 들어갑니다. 메인 콘텐츠가 들어갑니다. 메인 콘텐츠가 들어갑니다. 메인 콘텐츠가 들어갑니다.

콘텐츠가 들어갑니다. 메인 콘텐츠가 들어갑니다. 메인 콘텐츠가 들어갑니다. 메인 콘텐츠가 들어갑니다. 메인 콘텐츠가 들어갑니다. 메인 콘텐츠가 들어갑니다.

② 나타내고 싶은 곳의 좌표를 지정한다

오른쪽 위에 배치하기 위해 표시 위치를 right:0; top:0;으로 설정합니다.

```
23  /* 절대배치 콘텐츠*/
24  #pos {
25      background-color: #f00;
26      padding: 10px;
27      width: 15px;
28      position: absolute;
29      right:0;
30      top:0;
31  }
```

메인 콘텐츠가 들어갑니다. 메인 콘텐츠가 들어갑니다. 메인 콘텐츠가 들어갑니다. 메인 콘텐츠가 들어갑니다. 메인 콘텐츠가 들어갑니다.

메인 콘텐츠가 들어갑니다. 메인 콘텐츠가 들어갑니다. 메인 콘텐츠가 들어갑니다. 메인 콘텐츠가 들어갑니다. 메인 콘텐츠가 들어갑니다. 메인 콘텐츠가 들어갑니다. 메인 콘텐츠가 들어갑니다. 메인 콘텐츠가 들어갑니다.

> 기준 박스를 설정하지 않았기 때문에 윈도우 오른쪽 위에 배치된다.

절대배치

★기억해 두세요.
left/top/right/bottom [콘텐츠 표시 배치를 기준으로 하는 요소 상하좌우의 변에서 거리로 지정]
값 : 수치
※position 값이 static 이외인 relative, absolute, fixed일 때 사용 가능

---

position 값이 static이 아니면 left/top/right/bottom 같은 프로퍼티로 표시 위치를 좌표처럼 지정할 수 있게 됩니다. 이 표시 위치는 '기준 박스'라 불리는 특정 요소의 각 변을 기점으로 합니다. 기준 박스를 명시하지 않을 경우에는 자동적으로 body 요소=윈도우가 됩니다.

③ 기준 박스를 변경한다

이 상태로 두면 브라우저 윈도우 테두리를 기준으로 배치되어 버리므로 #pos의 부모 요소인 #wrap를 '기준 박스'로 지정합니다.

```
10  #wrap{
11      width:500px;
12      padding:10px;
13      margin:30px auto;
14      border:#000 2px solid;
15      background-color:#ccc;
16      position: relative; /* 기준박스*/
17  }
```

메인 콘텐츠가 들어갑니다. 메인 콘텐츠가 들어갑니다. 메인 콘텐츠가 들어갑니다. 메인 콘텐츠가 들어갑니다. 메인 콘텐츠가 들어갑니다.

메인 콘텐츠가 들어갑니다. 메인 콘텐츠가 들어갑니다. 메인 콘텐츠가 들어갑니다. 메인 콘텐츠가 들어갑니다. 메인 콘텐츠가 들어갑니다. 메인 콘텐츠가 들어갑니다. 메인 콘텐츠가 들어갑니다. 메인 콘텐츠가 들어갑니다.

> 기준 박스를 #wrap으로 했으므로 #wrap 오른쪽 위에 배치된다

절대배치

기준 박스는 절대 배치하는 요소의 부모 또는 조상 요소이며 position 프로퍼티의 값이 relative(또는 absolute)여야 합니다.

4 기준 박스 바깥쪽에 절대 배치한다

기준 박스 바깥쪽에 배치하기 위해 right:-30px;라고 지정합니다.

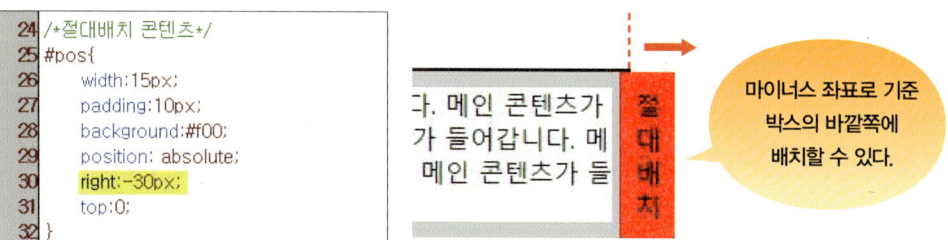

```
24  /*절대배치 콘텐츠*/
25  #pos{
26      width:15px;
27      padding:10px;
28      background:#f00;
29      position: absolute;
30      right:-30px;
31      top:0;
32  }
```

> 마이너스 좌표로 기준 박스의 바깥쪽에 배치할 수 있다.

> left/top/right/bottom 값에는 마이너스 수치를 지정할 수도 있습니다. 마이너스 수치를 지정하면 기준 박스 밖으로 빠져 나온 듯한 형태로 배치됩니다.

5 다른 요소와 겹치는 순서를 지정한다

#wrap 뒤에 배치하기 위해 z-index;-1;이라 지정합니다.

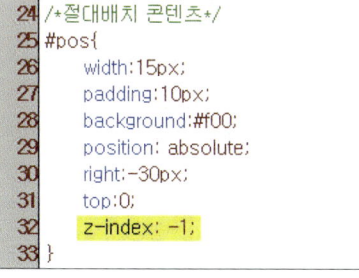

```
24  /*절대배치 콘텐츠*/
25  #pos{
26      width:15px;
27      padding:10px;
28      background:#f00;
29      position: absolute;
30      right:-30px;
31      top:0;
32      z-index: -1;
33  }
```

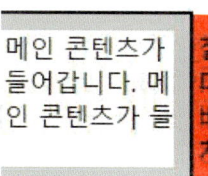

> z-index에서 z축 방향 (상하 겹침)을 지정할 수 있다.

> ★기억해 두세요.
> z-index [요소의 z축 방향의 겹침 순]
> 값 : 정수
> ※position 프로퍼티 값이 static 이외일 때 사용 가능.

> position에 static 이외의 값이 지정된 요소끼리 겹친 경우는 그냥 놔두면 소스 코드 상에서 나중에 나오는 쪽이 위가 되어 표시됩니다. 이 겹치는 순서를 변경하고 싶을 경우에는 z-index 프로퍼티로 지정하면 되며, 수치가 큰 쪽이 위가 됩니다. 보통 콘텐츠는 z-index:0;으로 간주됩니다. 이보다 뒤쪽에 배치하고 싶은 경우에는 z-index에 마이너스 수치를 지정하면 됩니다.

요소를 상대 배치로 레이아웃한다

▶ 상대 배치의 구조

position:relative;를 설정하면 그 콘텐츠 본래의 위치를 기준으로 해서 그로부터 상하좌우에 겹치지 않게 비켜서 놓이게 됩니다. absolute와 달리 본래의 영역은 그대로 확보되고 보통 콘텐츠와 마찬가지로 전후 콘텐츠와 연동해 이동합니다. 그렇기 때문에 위치 좌표를 비켜 놓지 않고 position:relative;만 지정한 경우는, 표시 상에는 보통 콘텐츠와 다른 점이 없습니다. 주요 용도는 조금 한정적입니다. 절대 배치를 하고 싶은 요소의 기준 박스를 설정하는 경우와, 보통 콘텐츠와 마찬가지로 배치하면서 다른 콘텐츠 위에 겹쳐 표시하고 싶은 경우에 사용합니다.

● 예제 12-3 position:relative;의 개념도

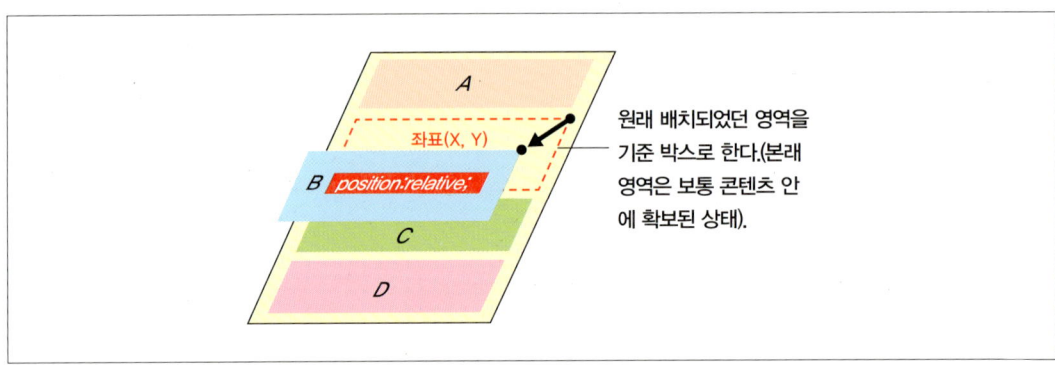

그림 lesson 12 샘플 파일의 relative/index.html을 사용해 position:relative; 사용법을 연습해 보도록 하겠습니다.

1 float:right로 오른쪽에 가까이 붙인 요소를 상대 배치한다

우선 상대 배치하는 .right에 position:relative;를 지정합니다. relative를 지정한 것만으로는 표시에 아무런 변화가 없습니다.

[relative/style.css]

```
28  .right{
29      width:100px;
30      height:100px;
31      background-color:#f00;
32      float:right;
33      position: relative;
34  }
```

position:relative;는 absolute와 달리 float와 함께 쓸 수 있습니다.

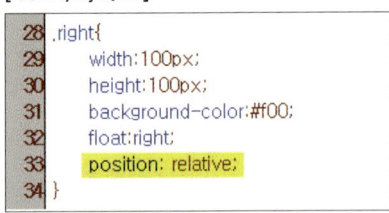

relative를 지정한 것만으로는 보통 콘텐츠 표시와 다름없다.

콘텐츠가 들어갑니다. 콘텐츠가 들어갑니다. 콘텐츠가 들어갑니다. 콘텐츠가 들어갑니다. 메인 콘텐츠가 들어갑니다. 콘텐츠가 들어갑니다. 콘텐츠가 들어갑니다. 콘텐츠가 들어갑니다. 콘텐츠가 들어갑니다.

텍스트 텍스트 텍스트 텍스트 텍스트 텍스트

② 마이너스 수치를 지정해 부모 요소의 바깥쪽으로 위치를 조금 비켜 표시한다

right:−30px;라고 지정해 현재의 위치에서 오른쪽으로 비켜 부모 요소에서 빠져 나오게 배치합니다.

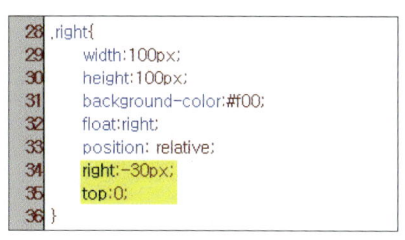

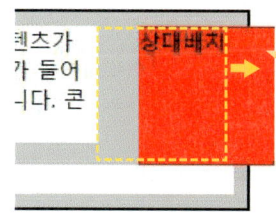

요소 원래의 영역을 기준으로 하여 그로부터 상대적인 좌표 위치로 배치한다. 겹치는 순(z-index)을 지정할 수도 있다.

float 배치만으로는 부모 요소 바깥쪽으로 빠져 나오게 배치하는 것은 기본적으로 불가능하지만 position:relative;를 사용하면 본래의 위치에서 상하좌우 어느 쪽으로도 자유롭게 비켜 배치할 수가 있습니다. 또한 z-index도 사용할 수 있기 때문에 다른 요소 위에 겹치거나 밑으로 빠져 나가는 부분도 요소 본래의 위치에서 지정할 수 있습니다.

요소를 고정 배치로 레이아웃한다

▶ 고정 배치의 구조

position:fixed;는 absolute처럼 절대 배치로 콘텐츠를 배치할 수 있습니다. 그러나 항상 body 요소(브라우저 화면)가 기준이 된다는 점과 콘텐츠를 컨트롤해도 윈도우 안의 계속 같은 자리에서 움직이지 않는다는 점이 absolute와는 다릅니다.

● 예제 12-4 position:fixed의 개념도

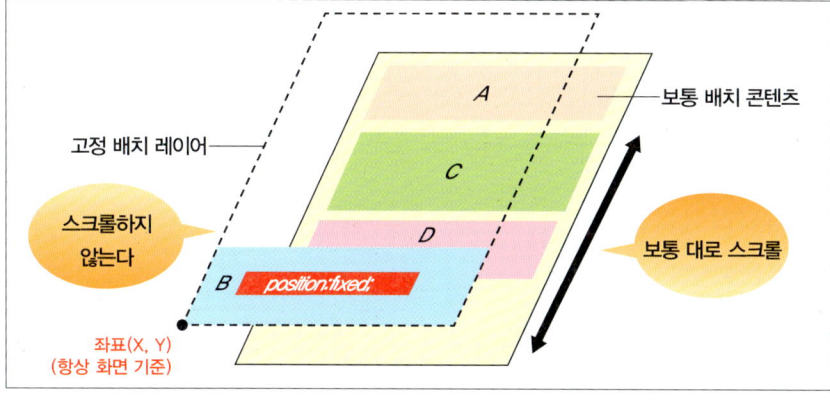

그럼 lesson12 샘플 파일의 fixed/index.html을 사용해 position:fixed; 사용법을 연습해 보겠습니다.

 #fixed를 페이지 아랫부분에 고정 배치한다

소스 코드 맨 위에 있는 #fixed를 페이지 맨 아래에 고정 배치하기 위해 다음과 같이 설정합니다.

[fixed/style.css]

```
23  /*고정배치 메뉴*/
24  #fixed{
25      width:100%;
26      padding:10px 0;
27      background-color:#f00;
28      position: fixed;
29      left: 0;
30      bottom: 0;
31  }
```

position:fixed로 고정 배치된 박스는 윈도우 사이즈를 변경하거나 콘텐츠를 스크롤해도 항상 밑에 배치된다는 것을 확인하세요.

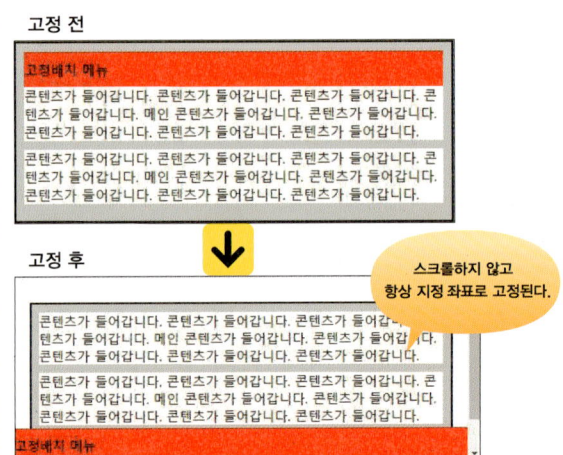

스크롤하지 않고 항상 지정 좌표로 고정된다.

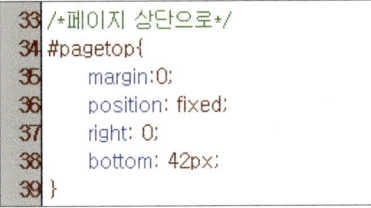 **#pagetop을 페이지 오른쪽 아래에 고정 배치한다.**

페이지 맨 위로 올리는 'TOP' 링크를 position:fixed;를 사용해 화면 오른쪽 아래로 고정 배치합니다. ❶ 에서 화면 맨 아래에 고정 배치한 #fixed 영역을 덮지 않도록 bottom을 조정합니다.

[fixed/style.css]

```
33  /*페이지 상단으로*/
34  #pagetop{
35      margin:0;
36      position: fixed;
37      right: 0;
38      bottom: 42px;
39  }
```

③ #pagetop을 항상 콘텐츠 영역의 오른쪽 바깥쪽에 고정되게 변경한다

position:fixed;는 항상 body 요소가 기준이 되기 때문에, 오른쪽 아래를 position:fixed;로 고정했을 경우 화면 폭을 좁게 했을 때 콘텐츠를 덮는 상태가 됩니다.

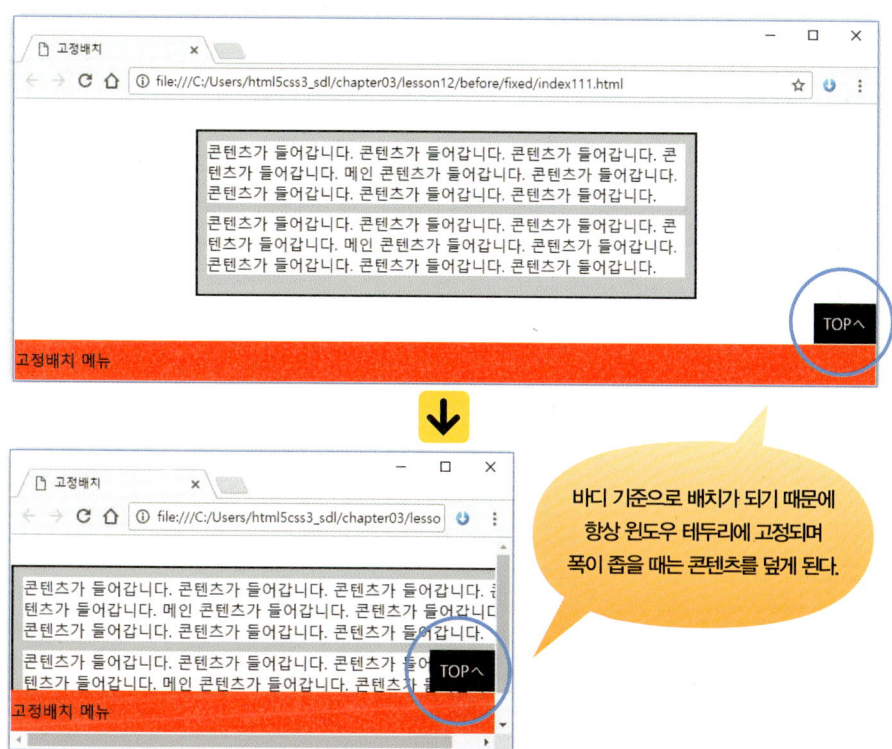

이것을 피해 항상 콘텐츠 영역의 오른쪽 바깥쪽에 고정 배치되게 하고 싶을 경우에는 ==body 50% 위치에 배치해 콘텐츠 영역의 1/2(+α) magin을 추가==하는 테크닉을 사용하면 됩니다.

[fixed/style.css]

```
33  /*페이지 상단으로*/
34  #pagetop{
35      margin:0;
36      margin-left: 262px;
37      position:fixed;
38      left: 50%;
39      bottom: 42px;
40  }
```

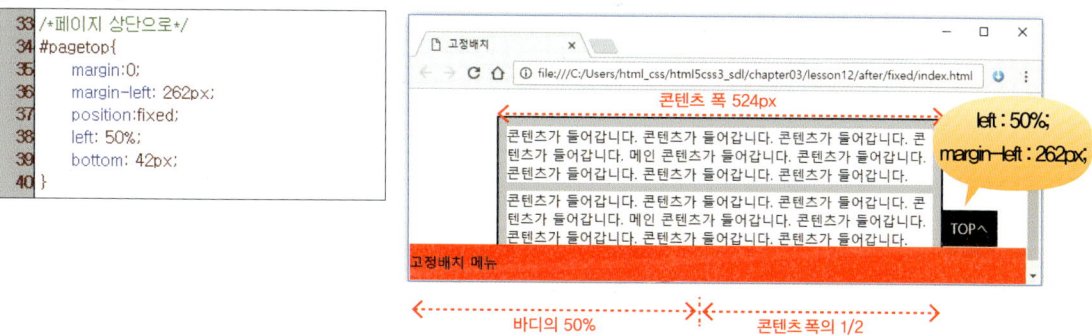

Position 레이아웃을 할 때 주의해야 할 점

▶ 절대 배치(absolute) 할 때 주의해야 할 점

절대 배치 레이아웃은 화이트보드에 덕지덕지 메모지를 붙여 두는 것처럼 자유롭게 배치할 수 있어 좋습니다. 그러나 요소 안의 콘텐츠 양이 늘어난 경우 부모 요소가 자동적으로 늘어나거나, 후속 콘텐츠가 밑으로 내려가지 않기 때문에 잘 설계하지 않으면 테두리에서 빠져 나오기도 하고 다른 콘텐츠와 겹치기도 해서 최악의 경우에는 정보를 읽는 데 지장을 초래하기도 합니다.

보통 float로 만드는 다단 레이아웃을 절대 배치로 작성하는 것은 기술적으로 가능합니다. 하지만 기본적으로 높이를 고정할 수 없는 콘텐츠를 절대 배치하는 것은 피하고 다른 콘텐츠와 겹치는 것을 고려해서 사용해야 합니다.

▶ 고정 배치(fixed) 할 때 주의해야 할 점

position:fixed;는 모든 환경에서 바르게 작동할 수는 없다는 점에 주의해야 합니다. 특히 스마트폰이나 태블릿 단말기용인 경우 iOS5이상, Android 2.2 이상에서 '일단은' 작동하긴 하지만, iOS5-6 이상과 Android 2.x 계통, Android3.x 계통에서는 작동 상태가 좋지 않습니다. 비교적 오래된 환경에서는 사용하지 않는 것이 좋습니다. 그리고 iOS7 이상, Android4.0 이상이라 해도 구조나 기능이 복잡해지면 다른 스타일이나 요소와 서로 겹쳐 뜻밖의 버그가 생기는 경우도 있어 역시 이것 또한 불안한 상황입니다. 스마트폰이나 태블릿 단말기용인 경우 아직까지는 fixed의 이용 자체를 신중하게 판단해야 합니다. 사용한다 해도 너무 무리하지 말고 심플한 사용법에 그치는 것이 좋습니다.

POINT

- position 레이아웃은 소스 코드 순서와 연동하지 않는 자유로운 배치가 가능하다.
- 절대 배치를 할 때는 반드시 직접 조상 요소에 기준 박스를 지정한다.
- 사이즈 가변 영역에서 절대 배치를 할 때는 콘텐츠가 빠져 나오지 않도록 주의해야 한다.

새로운 레이아웃 기법

지금까지 웹사이트에서 사용해 온 레이아웃 기법은 주로 float 레이아웃과 Position 레이아웃이었습니다. 하지만 CSS3에 추가된 새로운 레이아웃용 프로퍼티를 활용하면 이전에 사용하던 기법으로는 불가능했던 유연한 레이아웃을 실현할 수가 있습니다. 여기서는 '다단 레이아웃'과 '유연한 박스 레이아웃' 두 가지 기법을 간단히 소개하겠습니다. 더 자세히 알고 싶다면 해설서나 웹의 정보를 찾아보기 바랍니다. 참고로 이 기법들은 IE9 이하에서는 이용할 수 없습니다.

❶ 다단 레이아웃(Multi-Column Layout Module)

Multi-Column Layout Module이란 CSS에서 다단 레이아웃을 작성하기 위하여 만들어진 새로운 프로퍼티로 간단한 코드만으로도 다단 레이아웃을 표현할 수 있습니다.

▶ columns 프로퍼티를 사용한 레이아웃의 특징

columns 프로퍼티를 사용한 레이아웃은 다음과 같은 특징이 있습니다.

- 단의 수, 폭, 단의 간격, 단의 경계선 등을 설정할 수 있다.
- 수치를 지정하면 1개의 영역에 자동적으로 단이 만들어지고 각 단락의 높이가 자동적으로 맞춰진다.
- 단 안의 콘텐츠는 기본적으로 자동으로 흘러 들어오고 1개의 단에 다 들어오지 못한 콘텐츠는 자동적으로 다음 단에 보내진다.
- break-before/break-after/break-inside 등 프로퍼티로 단 구분 위치를 지정할 수도 있다.

● columns 프로퍼티

프로퍼티	의미	값
column-width	단의 폭	수치(단위 붙임)
column-count	단의 수	수치(정수)
column-gap	단 사이 여백	수치(단위 붙임)
column-rule	구분 선	색상, 굵기, 선 종류
column-span	요소가 걸치는 단의 수의 지정	수치(정수)
column-fill	단의 높이를 고르게 할지 말지 지정	balance ¦ auto
columns	column-width, column-count의 일괄 지정	단의 폭, 단의 수

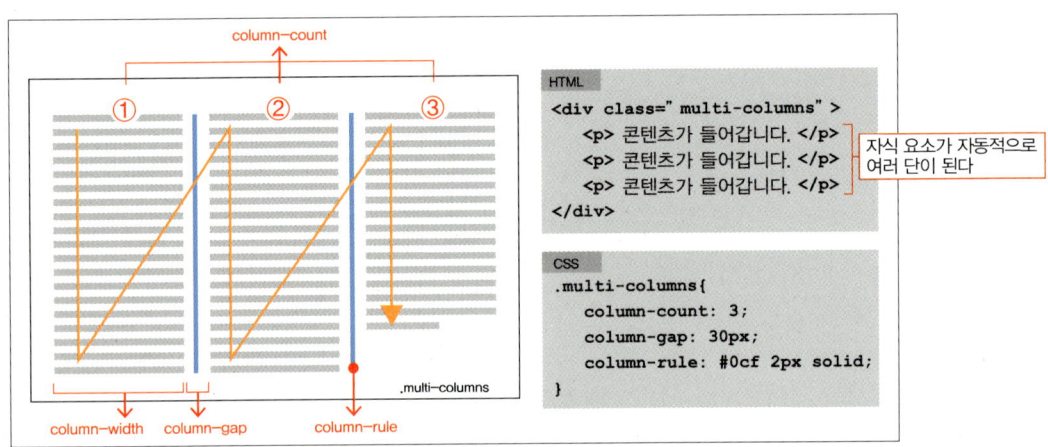

● columns 기본 구조

column-count

① ② ③

column-width   column-gap   column-rule

.multi-columns

```html
HTML
<div class=" multi-columns" >
    <p> 콘텐츠가 들어갑니다. </p>
    <p> 콘텐츠가 들어갑니다. </p>
    <p> 콘텐츠가 들어갑니다. </p>
</div>
```

자식 요소가 자동적으로
여러 단이 된다

```css
CSS
.multi-columns{
    column-count: 3;
    column-gap: 30px;
    column-rule: #0cf 2px solid;
}
```

▶ columns 프로퍼티를 사용할 때 주의할 점

columns 관련 프로퍼티는 IE10+의 거의 모든 환경에서 문제없이 동작합니다. 하지만 임의의 장소에서 단 구분을 지정하는 break-before/break-after/break-inside/ 같은 관련 프로퍼티에 대해서는 현재 IE10+ 이외의 환경에서는 대부분 동작하지 않습니다. 따라서 columns 프로퍼티를 사용할 경우에는 임의의 장소에서 단 구분을 사용하지 않는 '콘텐츠의 자동 유입'으로 레이아웃을 해야 합니다.

다만 웹의 경우 DTP와 달라서 장문을 여러 단으로 나눠 N자 모양으로 읽게 하는 수요가 별로 없기 때문에 실제로 사용하는 곳은 한정적이라 할 수 있습니다.

● DTP·Web 미디어의 특성

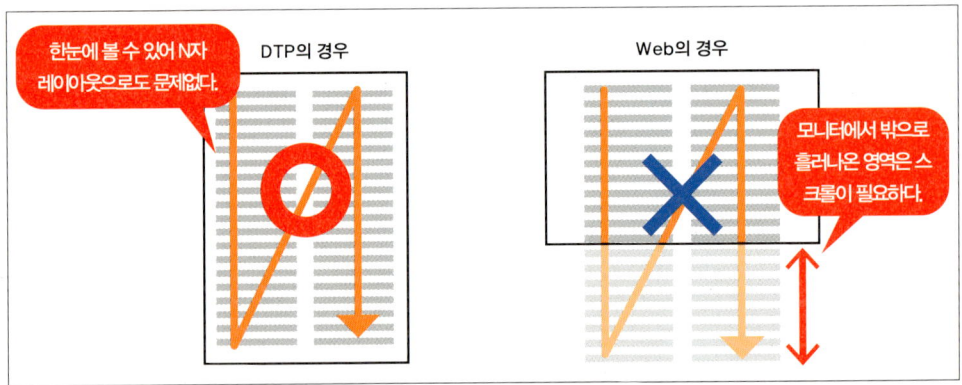

한눈에 볼 수 있어 N자 레이아웃으로도 문제없다.

DTP의 경우

Web의 경우

모니터에서 밖으로 흘러나온 영역은 스크롤이 필요하다.

❷ 유연한 박스 레이아웃(Flexible Box Layout Module)

Flexible Box Layout Module이란 여러 웹페이지를 유연하게 레이아웃하기 위해 만들어진 새로운 프로퍼티입니다. float 레이아웃을 대신하는 차세대 레이아웃 기법으로 기대되고 있습니다. 플렉시블 박스는 플렉스박스(FlexBox)라고도 합니다.

▶ FlexBox의 특징

플렉스박스를 사용한 레이아웃에는 다음과 같은 특징이 있습니다.

- '플렉스박스 콘텐츠'라 하는 요소 안에 '플렉스박스 아이템'이라는 자식 요소를 늘어놓는다는 생각으로 레이아웃을 한다.
- '아이템끼리 높이를 자동으로 맞춰 준다', '아이템끼리의 상하좌우 위치를 맞춰 준다', '아이템끼리를 균등 배치한다', '아이템끼리의 수평이나 수직 방향으로 정렬할 수 있다' 등 float 레이아웃에서는 불가능한 배치가 가능하다.
- 소스 코드의 기술 순과 브라우저상의 아이템 표시 순을 분리해, CSS만으로 아이템 표시 순서를 자유롭게 변경할 수 있다.

● 플렉스박스의 기본 구조

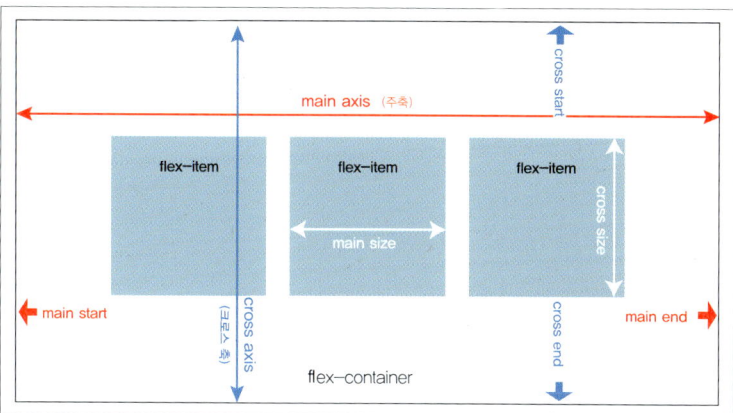

● 플렉스박스를 유효하게 하기 위한 설정

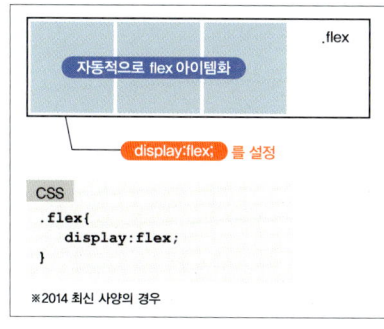

● 플렉스박스로 가능해진 레이아웃 예

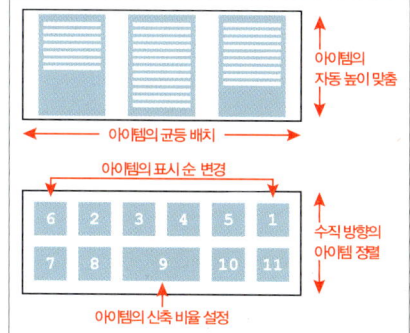

● 플렉스박스 컨테이너 프로퍼티

프로퍼티	의미	값
flex-direction	flex 컨테이너의 주축 방향을 결정한다.	row : row-reverse : col : col-reverse
flex-wrap	flex 아이템을 1행에 넣을지 여러 행에 넣을지 결정한다.	nowrap : wrap : wrap-reverse
flex-flow	flex-direction과 flex wrap의 일괄 지정	⟨flex-direction⟩ ⟨flex-wrap⟩

프로퍼티	의미	값
justify-content	flex 컨테이너의 주축을 따라 flex 아이템의 좌우공간을 어떻게 배치할지 결정한다.	flex-start : flex-end : center : space-between : space-around
align-items	flex 컨테이너의 크로스 축을 따라 flex 아이템을 어떻게 배치할지 결정한다.	stretch : flex-start : flex-end : center : baseline
align-content	flex 컨테이너의 크로스 축을 따라 복수행의 flex 아이템을 어떻게 배치할지 결정한다.	stretch : flex-start : flex-end : center : space-between : space-around

※2014년 9월 최신 사양

● flexbox 아이템 프로퍼티

프로퍼티	의미	값
order	flex 아이템의 표시 순을 조정한다.	정수
flex-grow	flex 아이템의 늘어나는 배율을 설정한다.	수치
flex-shrink	flex 아이템의 줄어드는 배율을 설정한다.	수치
flex-basis	flex 아이템의 주축 방향 크기를 지정한다.	auto : 단위가 붙은 수치
flex	flex-grow, flex-shrink, flex-basis 일괄 지정	〈flex-grow〉 〈flwx-shrink〉 〈flex-basis〉
align-self	flex 아이템의 크로스 방향 정렬을 align-items 지정보다 우선한다.	auto : stretch : flex-start : flex-end : center

※2014년 9월 최신 사양

▶ 플렉스박스를 사용할 때 주의할 점

플렉스박스는 항상 유연한 레이아웃을 실현해 주는 대신 상당히 복잡한 구조로 되어 있어 배우는 데 어려움이 있습니다. 플렉스박스의 동작을 시각적으로 보여주는 툴을 활용하는 등 실제 동작을 확인하면서 익혀 두면 좋습니다.

참고 : Flexbox Playground

URL https://scotch.io/demos/visual-guide-to-css3-flexbox-flexbox-playground

플렉스박스는 사양 책정 과정에서 몇 번이나 대폭적인 변경이 있었습니다. 그렇기 때문에 IE10이 지원하는 2012년 사양이나 Android4.3 이하, iOS6.1이 지원하는 2009년 사양 등 구 사양은 최신 사양과 비교했을 때 프로퍼티의 명칭과 지원하는 기능이 다릅니다. 이들 구 사양을 모두 구현하는 것은 수고가 따르는 작업이므로 플렉스박스 레이아웃을 사용하는 것이라면 최신 사양을 지원하는 환경만을 대상으로 하는 조건으로 한정(IE10 이하, Android4.3 이하 제외)하는 것이 좋습니다. 그리고 인터넷상에는 구 사양에 따른 정보가 많이 남아 있기 때문에 인터넷 정보를 활용할 때는 주의해야 합니다. 'display:box;', 'display:flexbox;'라는 기술이 있다면 그것은 오래된 사양 정보이니 참고하기 바랍니다.

참고 : 플렉스박스 지원 상황

URL http://caniuse.com/#search=flex

Chapter 04

HTML5로 마크업을 하기 위한 기초 지식

기본적인 HTML 문법 규칙은 Chapter 01에서 알아보았습니다. 이 장에서는 보다 본격적으로 HTML5 마크업을 하는 데 필요한 새로운 요소와 속성 사용법, 그리고 새로운 개념과 규칙에 대해 알아보겠습니다.

HTML5로 마크업을 하기 위한 기초 지식

섹션 관련 새 요소

HTML5에는 문서 구조나 콘텐츠의 의미를 나타내는 새로운 요소가 다수 추가되었습니다. LESSON 13에서는 그중 섹션과 그와 관련된 새로운 요소에 대해 알아보겠습니다. 특히 섹션 요소는 HTML5 문서 구조의 골격이 되는 요소이므로 확실히 이해해 두기를 바랍니다.

강의 Section 관련 새로운 요소와 주의할 점

Section 요소란?

표제와 그에 따른 콘텐츠를 '섹션'이라 합니다. Chapter 01에서는 이 섹션을 나타내는 요소로서 'section' 요소를 사용했지만 HTML5에는 그 외에도 문서 섹션에 의미를 주는 새로운 요소가 추가되었습니다. article, aside, nav 이 세 가지가 이에 해당합니다. section을 포함해 이 네 요소를 '섹션 요소'라 합니다.

섹션 요소란 표제와 그에 따른 콘텐츠를 그룹화함으로써 HTML의 문서 구조를 보다 명확하게 표현하기 위하여 HTML5에 도입된 새로운 요소입니다.

섹션 요소를 함께 사용하면 문서의 아웃라인을 생성하고 정보의 계층 구조를 명시할 수 있습니다.

● 예제 13-1 네 가지 섹션 요소

section 요소	장이나 절 같은 표제와 개요를 동반하는 일반적인 섹션을 나타낸다.
article 요소	독립적인 콘텐츠를 나타내는 요소이다.
aside 요소	메인 콘텐츠와 관련이 깊지 않고 없어도 문제가 되지 않는 섹션을 나타내는 요소이다.
nav 요소	주요 내비게이션을 나타내는 요소이다.

섹션 요소와 문서 아웃라인

문서의 아웃라인이란 정보의 계층 구조를 가리킵니다. 이것은 책의 차례를 상상하면 쉽게 이해할 수 있습니다. 책의 차례는 제목, 장, 항, 절이라는 형식으로 표제를 동반하는 콘텐츠 모음이 트리(계층 구조) 구조로 되어 있습니다. 이 정보 계층 구조 그 자체가 '아웃라인'입니다.

● 예제 13-1 아웃라인의 개념도

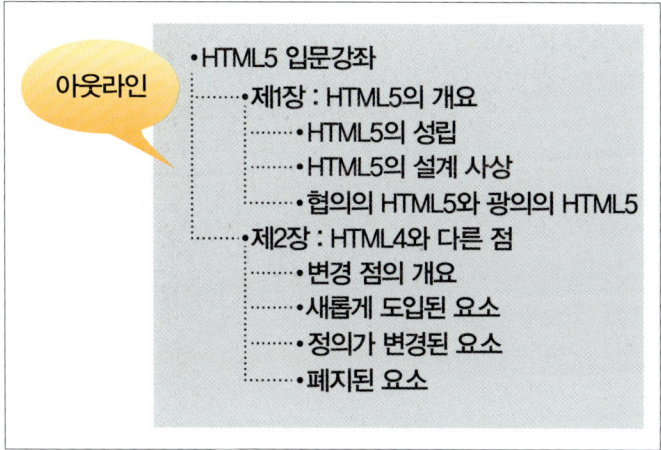

▶ 문서의 아웃라인을 작성하는 2가지 방법

HTML5에서 문서의 아웃라인을 작성하는 방법은 2종류가 있습니다.

① 표제 요소(h1~h6)의 레벨

② 섹션 요소의 그릇 상태

하나는 지금까지 그랬던 것처럼 정보의 ==계층 구조에 맞춰 표제 레벨을 바꿔가는 방법==입니다. 표제를 사용해 작성된 아웃라인을 '암묵의 아웃라인'이라 합니다.

또 하나는 HTML5에 새롭게 추가된 '==섹션 요소'로 그릇 구조를 만드는 방법==입니다.

암묵의 아웃라인과 다른 점은, '종료 태그로 섹션의 끝을 명시할 수 있다'는 것입니다. 그 때문에 섹션 요소에 의해 만들어진 아웃라인을 '명시적 아웃라인'이라 하기도 합니다.

● 예제 13-2 문서 구조의 차이

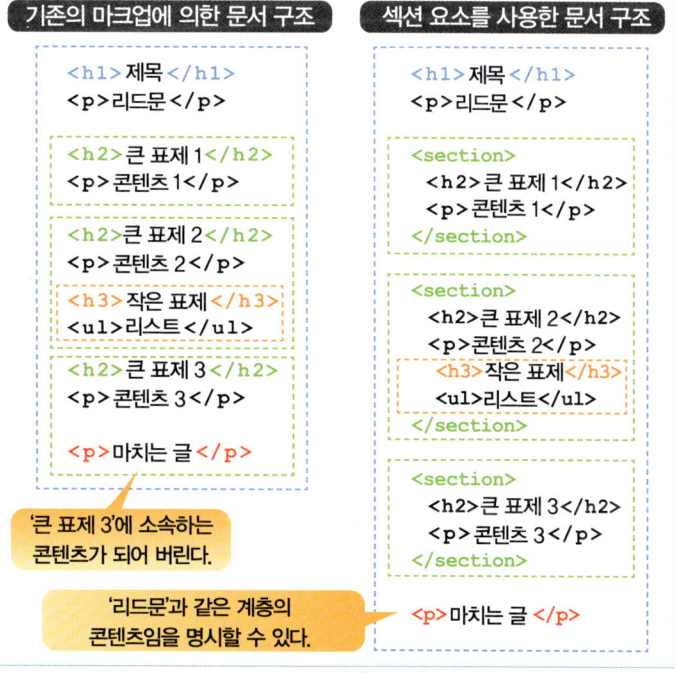

▶ 아웃라인 알고리즘

아웃라인 알고리즘이란 '아웃라인을 판별하는 구조'를 말합니다. 섹션 요소가 새로 생기면서 HTML5에서는 이 구조가 바뀌었습니다.

문서의 아웃라인은 표제 또는 섹션 요소라는 두 가지 방법으로 생성되지만 HTML5에서는 <mark>섹션 요소로 만들어진 아웃라인 쪽을 우선</mark>합니다. 즉 '섹션 요소가 존재하면 그에 따라 아웃라인을 판별하고, 만약 섹션 요소가 없으면 원래의 표제 레벨로 판별하는 이중 구조로 되어 있습니다.

▶ 섹션 요소 안의 표제 레벨 취급

이중 구조로 아웃라인을 판단함에 따라 표제 요소를 취급하는 법에 큰 변화가 생겼습니다. 그것은 <mark>'섹션 요소로 정확히 아웃라인을 작성한 경우에는 그 안 표제 레벨의 문법적인 부분을 따지지 않는다</mark>'는 것입니다.

아래의 예를 살펴봅시다. 섹션 요소로 계층 구조가 만들어져 있고, 각 섹션의 표제가 모두 h1 요소입니다. 이 경우는 표제 레벨보다도 우선되는 섹션 요소로 바르게 아웃라인이 생성되었기 때문에 그 안에서 사용되는 표제 요소에 대해서는 전부 h1으로 해도 문법적으로 문제가 없습니다.

● 예제 13-3 섹션 요소와 표제 레벨의 관계

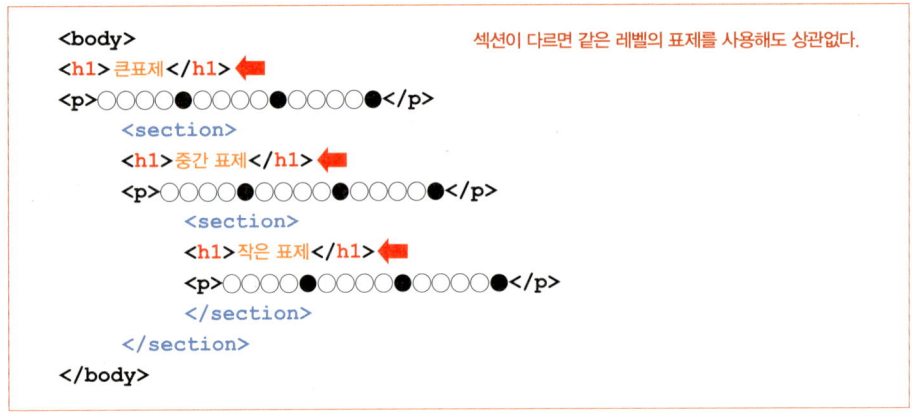

다만 이것은 문법상 허용되고 있다는 것이지 그렇게 해야 한다는 것은 아닙니다. 스크린 리더 등, 섹션 요소에 의한 아웃라인의 판별에 대응하지 못하는 환경이 있음을 고려해야 합니다. 따라서 <mark>섹션 요소로 아웃라인을 만들면서 그 안의 표제는 지금까지 하던 대로 표제 레벨에 따라 h1~h6을 사용하는 방법</mark>이 권장되고 있습니다.

COLUMN

아웃라인 확인 방법

어떤 아웃라인이 생성될지 눈으로 판단하기는 어렵습니다. 그러므로 아웃라인 판별 툴을 사용해 체크하는 것이 좋습니다. 온라인 툴로서는 'HTML5 Outliner'나 'Nu Html Checker'를 권합니다.

HTML5 Outliner　URL http://gsnedders.html5.org/outliner/

Nu Html Checker　URL https://validator.w3.org/nu/

4개의 섹션 요소와 그 사용처

section 요소나 article 요소, aside 요소, nav 요소는 모두 '아웃라인을 생성한다'는 의미에서 같은 역할을 합니다. 그러나 '각 섹션이 어떤 의미를 갖는가' 하는 관점에서 네 요소를 적절하게 사용할 줄 알아야 합니다.

▶ section 요소

섹션 요소는 '==일반적인 섹션=='을 나타내는 가장 기본적인 요소입니다. 섹션을 명시하는 다른 요소(article 요소/nav 요소/aside 요소)가 적합할 경우는 그것을 사용하도록 합니다. 익숙해지기 전까지는 먼저 섹션 요소로 아웃라인을 만들고 기타 다른 적절한 요소가 있으면 그것으로 바꿔가는 것이 좋습니다.

[사용 예]

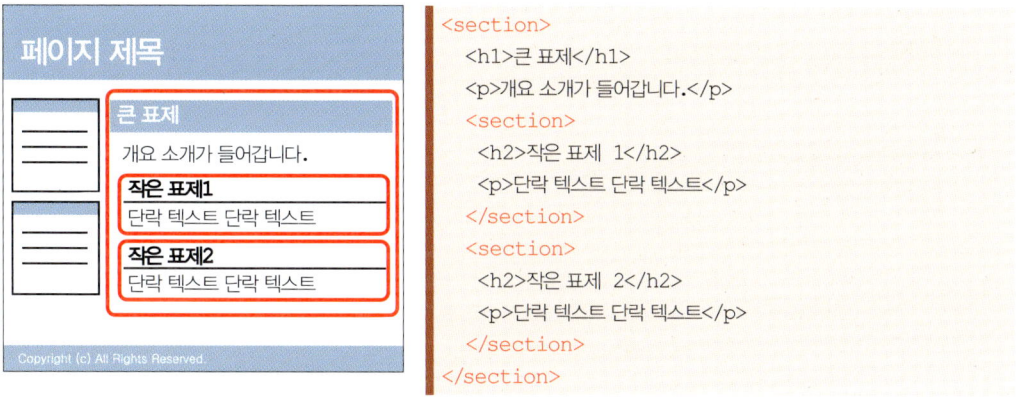

```
<section>
  <h1>큰 표제</h1>
  <p>개요 소개가 들어갑니다.</p>
  <section>
    <h2>작은 표제 1</h2>
    <p>단락 텍스트 단락 텍스트</p>
  </section>
  <section>
    <h2>작은 표제 2</h2>
    <p>단락 텍스트 단락 텍스트</p>
  </section>
</section>
```

> **주의할 점**
> • 섹션 요소를 사용할 경우는 ==거의 예외 없이 표제가 필요==합니다. 디자인 표현상 생략되어 있는 경우도 마크업상에서는 바르게 표제를 붙이고, CSS에서 비표시로 대응하는 것이 바람직하다고 할 수 있습니다.
> • 섹션 요소는 ==div 요소의 대용이 아닙니다.== 그러므로 레이아웃이나 스타일 목적으로 사용할 수는 없습니다. 이와 같은 목적으로 테두리가 필요한 경우는 원래대로 div 요소를 사용하기 바랍니다.

▶ article 요소

아티클 요소는 단독으로 전송 가능한 '독립적인 섹션'입니다. 독립적인 섹션이라는 것은 문서에서 그 섹션만을 빼내도 독립한 기사로서 성립한다는 것을 의미합니다. 독립적인 섹션인지 아닌지 가장 알기 쉬운 판단기준은 'RSS 전송이 가능한지'를 보면 알 수 있습니다.

[사용 예①]

블로그 등의 인덱스 페이지를 사용할 경우에는 각 블로그 기사 하나하나를 '독립된 기사'로 볼 수 있으므로 아래와 같이 각 기사를 아티클 요소로 할 수가 있습니다.

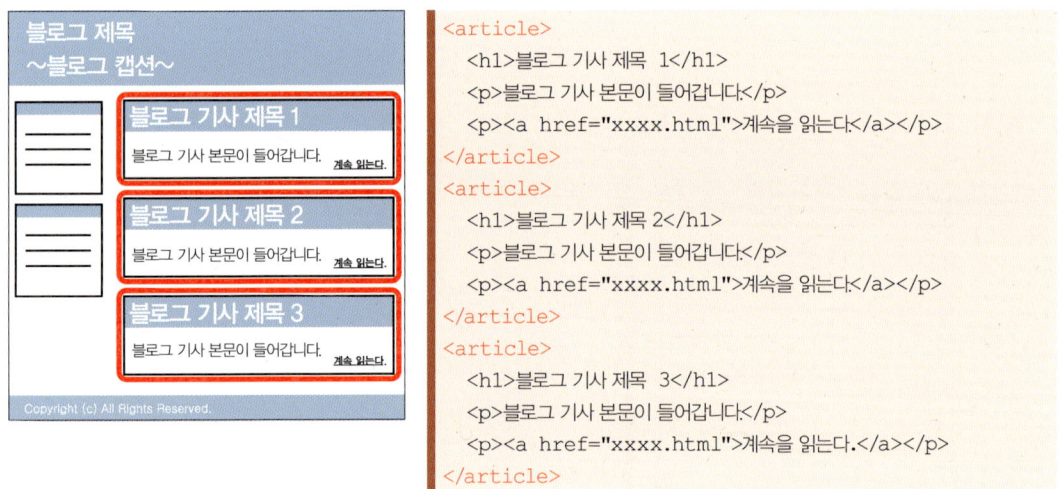

[사용 예②]

블로그 등의 기사 상세 페이지에 대해서는 기사 전체를 아티클 요소로 감싸는 것이 적절합니다. 온라인 상품 상세 페이지나 뉴스 사이트의 기사 페이지 등도 마찬가지로 메인 기사 전체가 아티클 요소입니다.

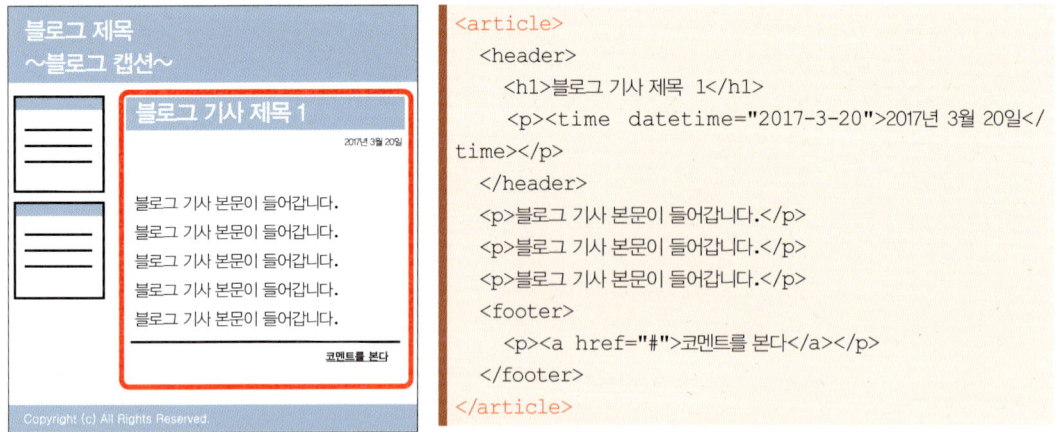

[사용 예③]

블로그 기사에 대한 코멘트 기사처럼 바깥쪽 아티클 요소에 직접 관련되는 내용의 독립한 기사에 대해서
는 아티클 요소를 그릇으로 할 수 있습니다.

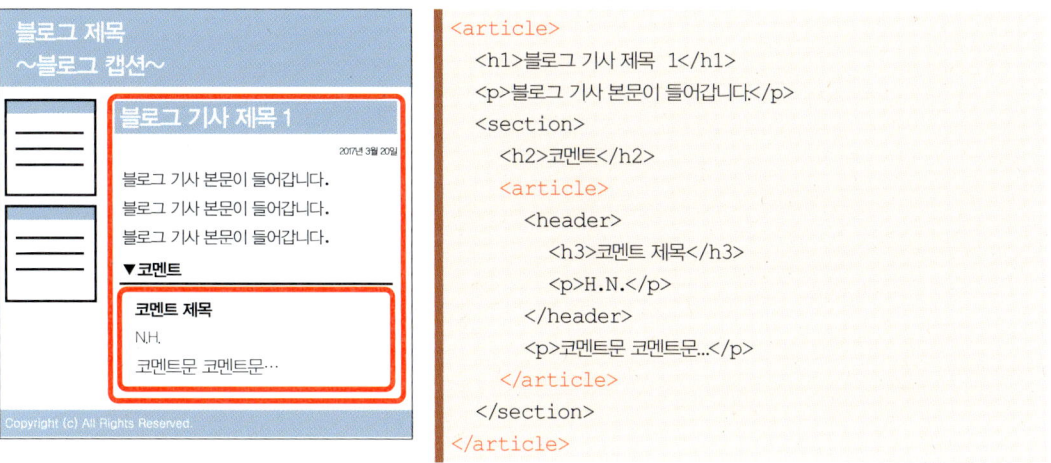

```
<article>
    <h1>블로그 기사 제목  1</h1>
    <p>블로그 기사 본문이 들어갑니다.</p>
    <section>
        <h2>코멘트</h2>
        <article>
            <header>
                <h3>코멘트 제목</h3>
                <p>H.N.</p>
            </header>
            <p>코멘트문 코멘트문...</p>
        </article>
    </section>
</article>
```

주의할 점

- 블로그 상세 기사 페이지 등의 경우는 메인 콘텐츠 영역=article 요소가 되는 일도 있으나 레이아웃에서 메인 콘텐츠 영역과 아티클 요소가 되는 영역은 관계없습니다. 어디까지나 그 섹션이 독립되어 있는지를 판단 기준으로 하기 바랍니다(독립되어 있는지 아닌지 모르겠다면 무리하지 말고 섹션 요소로 해 두는 것이 무난합니다.)
- 아티클 요소도 섹션 요소와 동일하게 원칙적으로 표제가 필요합니다.

▶ aside 요소

aside 요소는 '메인 콘텐츠와 관련성이 적은 보충적인 콘텐츠'가 되는 섹션을 나타냅니다. aside 요소의
판단 기준은 그 섹션을 통째로 삭제했다 해도 메인 콘텐츠 정보를 불러 왔을 때 문제가 있는지 없는지에
따라 결정됩니다.

[사용 예①]

블로그 개별 기사 페이지에서 그 기사에 대한 관련 정보 링크나 보충 설명, 혹은 본줄기에서 조금 떨어진 단 등을 넣을 수가 있습니다. 이와 같은 전후의 콘텐츠에 간접적으로 관련되는 보충적인 콘텐츠에 대해서는 aside 요소를 이용하는 것이 적절합니다.

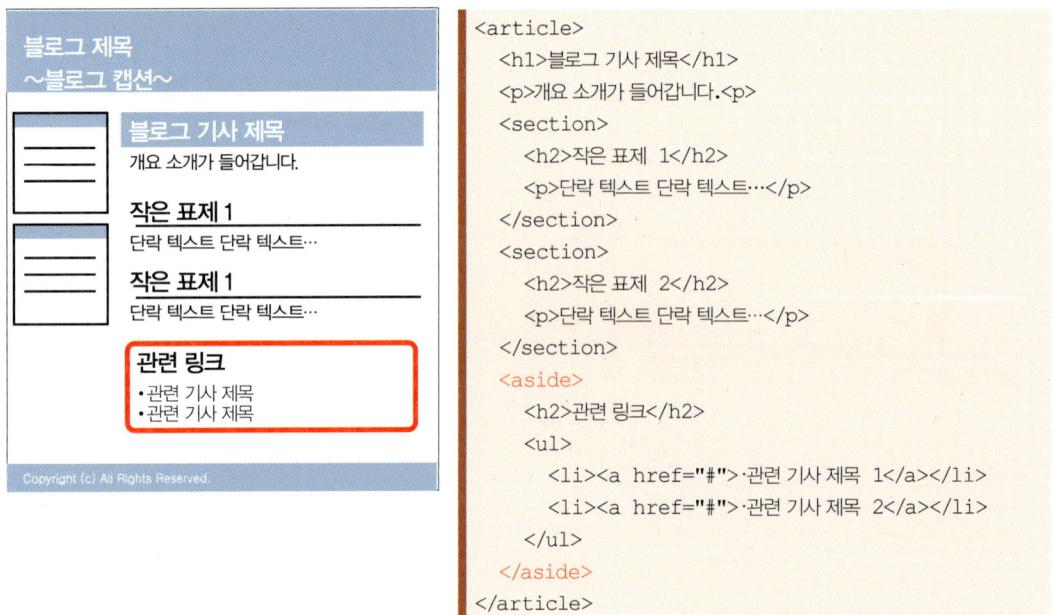

[사용 예②]

aside 요소는 페이지에 관련되지만 기사 본체와는 직접적인 관계가 없는 그다지 중요하지 않은 콘텐츠에도 사용할 수 있습니다. 사용 예제에 있는 것처럼 사이드바 영역과 보조적인 내비게이션, 페이지에 관련된 광고 영역 등에 사용합니다.

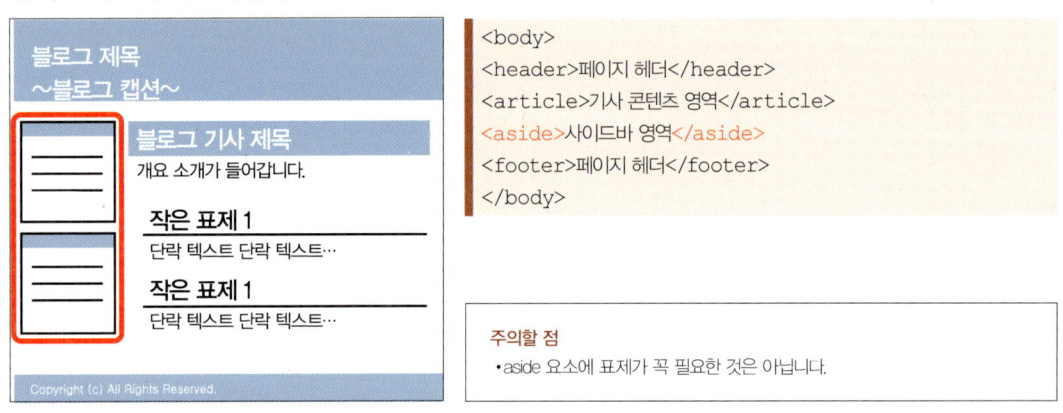

> **주의할 점**
> • aside 요소에 표제가 꼭 필요한 것은 아닙니다.

▶ **nav 요소**

nav 요소는 웹사이트의 '==내비게이션=='을 나타내는 섹션입니다. nav 요소 중에 가장 이해하기 쉬운 것은 '글로벌 내비게이션'입니다. 이외에도 하단용 로컬 내비게이션, 페이지 내 점프용 링크, '다음으로, 앞으로'

등과 같은 페이지 내비게이션, 빵 부스러기 내비게이션(사이트 이동 경로, Breadcrumbs. 빵 부스러기란 말은 《헨젤과 그레텔》에서 남매가 숲에서 길을 잃지 않도록 뿌리는 빵 부스러기에서 유래했다)이 있습니다.

[사용 예]

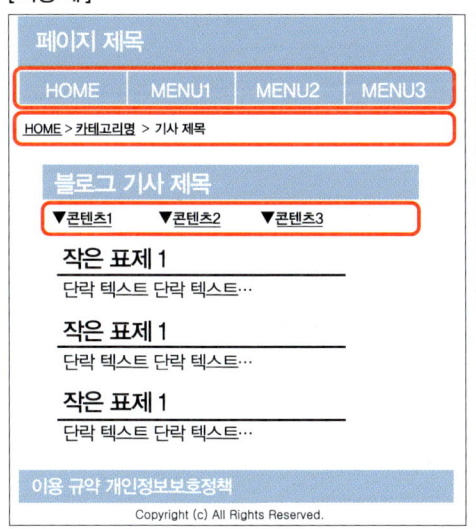

주의할 점

• nav 요소는 주로 중요한 내비게이션에 사용하는 요소이지만 보조적인 내비게이션이라 해도 제작자가 그 웹사이트에 있어 중요한 내비게이션이라고 판단한 경우는 nav 요소로 할 수 있습니다. 아래의 사용 예에서는 글로벌 내비게이션과 빵 부스러기 내비게이션, 기사 내의 페이지 링크는 nav 요소로 마크업되어 있습니다. 하지만 푸터 내의 보충 링크는 '특별히 중요한 것이 아니다'라고 판단했기 때문에 nav 요소로 마크업되어 있지 않습니다(어떤 내비게이션을 nav로 할 것인지는 제작자의 주관에 달려 있는 문제입니다).

• nav 요소에 표제가 꼭 필요한 것은 아닙니다.

```
<header>
<h1>페이지 제목</h1>
<nav>
  <ul>
  <li><a href="#">Home</a></li>
  ...more...
  </ul>
</nav>
<nav>
<p><a href="#">Home</a> | <a href="#">카테고리명</a> | 기사 제목</p>
</nav>
</header>
<article>
  <h1>블로그 기사 제목</h1>
  <nav>
    <ul>
      <li><a href="#hoge">콘텐츠 1</a></li>
      ...more...
    </ul>
  </nav>
...more...
</article>
```

섹션에 관련된 기타 새로운 요소

아래의 요소는 섹션 요소가 아니지만 웹 문서 구조를 명확히 하는 역할을 가지며 섹션 요소와도 관련이 깊은 요소입니다.

- **표 13-2 섹션과 관련 깊은 요소**

header 요소	섹션의 헤더를 나타내는 요소
footer 요소	섹션의 푸터를 나타내는 요소
main 요소	메인 콘텐츠 영역을 나타내는 요소
figure 요소, figcaption 요소	본문에서 참조된 예제, 소스 코드 등과 그 캡션을 나타내는 요소

▶ header 요소 /footer 요소

헤더 요소는 <mark>섹션의 헤더,</mark> 푸터 요소는 <mark>섹션의 푸터</mark>를 나타내는 요소입니다. HTML에서 〈div id="header"〉 ~ 〈/div〉, 〈div id="footer"〉 ~ 〈/div〉로 나타내는 곳은 거의 대부분 변환할 수 있습니다. 이들 요소가 반드시 사이트의 헤더나 푸터를 나타내는 것은 아니기 때문에 개별 섹션에 각각 헤더 요소나 푸터 요소를 이용할 수가 있습니다. 따라서 페이지 내에 <mark>여러 header 요소/footer 요소가 존재해도 상관이 없습니다.</mark>

[사용 예]

```html
<body>
<header id="siteHeader">
<h1>사이트 제목</h1>
<nav>글로벌 내비게이션</nav>
</header>
<article>
  <header>
    <h1>블로그 기사 제목 1</h1>
    <p><time datetime="2017-3-20">2017년 3월 20일</time></p>
  </header>
  <p>블로그 기사 본문이 들어갑니다.</p>
  <footer>
    <p><a href="#">코멘트를 본다</a></p>
  </footer>
</article>
<footer id="siteFooter">
<p><small>copyright © All Rights Reserved.</small></p>
</footer>
</body>
```

주의할 점

- 헤더 요소 안에는 보통 h1~h6 요소가 들어가는 것으로 되어 있으나 없어도 틀린 것은 아닙니다. 표제 요소 외에도 로고, 목차, 검색 폼 등을 넣어 사용하는 것이 일반적입니다.
- 푸터 요소 안에는 일반적으로는 저작자 정보, 연락처 등이 들어갑니다.
- 헤더 요소와 푸터 요소 안에 헤더 요소나 푸터 요소가 들어갈 수는 없습니다. 섹션 요소나 nav 요소 같은 섹션 요소를 넣을 수는 있습니다.

▶ main 요소

메인 요소는 <mark>웹 문서나 애플리케이션의 '메인 콘텐츠 영역'을 명시하기 위한 요소</mark>입니다.
기존의 html의 〈div id="main"〉 같은 영역을 이 요소로 바꾸어 넣으면 됩니다.

[사용 예]

```
<body>
<header>헤더</header>
<main>
<section>메인 콘텐츠</section>
</main>
<aside>사이드바</aside>
<footer>푸터</footer>
</body>
```

주의할 점
- 메인 요소는 <mark>페이지 안에 1개</mark>밖에 사용할 수 없습니다.
- section/article/aside/nav/header/footer 요소 안에서 메인 요소를 사용할 수 없습니다.

▶ figure 요소/figcaption 요소

figure 요소는 <mark>삽화나 예제, 해설명의 음성, 동영상, 프로그램 코드 등 본문에 참조되는 독립된 콘텐츠를 나타내는 요소</mark>입니다. figure 요소 안에 들어가는 콘텐츠에는 figcaption 요소로 캡션을 붙일 수 있습니다.

[사용 예]

```
<figure>
<img src="img/fig10-1.png" alt="예제의 설명문">
<figcaption>예제10-1</figcaption>
</figure>
```

주의할 점
- figure 요소를 사용할 경우에는 <mark>'본문 내용을 설명하는 데 필요한 콘텐츠'인지 '본문에서 분리해 별도 페이지 표시를 해도 의미가 통하는지'</mark> 이 두 가지를 모두 충족시키는지를 판단 기준으로 삼아 주기 바랍니다. 본문과 관계가 없는 단순한 장식이나 디자인 요소적인 이미지 사진, 전후 문장과 연속한 단락의 일부를 이미지화한 것은 figure 요소로서는 어울리지 않습니다.
- figcaption 요소는 <mark>콘텐츠의 앞이나 뒤에 하나</mark>밖에 들어갈 수 없습니다.

COLUMN ☑

새로운 섹션 관련 요소를 꼭 사용해야 한다?

HTML5로 문서 구조를 마크업할 때 새로운 섹션 요소를 반드시 사용해야 하는 것은 아닙니다. HTML5에는 독타입과 헤드 요소 내용만 HTML5 규격에 맞춰 기술하고, 콘텐츠 부분은 새로운 요소를 사용하지 않고 원래대로 마크업해도 문법적으로는 아무런 문제가 없습니다. 그리고 헤더나 푸터, 사이드바, 메인 콘텐츠 같은 부분에는 정확히 섹션 관련 요소를 사용하지만 콘텐츠 내용에는 굳이 섹션 요소를 사용하지 않고 원래대로 표제 레벨에 의한 암묵의 아웃라인으로 문서 구조를 표현해도 됩니다.

POINT

- 문서 구조의 골격이 되는 섹션 요소는 section/article/aside/nav 이다.
- 헤더나 푸터 요소, 메인 요소 등의 새로운 요소를 활용하면 보다 완성도 높은 HTML5 문서를 만들 수 있다.
- 새로운 섹션 관련 요소를 사용할 경우에는 각 요소의 의미를 충분히 이해해 적절하게 사용할 필요가 있지만 필수 요소는 아니므로 무리하게 사용할 필요는 없다.

HTML5로 마크업을 하기 위한 기초 지식

새로운 카테고리와 콘텐츠 모델

Chapter 01에서 설명한 블록/인라인의 분류와 그 그릇 법칙을 지키는 것만으로도 기본적으로 거의 문제없이 HTML5로 마크업을 할 수가 있습니다. 그러나 새로운 요소가 포함된 HTML5의 마크업 규칙을 보다 정확히 파악하기 위해서는 HTML5에서 크게 변경된 요소의 카테고리 분류와 '콘텐츠 모델'이라 불리는 요소의 법칙을 이해해 두어야 합니다. LESSON 14에서는 이들 HTML5의 새로운 개념 규칙을 알아보겠습니다.

강의 HTML5 새로운 카테고리 개념과 콘텐츠 모델

요소 카테고리의 세분화

▶ 블록 요소 / 인라인 요소의 분류를 폐지

이전 HTML 요소에는 '블록 요소'와 '인라인 요소' 이 두 가지 카테고리밖에 존재하지 않았으나, HTML5 부터는 블록 요소/인라인 요소라는 분류가 폐지되고 보다 세분화된 콘텐츠 카테고리가 채택되었습니다. 아래 주요한 7가지 카테고리와 요소를 정리한 표를 보면서 차근차근 배워보도록 하겠습니다.

● 표 14-1 7가지 주요 카테고리

메타데이터(Metadata) 콘텐츠	주로 헤더 요소 안에 기술되는 문서의 메타 정보를 나타내는 요소 (meta/script/style/link/title 등)
플로우(Flow) 콘텐츠	콘텐츠로서 나타나는 거의 모든 요소
섹셔닝(Sectioning) 콘텐츠	표제와 개요가 되는 섹션(장·절)을 구성하는 요소 (section/article/aside/nav)
헤딩(Heading) 콘텐츠	섹션의 표제가 되는 요소 (h1/h2/h3/h4/h5/h6)
프레이징(Phrasing) 콘텐츠	단락 내에서 사용하는 요소와 텍스트 (a/span/strong/time/ruby 기타 일반적인 인라인 요소에 해당하는 요소)
임베디드(Embedded) 콘텐츠	이미지, 음성, 동영상 등 외부 파일을 끼워 넣기 위한 요소 (img/itrame/audio/video/embed/object/canvas/math/svg)
인터랙티브(Interactive) 콘텐츠	하이퍼링크나 폼 등 사용자가 조작할 수 있는 요소 (a/button/input/select/textarea 등)

새로운 카테고리의 특징은 블록 요소나 인라인 요소처럼 양자택일로 구별되는 것이 아니라 <mark>상호 중시한</mark><mark>다</mark>는 점입니다.

● **예제 14-1 카테고리 개념도**

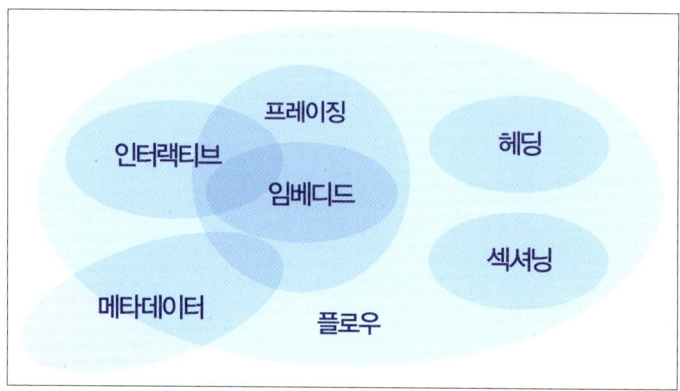

위의 이미지는 각 카테고리 구분을 나타낸 개념도입니다. 위의 내용을 살피면, 다음과 같은 정보를 읽을 수가 있습니다.

- 일부 메타데이터를 제외한 거의 모든 요소는 플로우 콘텐츠에 속한다.
- 헤딩 콘텐츠는 플로우 콘텐츠 이외의 카테고리와는 중복되지 않는다.
- 임베디드 콘텐츠는 모두 프레징 콘텐츠이며 플로우 콘텐츠이기도 하다.

어떤 요소가 어디에 속하는지 카테고리 자체의 의미에 따라 대략적으로 파악하고 있으면 문제되지 않습니다. 그러나 특정 조건에 의해 속하는 카테고리가 바뀌는 요소도 있는 등 실제로는 상당히 복잡하기 때문에 상세한 사항은 필요에 따라 검색하여 확인해 보는 것이 좋습니다.

콘텐츠 모델

콘텐츠 모델이란 <mark>'요소 안에 어떤 요소를 넣을 수 있는가'</mark>를 정의한 것입니다. 예를 들어 블록 요소/인라인 요소의 경우 '인라인 요소 안에는 블록 요소를 넣을 수 없다'는 규칙이 있었습니다. 이와 같은 구조상의 규칙을 새로운 카테고리를 사용해 상세하게 정한 것이 HTML5의 콘텐츠 모델입니다.

▶ 콘텐츠 모델의 패턴

HTML5 표준안에는 개별 요소마다 소속 카테고리나 콘텐츠 모델 정보가 기재되어 있습니다. HTML5에서는 이 정보를 토대로 문법적으로 옳은지, 옳지 않은지를 판단합니다.

요소명	카테고리	콘텐츠 모델
div 요소	플로우 콘텐츠	플로우 콘텐츠
ul 요소	플로우 콘텐츠	0개 이상의 ⅱ 요소
strong 요소	플로우 콘텐츠 프레이징 콘텐츠	프레이징 콘텐츠
br 요소	플로우 콘텐츠 프레이징 콘텐츠	비어 있음

각 요소의 콘텐츠 모델에는 몇 가지 패턴이 있습니다.

- 카테고리 단위로 지정되어 있다(div, span, p 등).
- 특정 요소만 넣을 수 없다(table, ul, ol, select 등).
- 다른 요소를 넣을 수 없다(br, img, input 등=비어 있는 요소).
- 부모 요소 조건을 계승한다(del, ins 등).
- 위의 패턴에 다시 특정의 조건이 붙는다(header, footer, a 등).

언뜻 보기에 복잡하고 어렵게 보이지만 HTML5 전부터 존재하는 요소의 콘텐츠 모델은 원칙적으로 이전과 같거나 명칭이 바뀌었을 뿐 실제로는 같은 패턴이 대부분입니다. 새로운 요소에 대해서도 이전과 같이 블록이나 인라인을 하던 방식처럼 마크업을 해도 큰 문제는 거의 없습니다. 따라서 이 새로운 카테고리 분류와 콘텐츠 모델의 규칙 변경을 무리하게 모두 외우려고 할 필요는 없습니다.

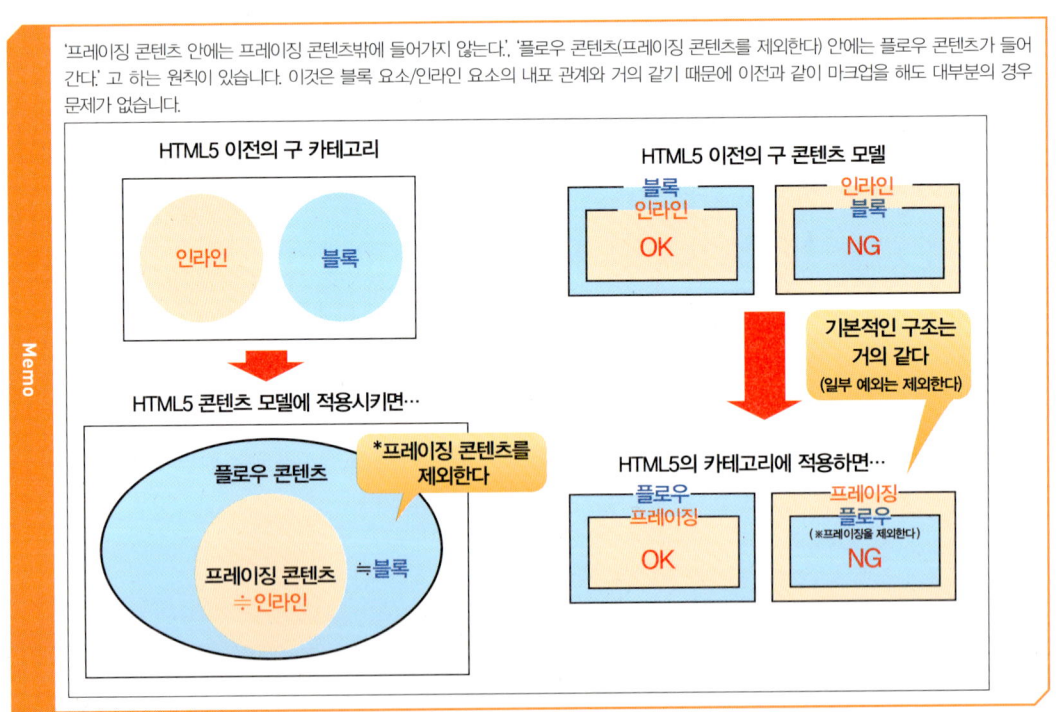

'프레이징 콘텐츠 안에는 프레이징 콘텐츠밖에 들어가지 않는다.', '플로우 콘텐츠(프레이징 콘텐츠를 제외한다) 안에는 플로우 콘텐츠가 들어간다.' 고 하는 원칙이 있습니다. 이것은 블록 요소/인라인 요소의 내포 관계와 거의 같기 때문에 이전과 같이 마크업을 해도 대부분의 경우 문제가 없습니다.

다만 문법을 체크할 때 콘텐츠 모델 위반이 된 경우는 직접 설명서를 찾아 규칙에 따라 적절하게 수정해야 합니다.

[참고 사이트]
- 「HTML5.jp」 　　　　　 URL URL http://www.html5.jp/tag/elements/
- 「World Wide Web Guide」 URL URL https://w3g.jp/html5/content_models

▶ **부모 요소의 조건을 이어받는 '트랜스패어런트'**

==트랜스패어런트란 부모 요소의 콘텐츠 모델을 계승한다==는 의미입니다. 부모 요소가 플로우 콘텐츠를 포함할 수 있다고 한다면 마찬가지로 플로우 콘텐츠를 포함할 수가 있고 부모 요소가 프레이징 콘텐츠밖에 포함할 수 없는 경우는 마찬가지로 프레이징 콘텐츠밖에 포함할 수 없습니다. ==만약 부모 요소가 존재하지 않은 경우는 모든 플로우 콘텐츠를 넣을 수가 있습니다.==

이와 같이 부모 요소의 조건에 따라 안에 넣어도 되는 콘텐츠가 바뀌는 요소 중 대표적인 것이 a 요소입니다. a 요소는 HTML5 카테고리 분류법과 콘텐츠 모델 변경으로 이전과는 다른 마크업을 할 수 있는 대표적인 요소이므로 확실히 이해해서 웹사이트 제작에 활용하기 바랍니다.

a 요소의 새로운 사용법과 주의할 점

▶ **a 요소의 카테고리와 콘텐츠 모델**

a 요소의 카테고리와 콘텐츠 모델은 다음과 같은 것들이 있습니다.

요소명	카테고리	콘텐츠 모델
a 요소	플로우 콘텐츠 프레이징 콘텐츠 인터랙티브 콘텐츠	트랜스패어런트

콘텐츠 모델이 ==**'트랜스패어런트'**==가 됨으로써 HTML5 이전의 규격에서는 문법적으로 허용되지 않았던, div 요소를 a 요소로 감싸는 방법을 사용할 수 있게 되었습니다. 터치 디바이스의 등장으로 링크 영역을 크게 만드는 디자인이 주류가 된 지금 이것은 코딩을 간략화할 수 있는 아주 좋은 변화라 할 수 있습니다.

● 예제 14-2 블록 링크

블록 링크

테두리 내 전체가 링크 영역

상품명●●●●

상품설명 텍스트

○○○○○○○○○○○

○○○○○○○○○○○

블록 링크의 소스코드

```
<div class="item">
  <a href="#">
    <div><img src="xxxx.jpg"></div>
    <dl>
      <dt>상품명●●●●</dt>
      <dd>상품설명 텍스트 ○○○○○○○○○○○</dd>
    </dl>
  </a>
</div>
```

> **Memo** HTML5 이전의 규격에서는 블록 전체를 하나의 링크 영역으로 만들려면 JavaScript의 힘을 빌리거나 a 요소 안에 넣는 요소를 span 등 다른 인라인 요소로 바꿔야 했습니다.

▶ a 요소의 새로운 마크업 규칙

a 요소 안에 div 요소나 p 요소 등과 같은 블록 레벨 요소를 넣을 수 있게 되었다고 해서 뭐든지 넣어도 되는 것은 아닙니다. 블록 영역 전체를 a 요소로 감싸는 경우에는 다음의 세 가지 규칙을 지켜야 합니다.

규칙 ① : a 요소를 제외한 나머지가 문법적으로 바르게 되어 있어야 한다.

[예1]

```
<a href="#">
<section>
<h1>표제</h1>
<p>텍스트 텍스트 텍스트 텍스트</p>
</section>
</a>
```

블록 영역 전체를 a 요소로 감쌀 경우, 기본적으로 <mark>그 코드에서 a 요소를 제거한 상태로 봤을 때도 문법적으로 바른 상태를 유지하고 있는지 확인해야 합니다.</mark> [예 1]처럼 a 요소가 없어도 '섹션 요소 안에 h1 요소와 p 요소가 들어 있다'는 문법상 문제 없는 코드를 확인할 수 있습니다. 바른 마크업을 전제로 필요한 영역에 링크를 설정할 필요가 있다는 의미입니다.

규칙 ② : 부모 요소의 콘텐츠 모델에 따라야 한다.

[예2]

```
<ul>
<a href="#"><li>텍스트 텍스트 텍스트 텍스트</li></a>
<a href="#"><li>텍스트 텍스트 텍스트 텍스트</li></a>
</ul>
```

만일 a 요소를 제거한 나머지 코드가 바른 상태였다 해도 [예 2]는 문법 위반이 됩니다. <mark>ul 요소 바로 밑에는 li 요소밖에 들어갈 수 없다</mark>'고 하는 규칙이 있기 때문입니다. a 요소의 콘텐츠 모델은 트랜스패어런트 즉, 부모 요소의 콘텐츠 모델에 따르는 것이므로 부모 요소인 ul 요소 규칙에 따라야 합니다. ul, ol, dl, table처럼 바로 밑에 배치할 수 있는 것이 특정 요소로 한정되는 것은 특히 주의가 필요합니다.

규칙 ③ : 자기 자신 안에 다른 클릭이나 조작 가능한 요소를 넣어서는 안 된다.

[예 3]

```
<ul>
  <li>
  <a href="#">
   <div class="ph"><img src="xxxxx.jpg" alt=""></div>
   <dl class="data">
    <dt>상품명</dt><dd>완숙 매실(1kg)</dd>
    <dt>수량</dt><dd><input type="num" value="1"></dd>
   </dl>
  </a>
  </li>
</ul>
```

[예 3]은 규칙 ①과 ② 둘 다 지켰지만 문법 위반이 됩니다. a 요소 안에 input 요소가 포함되어 있기 때문입니다. a 요소는 그 자신이 인터랙티브 콘텐츠의 카테고리에 속해 있지만 '<mark>인터랙티브 콘텐츠 안에 다른 인터랙티브 콘텐츠를 포함해서는 안 된다</mark>'고 하는 규칙이 있어 그에 저촉됩니다. 인터랙티브 콘텐츠란 사용자가 클릭하거나 조작할 수 있는 요소로, a/input/button/label/select/textarea/audio※/video※ 등이 해당됩니다.

※controls 속성이 있는 경우에만

이상 세 규칙을 지키면 지금보다도 유연하게 링크 영역을 설정할 수 있습니다. 꼭 사용해 보기 바랍니다.

POINT

- HTML5에서는 새로운 카테고리 분류와 콘텐츠 모델이 채택되었다.
- 블록 / 인라인이라는 인식으로 마크업을 해도 거의 문제가 없다.
- a 요소는 규칙이 변경되어 블록 영역 전체에 사용할 수 있게 되었다.

HTML5로 마크업을 하기 위한 기초 지식

기타 새로운 요소와 속성

HTML5에 추가된 새로운 요소와 속성은 이외에도 많습니다. 그러나 브라우저의 지원 상황에 차이가 있거나 웹 애플리케이션의 이용이 전제가 되는 등 일반적인 웹 문서로는 그다지 이용할 기회가 없는 것도 있습니다. LESSON 15에서는 지금까지 소개한 섹션 관련 요소 이외에 비교적 많이 사용하는 새로운 요소와 속성에 대해 알아보겠습니다.

강의 비교적 많이 사용하는 새로운 요소와 속성

텍스트에 의미를 부여하는 새로운 요소

▶ **time 요소**

타임 요소는 컴퓨터에서 불러오기가 가능한 형식으로 시각이나 양력의 정확한 날짜를 나타내기 위한 요소입니다. 날짜나 시각을 반드시 타임 요소로 마크업해야 하는 것은 아니지만, 정확한 일시를 브라우저에 불러오고 싶을 경우에 사용합니다. 타임 요소 안의 일시가 '내일' 등 불러올 수 없는 형식인 경우에는 타임 요소에 datetime 속성을 추가해 여기에 정확한 일시를 넣어야 합니다.

[사용 예]

```
<p><time>13:55</time></p>
<p><time datetime="2017-03-18">내일</time>은 중요한 회의가 있다.</p>
```

[속성 · 값]

datetime 속성	값에는 정확한 날짜와 시각이 들어갑니다. datetime 속성으로 지정하는 일시는 컴퓨터에서 불러오기 가능한 형식이어야 하기 때문에 정식 날짜와 시각을 정해진 서식으로 기술해야 합니다. [서식] YYYY–MM–DDThh:mm:ssTZD	①연도 ②연 월 ③연 월 일 ④시 분 ⑤시 분 초 ⑥연 월 일 시 분 초 ⑦연 월 일 시 분 초+타임존	2017 2017–02 2017–02–01 08:30 08:30:21 2017–02–01T08:30:21 2017–02–01T08:30:21+9:00

▶ ruby 요소 /rt 요소 /rp 요소

ruby 요소는 루비를 넣기 위한 요소입니다. rt 요소에 루비를 넣고, rp 요소에는 루비 비대응 브라우저에서 표시하는 기호를 넣습니다. rp 요소로 지정한 부분은 루비 대응 브라우저의 경우에는 표시되지 않습니다.

Memo ruby 요소는 오랫동안 파이어폭스만 비대응이었으나 38부터 대응으로 바뀌었습니다. 따라서 현재 주요한 브라우저는 거의 모두 대응이 됩니다.

[사용 예]

```
<ruby>
漢字
<rp> (</rp>
<rt>한자</rt>
<rp>) </rp>
</ruby>
```

ruby 요소 대응 브라우저의 표시

(맥 크롬)

ruby 요소 비대응 브라우저의 표시

한자(漢子)

(맥 파이어폭스)

▶ mark 요소

마크 요소는 ==참조 목적으로 특정의 어구를 마크하거나 하이라이트 표시를 하기 위한 요소==입니다. 인용한 콘텐츠나 설명을 넣은 콘텐츠 중에서 '이 부분에 주목하기 바란다'고 하는 의미로 하이라이트 표시를 합니다. 검색 결과 화면 등에서 검색 키워드를 하이라이트 표시할 때도 마크 요소를 사용할 수 있습니다.

[사용 예]

```
<pre><code>
#gnav ul{
  <mark>overflow:hidden;</mark> }
#gnav li{
  width:100px;
  float:left; }
</code></pre>
<p>부모 요소인 ul에 overflow:hidden;을 설정해서 clearfix한 것과 같은 효과를 얻었습니다.</p>
```

▶ video 요소와 audio 요소

비디오 요소는 브라우저상에서 동영상 미디어를 재생하기 위한 요소이고, 오디오 요소는 브라우저상에서 음성 미디어를 재생하기 위한 요소입니다. 이들 요소를 사용하면 동영상이나 음성 전송을 할 때 사용자 환경에 플러그인이 설치돼 있는지 안 되어 있는지 신경 쓸 필요가 없습니다.

[사용 예]

```
<video src="sample.mp4" type="video/mp4" controls>
  video 요소를 지원하지 않는 브라우저에서 열람하고 있습니다. 최신 브라우저에서 보시기 바랍니다. </video>
```

```
<audio src="sample.mp3" controls>
  audio 요소를 지원하지 않는 브라우저에서 열람하고 있습니다. 최신 브라우저에서 보시기 바랍니다.
</audio>
```

동영상과 음성 재생, 정지, 음량조절 등을 사용자가 할 수 있게 하려면 컨트롤 속성을 설정해야 합니다. 비디오 요소와 오디오 요소 안의 텍스트는 이 요소를 지원하지 않는 브라우저에서만 표시됩니다.

[사용 예 : 복수 포맷을 발신 /IE8로도 재생할 수 있게 할 경우]

```html
<video controls>
 <source src="sample.mp4" type="video/mp4">
 <source src="sample.webm" type="video/webm">
 <embed src="sample.mp4" width="480" height="320" type="video/mp4" autoplay="false"
controller="true" pluginspage=http://www.apple.com/ko/quicktime/download/>
 video 요소를 지원하지 않는 브라우저에서 열람하고 있습니다. 최신 브라우저에서 보시기 바랍니다.
</video>
```

```html
<audio controls>
 <source src="sample.mp3" type="video/mp3">
 <source src="sample.wav" type="video/wav">
 <embed src="sample.wav" type="video/mp4" autostart="false" controller="true"
loop="false" pluginspage=http://www.apple.com/ko/quicktime/download/>
 audio 요소를 지원하지 않는 브라우저에서 열람하고 있습니다. 최신 브라우저에서 보시기 바랍니다.
</audio>
```

여러 동영상이나 음성 포맷을 제공하고 싶은 경우 비디오나 오디오 요소 안에 source 요소로 복수 동영상을 불러옵니다. 이들 요소 비대응인 IE8에서도 동영상을 넣고 싶을 경우에는 비디오 요소와 오디오 요소 안에 embed 요소로 동영상을 불러오면 다른 브라우저와 마찬가지로 동영상을 넣을 수가 있습니다.

HTML 문서에서 많이 사용하는 새로운 속성

HTML5에 추가된 새로운 속성 중 가장 많이 사용하는 것은 chapter 01의 lesson 4(48쪽)에서 소개한 새로운 폼 속성입니다. 폼 관련 속성 이외에도 data-*속성(독자 데이터 속성), role 속성(랜드마크 롤) 등이 비교적 많이 사용됩니다. 이들 모두 마크업을 할 때 필수적인 것은 아니지만 필요에 따라 사용하면 접근성을 높일 수 있습니다.

▶ 폼 관련 새로운 속성

chapter 01의 lesson 04(48쪽)을 참조해 주세요.

▶ data-* 속성 (독자 데이터 속성)

data-*속성은 <mark>독자 데이터 속성</mark>이라 하는 것으로, 제작자가 필요에 따라 'data-'로 시작되는 독자의 속성을 자유롭게 설정할 수 있습니다.
이 속성은 주로 JavaScript 등 외부 프로그램에 임의의 값을 주기 위해 사용하는 것으로서 보통 HTML 문서를 마크업할 때는 사용하지 않습니다.

● 예제 15-1 툴 팁의 예

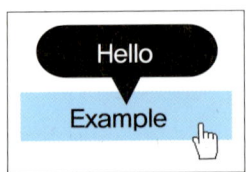

[사용 예] 독자 데이터 속성 값을 툴 팁으로서 사용

```html
<a href="#" data-tooltip="Hello">Example</a>
```

LESSON **15**

▶ role 속성

role 속성은 <mark>웹 문서나 애플리케이션의 접근성을 향상시키기 위해 HTML의 각 요소에 '역할'을 주기 위한 속성입니다.</mark> role 속성은 랜드마크 롤, 구조적 롤, 위젯 롤 같은 카테고리로 나뉘어 있는데, 이 중 내비게이션의 표시 역할을 하는 <mark>랜드마크 롤</mark>이 주목을 받고 있습니다.

랜드마크 롤을 설정하면 '사이트의 헤더·푸터', '메인 콘텐츠 영역', '검색 폼', '내비게이션', '문서의 보충정보' 같은 역할이 각 요소에 주어집니다. 일부 스크린 리더 대응 애플리케이션에서는 role이 설정된 요소 사이를 간단히 이동(점프)할 수 있는 등, 문서 열람상의 내비게이션 기능이 강화되기 때문에 접근성이 향상됩니다.

● 표 15-1 role 속성(랜드마크 롤)의 개요

값	의미	같은 역할을 갖는 HTML5 요소
application	문서가 아니라 웹 애플리케이션임을 나타낸다.	–
search	검색 폼을 포함하는 영역을 나타낸다.	–
form	검색 폼 이외의 폼 컨테이너를 나타낸다.	–
main	문서의 주요 콘텐츠를 나타낸다(페이지에 1개).	main 요소
navigation	문서 내비게이션을 나타낸다.	nav 요소
complementary	문서를 보조하는 정보를 나타낸다.	aside 요소
banner	사이트의 헤더를 나타낸다(페이지에 1개).	section/article 요소의 자식 요소가 아닌 헤더 요소
contentinfo	콘텐츠의 저작권이나 개인 정보에 대한 링크를 나타낸다.	section/article 요소의 자식 요소가 아닌 푸터 요소

<mark>일부 HTML5 요소는 role 속성을 설정하지 않아도 암묵적으로 해당 role 속성의 역할을 하기 때문에 이들 요소에는 role 속성을 설정하지 않아도 됩니다.</mark> 따라서 HTML5의 새로운 요소를 바르게 사용해 마크업된 문서라면 application, search, form 이외의 role 속성을 지정할 기회는 적습니다. 반대로 독타입 선언만⟨!DOCTYPE html⟩로서 HTML5화했을 뿐, 콘텐츠 부분은 이전의 HTML과 같은 경우에 role 속성을 지정하면 문서 구조를 명확하게 해 HTML5의 새로운 요소를 사용한 것과 동등의 접근성을 확보할 수가 있습니다.

> **Memo** 스크린 리더의 종류에 따라서는 HTML5의 새로운 속성을 바르게 인식하지 못하는 것도 존재합니다. 문법 체크에서 경고가 나오긴 하지만 확실하게 해 두고 싶은 경우에는 role 속성을 설정하는 것이 좋습니다.

POINT

● time 요소는 '컴퓨터에서 불러오기 가능한 형식'으로 일시를 표현해야 한다.

● 폼 관련 새로운 속성 이외에서는 독자 데이터 속성과 role 속성이 비교적 많이 사용된다.

● role 속성을 활용하면 섹션 관련 요소를 사용하지 않아도 접근성 향상을 기대할 수 있다.

HTML5의 전체 사양과 구현상 주의할 점

본격적인 코딩 실습에 들어가기 전에 여기서 HTML5의 사양과 구현 상황에 관련된 여러 문제점을 알아보겠습니다.

협의의 HTML5와 광의의 HTML5

HTML5는 웹페이지를 기술할 때 이용하는 마크업 언어 최신판입니다. 지금까지의 HTML이 단순한 '문서 작성'을 위한 규격인데 반해 HTML5에서는 그 목적이 확장되어 웹 애플리케이션 작성을 위한 표준 사양의 역할을 갖게 되었습니다.

웹 애플리케이션으로서의 다양한 기능을 HTML만으로는 실현할 수 없기 때문에 자바스크립트를 사용해 다양한 기능을 실현할 수 있게 했습니다. 이 자바스크립트를 사용한 다양한 기능을 표준화하고 그 기능을 정리한 것이 HTML5 API(Application Program Interface)입니다. 보통 HTML5라고 했을 경우에는 마크업 언어로서의 HTML5와, 각종 기능의 사양인 HTML5 API의 양쪽을 가리킵니다. 그리고 이것에 스타일링을 위한 CSS3나 기타 웹 관련 표준 사양도 포함한 모두를 HTML5라 하기도 합니다. 가장 넓은 의미에서 HTML5는 '앞으로의 웹의 형태를 만드는 기술 그 자체'를 가리킨다고 할 수 있습니다.

이 책은 HTML+CSS의 초보자용 입문서이기 때문에 기본적으로는 HTML5의 마크업 분야만 다루었습니다. 하지만 앞으로 웹 문서뿐만 아니라 웹 애플리케이션 서비스 개발에 종사하고 싶은 분은 HTML5 API 분야의 지식과 스킬도 필요하므로 필요에 따라 배워 두는 것이 좋습니다.

● HTML5의 범위

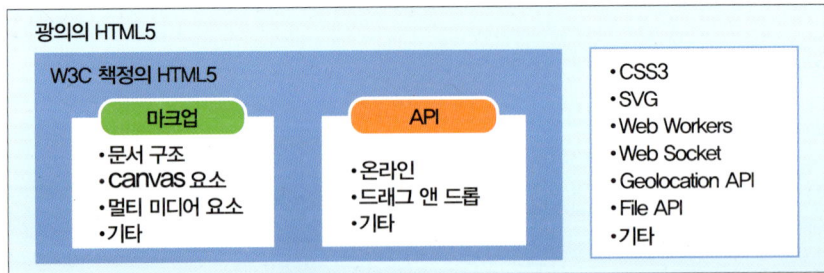

● 광의의 HTML5가 갖는 8가지 기술

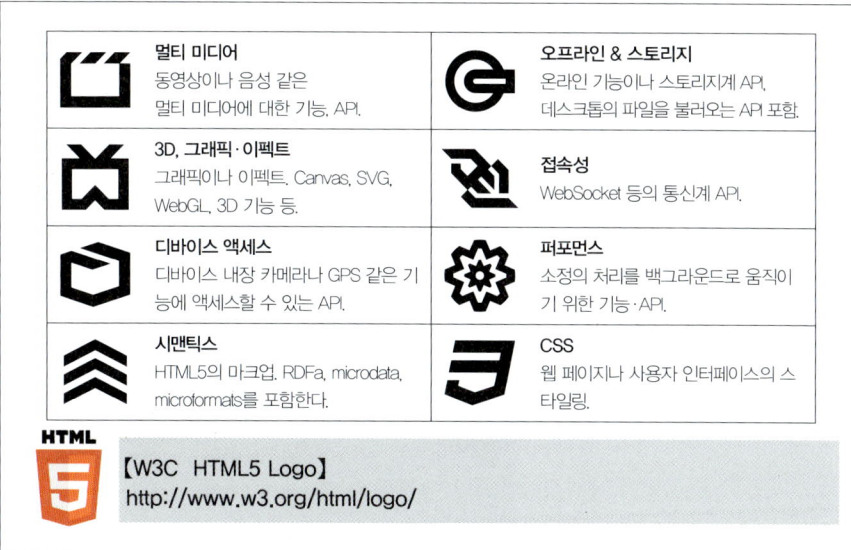

멀티 미디어 동영상이나 음성 같은 멀티 미디어에 대한 기능. API.	**오프라인 & 스토리지** 온라인 기능이나 스토리지계 API. 데스크톱의 파일을 불러오는 API 포함.
3D, 그래픽·이펙트 그래픽이나 이펙트. Canvas, SVG, WebGL, 3D 기능 등.	**접속성** WebSocket 등의 통신계 API.
디바이스 액세스 디바이스 내장 카메라나 GPS 같은 기 능에 액세스할 수 있는 API.	**퍼포먼스** 소정의 처리를 백그라운드로 움직이 기 위한 기능·API.
시맨틱스 HTML5의 마크업. RDFa, microdata, microformats를 포함한다.	**CSS** 웹 페이지나 사용자 인터페이스의 스 타일링.

【W3C HTML5 Logo】
http://www.w3.org/html/logo/

HTML5 책정과 브라우저의 구현 상황

▶ **HTML5 은 이미 '권고'를 마친 단계**

HTML5의 사양은 2014년 정식으로 권고되었습니다. HTML5 사양에 대해서는 더 이상 변경되는 것은 없기 때문에 이 책의 내용이나 설명서에 기재되어 있는 것을 익혀 실무에 활용하면 문제는 없을 것입니다.

다만 W3C에서는 2014년의 권고에 맞추기 어려웠던 각종 사양에 대해 현재 HTML5.1로서 추가 사양을 검토 중이며 이것을 2016년에 권고하는 로드맵을 발표하였습니다. 앞으로 새로운 요소와 속성, API 기능 등이 추가될 수도 있으므로 최신 정보 동향에 주의할 필요가 있습니다.

● W3C 책정 권고 프로세스

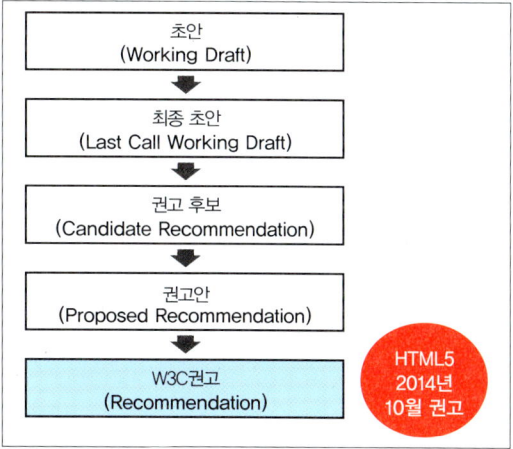

▶ 브라우저의 구현 상황에는 주의가 필요

HTML5의 사양은 권고되었지만 각종 브라우저의 구현(대응) 상황은 사양 책정과는 또 다른 이야기입니다.

여러 브라우저의 기능은 상당히 발전했습니다. 그러나 폼 관련 새로운 속성 등, 일부 기능은 아직 완전하지 않습니다. 그리고 애초부터 IE8 이하에 대해서는 HTML5 비대응입니다. 따라서 현시점에서 HTML5를 사용하려고 할 경우에는 동작을 보증하는 타깃 브라우저 환경과 실제로 이용하는 요소와 기능에 대해 사전에 충분히 검토해야 합니다. '어디까지를 대상으로 하며 무엇을 사용할 것인가' 판단하는 데 도움이 될 수 있는 참고 사이트를 다음과 같이 소개해 두겠습니다. 새로운 기능을 사용하기 전에 한번 확인해 보세요.

● HTML5 & CSS3 Support

URL http://www.findmebyip.com/litmus/

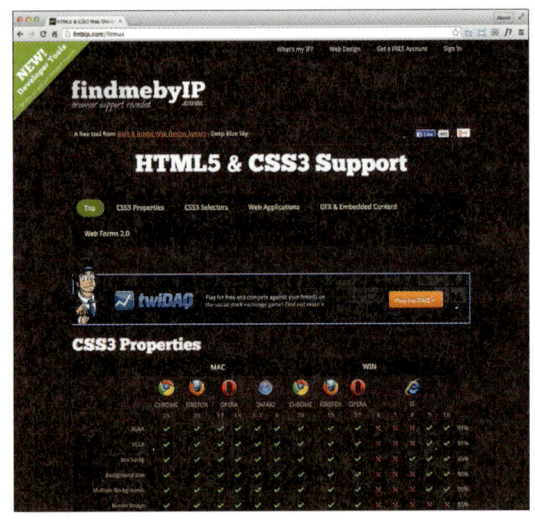

HTML5와 CSS3의 각 기능의 구현 상황을 표로 정리한 사이트입니다. 게재되어 있는 브라우저의 버전이 좀 오래돼 최신 상황을 반영하고 있지는 않지만 이 표에 OK로 되어 있는 것은 대부분 사용해도 문제가 없습니다.

● Can I use…

URL http://caniuse.com/

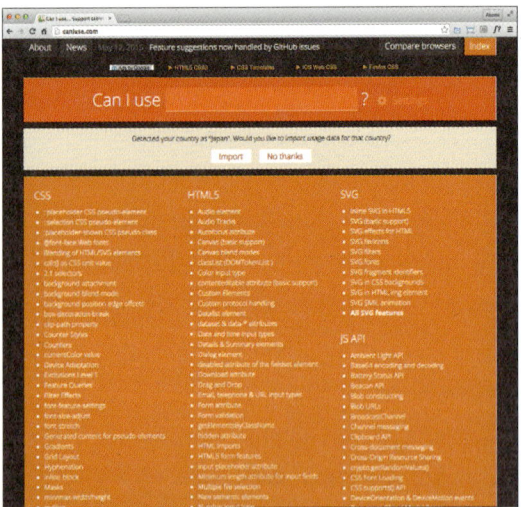

HTML5, CSS3, API 등 각종 기능마다 자세히 각 브라우저의 대응 상황을 알려 주는 사이트입니다. 개별 기능에 대해서 상세한 대응 상황을 알고 싶은 경우에 도움이 될 것입니다. 과거 및 최신판뿐만 아니라 업데이트 예정 정보도 알 수 있습니다.

인터넷 익스플로러에 대한 대응

IE는 비즈니스 사용자를 중심으로 현재도 높은 시장 점유율을 보이고 있지만 ==HTML5에 대응하는 것은 IE9 이상==입니다. IE8 이하인 경우, 섹션 등의 새로운 요소를 HTML의 태그로서 인식할 수 없기 때문에 새로운 요소에 직접 스타일을 적용할 경우는 스타일이 반영되지 않습니다.

애초부터 HTML5에 대응하지 않는 구 브라우저를 지원해야 하는가 하는 문제는 있지만 현실적으로 여는 데 문제가 생기는 것을 원하지 않는다면 'html5shiv'라는 자바스크립트 파일을 불러와 해결할 수 있습니다.

● html5shiv

[배포처] **URL** http://code.google.com/p/html5shiv/

상기 사이트의 download html5shiv(zip file)에서 다운로드한 파일을 해제하고, 'dist' 폴더 안의 'html5shiv.js'를 자신의 사이트로 이동시킨 다음 헤더에서 다음과 같이 불러옵니다.

```
<!--[if lt IE 9]>
<script src=" (파일을 넣은 경로) /html5shiv.js"></script>
<![endif]-->
```

이것은 HTML5의 새로운 요소를 IE8 이하에도 인식시키기 위한 스크립트로, IE 독자의 '조건 코멘트'를 사용해 IE8 이하인 경우에만 적용되게 기술한 것입니다. 이렇게 해 두면 HTML5의 새로운 요소를 이용한 경우에도 CSS가 바르게 적용되어 레이아웃을 망치는 일은 없습니다.

> **Caution**
>
> html5shiv는 새로운 요소에 대해 스타일의 적용을 보조하기 위한 것이지 HTML5이 제공하는 기능 그 자체(새로운 폼 기능 등)를 보완하는 것은 아닙니다.

구 IE를 어디까지 지원할 필요가 있는가

2015년 상반기 IE8의 세계 시장점유율(데스크톱 PC)은 대략 10~15% 전후를 보이고 있습니다. 다만 이것은 데스크톱 PC 브라우저의 시장점유율이므로 모바일 액세스도 포함한 웹사이트 방문자 전체의 시장점유율은 실제로는 더 낮을 것입니다. 마이크로소프트는 ==2016년 1월 구 IE 지원을 종료==한다고 발표했습니다. 이 이후는 보안 업데이트 등도 제공되지 않기 때문에 아마 앞으로 더욱 빠른 속도로 시장점유율이 떨어질 것으로 보입니다. 그리고 웹사이트의 내용이나 타깃 층에 따라서는 이미 무시해도 문제가 없을 정도로 시장점유율이 낮은 면도 있습니다.

윈도우 10부터는 표준 브라우저가 IE에서 Edge로 변경된 것으로도 알 수 있는 것처럼 전체의 흐름으로서는 확실하게 구 IE는 없어지는 방향으로 움직이고 있는 것은 틀림없는 사실입니다. 앞으로 새롭게 웹사이트를 만들 경우에는 이러한 세계 동향과 액세스 해석에 의한 실제 사용자 동향을 파악한 후 적절한 지원 환경을 설정하는 것도 중요하다고 생각합니다.

폐지된 요소·속성

HTML5에서는

① CSS로 대용 가능한 것(basefont 요소, center 요소 등)
② 프레임 관련 요소(frame 요소, frameset 요소 등)
③ 다른 유사 요소나 속성으로 대용 가능한 것

등이 폐지되었습니다. 이들은 수가 많고 또한 이미 사용되지 않는 것이 대부분이기 때문에 이것을 모두 기억하려고 할 필요는 없습니다. 기본적으로 다음 두 가지를 지켜 마크업하면 어떤 상황에서도 대처할 수 있습니다.

① CSS로 지정할 수 있는 것을 HTML의 요소나 속성으로 지정하지 않는다.
② 반드시 문법을 체크한다(오류가 발생한 요소나 속성은 삭제한다).

참고 URL : HTML5에서 폐지된 요소와 속성
URL http://www.tagindex.com/html5/basic/abolished.html

COLUMN

문법 체크해도 경고만 나올 뿐 오류가 생기지 않는 폐지된 속성

대부분의 폐지된 속성은 문법 체크를 하면 오류가 발생합니다. 하지만 일부 속성은 경고만 할 뿐 오류가 발생하지 않는 것도 있습니다. 이들 속성을 사용해야만 하는 정당한 이유가 있는 경우에는 사용해도 상관없지만 문법상 사용하지 않는 것이 바람직합니다. 가능하면 삭제하든지 다른 방법으로 대체할 것을 권합니다.

a 요소의 네임 속성	값이 비어 있지 않은 경우는 경고만, 비어 있는 경우는 오류가 생긴다. id 속성으로 치환하는 것이 바람직하다.
img 요소의 border 속성	값이 0인 경우는 경고만, 다른 값의 경우는 오류가 생긴다. CSS로 치환하는 것이 바람직하다.
img 요소의 width 속성/height 속성	사용할 수 있는 값은 px만, % 단위로 지정한 경우는 경고가 된다.
script 속성의 language 속성	경고만, type 속성으로 바꿔 놓는 것이 바람직하다.
table 요소의 summary 속성	경고만, 삭제하는 것이 바람직하다.

Chapter 05

본격적인 웹 제작을
위한 설계와 준비

HTML·CSS의 기초를 공부한 초보자가 막상 본격적인 웹사이트를 만들려고 했을 때 실제로 어디서부터 손을 대야 할지 당황할 수 있습니다. 또한 생각대로 잘 컨트롤하지 못하는 경우도 흔히 있습니다. 이 장에서는 실무적인 내용의 웹사이트를 제작하는데 미리 알아 두는 것이 좋은 지식이나 노하우, 효율적으로 코딩을 진행하기 위한 사전 준비에 대해 알아보겠습니다.

본격적인 웹 제작을 위한 설계와 준비

웹사이트의 코딩 설계

취미나 공부를 위해 웹페이지를 제작하는 것이 아니라 업무적으로 웹사이트 코딩을 할 경우는 바로 텍스트 에디터에 입력하기보다는 먼저 지면 또는 모니터 상에서 코딩을 위한 '설계도'를 만드는 것이 좋습니다. LESSON 16에서는 코딩 설계도의 역할과 중요성 및 구체적인 개념 등을 소개하겠습니다.

강의 코딩 설계의 포인트

본격적인 웹사이트 제작에서 코딩 설계가 하는 역할

업무적으로 본격적인 코딩을 하는 경우는 취미나 공부를 위해 웹페이지를 제작하는 경우와 다릅니다. 이때는 '코딩 설계'가 중요하기 때문입니다. 그냥 보기에 좋으면 되는 것이 아니라 다음 세 가지를 생각하면서 코딩해야 합니다.

❶ 가능하면 빨리, 정확하게, 낭비 없이 구현한다.

❷ 여럿이서 작업한다는 가정 하에 구현한다.

❸ 수정이나 변경하는 일이 생겼을 때 재빨리 유연하게 대응할 수 있게 구현한다.

> **Term**
>
> **구현**
>
> 구현이란 어느 기능을 실현하기 위해 개발 과정에서 실제 동작하는 상태로 만들기 위한 작업을 말합니다. 웹 제작을 할 때는 주로 HTML이나 CSS, JavaScript 같은 언어를 사용해 웹사이트 실행이나 기능을 만드는 작업 과정을 가리킵니다.

이전의 일반적인 웹사이트를 제작할 때는 사전에 포토샵 같은 그래픽 프로그램으로 작성한 디자인 시안을 고객에게 확인받은 후 확정한 디자인 시안을 토대로 코딩을 진행하는 폭포수형 작업 흐름이 주류를 이루었습니다. 이 같은 작업 진행은 고객이 이미지를 볼 수 있는 장점이 있었기 때문에 현재도 이처럼 진행하는 경우가 많습니다. 이 경우 코딩 작업 과정에서는 어떻게 하면 '빨리, 정확하게, 낭비 없이' 작업할 것인지가 중요합니다.

최근에는 폭포수형 작업 흐름이 아니라 빠른 단계에서 모의 프로젝트를 작성해 실행, 검증하면서 프로젝트를 진행하는 프로토타입(prototype)형 작업 흐름도 침투했습니다.

기능이 복잡한 고기능 웹 서비스나 열람 환경에 따라 몇 단계로 레이아웃이 변화하는 반응형 웹(인터넷 브라우저 크기가 줄든 커지든 거기에 맞춰서 사이트 형태가 바뀌는 반응형 웹 디자인(Responsive Web Design)처럼 움직임이 있는 사이트를 구축할 경우에는 이 방식이 적합합니다.

폭포수형 작업 흐름에서는 실제 움직이는 상태가 되기까지 시간이 많이 걸리기 때문에 그 단계가 되고 나서 기능 수정이 들어가면 큰일이 되어 버립니다. 프로토타입으로 작업을 진행할 경우는 빠른 단계에서 실제 움직이는 화면을 보면서 조정을 해나갈 수 있기 때문에 완성 직전이 되어서야 대폭적인 기능 변경이 들어가는 등의 치명적인 문제가 일어나지 않는 점이 큰 장점입니다. 이 경우 코딩은 프로젝트의 초기 단계부터 관여하게 됩니다. 프로토타입 단계에서는 특히 수정이 빈번하게 발생하기 때문에 '다른 용도로 사용하기 쉽고 변경에 강하며 유지 관리하기 좋은 구현'이 가장 중시됩니다.

● 예제 16-1 폭포수형 제작 흐름

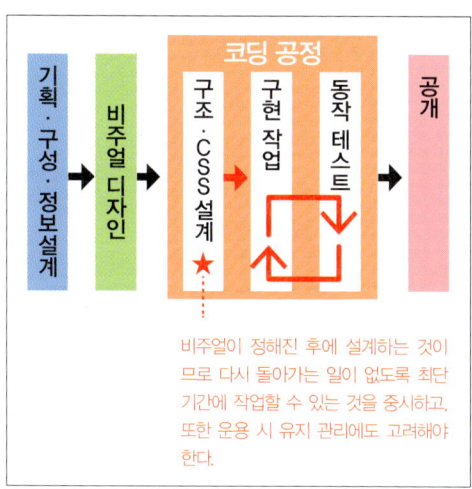

● 예제 16-2 프로토타입형 작업 흐름

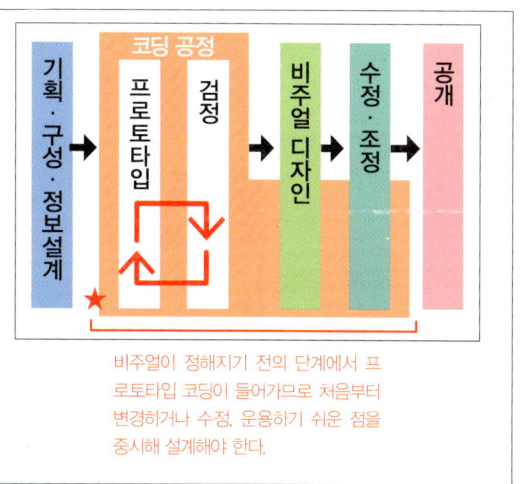

일을 하는 현장에서는 조직 체제나 멤버의 능력 등 다양한 사정으로 제작 흐름 자체도 다양할 것입니다. 일의 흐름이나 체제에 따라서 '설계할 때 무엇을 가장 중시할 것인가'는 상황에 따라 달라지겠지만 설계를 하는 것 자체는 어떤 흐름으로 작업을 진행하든 매우 중요한 작업 과정이라고 할 수 있습니다. 설계 작업 과정을 대수롭지 않게 생각해 소홀히 하면 제작이나 운용에 문제가 발생할 가능성이 높기 때문에 주의하기 바랍니다. 이 책은 초보자용 입문서이므로 알기 쉽도록 일반적으로 진행되는 일의 흐름을 전제로 코딩 담당자가 최소한 고려해야 할 설계 항목에 대해 설명하겠습니다.

설계 시에 검토해 둘 것

코딩에 착수하기 전에 설계해 두어야 할 것은 주로 다음과 같습니다.

❶ 문서 구조 설계

❷ 정보 그룹의 구조화와 레이아웃 테두리의 설계

❸ 파일에 이름을 붙이는 규칙

❹ id/class에 이름을 붙이는 규칙

❺ 크기 측정·색상 코드 지정

❻ 선택자 설계

일부 여러 작업 과정에 관련되는 것도 있지만 ❶과 ❷는 주로 HTML 마크업 시, ❸은 이미지 슬라이스 시, ❹~❻은 주로 CSS 코딩 시에 필요한 정보입니다.

이와 같은 정보는 그때마다 결정할 수도 있지만 디자인 시안이 나와 있다면 코딩 착수 전에 전체를 파악하면서 한꺼번에 규칙을 정하는 것이 효율적입니다.

❶ 문서 구조 설계

HTML 문서의 '마크업' 그 자체를 말합니다. 기본적으로는 작성할 문서 내용에 따라 표제와 단락, 항목, 표 등의 문서 구조를 결정하면 좋습니다. 하지만 h1 요소에 관해서는 검색 엔진 최적화(Search Engine Optimization) 내부 대책과의 관계에서 상단과 하단으로 위치를 변경하는 경우를 생각할 수 있습니다. h1은 모두 표제 요소의 기점이 되는 것이므로 ==h1 요소를 어떤 식으로 설계할 것인지 처음부터 방침을 정해 두는 것이 좋습니다.==

● 예제 16-3 h1 요소의 배치 패턴 예

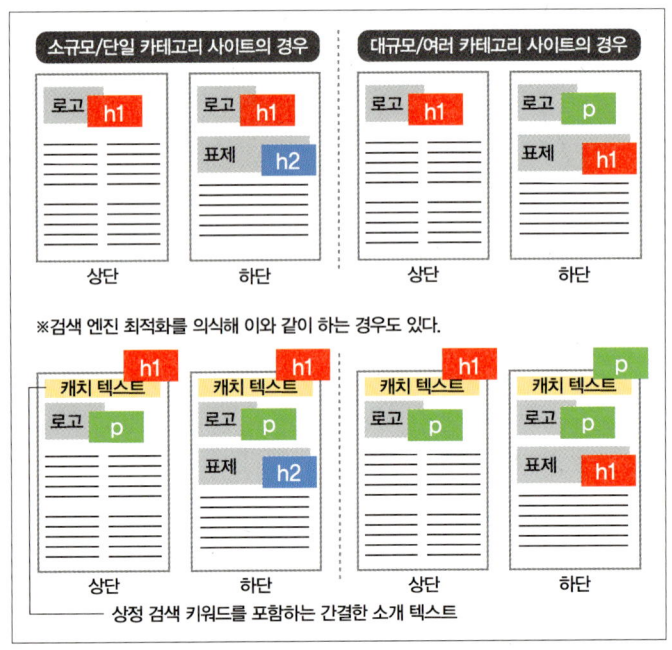

역자의 말: 국내 포털 검색 사이트의 경우 키워드 검색 시 유료 키워드 광고 사이트가 대부분이어서 검색 엔진 최적화(Search Engine Optimization)의 의미가 크게 없지만 일본의 경우에는 SEO에 따라 노출 순위가 정해져 문서 구조 설계 시 큰 비중을 차지한다.

❷ 정보 그룹의 구조화와 레이아웃 테두리의 설계

모든 문서의 정보를 그룹화하는 것입니다. 이것은 그룹화하는 것의 성질에 따라 크게 두 가지로 나뉩니다.

❶ 정보 구조로서의 역할을 갖는 영역
❷ 디자인을 구현하기 위해 필요한 영역

'정보 구조로서의 역할을 갖는 영역'이라는 것은 헤더, 푸터, 사이드바, 메인 영역 같은 큰 테두리의 정보 구조에 '표제와 그에 따른 콘텐츠'나 '내비게이션' 같은 세세한 콘텐츠 섹션 구조를 더한 영역을 가리킵니다. 이들 영역은 기본적으로 각각의 역할에 따른 섹션 요소, 섹션 관련 요소 등을 사용해 문서 구조를 명확히 할 수 있습니다.

완성된 디자인 시안을 토대로 설계할 경우에는 레이아웃과 디자인을 구현하는 데 필요한 것도 모두 사전에 알아둘 필요가 있습니다. 예를 들면 '콘텐츠 폭을 설정하기 위한 컨테이너 테두리'는 문서 구조적으로는 특별한 의미는 없습니다. 하지만 CSS로 레이아웃이나 디자인을 구현하는 데는 필요한 영역입니다. 순수한 레이아웃용 테두리는 원칙으로 모두 div로 마크업합니다.

그룹화한 영역에는 규칙에 따라 역할을 알기 쉬운 이름을 붙여 두면 됩니다.

● 예제 16-4 정보 구조 설계의 예

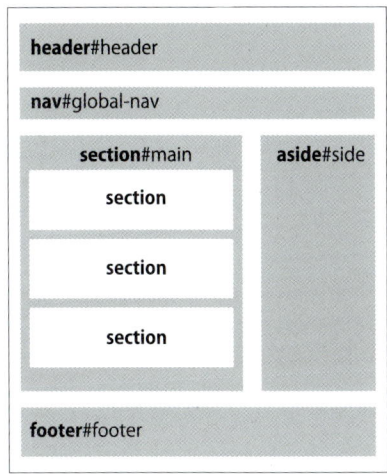

● 예제 16-5 레이아웃 틀을 추가한 예

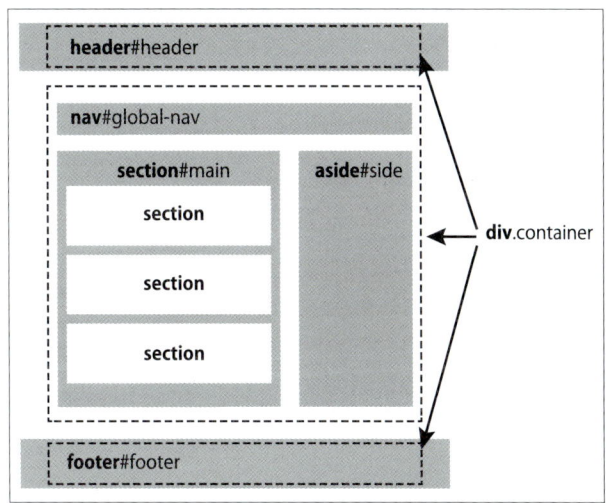

③ 이미지 파일 명명 규칙

사이트 전체의 디렉토리 파일명은 사전에 웹 디렉터가 결정하는 경우가 많지만 이미지 파일명은 대부분 코딩하는 사람이 결정합니다. 이미지에 이름을 붙이는 규칙은 귀찮아도 사전에 어느 정도 정해 두지 않으면 제작할 때나 운용할 때 많은 시간이 걸릴 수가 있습니다.

전문 제작회사에서는 규칙이 있는 경우도 있지만 자신이 직접 정해야 하는 경우에는 다음과 같은 점에 주의해서 명명 규칙을 검토합니다.

❶ 일람 표시되었을 때 찾기 쉽게 만든다.

❷ 파일명을 보기만 해도 어느 정도 내용과 사용하는 곳을 추측할 수 있게 한다.

❸ 규칙성이 있는 식별자나 일련번호를 활용한다.

❹ 갱신에 의해 증감할 가능성이 있는 이미지에는 함부로 일련번호를 사용하지 않는다.

이하는 필자가 자주 사용하는 명명 규칙입니다. 하나의 예로서 참고해 주시기 바랍니다.

● 예제 16-6 이미지 명명 규칙 예

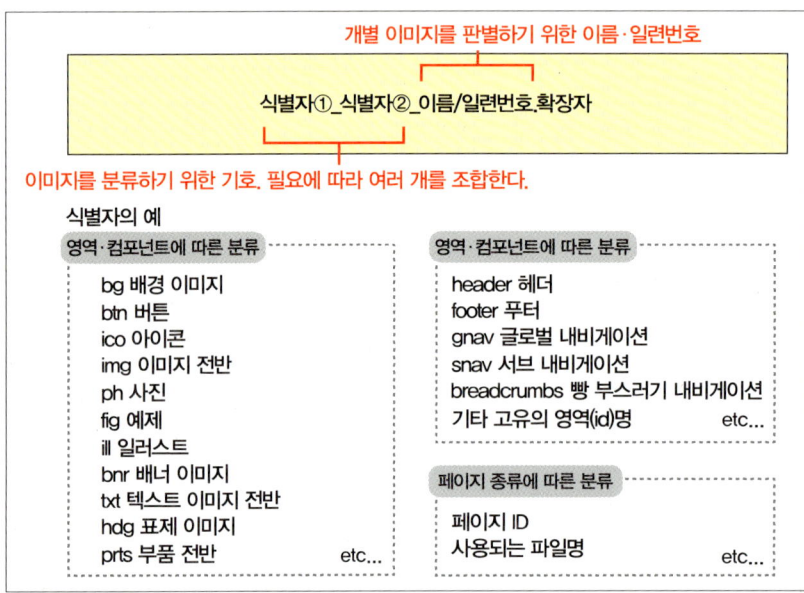

4 id/class 명명 규칙

id 속성이나 class 속성의 이름도 어느 정도 규칙을 정해 두면 시간을 줄일 수 있습니다. 일반적으로는 영역이나 스타일의 내용을 id/class명으로 하면 좋습니다. 하지만 두 단어를 이어 하나의 id/class명으로 할 때는 단어를 이을 때 '-(하이픈) 연결', '_(언더바) 연결', '합쳐진 부분의 첫 글자를 대문자로 표기(낙타 대문자)' 같은 몇 가지 규칙에 따라 통일하는 것이 바람직합니다.

구체적으로 어떠한 명명 규칙으로 할 것인가는 다음 문제이고 명명에서 중요한 것은 <mark>실천 가능한 범위에서 규칙을 정할 것</mark>과 <mark>정한 규칙을 지켜야 한다</mark>는 점입니다. 특히 여러 명이 제작 관리할 경우에는 규칙을 문서화해서 알릴 필요가 있습니다.

● 예제 16-7 연결 방식 세 종류

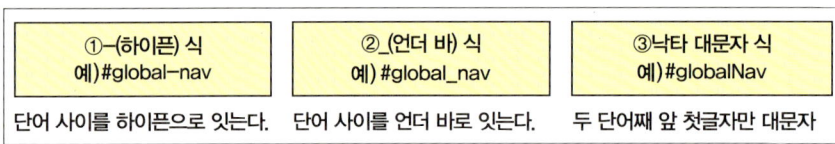

● 표 16-1 레이아웃용 id·class로 많이 사용하는 명칭

레이아웃상의 기능·영역	id·class명의 예
페이지 전체의 외곽 테두리 컨테이너	container, wrapper, wrap
헤더	header, header-area
푸터	footer, footer-area
글로벌 내비게이션	gnav, global-nav, global-navigation
로컬 내비게이션	lnav, local-nav, local-navigation
빵 부스러기 내비게이션	topicpath, breadcrumbs
콘텐츠 영역	contents, contents-area
메인 콘텐츠	main, main-contents
사이드바	side, sidebar, sub
메인 비주얼	mainvisual, keyvisual
검색 박스	search, search-box, search-area

5 크기 측정·색상 코드 지정

디자인과 코딩이 완전하게 분업화되어 있는 경우는 각 요소의 크기나 여백의 규칙성, 글자색이나 배경색, 경계선 색상 등 디자이너의 생각을 미리 수치화해 둘 필요가 있습니다. 이 작업은 CSS 코딩을 할 때마다 해도 상관이 없지만 작업 시작 전에 계산하여 정리해 두면 CSS용 설계도를 만들 수가 있어 여러 명이서 분담해 작업하거나 시간을 두고 작업할 때에 도움이 됩니다. 크기나 색상 등 수치의 규칙성을 찾을 수 없다면 그 의도를 확인한 다음에 필요에 따라 코딩을 하는 사람이 수치를 통일해도 됩니다.

● 예제 16-8 측정도

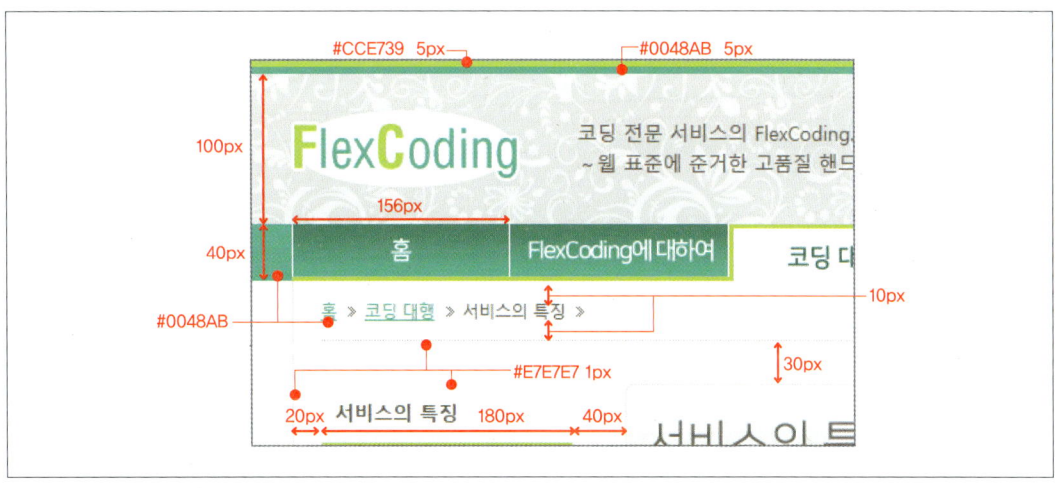

6 선택자 설계

CSS 설계에서 가장 중요한 것은 '어떤 식으로 선택자를 만들 것인가' 하는 점입니다.

다양한 기법이 있지만 다음과 같은 관점에서 스타일을 분류해가면 초보자도 비교적 간단히 CSS를 설계할 수 있습니다.

❶ 사이트 전체에서 공유 or 페이지 공유

→CSS의 스타일 정의를 기술하는 파일을 어떻게 나눌지 판단하는 데 활용한다.

❷ 특정한 군데에만 사용한다 or 여러 군데에서 사용한다

→id 선택자와 class 선택자를 구분해 사용하는 데 활용한다.

● 예제 16-9 CSS 설계 예

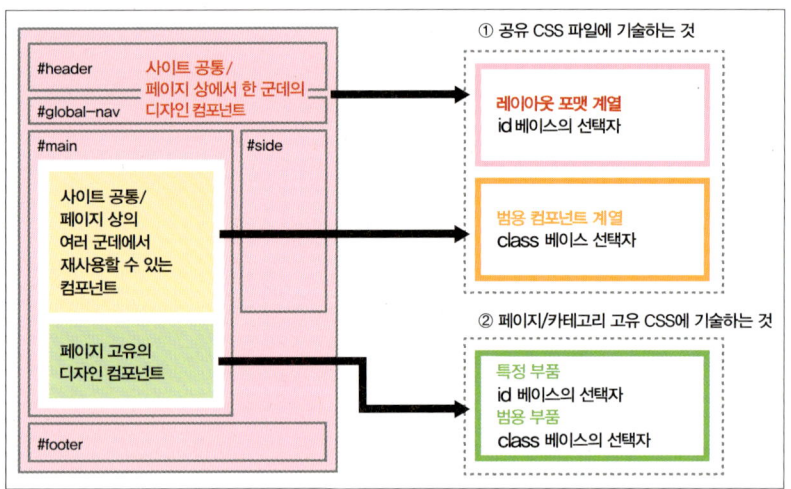

그럼 다음 샘플 사이트를 사용해 실제로 코딩 설계를 해 보겠습니다.

● 예제 16-10 디자인 시안

컴퓨넌트 단위와 설계

최근 웹사이트가 복잡해지는 한편 대규모화되고 있습니다. 멀티 디바이스 대응으로 인해 동일 사이트이면서 복수의 레이아웃 패턴이 필요한 경우도 늘고 있습니다. 예전과 같이 페이지 단위로 디자인과 코딩을 하면 효율이 떨어지는 것처럼 느껴지기도 합니다. 따라서 지금까지와 같은 '페이지 단위'가 아닌 '컴포넌트 단위'로 콘텐츠 설계를 해야 한다는 생각이 급속도로 웹 작업의 현장에 확산되었습니다.

● 디자이너가 하는 일

디자이너는 먼저 다음과 같은 것들을 설계합니다. 그리고 이에 준해 컴포넌트 단위로 필요한 모든 디자인을 합니다.

- 전체의 톤과 매너
- 타이포그래피(글자 디자인) 규칙
- 색상 설계
- 레이아웃 그리드 패턴

● 코더가 하는 일

프로그램을 작성하는 코더는 디자이너가 설계한 각종 규칙과 컴포넌트 일람을 토대로 이들을 수치해서 템플릿으로 유용(다른 용도로 사용) 가능한 CSS 규칙(스타일 가이드)을 설계합니다. 이를 토대로 와이어 프레임, 원고와 대조하면서 각 페이지를 만들어 갑니다.

이 같은 제작 방법은 디자이너에게 전체 페이지의 디자인 시안을 작성하는 것 같은 불모의 일에서 해방되게 해 주어 본질적인 디자인 설계에 집중할 수 있게 합니다. 또한 코더는 전체적인 통일 규칙을 확인하면서 CSS 설계를 효율적으로 할 수 있습니다. 공통 템플릿으로 복사해 붙여 페이지를 만들 수도 있기 때문에 대규모 개발도 하기 쉬워집니다.

● 새로운 CSS 설계 규칙

컴포넌트 단위의 웹사이트 설계 기법과 잘 맞는 CSS 설계 규칙도 등장하고 있습니다. 'OOCSS', 'SMACSS', 'BEM' 같은 것이 이에 해당합니다.

이들 CSS 설계 규칙의 특징은 유용. 유지 보수. 확장을 가장 중요시한 객체 지향의 생각을 도입한 것이라는 점입니다. 이들 설계 규칙에 기초하는 선택자의 공통된 특징은 다음과 같은 것들이 있습니다.

❶ 컴포넌트(모듈) 단위
❷ HTML 구조에 의존하지 않는다
❸ 배치되는 장소에 의존하지 않는다
❹ 명확한 명명 규칙을 갖는다

이 책에서는 상세하게 다루지는 못하지만 관심이 있다면 아래의 URL을 참고해 보는 것도 좋을 것입니다.

- OOCSS(http://oocss.org/)
- SMACSS(https://smacss.com/)
- BEM(https://bem.info/)

 **실습** 샘플 사이트 화면 코딩 설계를 한다

문서 구조 설계를 한다

1 hx 요소로 문서 구조 골격을 정한다

먼저 문서 구조의 기본이 되는 '<mark>표제</mark>'를 정합니다. 여기서는 로고를 h1, 콘텐츠 큰 표제를 h2, 콘텐츠 작은 표제를 h3로 합니다.

2 내비게이션 요소를 리스트 요소로 마크업

웹사이트는 보통 '서류'와는 달리 다른 콘텐츠를 보기 위한 내비게이션이 많이 배치됩니다. 디자인상으로는 가로 정렬, 세로 정렬 등 여러 가지가 있지만 기본적으로 어떤 스타일이 되어도 내비게이션 메뉴는 모두 리스트 요소로 마크업합니다. 보통은 ul 요소로 하면 좋지만 빵 부스러기(Breadcrumbs)처럼 나열 순서에 의미가 있는 메뉴는 ol 요소로 하는 쪽이 보다 적절합니다.

3 기타 요소를 마크업

나머지 콘텐츠 요소도 적절한 요소를 사용해 마크업합니다. 이번 문서에서는 p 요소, dl 요소, table 요소, address 요소, form 요소 등을 사용합니다. p 요소는 표제도, 항목도, 기타 요소도 아닌 텍스트 모음 정도로 생각해 두면 좋습니다.

푸터의 카피라이트 정보처럼 자세한 의미 부여가 필요한 곳도 가능한 동시에 검토하도록 하는 것이 좋습니다.

● 개별 요소의 마크업

정보의 구조화와 레이아웃 테두리를 설계한다

1 콘텐츠의 정보 구조를 그룹화한다

페이지 전체의 정보 구조를 검토합니다. 헤더, 푸터, 내비게이션, 메인 영역, 사이드바 등, 디자인을 구현하는 역할도 겸하는 영역만뿐 아니라 '표제와 그에 따른 콘텐츠'의 모음, 그리고 각 블록 내에서 같은 기능과 역할을 하는 영역은 모두 개별적으로 그룹화해 둡니다.

2 그룹화한 구조를 적절한 요소로 마크업한다

HTML5 이전의 규격이라면 이들을 모두 div 요소로 마크업합니다. 하지만 HTML5의 경우는 정보 그룹이 갖는 문서 구조적인 의미에 맞춰 섹션 요소 등으로 적절하게 마크업합니다.

'헤더 영역', '푸터 영역', '메인 영역' 등 레이아웃적인 의미가 강한 영역은 헤더 요소, 푸터 요소, 메인 요소에 할당하면 됩니다. 하지만 그 이외의 정보 그룹은 section/article/aside/nav 섹션을 어떤 식으로 할당할지 아니면 할당하지 않고 div 요소로 할 것인지 그때마다 판단해야 합니다. 이번에는 다음과 같이 마크업하기로 하겠습니다.

● 예제 16-11 정보구조

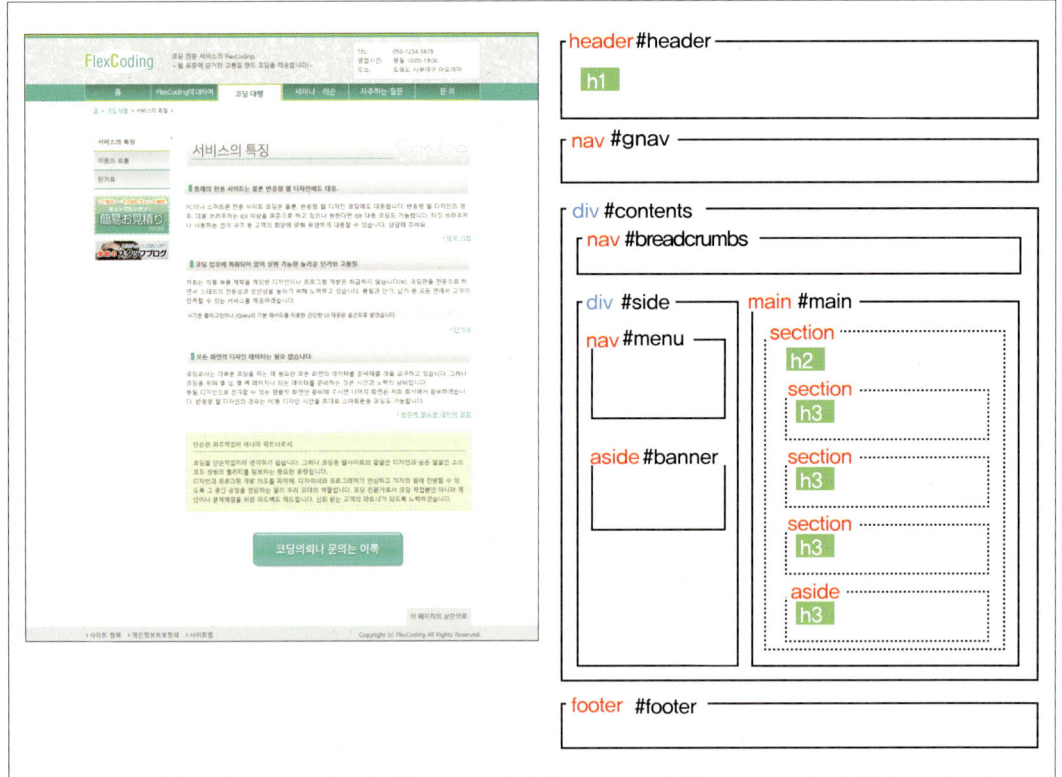

▶ 사이드바 영역

여기서는 사이드바 영역 전체를 aside 요소로 하지 않고 로컬 내비게이션 영역을 nav 요소, 그 아래의 내비게이션 영역을 aside 요소로 마크업했습니다. aside 요소는 '콘텐츠와 관련이 적고 분리해도 문제가 없는 요소'라는 의미가 있습니다. 하지만 사이드바 안에 로컬 내비게이션(nav 요소)이 포함되기 때문에 사이드바 전체를 aside 요소로 하는 것은 적절하지 않습니다.

▶ 메인 콘텐츠 영역

메인 콘텐츠 영역을 메인 요소로 마크업한 다음 그 안쪽을 다시 섹션 요소로 마크업했습니다. 레이아웃 구축만을 생각한 경우는 어느 쪽 하나만 해도 괜찮지만 메인 요소는 섹션 요소가 아니므로(=아웃라인을 만들지 않는다) 'h2와 그에 따른 콘텐츠' 섹션을 명확하게 하기 위해 섹션 요소를 사용했습니다. 또한 메인 콘텐츠 섹션은 독립적인 콘텐츠가 아니기 때문에 아티클 요소가 아닌 섹션 요소로 했습니다.

만약에 h1이 헤더 로고가 아니라 메인 콘텐츠의 큰 표제였다면 메인 요소 바로 밑을 섹션 요소로 감싸서는 안 됩니다. 문서 제1계층의 아웃라인은 바디 요소에 의해 이미 만들어져 있어, 바디 요소와 h1 요소 사이에 섹션 요소가 들어가면 바디 요소가 만드는 최상위 아웃라인이 Untitled가 되어 버리기 때문입니다. 원칙적으로 섹션 요소로 감싸는 것은 제2계층 이하의 섹션이라 기억해 두면 좋습니다.
바디 요소처럼 독자의 아웃라인을 만드는 카테고리를 '섹셔닝 루트'(Sectioning root)라 합니다. body / figure / blockquote / details / fieldset / td 요소가 이에 속합니다.

③ 레이아웃 사정에 따라 필요한 틀을 찾아 div 요소로 마크업한다

정보 구조를 그룹화하는 것 이외에도 디자인이나 레이아웃을 고려한 다음 꼭 필요한 틀이 있으면 div 요소로 마크업합니다. 레이아웃 상황에서 div가 필요한지 아닌지 판단할 때에는 디자인 방법을 확인해 둘 필요가 있습니다.

이번 디자인의 경우는 다음 세 가지를 고려했습니다.

❶ 헤더/푸터/글로벌 내비게이션의 배경색은 가로 100%로 늘린다

❷ 각 영역의 콘텐츠 폭은 가로 940px로 고정+중앙 정렬

❸ 헤더의 높이는 가변

● 예제 16-12 디자인 방법

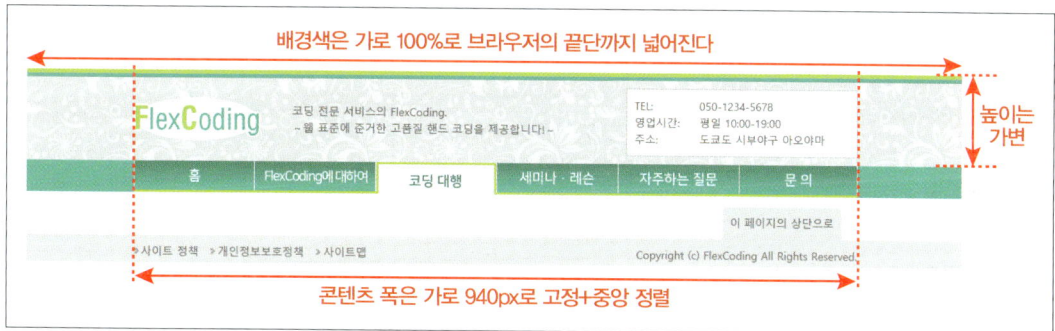

❶과 ❷의 조건을 실현하기 위해서는 가로 폭을 100%로 늘리는 틀와 가로 폭 940px로 고정하는 틀 2개가 필요합니다. 헤더/푸터/글로벌 내비게이션의 각 영역은 외곽선과 안쪽 테두리의 이중 구조가 필요합니다. 또한 헤더 영역의 높이가 가변이 되기 때문에 헤더~글로벌 내비게이션까지의 배경을 정리해 한 장의 이미지로 합니다. 바디 요소의 배경 설정은 할 수 없습니다.

이와 같이 디자인 조건에 따라서 필요한 HTML의 구조는 달라집니다. 특히 디자인과 코딩을 여러 사람이 함께 진행하는 경우는 윈도우나 콘텐츠의 크기가 변경된 경우에 어떤 식으로 출력하고 싶은지를 사전에 정확히 확인해 둘 필요가 있습니다.

● 예제 16-13 레이아웃 상황에서 필요한 테두리

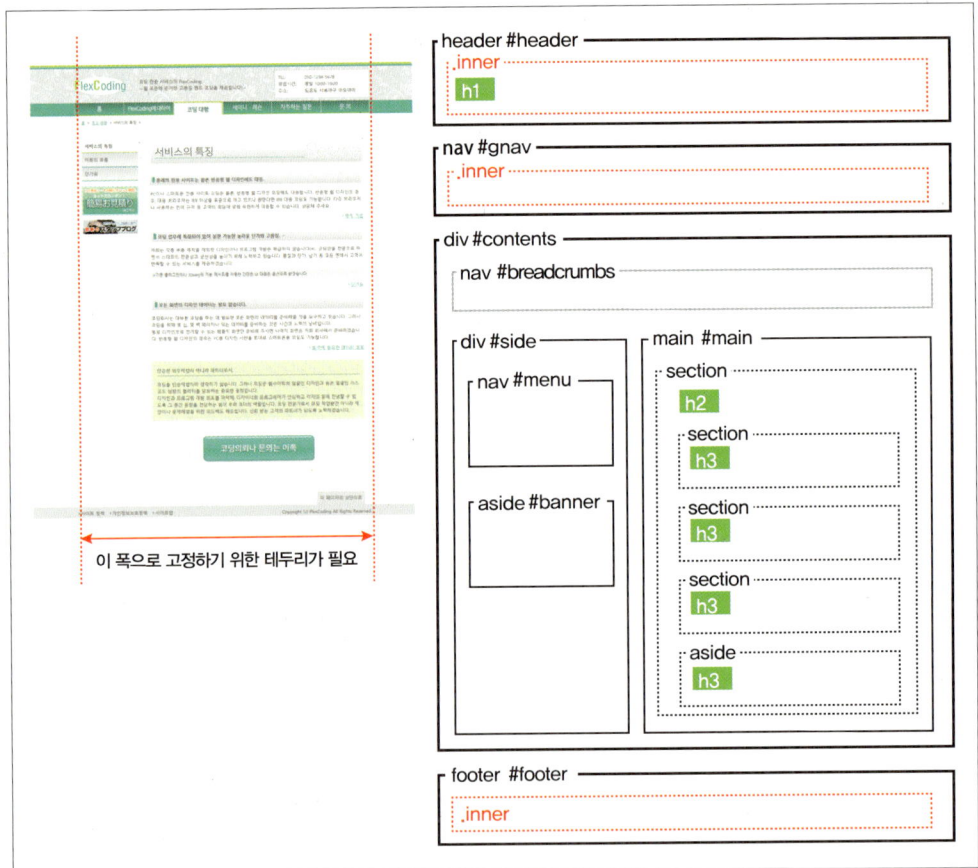

④ 아웃라인 체크

구조와 표제만을 임시로 마크업해 스켈리턴 형태(뼈대 형태)의 HTML을 HTML5 Outliner(https://gsnedders.html5.org/outliner/)에서 체크해 둡니다.

● 예제 16-14 아웃라인 결과

1. FlexCoding
    1. Untitled Section
    2. Untitled Section
    3. 서비스의 특징
        1. 종래의 전용 사이트는 물론 반응형 웹 디자인에도 대응.
        2. 코딩 업무에 특화되어 있어 실현 가능한 놀라운 단가와 고품질.
        3. 모든 화면의 디자인 데이터는 필요 없습니다.
        4. 단순한 외주작업이 아니라 파트너로서.
    4. Untitled Section
    5. Untitled Section

▶ **계층 구조와 표제 내용을 체크**

아웃라인 체크로 확인해야 할 것은 '계층 구조와 표제 내용' 두 군데입니다. 체크 결과의 인덴트(들여쓰기)의 상태가 정보의 계층구조=아웃라인을 나타내므로 이 상태를 보고 섹션끼리 그룹화가 바르게 되어있는지 확인해야 합니다.

표제 내용에 대해서는 untitled로 되어 있는 부분에 주목해야 합니다. aside 요소와 nav 요소를 사용한 곳이 untitled가 되어 있을 경우에는 그대로 두어도 괜찮습니다. 하지만 section 요소와 article 요소를 사용한 곳이 untitled가 되어 있을 경우에는 본래 섹션 요소로 하면 안 되는 영역에 섹션 요소를 사용했을 가능성이 있기 때문에 구조를 재검토하는 것이 좋습니다.

● 예제 16–15 아웃라인 체크 포인트

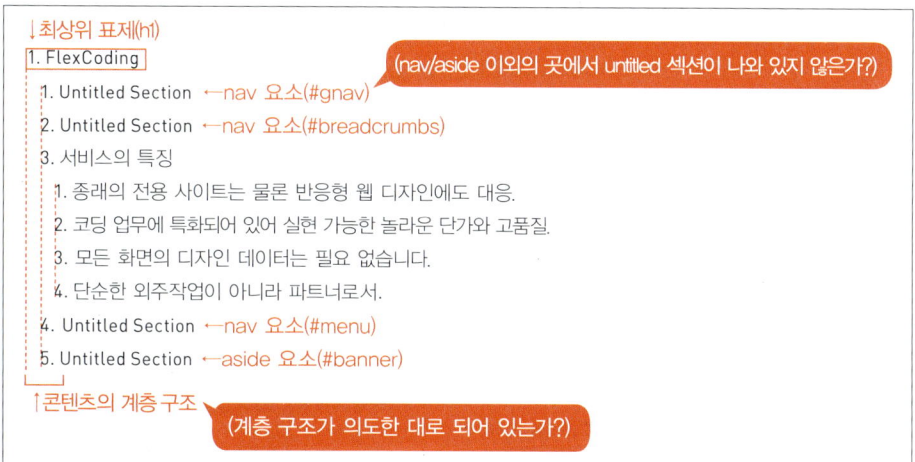

↓최상위 표제(h1)
1. FlexCoding
(nav/aside 이외의 곳에서 untitled 섹션이 나와 있지 않은가?)
1. Untitled Section ←nav 요소(#gnav)
2. Untitled Section ←nav 요소(#breadcrumbs)
3. 서비스의 특징
  1. 종래의 전용 사이트는 물론 반응형 웹 디자인에도 대응.
  2. 코딩 업무에 특화되어 있어 실현 가능한 놀라운 단가와 고품질.
  3. 모든 화면의 디자인 데이터는 필요 없습니다.
  4. 단순한 외주작업이 아니라 파트너로서.
4. Untitled Section ←nav 요소(#menu)
5. Untitled Section ←aside 요소(#banner)
↑콘텐츠의 계층 구조
(계층 구조가 의도한 대로 되어 있는가?)

COLUMN ✔

nav와 aside의 표제

nav 요소와 aside 요소에는 브라우저가 내부적으로 'navigation' 등의 표제를 갖고 있기 때문에 마크업상 표제를 명시하지 않아도 됩니다. 하지만 HTML5 아웃라이너(Outliner)가 이를 구별 못하거나 표제가 없을 경우에는 일률적으로 untitled로 해 버리므로 판단하기 어려울 때는 'Nu Html Checker(https://validator.w3.org/nu/)'에서 체크하는 것이 좋습니다.

● 예제 16–16 Nu Html Checker로 아웃라인을 체크한 결과

Outine
  FlexCoding
    [nav element with no heading]
    [nav element with no heading]
    서비스의 특징
      종래의 전용 사이트는 물론 반응형 웹 디자인에도 대응.
      코딩 업무에 특화되어 있어 실현 가능한 놀라운 단가와 고품질.
      모든 화면의 디자인 데이터는 필요 없습니다.
      단순한 외주작업이 아니라 파트너로서.
    [nav element with no heading]
    [aside element with no heading]

이미지로 쓸 부분을 결정한다

마크업 설계도가 완성되었으면 다음에는 이미지를 준비합니다. 이미지를 준비할 때는

❶ 이미지화할 필요가 있는 부분을 찾는다.

❷ 배경 이미지화할지, img로서 HTML에 배치할지 판단한다.

❸ 이미지의 명명 규칙을 정한다.

❹ 필요한 이미지를 쓰기 시작한다.

등의 순서를 거치는데 여기서 한 가지 생각해 둬야 할 것이 있습니다. 이미지화할 필요가 있는 부분을 판단할 때, '==어디까지 CSS만으로 구현 가능한가=='' 하는 문제입니다.

▶ 브라우저 환경에 따라 구현할 수 있는 디자인의 범위가 다르다

요즘은 CSS에서 구현할 수 있는 것은 CSS로 기술하고 이미지 사용은 필요한 부분에 최소한으로 하는 경우가 많습니다. 모든 환경에서 구현할 수 있는 CSS2.1에서는 '바탕색이 있고 모서리가 사각인 디자인' 이외에는 모두 이미지가 필요했지만 CSS3에서는 '둥근 모서리나 그러데이션, 드롭 섀도우, 여러 색상을 사용한 다중선과 투과색' 등의 기본적인 디자인 요소는 모두 구현할 수 있게 되었습니다.

따라서 로고나 일러스트, 사진, 배너, 복잡한 장식 문양과 이미지로 구현하고 싶은 글자 이외에는 대부분 CSS 사용을 전제로 하면 됩니다. 다만 제작의 전제가 되는 브라우저에 이들 CSS3 프로퍼티를 구현할 수 없는 브라우저가 포함된 경우는 이야기가 좀 복잡해집니다. 따라서 ==IE의 CSS3 지원 상황을 고려해 사전에 방침을 세워둘 필요==가 있습니다.

● 표 16-2 디자인 표현에 관한 주된 CSS3 프로퍼티와 대응환경

디자인 표현	CSS 프로퍼티, 값	IE 대응 ver
둥근 모서리	border-radius	IE9~
드롭 섀도우(박스)	box-shadow	IE9~
드롭 섀도우(글자)	text-shadow	IE10~
그러데이션	linear-gradient() radial-gradient()	IE10~
투과색	rgba()	IE9~

옆의 이미지는 표제와 테두리에 둥근 모서리와 그러데이션, 드롭 섀도우 이용해 디자인한 것입니다. 이와 같은 부분은 사전에 지원 환경에 대한 대응 방침을 정한 다음 이미지화할지 말지를 판단해야 합니다.

● 예제 16-17 CSS 로 구현 가능한 표현

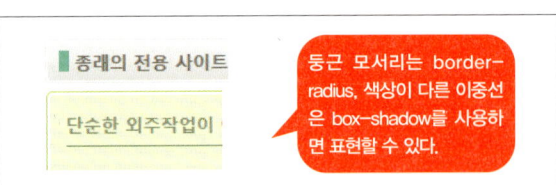

둥근 모서리는 border-radius, 색상이 다른 이중선은 box-shadow를 사용하면 표현할 수 있다.

▶ **CSS3 비대응 환경에서는 세세한 디자인 구현을 기대할 수 없다**

IE8 이하의 환경은 HTML5와 마찬가지로, CSS3도 거의 대부분 비대응입니다. IE8 이용자 비율은 웹사이트에 따라 대략 0%~15% 전후입니다. BtoB 사이트의 경우에는 어느 정도 사용 가능하도록 할 필요가 있는지도 모릅니다. 그러나 잠정적으로 지원한다고 해도 둥근 모서리나 드롭 새도우 같은 세세한 디자인까지는 기대하지 않는 것이 좋습니다. 지원이 종료된 구 브라우저를 사용하는 일부 사용자를 위해 그 외 대부분의 일반 사용자나 사이트 운영자에게 불이익을 강요하는 것은 합리적이지 않기 때문입니다.

이와 같이 최신 기능을 지원하는 환경을 기준으로 하고, 구 환경에서는 기본적인 표현과 기능을 사용하겠다는 생각을 ==Graceful Degradation==(단계적 기능 축소)이라 합니다.

이것의 순서와 주의할 점은 다음과 같습니다.

> **Memo**
>
> 비슷한 개념에 'Progressive Enhancement(점진적 향상)'이라는 것도 있습니다. 이것은 '구 환경을 기준으로 기본적인 기능을 구현하고, 최신 환경에서는 보다 고급스런 표현과 기능을 추가하는 방법입니다. 새로운 환경을 기준으로 하는 graceful degradation과는 반대되는 접근이라 할 수 있습니다. 한편 모든 환경에서 같은 표현과 기능을 완전히 구현해야 한다는 제작 방침을 'Cross-Browser(크로스 브라우저)'라 하는데, 웹 제작의 세계에서는 오랫동안 이런 생각이 주류를 이루었습니다.

① 이미지화할 필요가 있는 부분을 찾는다

여기서는 CSS3 이용을 전제로 Graceful Degradation으로 진행하겠습니다. IE9 이상에서 모든 디자인을 구현하기 위해 그러데이션만큼은 이미지를 사용하도록 하겠습니다.

② 배경을 이미지화할지 img로서 HTML에 배치할지 판단한다

원칙적으로 장식이나 이미지적인 것들은 배경 이미지이고, 정보로서 의미 있는 것은 img 이미지입니다. 하지만 글로벌 내비게이션 이미지에 대해서는 예외로 배경 이미지를 사용합니다.

③ 이미지 명명 규칙을 정한다

190쪽에서 소개한 명명 규칙에 따라 이름을 정합니다. 원칙적으로' 식별자_이름+일련번호'를 사용합니다.

● 예제 16-18 이미지화 범위와 명명 규칙

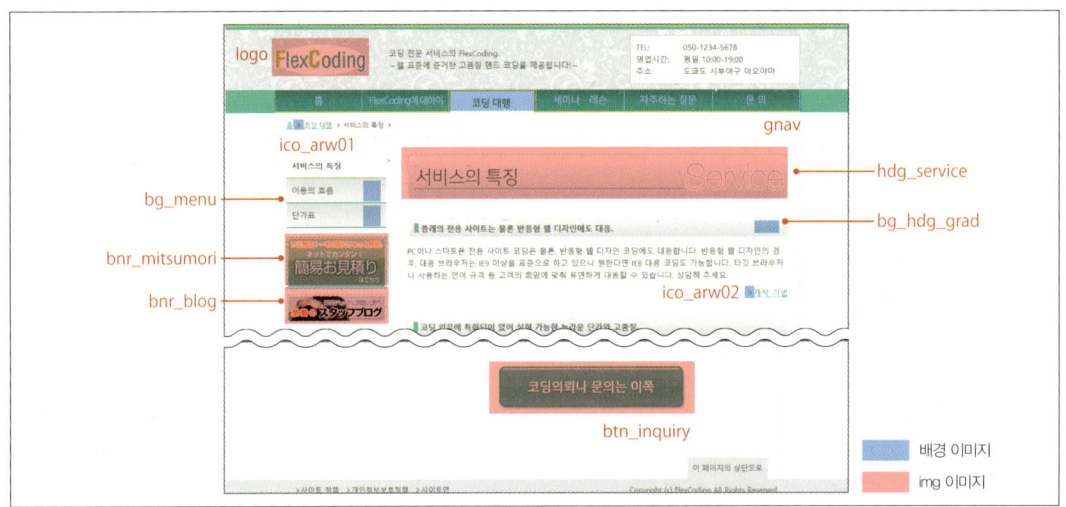

CSS 프로퍼티로 설정하는 곳의 수치를 점검한다

CSS로 지정할 필요가 있는 부분을 찾습니다. 주요 항목은 박스 크기, 여백, 선, 배경색, 글자 크기, 행간 등입니다. 큰 테두리의 레이아웃에 관한 부분은 전체를 파악하는 설계도로써 사전에 정하고 메모해 두는 것이 좋습니다. 하지만 세세한 개별 스타일 정보는 그때그때 살피면서 코딩해도 상관없습니다.

● 예제 16-19 CSS 로 설정하는 수치

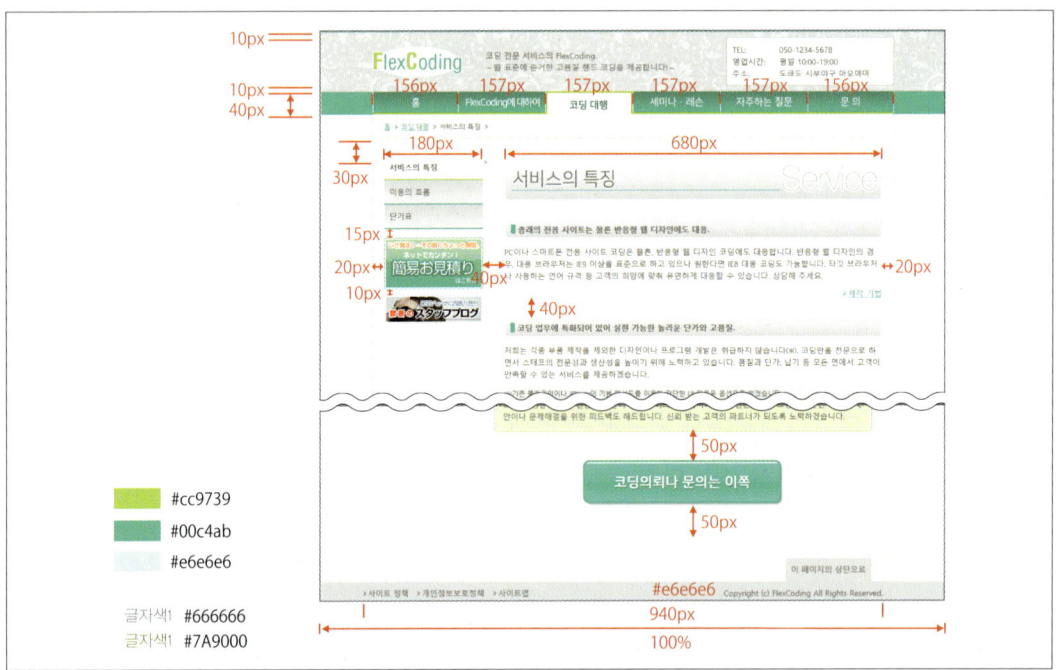

각 디자인 요소의 id/class명을 검토한다

아래는 CSS 선택자 규칙에 따라 '페이지에 한 군데 밖에 존재하지 않는 요소는 id, 그 이외의 요소는 class'라는 규칙으로 선택자를 정리한 것입니다. 초보자도 쉽게 이해할 수 있게 나머지 세세한 디자인

요소에 대해서도 모두 규칙에 따라 id/class로 이름을 붙여 두었습니다.

메인 콘텐츠 영역의 요소에 대해서는 나중에 어떤 식으로 사용해도 대응할 수 있게 각 모듈에 모두 class로 이름을 붙여 두는 것이 좋습니다.

● 예제 16-20 디자인 요소별 id/class 명

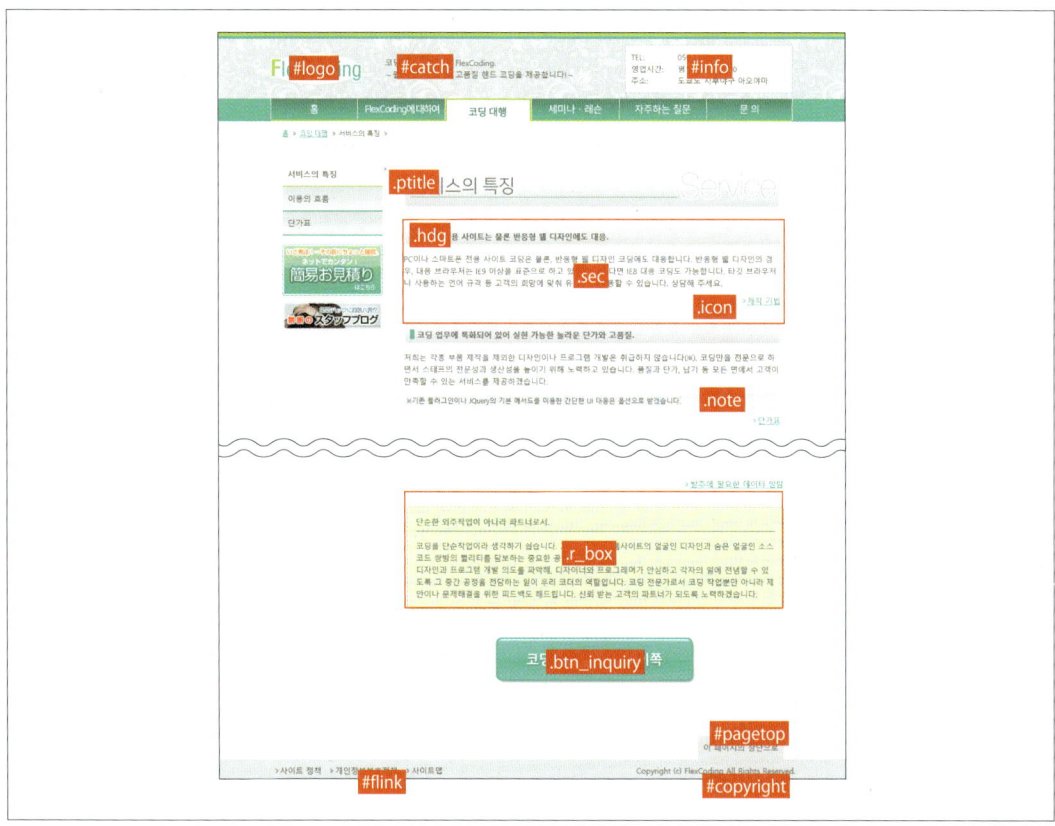

POINT

- 제작에 들어가기 전에 확실히 설계해 두는 것이 작업 흐름상 중요하다.
- 섹션 요소를 사용할 경우에는 아웃라인 체크를 한다.
- 브라우저마다 CSS의 구현성을 고려해 사전에 방침을 정해 둔다.

본격적인 웹 제작을 위한 설계와 준비

효율적인 CSS 코딩 준비

코딩 설계를 마쳤으면 본격적으로 코딩 작업에 들어갑니다. 그 전에 사전 준비라 할 수 있는 작업을
해 두면 훨씬 편하고 효율적으로 제작할 수 있습니다. LESSON 17에서는 효율적으로 코딩 작업을
하기 위해 알아 두어야 할 사항을 소개하도록 하겠습니다.

강의 CSS 코딩을 위한 사전 준비

효율적으로 코딩 작업을 하기 위해서는 다음 두 가지가 중요합니다.

❶ 각종 브라우저의 초기 상태를 통일한다.
❷ 각종 브라우저를 모두 같은 규칙으로 출력하고 조정할 수 있게 해 둔다.

이것은 웹 제작 현장에서는 상식이지만 초보자에게는 거의 알려져 있지 않기 때문에 소홀히 하기 쉽습니다.

브라우저의 초기 스타일 문제와 리셋 CSS

HTML로 마크업해서 브라우저에 띄우면 표제는 표제와 같이 항목은 항목과 같이 그 나름대로 출력됩니
다. 이 상태는 스타일 시트가 아무것도 적용되지 않은 상태가 아니라 브라우저가 처음부터 갖고 있는 초
기 스타일 시트가 적용된 상태입니다.
 브라우저의 초기 스타일에는 다음과 같은 문제점이 있습니다.

❶ 브라우저마다 초기 스타일 프로퍼티와 설정되어 있는 값이 다르다.
❷ 일반적인 웹 제작에서는 불필요하다고 생각되는 설정이 많다.

● 예제 17-1 초기 스타일의 출력 차이

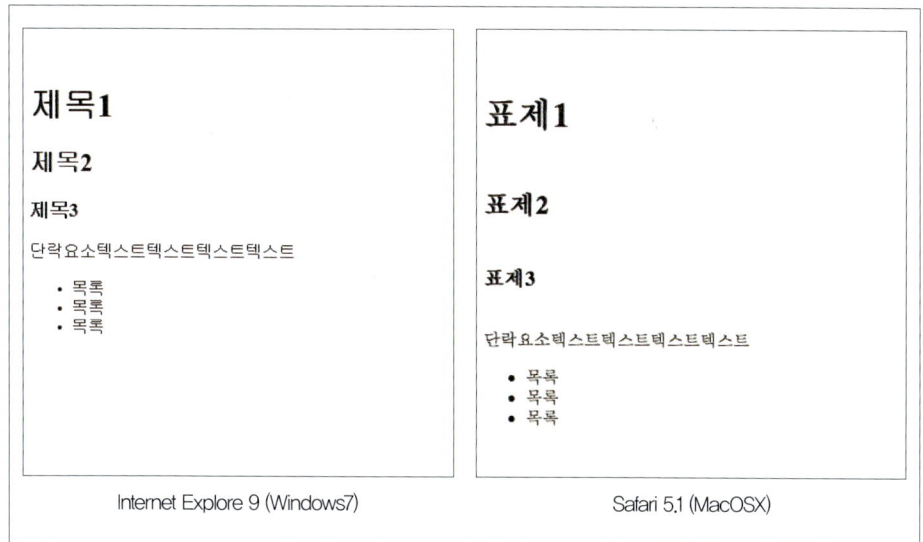

효율이 우선시되는 실무 현장에서는 초기 스타일대로 작업하지 않고 브라우저마다 다른 차이를 반영해 효율적으로 제작할 수 있도록 대부분 <mark>브라우저 초기 스타일을 리셋</mark>합니다. 이런 이유에서 CSS를 일반적으로 '리셋 CSS'라 합니다.

흔히 이용하는 리셋 CSS

리셋 CSS는 일반에 공개되어 웹 제작 현장에서 사용되는 것이 많습니다. 그것을 그대로 사용해도 좋고, 아니면 마음에 들지 않는 점만을 커스터마이즈해 사용하는 것도 좋습니다. 아래는 리셋 CSS 코드를 다운로드 할 수 있는 웹사이트입니다. 참고하기 바랍니다.

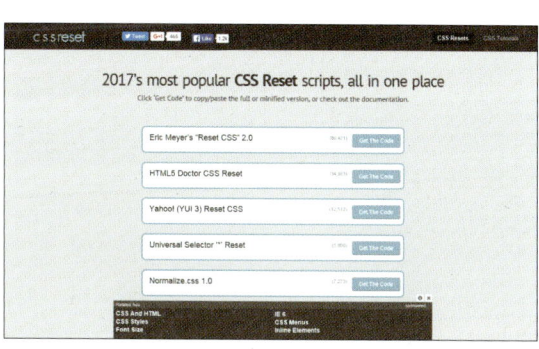

[CSS Reset]

URL http://www.cssreset.com/

여기서 소개하는 리셋 CSS는 브라우저마다 다른 차이를 없애 효율적으로 CSS 코딩 작업을 할 수 있게 해 주며, 각각 조금씩 다른 특징을 가지고 있습니다. 따라서 이용할 때에는 다음과 같은 기준으로 선택하는 것이 좋습니다.

▶ 에릭 마이어의 리셋 CSS(Eric Meyer's Reset CSS)

에릭 마이어의 리셋 CSS는 세계적으로 가장 널리 이용되는 리셋 CSS의 하나입니다. 원래 XHTML용 리셋 CSS로 소개되었으나 v2.0에서 HTML5에도 대응할 수 있게 되었습니다. 설정 항목이 적어 내용을 알기 쉽고, 필요에 따라 커스터마이즈도 하기 쉬운 점이 특징이기 때문에 특별한 이유가 없으면

● 예제 17-2 초기 스타일의 출력 차이

이것을 사용하거나, 이것을 베이스로 커스터마이즈하는 것이 좋습니다.

▶ HTML5 Doctor Reset CSS

HTML5 대응판 리셋 CSS입니다. HTML5를 사용해 제작할 경우에는 이 HTML5 Doctor Reset CSS를 사용해도 좋습니다. 기본적으로는 에릭 마이어의 리셋 CSS와 비슷하지만 보다 HTML5에 특화해 상세하게 설정되어 있는 점이 특징입니다.

▶ YUI3 Reset CSS

모든 요소에 대한 디폴트 스타일 설정을 거의 완벽하게 삭제하는 형태로 되어 있기 때문에 모든 스타일을 전체적으로 컨트롤하고 싶은 경우에 적합합니다. 하지만 그다지 인기가 많은 것은 아닙니다. 이것을 사용해야 할 특별한 이유가 없는 한 다른 것을 사용하는 것이 좋습니다.

▶ 유니버설 선택자 (*) 에 의한 리셋

CSS 첫머리에 *{margin:0; padding:0;}을 입력해 모든 요소를 일괄 리셋하는 방법입니다. 예전에는 잘 사용했으나 표현 성능이 그다지 좋지 않고 일부 폼 출력 등에서 문제가 생겨 현재는 잘 사용하지 않습니다. 그러나 테스트 페이지를 작성하는 경우처럼 일시적으로 CSS를 쓰고 싶은 경우에는 편리합니다.

▶ Normalize.css

Normalize.css는 여러 '리셋 CSS'와는 다른 목적으로 만들어졌습니다. 리셋 CSS가 스타일 정의의 대부분을 리셋시켜 스스로 스타일을 재정의하기 쉽게 만드는 것에 반해 Normalize.css는 브라우저의 유용한 디폴트 스타일을 그대로 유지하도록 설계되었습니다. 각 요소의 브라우저마다 표시 오차나 버그를 제거해 표시를 정상화(Normalize)하기 위한 대책이 마련되어 있습니다. 블로그 같은 읽기 전용 사이트 등 브라우저의 디폴트 스타일을 유효하게 활용하는 것이 리셋해서 재정의하는 것보다는 효율적이라고 생각되는 경우에 사용하면 좋습니다. Normalize.css는 최근 인기가 높아지고 있습니다.

● 예제 17-3 에릭 마이어의 리셋 CSS v2.0

```
/**
 * Eric Meyer's Reset CSS v2.0 (http://meyerweb.com/eric/tools/css/reset/)
 * http://cssreset.com
 */
html, body, div, span, applet, object, iframe,
h1, h2, h3, h4, h5, h6, p, blockquote, pre,
a, abbr, acronym, address, big, cite, code,
del, dfn, em, img, ins, kbd, q, s, samp,
small, strike, strong, sub, sup, tt, var,
b, u, i, center,
dl, dt, dd, ol, ul, li,
fieldset, form, label, legend,
table, caption, tbody, tfoot, thead, tr, th, td,
article, aside, canvas, details, embed,
figure, figcaption, footer, header, hgroup,
menu, nav, output, ruby, section, summary,
time, mark, audio, video {
        margin: 0;
        padding: 0;
        border: 0;
        font-size: 100%;
        font: inherit;
        vertical-align: baseline;
}
/* HTML5 display-role reset for older browsers */
article, aside, details, figcaption, figure,
footer, header, hgroup, menu, nav, section {
        display: block;
}
body {
        line-height: 1;
}
ol, ul {
        list-style: none;
}
blockquote, q {
        quotes: none;
}
blockquote:before, blockquote:after,
q:before, q:after {
        content: '';
        content: none;
}
table {
        border-collapse: collapse;
        border-spacing: 0;
}
```

— 열거한 요소의 텍스트 스타일을 플랫화한다

— 구 브라우저에서 HTML5 새로운 요소 출력을 최적화한다

— 행간을 글자 높이와 같게 한다.

— 목록 첫머리 마크를 비표시로 한다.

— 인용문의 ""를 비표시로 한다.

— 인접하는 셀의 border를 겹쳐 표시한다.

브라우저의 '출력 모드'와 독타입 스위치

리셋 CSS로 브라우저의 출력 차이와 함께 또 한 가지 신경을 써야 할 것은 브라우저의 '출력 모드'입니다.

현재의 브라우저에는 크게 '표준 모드'와 '호환 모드'라는 두 출력 모드로 나눠 있습니다. 표준 모드는 CSS의 표준안에 따라 바르게 표시하는 모드이고, 호환 모드는 구 표준을 함께 지원하는 모드로, 같은 CSS를 써도 표준 모드와 호환 모드의 출력 결과가 다를 수 있습니다. CSS 웹사이트를 초보자라도 간편하게 코딩하기 위해서는 모든 타깃 브라우저가 표준 모드로 되어 있는 상태에서 제작해야 합니다.

▶ DOCTYPE 스위치

표준 모드와 호환 모드를 바꾸는 스위치가 독타입 선언입니다. 독타입 선언이 없는 경우에는 모든 브라우저가 호환 모드가 됩니다. 독타입의 종류, URL(시스템 식별자라 불리는 것)을 포함하는지 포함하지 않은지, XML 선언의 유무(XHTML의 경우)에 따라서도 약간 차이가 발생합니다.

Memo

XML 선언
XML 문서라는 것을 선언하기 위한 문장입니다. 본래 XHTML에서 작성할 때는 첫 행에 기술할 것을 권장하고 있습니다. 문자코드가 UTF인 경우에는 생략해도 됩니다.

● 표 17-1 독타입 스위치와 출력 모드 관계

분류	DOCTYPE 선언/XML 선언	Firefox Safari Opera	IE7 이상	IE6
없음		호환	호환	호환
HTML4.01 Strict	(!DOCTYPE HTML PUBLIC "-//W3C//DTD HTML 4.01//EN")	표준	표준	표준
	(!DOCTYPE HTML PUBLIC "-//W3C//DTD HTML 4.01//EN" "http://www.w3.org/TR/html4/strict.dtd")	표준	표준	표준
HTML4.01 Transitional	(!DOCTYPE HTML PUBLIC "-//W3C//DTD HTML 4.01 Transitional//EN")	호환	호환	호환
	(!DOCTYPE HTML PUBLIC "-//W3C//DTD HTML 4.01 Transitional//EN" "http://www.w3.org/TR/html4/loose.dtd")	표준	표준	표준
XHTML1.0 Strict	(!DOCTYPE html PUBLIC "-//W3C//DTD XHTML 1.0 Strict//EN" "http://www.w3.org/TR/xhtml1/DTD/xhtml1-strict.dtd")	표준	표준	표준
	(?xml version="1.0" encoding="문자코드"?) (!DOCTYPE html PUBLIC "-//W3C//DTD XHTML 1.0 Strict//EN" "http://www.w3.org/TR/xhtml1/DTD/xhtml1-strict.dtd")	표준	표준	호환
XHTML1.0 Transitional	(!DOCTYPE HTML PUBLIC "-//W3C//DTD XHTML 1.0 Transitional//EN" "http://www.w3.org/TR/xhtml1/DTD/xhtml1-transitional.dtd")	표준	표준	표준
	(?xml version="1.0" encoding="문자코드"?) (!DOCTYPE HTML PUBLIC "-//W3C//DTD XHTML 1.0 Transitional//EN" "http://www.w3.org/TR/xhtml1/DTD/xhtml1-transitional.dtd")	표준	표준	호환
HTML5	(!DOCTYPE html)	표준	표준	표준

만일 호환 모드 상태로 되어 있을 경우에는 CSS로 레이아웃을 하기가 어렵습니다. 특히 인터넷 익스플로러는 표준 모드와 호환 모드의 표시 차이가 아주 크고 박스 모델을 계산하는 방법도 다르기 때문에 큰 레이아웃 문제가 생길 가능성이 높습니다.

● 예제 17-4 표준 모드와 호환 모드의 표시 비교

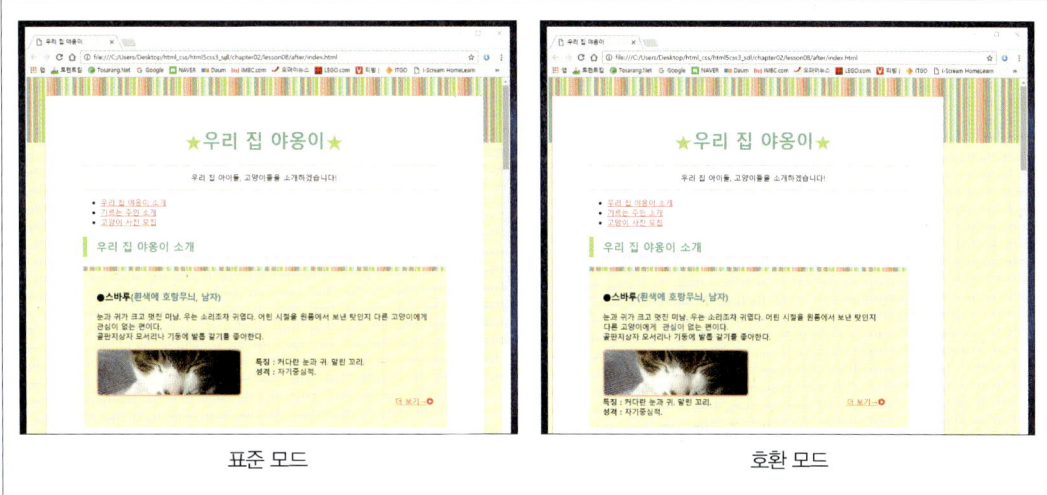

표준 모드　　　　　　　　　　호환 모드

● 예제 17-5 출력 모드의 차이에 의한 IE 박스 모델 계산 차이

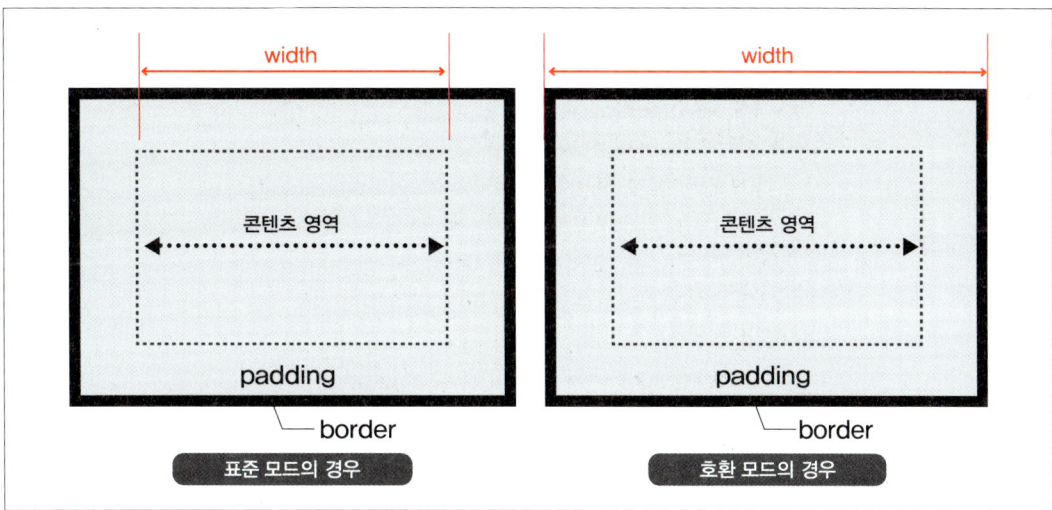

표준 모드의 경우　　　　　　　호환 모드의 경우

하지만 HTML5의 독타입인 <!DOCTYPE html>을 사용하는 경우에는 현존하는 모든 브라우저 환경은 자동적으로 표준 모드로 작동합니다. 그렇기 때문에 독타입 스위치를 신경 써야 하는 것은 HTML5 이전의 구 규격으로 코딩할 필요가 있을 때로 한정됩니다. 그보다도 오히려 신경을 써야 할 것은 IE의 '호환 표시' 기능입니다.

IE의 '호환 표시'란?

IE8 이상에서 사용할 수 있는 호환 표시 기능은 원래 '구 IE에서 여는 것을 전제로 제작된 웹사이트 출력에 문제가 생긴 경우에, 호환 표시 기능을 ON으로 함으로써 바르게 출력되도록 하기 위한 것입니다. 이 기능이 ON으로 있을 경우에는 IE9나 10 같은 브라우저에서 열어도 IE7 상당의 렌더링 표시가 됩니다.

● 예제 17-6 호환 표시 ON/OFF

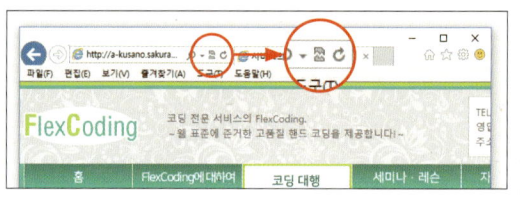

호환 표시 ON	호환 표시 OFF

호환 표시의 문제점

호환 표시 기능은 임의로 그때마다 ON/OFF 하는 것 이외에 브라우저 설정으로 모든 <mark>웹사이트를 호환 표시로 바꿀 수 있게</mark> 되어 있어 문제가 생길 가능성이 있습니다. 특히 직장인 사용자의 경우 브라우저 설정을 시스템 관리부가 일률적으로 하고 있어 개별 사용자에게는 설정을 변경할 권한이 없는 경우도 있습니다. 이와 같은 경우에서 모든 웹사이트에 호환 표시가 설정되어 있으면 어느 사이트도 호환 표시=IE7로 여는 것과 같은 상태가 되기 때문에 모던 브라우저용 CSS로 작업한 웹사이트를 열면 반대로 출력에 문제가 생깁니다.

만일의 호환 표시를 막는 방법

이와 같은 트러블을 미연에 막기 위해 헤드 요소 안에 다음 코드를 넣습니다.

```
<meta http-equiv="X-UA-Compatible" content="IE=edge">
```

이 코드를 넣으면 마음대로 호환 표시되는 것을 방지할 수가 있습니다. 이 코드가 기재되어 있으면 문법 체크에서 경고가 나올 수 있지만 문제가 되는 건 아니기 때문에 신경 쓰지 않아도 됩니다.
이것은 외부 CSS JavaScript 파일을 불러오기 전에 기술할 필요가 있습니다. 외부 파일을 읽은 후에 기술하면 기능을 발휘하지 못하기 때문입니다.

> **Memo**
>
> **content="IE=edge"**
> "IE=edge"라는 지정은, 열어 보고 있는 IE 본래의 최신 버전 모드로 동작하라는 의미입니다. 즉 IE9에서 열어 보는 경우에는 IE9 모드, IE10에서 열어 보는 경우에는 IE10 모드로 동작하게 됩니다. 반대로 어느 버전에서 열어도 과거 특정 버전의 IE 모드로 하고 싶은 경우에는 IE=IE8 식으로 지정하면 됩니다.

POINT

- 브라우저의 초기 스타일을 리셋한다.
- IE 가 의도하지 않은 호환 표시가 되지 않게 meta 태그를 넣는다.
- HTML5 이전 규격으로 코딩할 경우는 독타입 스위치에 주의해야 한다.

Chapter 06

실천적인 웹사이트 코딩

이 장에서는 앞에서 확인한 코딩 설계도를 기초로 하여 단순한 기업 웹사이트를 코딩해 보겠습니다. 여기서는 어떤 사이트를 코딩하는 경우에도 도움이 되는 기본적인 지식이나 테크닉을 다룰 예정입니다. 앞서 배운 HTML과 CSS의 기본적인 지식을 토대로 웹사이트 코딩에 도전해 보기 바랍니다.

실천적인 웹사이트 코딩

큰 테두리의 레이아웃 포맷 작성하기

LESSON 18에서는 전체의 공통 포맷이 되는 상세 페이지를 작성해 보겠습니다. 마크업이 된 HTML
데이터와 이미지 등을 참고해 내용을 확인해 두기 바랍니다.

샘플 파일　Chapter06 ▶　lesson18 ▶　before ▶　www/coding/service.html

강의　제작하는 웹사이트의 구조와 정보를 확인한다

실습에 들어가기 전에 제작하는 샘플 사이트의 구조와 정보를 확인해 보겠습니다. 실제로 웹사이트를 제
작할 때에는 아래와 같은 정보는 반드시 확인해야 합니다. 특히 동작 환경(타깃 브라우저)의 범위를 정해
어디까지 작업할 것인지 사전에 정해 두는 것이 중요합니다. 이외에도 사이트 맵(논리 구조)이 아닌 디렉
터리 파일 일람(물리 구조)을 상세하게 정해 두는 것도 실제 제작 시에는 필요합니다. 아래는 여기서 배
울 샘플 사이트 정보를 기술해 둔 것입니다. 확인하기 바랍니다.

코딩 규격과 동작 환경

샘플 사이트를 제작하는 데 전제조건이 되는 규격과 동작 환경은 다음과 같습니다.

【코딩 규격】
마크업 : HTML5
문자 코딩 : utf-8
줄 바꿈 코드 : CR+LF(Windows)

【동작 환경】
Windows : Windows 7+ /　IE9+ / FireFox, Google Chrome, Edge 최신판
MacOS : Mac OS 10.6 +　Safari, Firefox, Google Chrome 최신판

【보충】
IE8은 준 지원(※정보를 불러오는 데 큰 문제가 발생하지 않게 조정하지만 완전한 디자인 구현은 기대할 수 없다.)

▶ 동작 환경에 대해

구글이나 크롬, 파이어폭스, 사파리, 엣지 같은 모던 브라우저는 기본적으로 제작 시점에서 최신 버전을 지원하기 때문에 문제가 없습니다. IE는 버전에 따라 사용할 수 있는 CSS의 범위가 달라지기 때문에 사전에 어디까지 지원되는지 명확하게 해 두지 않으면 문제가 생길 수 있습니다. 현재로는 IE9 이상을 지원 대상으로 하는 것이 적당하다는 생각이 들지만 이것도 시대가 바뀌면 당연히 달라집니다. 그리고 사용자 층의 특성에 따라서도 다르므로 구체적으로는 실제 사용자 비율을 확인하고 검토할 필요가 있습니다.

디렉터리 파일 일람표

샘플 사이트의 디렉터리 파일 일람표는 다음과 같습니다(다만 샘플을 위해 실제 제작하는 것은 /coding/service.html로만 가능합니다).

카테고리	화면 이름	디렉토리 파일		보충
상단		/ index.html		
FlexCoding		/about/index.html	/img/	
코딩 대행	코딩 대행 인덱스	/coding/index.html	/img/	※카테고리 내 전체 페이지의 이미지를 넣어둘 예정
	서비스의 특징*	/coding/service.html		
	이용의 흐름	/coding/flow.html		
	요금표	/coding/price.html		
세미나 레슨	세미나 레슨 인덱스	/seminar/index.html	/img/	※카테고리 내 전체 페이지의 이미지를 넣어둘 예정
	개최 중인 세미나 내용	/seminar/seminar.html		
	스케줄	/seminar/schedule.html		
	개인 레슨	/seminar/lesson.html		
흔히 하는 질문		/faq/index.html	/img/	
문의		/inquiry/index.html	/img/	
사이트 정책		/policy.html		
개인정보보호정책		/privacy.html		
사이트 맵		/sitemap.html		
※루트 바로 밑 파일 이미지		/img/		
※사이트 공통 파일		/common/	/img/	공통 이미지
			/css/	CSS 파일 모두
			/js/	JS 파일 모두

이번 샘플 사이트용 데이터는 chapter 06→lesson 18→before→ 'www'라는 폴더에 정리되어 있습니다. 이 www 폴더가 웹 서버에 업로드했을 때 루트 디렉터리가 될 것입니다(www 폴더가 'http://www.xxxxxx.com/' 같은 메인으로 바뀐다고 생각하면 됩니다).

● 예제 18-1 로컬 파일과 서버상 디렉터리의 관계

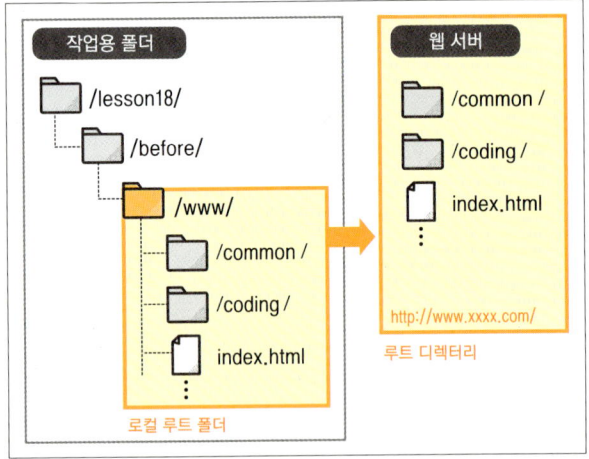

각 계층의 레이아웃 포맷

이번 샘플 사이트는 크게 '상단', '하단(1단)', '하단(2단)'으로 나눠 세 개의 레이아웃 포맷을 생각하고 만들었습니다.

● 예제 18-2 샘플 사이트의 레이아웃 포맷

여기에서는 가장 단 수가 많은 하단(2단)에 해당하는, /coding/service.html을 작성하면서 실무적인 웹 사이트 제작에 대해 자세히 알아보겠습니다.

 **실습** HTML의 마크업과 전체 레이아웃

LESSON **18**

마크업을 확인한다

LESSON 17에서 정한 문서 구조에 따라 마크업한 데이터를 준비했습니다. CSS 레이아웃에 들어가기 전에 구조를 확인해 주세요. 여기서는 일부 class나 id 속성이 생략되어 있습니다. 부족한 부분은 실습을 진행하면서 수시로 추가하겠습니다.

▶ 마크업

[service.html]

```html
<!DOCTYPE html>
<html lang="ko">
<head>
<meta charset="utf-8">
<meta http-equiv="X-UA-Compatible" content="IE=Edge">    ※IE 호환 모드 방지
<title>서비스의 특징 | 코딩 전문의 FlexCoding</title>
<meta name="Keywords" content="코딩, 전문, FlexCoding">
<meta name="Description" content="코딩 전문 서비스라면 FlexCoding. 웹 표준
에 준거한 고품질 핸드 코딩을 제공합니다!">

<!--[if lt IE 9]>
<script src="../common/js/html5shiv.js"></script>    ※IE8 이하 HTML5 기능 보완
<![endif]-->
</head>

<body id="service">
<!-- 헤더 부분 -->
<header id="header">
  <div class="inner">

      <h1 id="logo"><a href="../index.html"><img
src="../common/img/logo.png" width="164" height="53"
alt="FlexCoding"></a></h1>
      <p id="catch">코딩 전문 서비스의 FlexCoding.<br>
      ~웹 표준에 준거한 고품질 핸드 코딩을 제공합니다!~</p>

      <dl id="info">
        <dt>TEL:</dt><dd>050-1234-5678</dd>
        <dt>영업시간:</dt><dd>평일 10:00-19:00</dd>
        <dt>주소지:</dt><dd>도쿄도 시부야구 아오야마</dd>
      </dl>

  </div><!-- /.inner -->
</header><!-- /#header -->
```

```
<!--글로벌 내비게이션 부분-->
<nav id="gnav">

  <ul class="inner">
     <li><a href="#">홈</a></li>
     <li><a href="#">FlexCoding에 대하여</a></li>
     <li><a href="#">코딩 대행</a></li>
     <li><a href="#">세미나 · 레슨</a></li>
     <li><a href="#">흔히 하는 질문</a></li>
     <li><a href="#">문의</a></li>
  </ul>

</nav><!-- /#gnav -->
```

```
<!-- 콘텐츠 부분 -->
<div id="contents">

   <nav id="breadcrumbs">
      <ol>
         <li><a href="#">홈</a></li>
         <li><a href="#">코딩 대행</a></li>
         <li>서비스의 특징</li>
      </ol>
   </nav>
```

```
   <!-- 메인 부분 -->
   <main id="main">
   <section>
      <h2 class="ptitle"><img src="../common/img/hdg_service.png
"width="680" height="80" alt="서비스의 특징"></h2>

   <section class="sec">
      <h3 class="hdg">종래의 전용 사이트는 물론 반응형 웹 디자인에도 대응.</h3>
      <p>PC이나 스마트폰 전용 사이트 코딩은 물론, 반응형 웹 디자인 코딩에도 대응합니다. 반응형 웹 디자
인의 경우, 대응 브라우저는 IE9 이상을 표준으로 하고 있으나 원한다면 IE8 대응 코딩도 가능합니다. 타
깃 브라우저나 사용하는 언어 규격 등 고객의 희망에 맞춰 유연하게 대응할 수 있습니다. 상담해 주세요. </p>
      <p class="icon"><a href="#">제작 기법</a></p>
   </section><!-- /.sec -->

   <section class="sec">
      <h3 class="hdg">코딩 업무에 특화되어 있어 실현 가능한 놀라운 단가와 고품질.</h3>
      <p>저희는 각종 부품 제작을 제외한 디자인이나 프로그램 개발은 취급하지 않습니다(※). 코딩만을 전
문으로 하면서 스태프의 전문성과 생산성을 높이기 위해 노력하고 있습니다. 품질과 단가, 납기, 등 모든 면에서
도 고객이 만족할 수 있는 서비스를 제공하겠습니다.</p>
      <p class="note">※기존 플러그인이나 JQuery의 기본 메서드를 이용한 간단한 UI 대응
은 옵션으로 받겠습니다.</p>
      <p class="icon"><a href="#">단가표</a></p>
   </section><!-- /.sec -->

   <section class="sec">
      <h3 class="hdg">모든 화면의 디자인 데이터는 필요 없습니다.</h3>
      <p>코딩회사는 대부분 코딩을 하는 데 필요한 모든 화면의 데이터를 준비해줄 것을 요구하고 있습니다.
그러나 코딩을 위해 몇 십, 몇 백 페이지나 되는 데이터를 준비하는 것은 시간과 노력의 낭비입니다.<br>
      동일 디자인으로 전개할 수 있는 템플릿 화면만 준비해 주시면 나머지 화면은 저희회사에서 준비하겠습니다.
```

```
반응형 웹 디자인의 경우는 PC용 디자인 시안을 토대로 스마트폰용 코딩도 가능합니다.</p>
    <p class="icon"><a href="#">발주에 필요한 데이터 일람</a></p>
  </section><!-- /.sec -->

  <aside class="r_box sec">
    <h3 class="r_box_tit">단순한 외주작업이 아니라 파트너로서.</h3>
      <p>코딩을 단순작업이라 생각하기 쉽습니다. 그러나 코딩은 웹사이트의 얼굴인 디자인과 숨은 얼굴인 소스
코드 쌍방의 퀄리티를 담보하는 중요한 공정입니다.<br/>
      디자인과 프로그램 개발 의도를 파악해 디자이너와 프로그래머가 안심하고 각자의 일에 전념할 수 있도록 그
중간 공정을 전담하는 일이 우리 코더의 역할입니다. 코딩의 전문가로서  코딩 작업뿐만 아니라 제안이나 문제해결을
위한 피드백도 해드립니다. 신뢰 받는 고객의 파트너가 되도록 노력하겠습니다.</p>
    </aside><!-- /.r_box -->

    <p class="btn_inquiry"><a href="#"><img src="../common/img/
btn_inquiry.png" width="360" height="82" alt="코딩  의뢰, 문의는 이곳으로"></
a></p>

  </section>
  </main><!-- /#main -->


    <!-- 사이드바 부분 -->
    <div id="side">

      <nav id="menu">
        <ul>
              <li class="current"><a href="#">서비스의 특징</a></li>
              <li><a href="#">이용의 흐름</a></li>
              <li><a href="#">단가표</a></li>
        </ul>
      </nav><!-- /#menu -->

      <aside id="banner">
        <p><a href="#"><img src="../common/img/bnr_mitsumori.png"
width="180" height="90" alt="인터넷으로 간단히! 간이 견적은 이쪽"></a></p>
        <p><a href="http://www.flexcoding.jp/blog/"
target="_blank"><img src="../common/img/bnr_blog.png" width="180"
height="50" alt="금단의 스태프 블로그"></a></p>
      </aside><!-- /#banner -->

    </div><!-- /#sidebar -->
      <p id="pagetop"><a href="#header">이 페이지의 상단으로</a></p>
</div><!-- /#contents -->


<!-- 푸터 부분 -->
<footer id="footer">
```

```
    <div class="inner">
        <ul id="flink">
            <li><a href="#">사이트 정책</a></li>
            <li><a href="#">개인정보보호정책</a></li>
            <li><a href="#"></a>사이트맵</li>
        </ul>

        <p id="copyright"><small>Copyright (c) FlexCoding All Rights
Reserved.</small></p>
    </div><!-- /.inner -->

</footer> <!-- /#footer -->

</body>
</html>
```

전체의 레이아웃 포맷을 작성한다

우선 페이지 전체의 큰 테두리 레이아웃을 만드는 일부터 시작합니다. 샘플 파일의 service.html을 브라우저에 띄우고 처음 상태를 확인하기 바랍니다. 아직 CSS를 읽어오지 않았기 때문에 'before'와 같은 상태입니다.

● Before

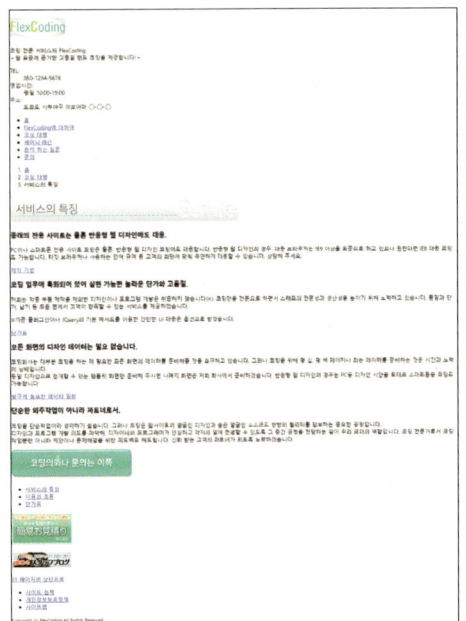

● After

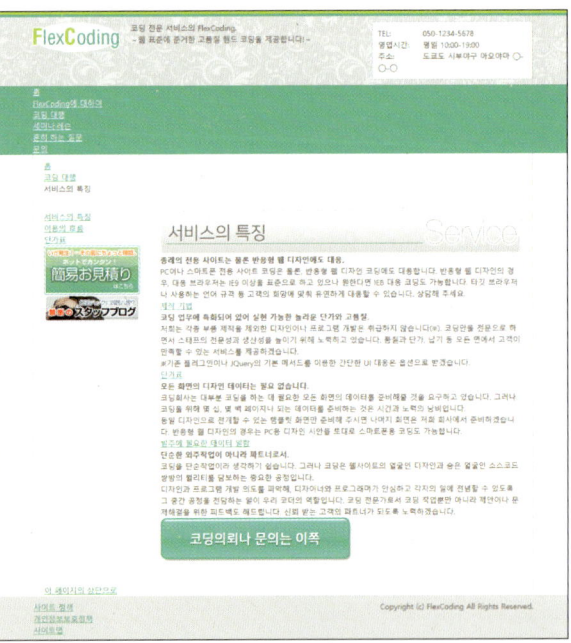

사이트 전체에 공통 설정을 기술하는 base.css를 불러온다

/coding/ 폴더 안에 있는 service.html을 텍스트 에디터로 열고 사이트 전체를 공통 설정하는 base.css 불러오기를 작성합니다. base.css에는 미리 리셋 CSS가 기술되어 있기 때문에 요소 간의 여백이 없고 글 자 크기가 통일되어 있습니다. CSS 코딩의 사전 준비가 된 것입니다.

[service.html]

```
 4  <meta charset="utf-8">
 5  <meta http-equiv="X-UA-Compatible" content="IE=Edge">
 6  <title>서비스의 특징 | 코딩 전문의 FlexCoding</title>
 7  <meta name="Keywords" content="코딩, 전문, FlexCoding">
 8  <meta name="Description" content="코딩 전문 서비스라면 FlexCoding。웹 표준에 준거한 고품질
    핸드 코딩을 제공합니다!">
 9  <link href="../common/css/base.css" rel="stylesheet" media="all">
10
11  <!--[if lt IE 9]>
12  <script src="../common/js/html5shiv.js"></script>
13  <![endif]-->
14  </head>
```

● 예제 18-3 리셋 전→후

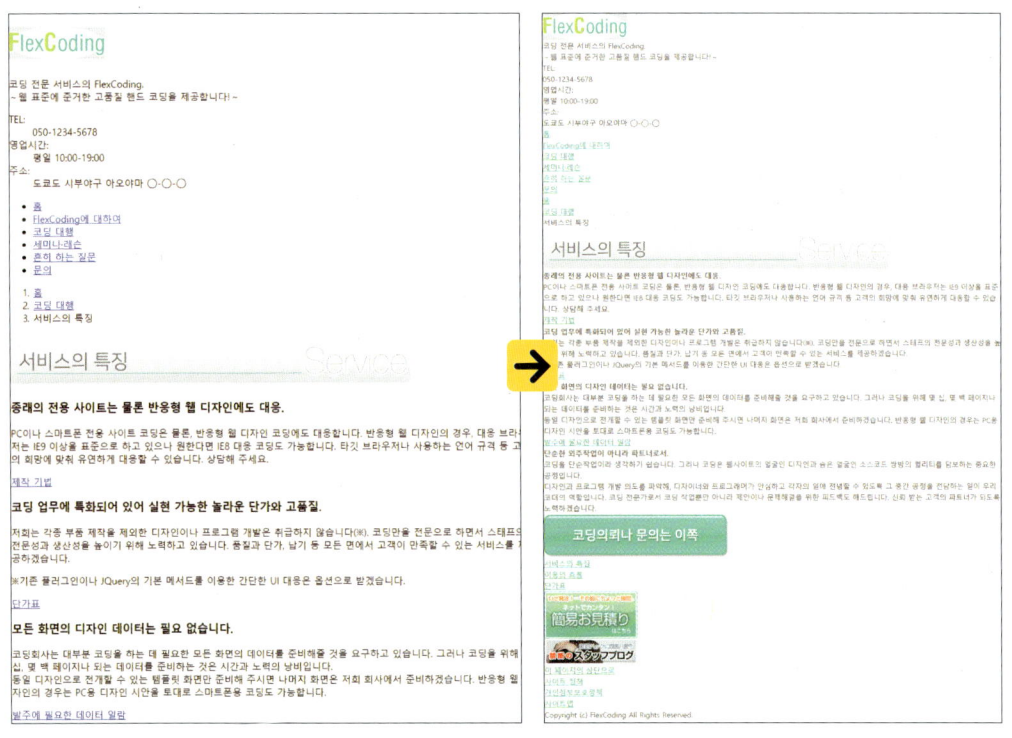

2 **배경이 100%로 넓어지는 테두리를 설정한다**

헤더, 푸터, 글로벌 내비게이션은 배경이 윈도우의 가로 폭 가득 넓어지고 내용물의 콘텐츠 폭이 940px로 고정+중앙 정렬되는 레이아웃을 만들기 위해 100%로 넓어지는 테두리와 940px로 고정되는 테두리의 이중 구조를 준비해야 합니다. 여기서는 #header, #gnav, #footer에 width를 지정하지 않고 윈도우 폭 가득히 넓어지는 박스로 하여 그 자식 요소인 .inner를 940px로 고정해 중앙 정렬했습니다.

[base.css]

```
86  /*-----------------------------
87
88     레이아웃
89
90  ------------------------------*/
91  .inner{
92      width: 940px;                          고정 폭 콘텐츠 범위
93      margin: 0 auto;
94  }
95
96  /* 헤더
97  ------------------------------*/
98  body{
99      border-top: #cce739 5px solid;
100 }
101
102 #header{
103     padding: 10px 0;
104     border-top: #00c4ab 5px solid;          가로 100% 배경 범위
105     background: url(../img/bg_header.png) #e6e6e6;
106 }
107 /* 푸터
108 ------------------------------*/
109 #footer{
110     padding: 10px 0;                         가로 100% 배경 범위
111     background: #e6e6e6;
112 }
113
114
115 /* 글로벌 내비게이션
116 ------------------------------*/
117 #gnav{
118     background: #00c4ab;                     가로 100% 배경 범위
119 }
120
121 #gnav a{
122     color: #fff;
123 }
```

콘텐츠 기준 가로 940px 로 고정

배경은 가로 100% 로 신축

③ 콘텐츠 부분을 2단으로 레이아웃한다

#contents 디자인상의 가로 폭은 940px입니다. 하지만 좌우 패딩에 20px, border선에 1px씩 설정되어 있기 때문에 박스 모델에 기초한 width의 수치는 940-40-2=898px입니다.

이 898px 안에 #main과 #side를 float로 2단에 배치합니다. 좌우 반씩 나누었기 때문에 단 간격의 여백은 특별히 지정할 필요가 없습니다. float 해제는 #contents 안쪽에서 해야 하므로 #footer가 아니라 #pagetop에 clear:both;를 지정합니다.

> **Memo**
> float 해제는 #contents에 clearx를 지정하는 방법을 사용해도 됩니다.

```
125  /* 콘텐츠 영역
126  ------------------------------*/
127  #contents{
128      width: 898px;
129      margin: 0 auto;
130      padding: 10px 20px 0 20px;
131      border-left: #e6e6e6 1px solid;
132      border-right: #e6e6e6 1px solid;
133  }
134
135  /* 빵 부스러기
136  ------------------------------*/
137
138
```

고정 폭 콘텐츠 범위
※ width+padding+order=940px

```
139  /* 메인 콘텐츠
140  ------------------------------*/
141  #main{
142      width: 680px;
143      float: right;
144  }
145
146  /* 사이드 바
147  ------------------------------*/
148  #side{
149      width: 180px;
150      float: left;
151  }
152
153  /* 페이지 상단
154  ------------------------------*/
155  #pagetop{
156      clear:both;
157  }
```

오른쪽에 float

왼쪽에 float

float 해제

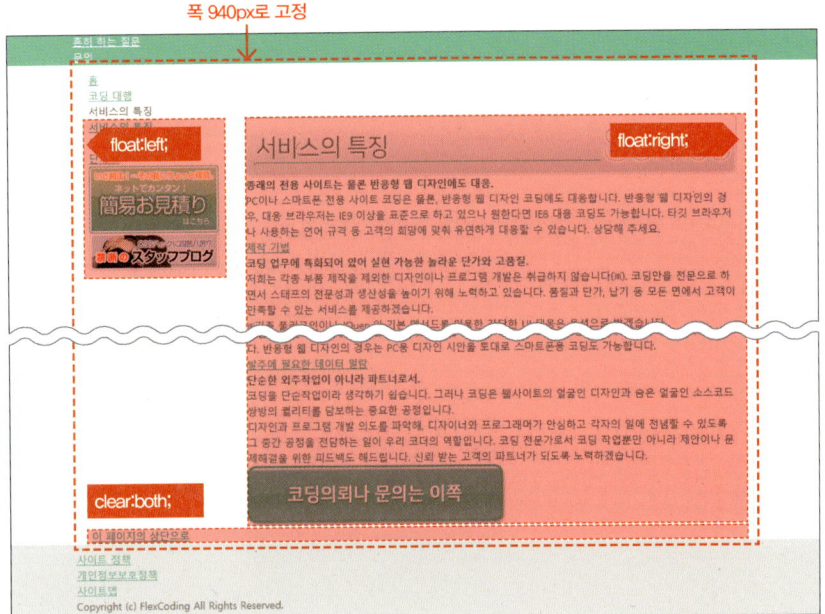

폭 940px로 고정

float:left;

float:right;

clear:both;

---

4 ## 여백을 조정한다

2단으로 되어 있는 #main과 #side의 위아래에 여백을 만듭니다. 위는 #빵 부스러기에 margin-bottom을 설정하면 되지만 아래는 #pagetop에 clear:both;가 지정되어 있으므로 #pagetop에 margin-top을 지정할 수 없습니다. 따라서 #main과 #side 양쪽에 margin-bottom을 설정해 둡니다. #main뿐만 아니라 #side에도 margin-bottom을 설정하는 것은 #main보다 #side 쪽이 길어질 수도 있기 때문입니다.

```
135  /* 빵 부스러기
136  ----------------------------*/
137  #breadcrumbs{
138      margin-bottom: 30px;
139  }
140
141  /* 메인 콘텐츠
142  ----------------------------*/
143  #main{
144      width: 680px;
145      margin-bottom: 40px;
146      float: right;
147  }
148
149  /* 사이드 바
150  ----------------------------*/
151  #side{
152      width: 180px;
153      margin-bottom: 40px;
154      float: left;
155  }
```

어느 박스가 길어질지 모르기 때문에 양쪽 아래에 여백을 지정해 둔다.

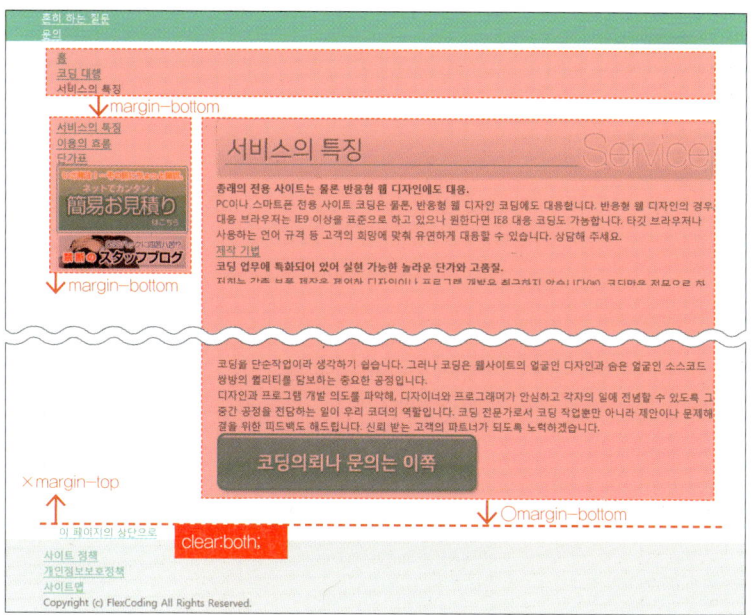

상하 margin의 상쇄

박스의 상하 방향 간격은 margin-top/margin-bottom 어느 쪽을 붙여도 결과적으로는 같습니다. 그러나 특별한 이유가 없다면 페이지 내에서는 margin-top 또는 margin-bottom 한 방향으로 통일해야 실수가 적습니다. 이웃 해 있는 박스의 상하 margin은 상쇄되어 큰 쪽의 수치만 유효하게 되는 magin의 규칙이 있기 때문입니다.

박스에 따라 margin-top으로 했다가 margin-bottom으로 하는 등 갈팡질팡하면 의도하지 않은 상하 margin의 상쇄가 발생해 출력이 잘 안 될 수도 있습니다.

같은 디자인을 실현하는 데 여러 방법이 있는 경우에는 가능하면 출력이 잘못되는 일이 적고 유지하기 쉬운 방법을 채택하는 것이 좋습니다.

● 예제 18-4 마진의 상계

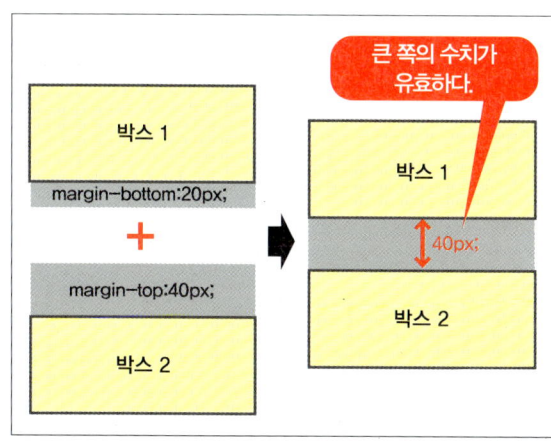

헤더 내의 #logo, #catch, #info를 디자인에 따라 3단으로 레이아웃합니다.

3단 이상의 경우, 모두를 float:left;로 하고 단 사이를 margin으로 지정하는 방법과 마지막 단만 float:right;로 하는 방법이 있습니다. 여기서는 #info만 오른쪽으로 치우쳐 있으므로 위에서 순서대로 '왼쪽, 왼쪽, 오른쪽' 순으로 배치해 보겠습니다.

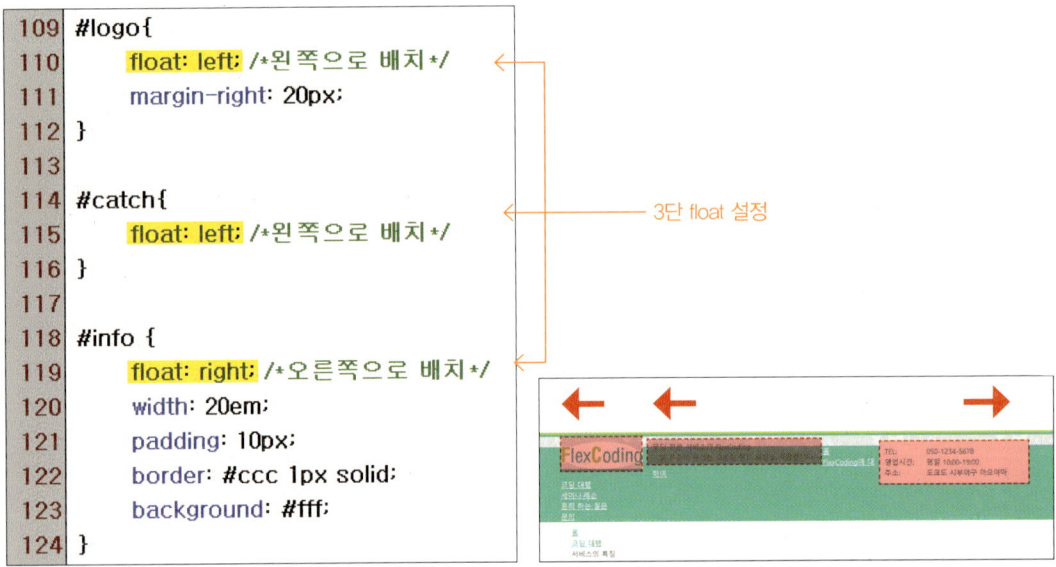

```
109  #logo{
110      float: left; /*왼쪽으로 배치*/
111      margin-right: 20px;
112  }
113
114  #catch{
115      float: left; /*왼쪽으로 배치*/
116  }
117
118  #info {
119      float: right; /*오른쪽으로 배치*/
120      width: 20em;
121      padding: 10px;
122      border: #ccc 1px solid;
123      background: #fff;
124  }
```

3단 float 설정

이번에는 헤더의 자식 요소 전체가 float로 설정되어 있고 'clear:both;'를 적용해야 할 요소가 존재하지 않기 때문에 헤더 영역의 높이가 없어져 레이아웃에 문제가 생겼습니다. 이와 같이 float의 후속 요소가 없는 (clear:both;를 적용할 수 없는) 경우에는 다음 둘 중 한 가지 방법으로 float를 해제해야 합니다.

Memo
clearfix와 overflow:hidden→챕터 03 143쪽을 참조해 주세요.

❶ clearfix를 이용

❷ overflow:hidden;을 이용

여기서는 clearfix를 사용해 보도록 하겠습니다(clearfix의 CSS 코드는 이미 base.css에 작성되어 있습니다).

float로 설정되어 있는 자식 요소 가까이에 부모 요소에 두 번째 class로서 clearfix를 추가한다.

```
16  <body id="se
17  <!-- 헤더 부
18  <header id="header">
19      <div class="inner clearfix">
20
21          <h1 id="logo"><a href="../in
width="164" height="53" alt="FlexCodi
22          <p id="catch">코딩 전문 서비
23              ~웹 표준에 준거한 고품질 한
```

clearfix에 의해 .inner의 높이가 바로잡혀 레이아웃이 제대로 되었다.

마지막으로 푸터 내의 #flink와 #copyright를 2단 레이아웃으로 설정합니다.

[service.html]

```
114    <!-- 푸터 부분 -->
115    <footer id="footer">
116        <div class="inner clearfix">
117            <ul id="flink">
118                <li><a href="#">사이트 정책</a></li>
119                <li><a href="#">개인정보보호정책</a></li>
120                <li><a href="#">사이트맵</a></li>
121            </ul>
```

[base.css

```
139    #flink{
140        float: left;
141    }
142
143    #copyright{
144        float: right;
145    }
```

LESSON 18에서는 float를 사용해 페이지 전체의 레이아웃을 만들었습니다. 이와 같은 전체 포맷이 되는 큰 테두리의 레이아웃을 만든 다음에는 내용물을 추가하기 전에 브라우저에 띄워 확인해 보기 바랍니다.

COLUMN

☑ 기존의 선택자에 clearfix를 넣는다

clearfix를 사용할 경우 인터넷 등에서 clearfix의 CSS 코드를 불러와 적용하고 싶은 요소의 HTML에 class="clearfix"를 추가합니다. 이것이 일반적인 사용법입니다. 그러나 이 방법은 HTML 소스 코드에 clearfix가 너무 많아질 가능성이 있습니다.

clearfix라는 것은 요컨대 :after 가상 요소에 clearboth:를 지정하는 것이기 때문에 소스에 clearfix가 많아지는 것이 싫을 경우에는 기존 선택자에 clearfix와 같은 설정을 넣으면 됩니다.

[예] .inner라는 선택자에 clearfix와 동일 효과를 갖게 하고 싶은 경우

```
.inner:after{
content: "";
display: block;
clear: both;
}
```

이번 실습용 샘플의 경우도 3군데 .inner에 clearfix 효과를 주었습니다. HTML 3군데에 class="clearfix"를 추가하는 것이 아니라 이미 준비한 .inner에 clearfix 코드를 넣는 쪽이 보다 좋은 코딩이 됩니다.

POINT

- 제작을 시작하기 전에 코딩 규약과 타깃 환경을 확인하자.
- 마크업이 끝나면 반드시 문법 체크를 하자.
- 큰 테두리의 레이아웃 코딩이 끝나면 반드시 각종 브라우저 출력을 확인하자.

실천적인 웹사이트 코딩

display 프로퍼티를 활용한 레이아웃

LESSON 19에서는 요소의 표시 속성(display 프로퍼티)을 변경함으로써 초기 상태에서 실현할 수 있는 다양한 레이아웃 테크닉을 알아보겠습니다.

샘플 파일   Chapter06 ▶ lesson19 ▶ before ▶ www/coding/service.html

● Before

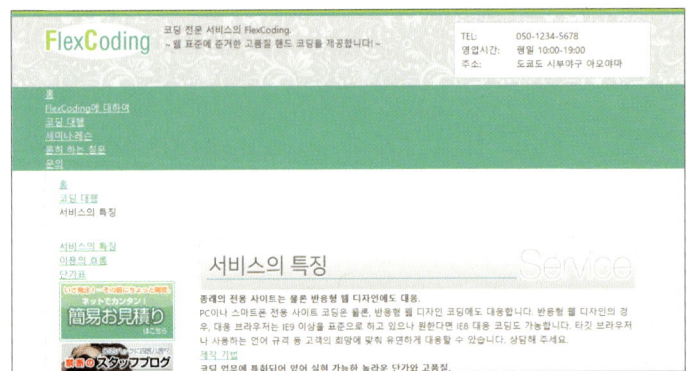

● After

실습 display 프로퍼티를 레이아웃에 활용한다

빵 부스러기(Breadcrumbs) 리스트와 푸터 메뉴를 만든다

① display 프로퍼티로 li 요소를 가로 정렬로 변경한다

빵 부스러기 리스트나 푸터 메뉴처럼 항목의 폭을 지정할 필요가 없이 단순하게 텍스트를 나란히 놓으면 되는 경우에는 display 프로퍼티 값을 인라인(inline)으로 하는 것이 가장 간단합니다. li 요소는 블록 (block) 레벨 요소이므로 자동으로 줄이 바뀝니다. 하지만 display 프로퍼티 값을 인라인으로 변경하면 텍스트 레벨 요소와 마찬가지로 표시 속성으로 변경되기 때문에 자동적으로 줄이 바뀌지 않게 됩니다.

[base.css]

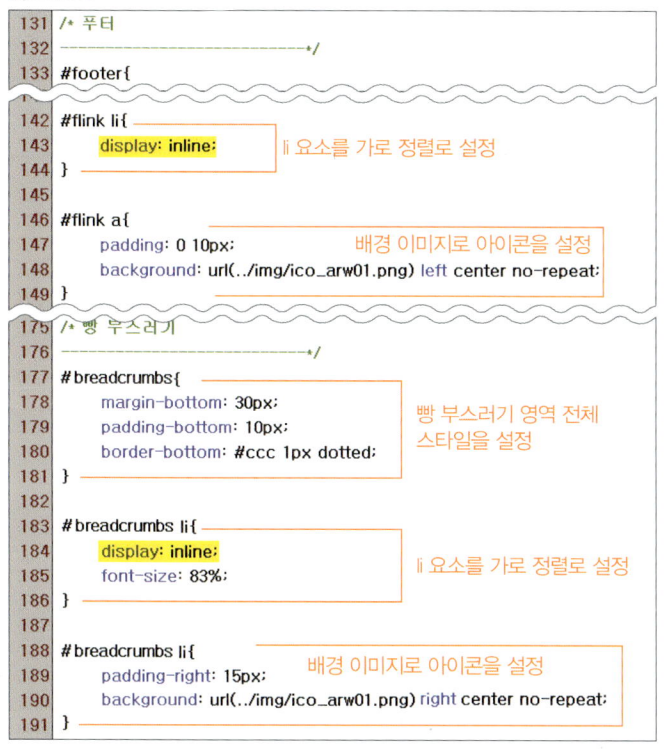

```
131  /* 푸터
132  ---------------------------*/
133  #footer{

142  #flink li{
143      display: inline;          ← li 요소를 가로 정렬로 설정
144  }
145
146  #flink a{
147      padding: 0 10px;          ← 배경 이미지로 아이콘을 설정
148      background: url(../img/ico_arw01.png) left center no-repeat;
149  }

175  /* 빵 부스러기
176  ---------------------------*/
177  #breadcrumbs{
178      margin-bottom: 30px;
179      padding-bottom: 10px;     ← 빵 부스러기 영역 전체 스타일을 설정
180      border-bottom: #ccc 1px dotted;
181  }
182
183  #breadcrumbs li{
184      display: inline;          ← li 요소를 가로 정렬로 설정
185      font-size: 83%;
186  }
187
188  #breadcrumbs li{
189      padding-right: 15px;      ← 배경 이미지로 아이콘을 설정
190      background: url(../img/ico_arw01.png) right center no-repeat;
191  }
```

★기억해 두세요.
display [요소의 표시 속성을 지정]
값 : block ¦ inline ¦ inline-block ¦ list-item ¦ table ¦ table-cell ¦ none 등

홈 | FlexCoding에 대하여 | 코딩 대행
홈 › 코딩 대행 › 서비스의 특징 ›

이 페이지의 상단으로
사이트 정책 › 개인정보보호정책 › 사이트맵 ›

Memo
li 요소의 디폴트인 display 프로퍼티는 'block'이 아니라 'list-item'입니다. 하지만 list-style 등 리스트 관련 프로퍼티를 설정할 수 있다는 점 이외에는 display:block;과 똑같습니다.

● 예제 19-1 display 프로퍼티의 변경

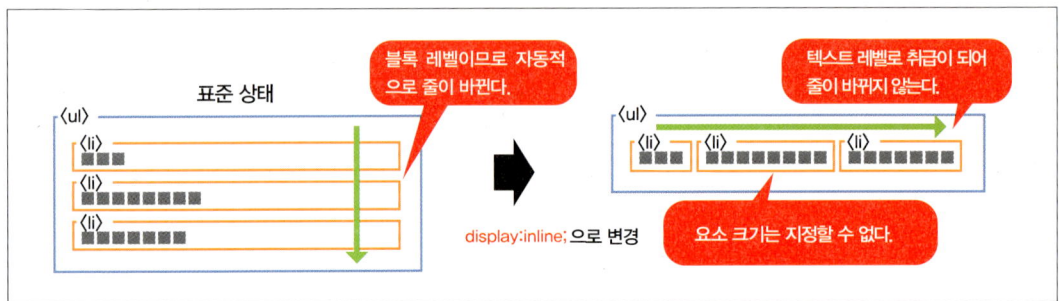

2 푸터의 링크 스타일을 변경한다

```
146  #flink a{                                                    보통 링크 시의 설정
147      padding: 0 10px;
148      background: url(../img/ico_arw01.png) left center no-repeat;
149      color: #666;
150      text-decoration: none;
151  }
152
153  #flink a:hover{                                              롤오버 시의 설정
154      text-decoration: underline;
155  }
```

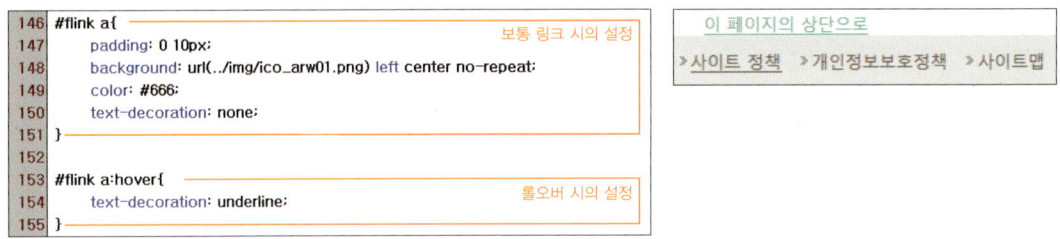

빵 부스러기(Breadcrumbs) 링크는 표준 텍스트 링크 스타일 그대로 하면 되지만 푸터 링크는 표준 텍스트 링크와는 스타일이 다릅니다. 특정 요소나 영역 링크만 스타일을 변경하고 싶은 경우 자손 선택자를 이용해 일괄 지정하는 쪽이 a 요소에 개별 class를 넣는 것보다 효율적입니다.

글로벌 내비게이션을 만든다(텍스트 메뉴)

여기서는 연습을 위해 CSS에서 글로벌 내비게이션을 디자인해 보겠습니다. 작성하는 글로벌 내비게이션 디자인은 아래와 같습니다.

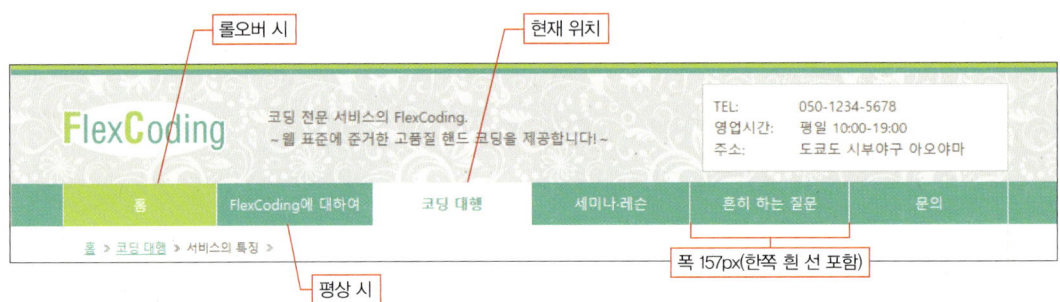

1 float로 li 요소를 가로 정렬한다

앞의 텍스트 링크와 달리 글로벌 내비게이션은 각 항목에 가로 폭을 설정해야 합니다. 이와 같은 경우에는 float를 사용해 요소를 가로 정렬합니다. ul 요소 안에서 작은 단 레이아웃을 만들고 있는 상태를 생각해 보세요. float를 사용해 나열하는 경우에는 clear:both;를 지정해야 하는 요소가 존재하지 않기 때문에 부모 요소인 ul에 overflow:hidden;을 설정(또는 clearfix를 설정)해서 ul 요소 내에서 float를 해제하도록 해야 합니다.

● 예제 19-2 float에 의한 가로 정렬과 해제

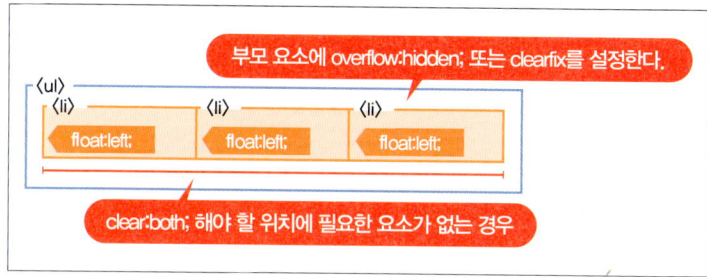

```
168  /* 글로벌 네비게이션 >
169  ----------------------*/
170  #gnav{
171      background: #00c4ab;
172  }
173
174  #gnav ul{
175      overflow: hidden;           ── ul 요소 내부에서 float를 해제
176  }
177
178  #gnav li{
179      float: left;
180      width: 156px;               ── li 요소를 float를 사용해 가로 정렬
181      border-right: #fff 1px solid;
182  }
183
184  #gnav li:first-child{
185      width: 153px;               940px로 하기 위해 맨 앞의
186      border-left: #fff 1px solid; ── li 요소만 153px로 설정하고 왼쪽 끝에
187  }                                border를 설정
```

고정 폭을 유지한 채 가로 정렬할 수 있다.

LESSON **19**

② a 요소를 블록화한다

다음에 필요한 것은 <mark>a 요소의 블록화</mark>입니다. 보통 링크로서 인식하는 것은 a 요소의 내용물인 글자 윗부분입니다. 이 상태를 해결하기 위해 a 요소에 display:block;을 지정해 블록 레벨 요소와 동등하게 변경합니다. 이와 같이 하면 폭과 높이를 지정할 수 있게 되고 테두리 전체를 링크 영역으로 인식시킬 수가 있게 됩니다.

```
182  #gnav a{
183      display: block;          ——a 요소의 블록화
184      padding: 10px 0;
185      text-align: center;       글로벌
186      text-decoration: none;    내비게이션의
                                    보통 링크 스타일
187      color: #fff;
188  }
189
190  #gnav a:hover{
191      background: #cce739;      롤오버 시의
                                    스타일 설정
192  }
```

영역 내 전체가 클릭 가능한 a 요소

● 예제 19-3 a 요소의 블록화

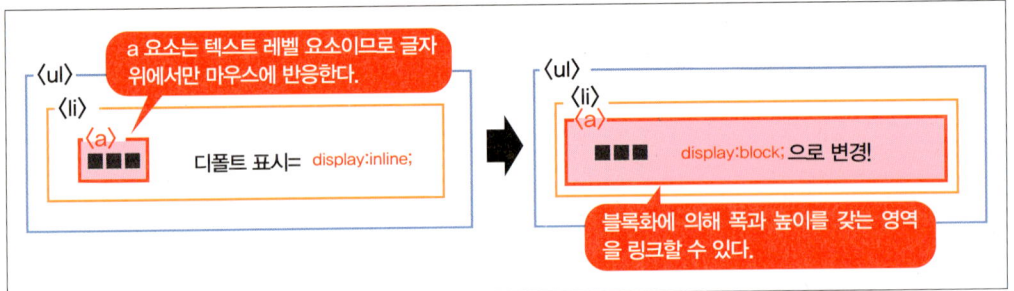

③ 현재 위치의 스타일을 변경한다

#gnav 내의 a 요소는 모두 동일한 스타일입니다. 이 안에서 특정 요소만 스타일을 변경하고 싶은 경우에는 <mark>class를 넣습니다.</mark>

[Service.html]

```
34   <!-- 글로벌 내비게이션 부분 -->
35   <nav id="gnav">
36       <ul class="inner">
37           <li><a href="#">홈</a></li>
38           <li><a href="#">FlexCoding에 대하여</a></li>
39           <li><a href="#" class="selected">코딩 대행</a></li>
40           <li><a href="#">세미나·레슨</a></li>
41           <li><a href="#">흔히 하는 질문</a></li>
42           <li><a href="#">문의</a></li>
43       </ul>
44   </nav> <!-- /#gnav -->
```

[base.css]

```
194  #gnav a.selected{
195      background: #fff;         영역 내
196      color: #00c4ab;           전체가 클릭
197      font-weight: bold;        가능한 a 요소
198  }
```

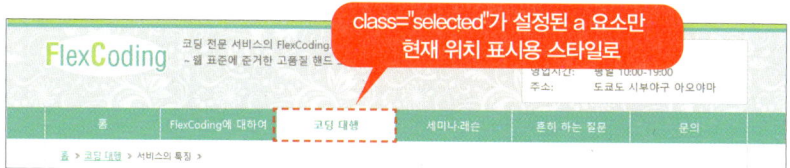

class="selected"가 설정된 a 요소만 현재 위치 표시용 스타일로

메뉴나 태그 등의 인터페이스는 현재 선택 중인 항목 스타일을 변경해 알기 쉽게 표현하기도 합니다. 이와 같은 경우에 일일이 개별 이름을 붙이는 것은 귀찮은 일이기 때문에 '선택 중'임을 나타내는 class명을 미리 정해 두고 어느 곳에서나 기계적으로 그 class명을 사용하도록 해 두면 효율적입니다.

> Memo '선택 중'을 나타내는 class명으로 흔히 사용되는 것이 '.selected'와 '.active', '.current'입니다.

COLUMN

display:inline;으로 가로 정렬 메뉴를 만들 경우 주의할 점

li 요소를 가로 정렬 메뉴로 할 경우는 display:inline; 또는 float:left;를 사용합니다. 하지만 display:inline;은 이용하는 데 몇 가지 제약이 있어 사용할 수 있는 곳이 한정되어 있습니다.

[display:inline;의 제약]
❶ 항목의 폭이나 높이(width/height)를 지정할 수 없다.
❷ 위아래의 margin을 지정할 수 없다.
❸ 소스 코드상의 줄 바꿈 글자가 스페이스(빈 공간)로 표시돼 버린다.

❶❷는 display:inline;으로 하는 것 자체에 의한 제약이기 때문에 피할 수가 없습니다. 디자인적으로 크기나 margin 설정을 하지 않아도 좋을 경우에만 이용하는 것이 좋습니다.
❸은 아래의 개선 예 ①처럼 소스 코드 상에서 줄 바꿈 글자를 삭제하거나 개선 예 ②처럼 줄을 바꾸는 부분에 일부러 코멘트를 넣으면 피할 수가 있습니다.

● 예제 19-4 줄 바꿈 글자의 스페이스화

리스트 항목 1 리스트 항목 2 리스트 항목 3 리스트 항목 4

【소스코드】
```
<ul>
<li><a href="#"> 리스트 항목 </a></li>↵
<li><a href="#"> 리스트 항목 </a></li>↵
<li><a href="#"> 리스트 항목 </a></li>↵
<li><a href="#"> 리스트 항목 </a></li>↵
</ul>
```

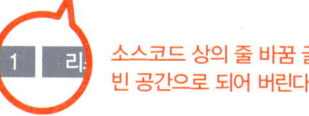 소스코드 상의 줄 바꿈 글자가 빈 공간으로 되어 버린다.

● 예제 19-5 개선된 예

[개선 예 ①] 소스 코드상의 줄 바꿈 글자를 삭제한다.
```
<ul>
<li><a href="#">리스트 항목 1</a></li><li><a href="#">리스트 항목
2</a></li><li><a href="#">리스트 항목 3</a></li><li><a
href="#">리스트 항목 4</a></li>
</ul>
```

헤더 내의 요소를 중앙으로 정렬한다

● 예제 19-6 헤더 부분의 현재 상태와 완성 디자인

현재 상태

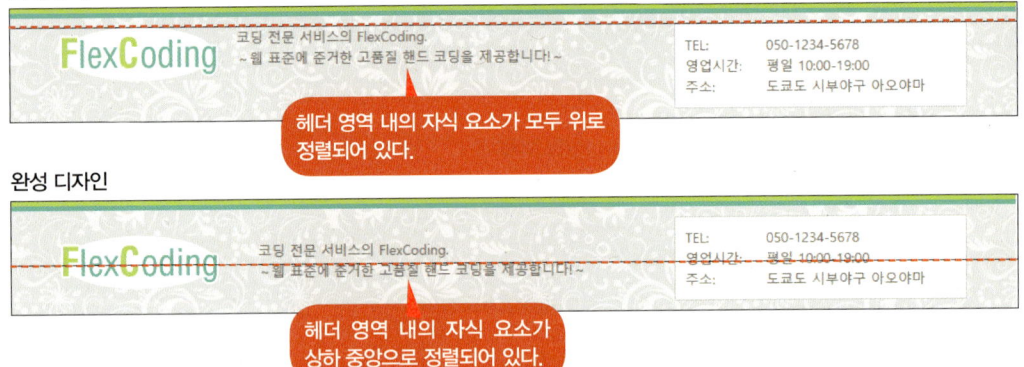

헤더 영역 내의 자식 요소가 모두 위로 정렬되어 있다.

완성 디자인

헤더 영역 내의 자식 요소가 상하 중앙으로 정렬되어 있다.

LESSON 18에서는 헤더 부분을 float로 3단 레이아웃했습니다. 그러나 이 경우 항상 각 블록은 상단 정렬로만 배치됩니다. 여기서 만들고자 하는 완성 디자인은 높이가 가변인 헤더 영역에 항상 상하 중앙

● 예제 19-7 position:absolute;를 이용한 상하 중앙 정렬

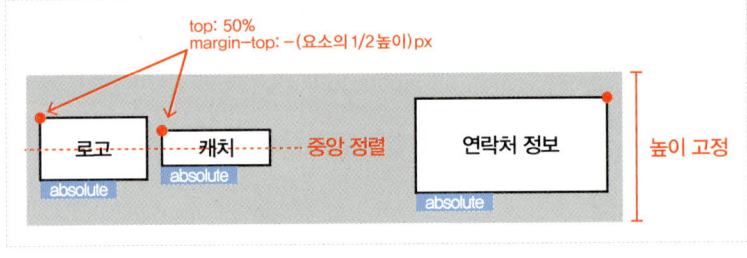

으로 정렬하는 것이므로 float 지정 레이아웃에서는 불가능합니다.

기본적으로 요소의 상하 중앙에 정렬하는 디자인의 경우, float는 사용할 수 없으므로 다른 방법을 찾아야 합니다. 그 대안으로 예전부터 사용한 것이 'position:absolute;'를 이용하는 방법입니다.

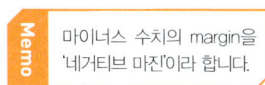

다음은 상하 중앙 정렬을 만드는 방법입니다.

- 상하 중앙 배치하고 싶은 요소를 절대 배치로 한다(position:absolute;).
- 부모 요소에 대해 위로부터 50%에 배치한다(top:50%;).
- 자기 자신 높이의 절반 크기를 margin-top에 마이너스 값으로 설정한다
  (margin-top:-[요소의 1/2높이] px;).

> **Memo** 마이너스 수치의 margin을 '네거티브 마진'이라 합니다.

그러나 자식 요소 모두가 position:absolute;로 절대 배치가 돼 버리는 경우에는 부모 요소에 height를 설정해야 하기 때문에 이 같은 레이아웃을 만들려면 다른 방법을 생각해 봐야 합니다.

결국 가장 간단하게 상하 중앙 정렬을 하는 방법으로 주목받고 있는 것이 '가상 테이블 레이아웃'이라 불리는 display:table-cell; 을 활용하는 방법입니다.

● 예제 19-8 display:table-cell;을 이용한 상하 중앙 정렬

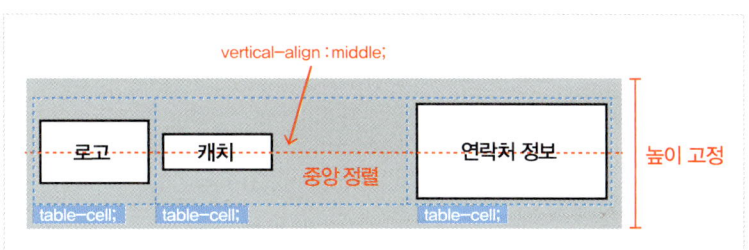

1 #logo, #catch, #info 설정을 삭제하고 td 요소로 변경한다

```
112  #logo{
113       margin-right: 20px;
114       display: table-cell;
115       vertical-align: middle;
116  }
117
118  #catch{
119       display: table-cell;
120       vertical-align: middle;
121  }
122
123  #info {
124       width: 20em;
125       padding: 10px;
126       border: #ccc 1px solid;
127       background: #fff;
128       display: table-cell;
129       vertical-align: middle;
130  }
```

가상 테이블화+상하 중앙 정렬

가상 테이블 영역   .inner 영역

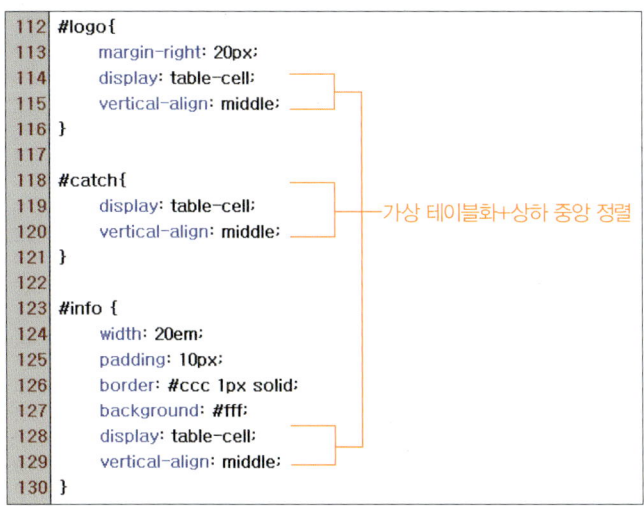

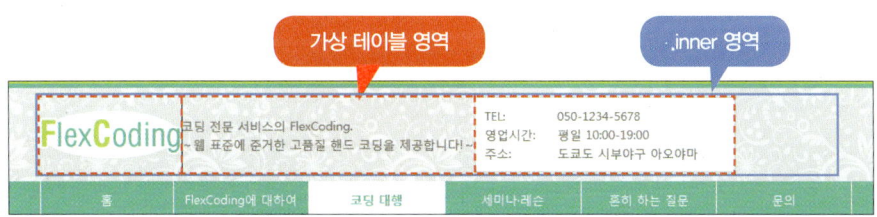

display:table-cell;이 설정된 연속하는 요소는 하나의 표 데이터로 여기기 때문에 자동적으로 일렬로 놓이게 됩니다. 그리고 이웃하는 셀은 ==가장 내용이 많은 요소에 맞춰 자동적으로 높이가 정렬==됩니다. 그러므로 셀 안에서는 ==상하 중앙 정렬을 지정하는 vertical-align이 유효==하게 됩니다. 이 테이블 요소의 표시 속성을 레이아웃에 이용하는 것이 가상 테이블 레이아웃이라는 기법입니다. 이것은 IE8 이상의 모든 환경에서 이용할 수 있습니다.

● 예제 19-9 가상 테이블 레이아웃

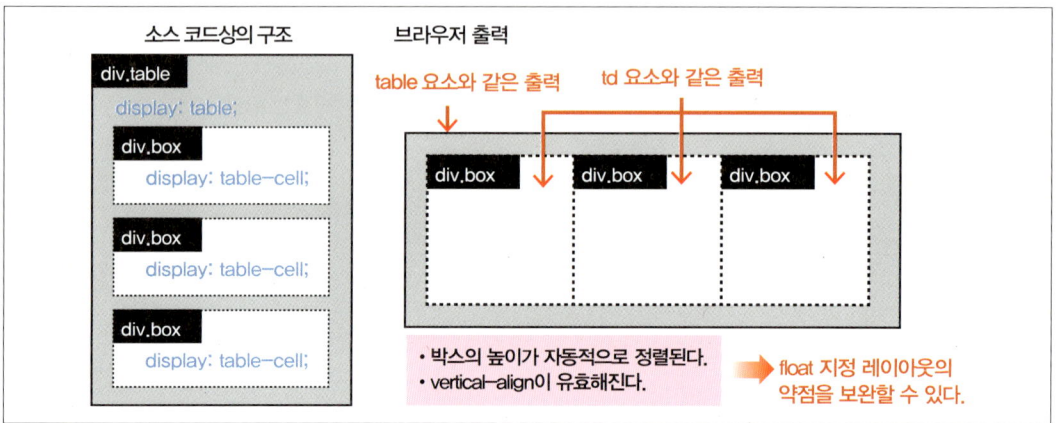

Term

가상 테이블 레이아웃

CSS가 보급되기 이전에는 물리적으로 테이블 요소를 레이아웃용으로 대용했으며 외적 구현만을 중시한 페이지 제작 방법(테이블 레이아웃)이 주류를 이루었습니다. 가상 테이블 레이아웃은 당시처럼 물리적으로 테이블 요소를 마크업에 사용하는 것이 아니라 display 프로퍼티 값만을 테이블 계열로 변경한 것입니다. 이렇게 하면 웹 표준에 준거한 마크업 구조를 유지하면서 테이블 레이아웃의 편리성을 구현할 수 있습니다.

2 **#logo, #catch, #info의 부모 요소를 table 요소로 변경한다**

```
 91  .inner{
 92      width: 940px;
 93      margin: 0 auto;
 94  }
 95  |
 96  /* 헤더
 97  ────────────────────*/

108  #header .inner {
109      display: table;    #header내의 .inner를 table화
110  }
```

.inner = 테이블 요소 상당

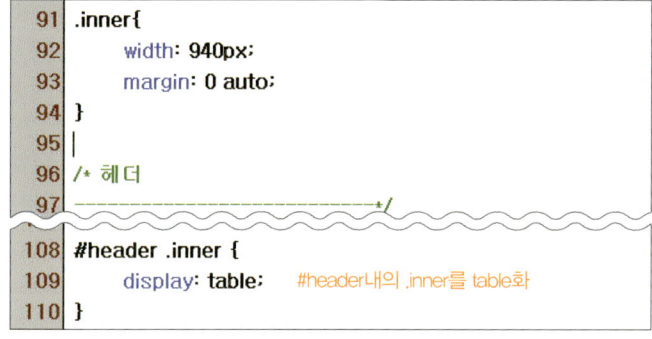

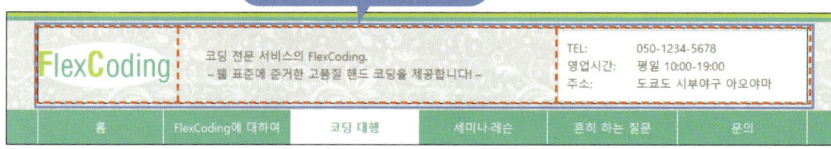

display:table-cell;을 설정한 각 요소를 부모 요소의 폭에 맞춰 자동적으로 늘어나고 줄어들도록 하기 위해서는 가까이에 있는 부모 요소에 명시적으로 display:table;을 설정한 다음 그 요소에 width 지정을 해야 합니다.

테이블 요소에 width가 설정되어 있지 않을 경우 자식 요소의 콘텐츠 양에 따라 전체 가로 폭이 자동적으로 조절되는 특징이 있습니다. 이와 같은 동작은 display 프로퍼티를 사용한 가상 테이블 레이아웃에서도 똑같습니다. 가상 테이블 전체의 폭을 임의로 설정하고 싶다면 다음 중 어느 한쪽이나 양쪽을 설정해야 합니다.

❶ 부모 요소에 display:table;을 명시하고 width를 설정한다.
❷ display:table-cell;을 설정한 요소 전체에 고유의 width를 설정한다.

강의 display 프로퍼티의 활용

display 프로퍼티란?

display 프로퍼티는 요소의 표시 특성을 조절하는 것으로 실습에서도 배웠듯이 CSS에서 언제든지 다른 값으로 변경할 수 있습니다. display 프로퍼티 값의 표시 특성을 이해하면 정보 구조에 준해서 제대로 마크업을 하면서 출력만은 다른 요소처럼 할 수도 있어 표현의 폭이 넓어집니다.

실습에서 사용한 것 이외에도 다양한 display 프로퍼티가 정의되어 있습니다. 이를 잘 사용하면 표현하기 어려운 디자인도 실현할 수 있게 됩니다.

display 프로퍼티의 종류와 특징

display 프로퍼티의 값으로 정의되어 있는 것은 표 19-1처럼 상당히 많습니다. 하지만 일반적인 제작에서는 비교적 사용하는 값이 한정되어 있습니다. 아래에 잘 사용하는 display 프로퍼티의 값과 그 특징을 정리해 두었으니 참고하기 바랍니다.

▶ block

특징 :
- 폭과 높이(width·height)의 개념이 있다.
- 상하좌우의 padding을 설정한다.
- 상하좌우의 margin을 설정한다.
- float나 position 등으로 특별하게 지정하지 않는 한 배치된 요소는 자동적으로 줄이 바뀌어 위에서 아래로 놓인다.
- vertical-align 프로퍼티가 무효이기 때문에 요소 내 콘텐츠의 상하 방향의 위치 정렬은 할 수 없다(항상 위 정렬이 된다).

● 예제 19-10 display:block;

▶ inline

특징 :

- 폭과 높이(width·height)의 개념이 없다(크기 지정을 할 수 없다).
- 상하 margin이 무효.
- br 요소로 강제로 줄을 바꾸지 않는 한 텍스트와 마찬가지로 행을 따라 가로 정렬된다.
- vertical-align 프로퍼티가 유효하기 때문에 인접한 텍스트나 인라인 요소와의 사이에 행 중간이나 상하 방향으로 위치 정렬이 가능하다.

● 예제 19-11 display:inline;

▶ inline-block

특징 :

- 인라인과 마찬가지로 요소 전후에서 줄을 바꾸지 않고 옆으로 놓인다.
- 블록과 마찬가지로 (width·height), 상하좌우의 margin과 padding을 모두 지정할 수 있다.
- 부모 요소의 text-align 속성으로 텍스트와 마찬가지로 좌우 방향의 행 정렬이 가능하다.
- vertical-align으로 박스끼리 상하 방향 정렬이 가능하다.

● 예제 19-12 display:inline-block;

▶ table-cell

특징 :

- 테이블 요소의 th나 td와 마찬가지로 표시 속성으로 할 수 있다.
- table-cell이 지정된 요소는 표의 셀과 마찬가지로 일렬로 가로 정렬되며 인접하는 요소의 높이도 자동적으로 가장 큰 것에 맞춰진다.
- vertical-align이 유효하기 때문에 요소 내 콘텐츠의 상하 방향의 위치 정렬이 가능하다.

● 19-13 display:table-cell

▶ none

특징 :

- 요소를 비표시로 한다.
- 지정된 요소는 '존재하지 않는 것'으로 취급되기 때문에 공백 영역은 확보되지 않고 후속 요소가 위에 채워져 출력된다.

● 표 19-1 display 프로퍼티 일람

값	설명	디폴트 요소
inherit	가장 가까운 부모 요소로 지정된 값을 계승	–
none	박스를 비표시로 한다	–
inline	인라인 박스로 표시	텍스트 레벨 요소 (span, a, strong, small 등)
block	블록 레벨 박스로 표시	블록 레벨 요소 (div, ul, dl, p, h1~h6, address 등)
list-item	블록 레벨 박스로 배치되지만 리스트 항목으로 표시	li
inline-block	inline와 마찬가지로 전후에서 줄을 바꾸지 않고 배치되는 블록 레벨 박스로 표시	img / input / select / button /object
table	블록 레벨 박스로 배치되는 표	table
inline-table	인라인 박스로 배치되는 표	–
table-row-group	표의 행 그룹	tbody
table-header-group	표의 헤더 그룹	thead
table-footer-group	표의 푸터 그룹	tfoot
table-row	표의 행으로 표시	tr
table-cell	표의 셀로 표시	td / th
table-column-group	표의 열 그룹	colgroup
table-column	표의 열로 표시	col
table-caption	표의 표제	caption
run-in	인라인 또는 블록 레벨 박스로서 표시(후속 요소에 따른다)	–
flex	플렉시블 박스 컨테이너로 표시	–
inline-flex	인라인 플렉시블 박스 컨테이너로 표시	–

POINT

● 가로 정렬 메뉴를 만들 때 크기 지정이 불필요하다면 display:inline; 을 필요하다면 float:left;가 편리하다.

● li 요소를 float:left;로 가로 정렬할 경우, 반드시 부모의 ul 요소에 overflow:hidden; 이나 clearfix를 지정한다.

● 가상 테이블 레이아웃을 활용하면 float 지정 레이아웃의 약점을 보완할 수가 있다.

실천적인 웹사이트 코딩

CSS 스프라이트의 구조를 이해한다

LESSON 20에서는 이미지로서 디자인된 글로벌 내비게이션을 만들어 보겠습니다. 항목이 텍스트가 아니라 이미지로서 디자인되어 있는 경우 몇 가지 제작 기법을 생각할 수 있습니다. 그중 이번에는 background-position 프로퍼티의 변경을 이용한 'CSS 스프라이트'라는 기법에 대해 알아보겠습니다.

샘플 파일 ▸ Chapter06 ▸ lesson20 ▸ before ▸ www/coding/service.html

● Before

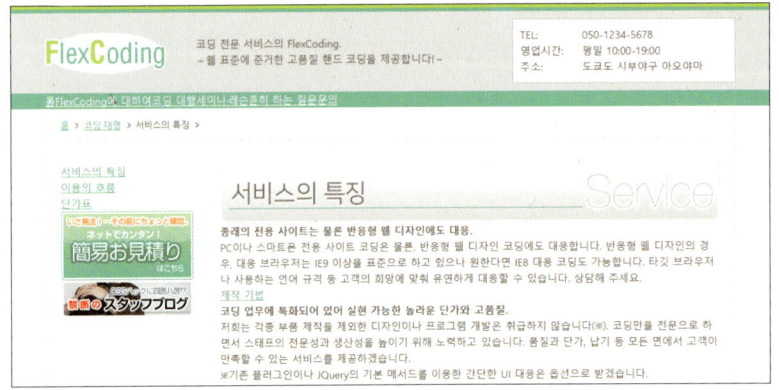

● After

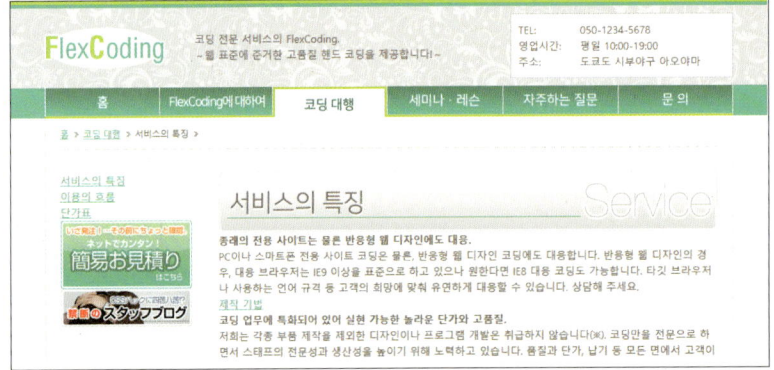

 **실습 CSS 스프라이트로 글로벌 내비게이션을 이미지화한다**

글로벌 내비게이션의 스프라이트화

1 글로벌 내비게이션의 li 요소에 개별 class명을 붙인다

먼저 CSS 스프라이트를 사용하기 위해서는 스프라이트용 이미지의 특정 장소를 불러올 수 있도록 HTML에 고유의 id 또는 class명을 붙여 두어야 합니다.

[service.html]

```
34  <!-- 글로벌 내비게이션 부문 -->
35  <nav id="gnav">
36      <ul class="inner">
37          <li class="gnav01"><a href="#">홈</a></li>
38          <li class="gnav02"><a href="#">FlexCoding에 대하여</a></li>
39          <li class="gnav03"><a href="#">코딩 대행</a></li>
40          <li class="gnav04"><a href="#">세미나·레슨</a></li>
41          <li class="gnav05"><a href="#">흔히 하는 질문</a></li>
42          <li class="gnav06"><a href="#">문의</a></li>
43      </ul>
44  </nav> <!-- /#gnav -->
```

2 보통, 롤오버, 현재 위치의 모든 이미지를 한데 모은 배경 이미지를 준비한다

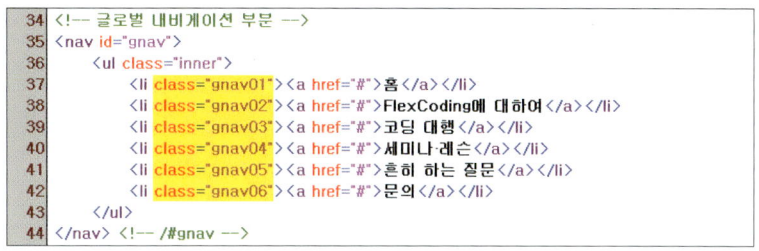

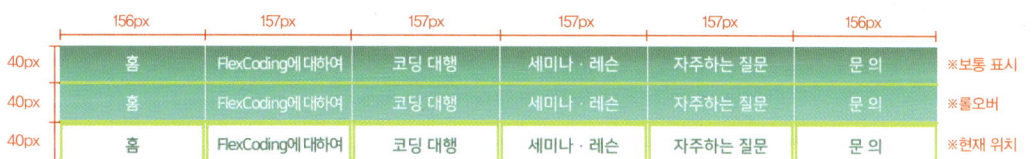

위의 예제처럼 보통, 롤오버, 현재 위치에 필요한 모든 이미지를 한데 모은 배경 이미지를 준비하고 미리 각 메뉴 항목의 폭과 높이를 알아 둡니다.

3 float로 가로 정렬한 글로벌 내비게이션의 a 요소에 배경용 이미지를 배치한다

#gnav의 a 요소에 1장의 글로벌 내비게이션 이미지를 배경 이미지로 배치합니다. 이 단계에서는 모든 항목이 '홈'이라는 첫째 메뉴 항목이 됩니다.

[base.css]

```
168  /* 글로벌 네비게이션
169  ---------------------------*/
170  #gnav{
171      background: #00c4ab;
172  }
173
174  #gnav ul{
175      overflow: hidden;
176  }
177
178  #gnav li{
179      float: left;
180  }
181
182  #gnav a{
183      display: block;
184      width: 157px;
185      height: 40px;
186      background: url(../img/gnav.png) no-repeat;
187      text-indent: -9999px;
188      color: #fff;
189  }
190
191  #gnav .gnav01 a,
192  #gnav .gnav06 a{
193      width: 156px;
194  }
```

LESSON 19의 텍스트판 가로 정렬 메뉴와 같다

a 요소 블록화

메뉴의 기본 크기를 설정

a 요소 배경에 글로벌 내비게이션용 이미지를 설정

메뉴의 텍스트를 화면 밖으로 보낸다

맨 처음과 마지막 메뉴만 가로 폭을 156px로 한다

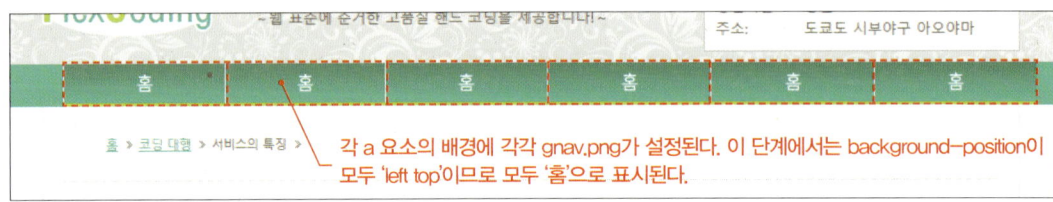

각 a 요소의 배경에 각각 gnav.png가 설정된다. 이 단계에서는 background-position이 모두 'left top'이므로 모두 '홈'으로 표시된다.

4 메뉴 배경 이미지의 표시 위치를 변경한다

각 a 요소를 개별로 지정하는 선택자를 추가하고 각각 background-position 프로퍼티로 배경 이미지의 표시 위치를 조정합니다.

[base.css]

```
196  #gnav .gnav01 a{ background-position: 0 0;}
197  #gnav .gnav02 a{ background-position: -156px 0;}
198  #gnav .gnav03 a{ background-position: -313px 0;}
199  #gnav .gnav04 a{ background-position: -470px 0;}
200  #gnav .gnav05 a{ background-position: -627px 0;}
201  #gnav .gnav06 a{ background-position: -784px 0;}
```

gnav01 a의 width(156px) 사이즈만큼 배경 이미지를 왼쪽으로 비킨다.

width(157px) 사이즈만큼씩 표시 위치를 왼쪽으로 비켜 간다.

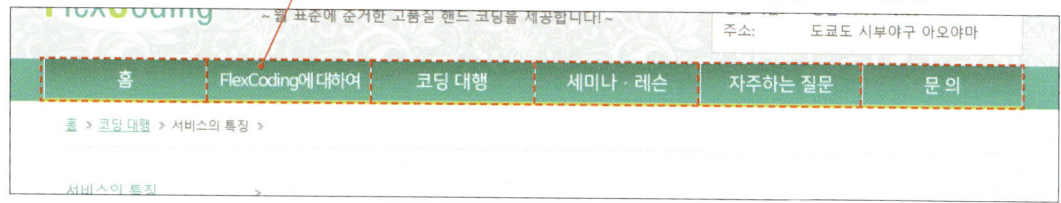

background-position으로 수평 좌표를 비키면 각각 다른 영역이 표시된다.

⑤ 롤오버 시 배경 이미지의 위치를 변경한다

:hover 가상 클래스로 각 a 요소의 롤오버를 지정하는 선택자를 추가하고 background-position 프로퍼티의 세로 방향 좌표를 메뉴의 높이만큼 위로 비켜 놓습니다. 높이는 메뉴에서 40px로 고정이므로 수직 방향의 좌표를 모두 -40px로 합니다.

```
203  #gnav .gnav01 a:hover{ background-position: 0 -40px;}
204  #gnav .gnav02 a:hover{ background-position: -156px -40px;}
205  #gnav .gnav03 a:hover{ background-position: -313px -40px;}
206  #gnav .gnav04 a:hover{ background-position: -470px -40px;}
207  #gnav .gnav05 a:hover{ background-position: -627px -40px;}
208  #gnav .gnav06 a:hover{ background-position: -784px -40px;}
```

롤오버 시에는 height(40px) 만큼 배경 이미지를 위로 비킵니다.

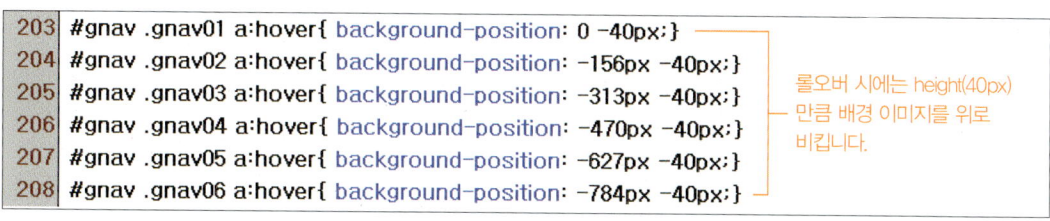

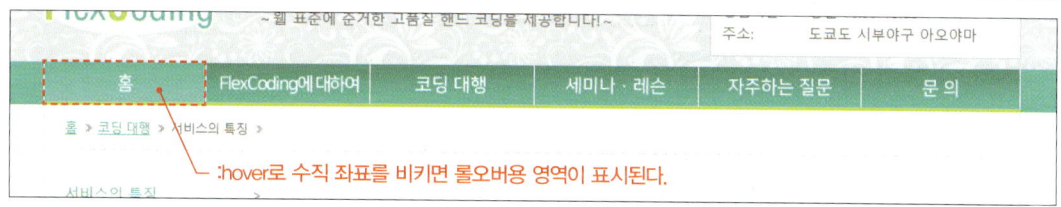

:hover로 수직 좌표를 비키면 롤오버용 영역이 표시된다.

이와 같이 여러 화면 이미지를 1장으로 정리하고 background-position 프로퍼티로 위치를 바꿈으로써 다른 그림을 보여주는 기법을 'CSS 스프라이트'라 합니다.

이번처럼 내비게이션 부분에서 사용할 때는 각 메뉴 영역의 너비와 높이만큼 규칙적으로 background-position을 비켜 가는 형태가 됩니다. 작은 창문 너머 커다란 그림이 배치되어 있는데, 그림을 비켜 놓으면 창에서 보이는 경치가 달라져 보이는 이미지를 상상하면 구조를 이해하기 쉬울 것입니다.

> **Memo** 여기서는 맨 처음과 마지막만 156px, 나머지는 157px로 했습니다. 균등한 폭이 아니기 때문에 계산하기 귀찮을 수도 있지만 기본적으로 앞에서 순서대로 항목의 너비 크기를 더해 가기만 하면 간단합니다.

● 예제 20-1 CSS 스프라이트의 구조

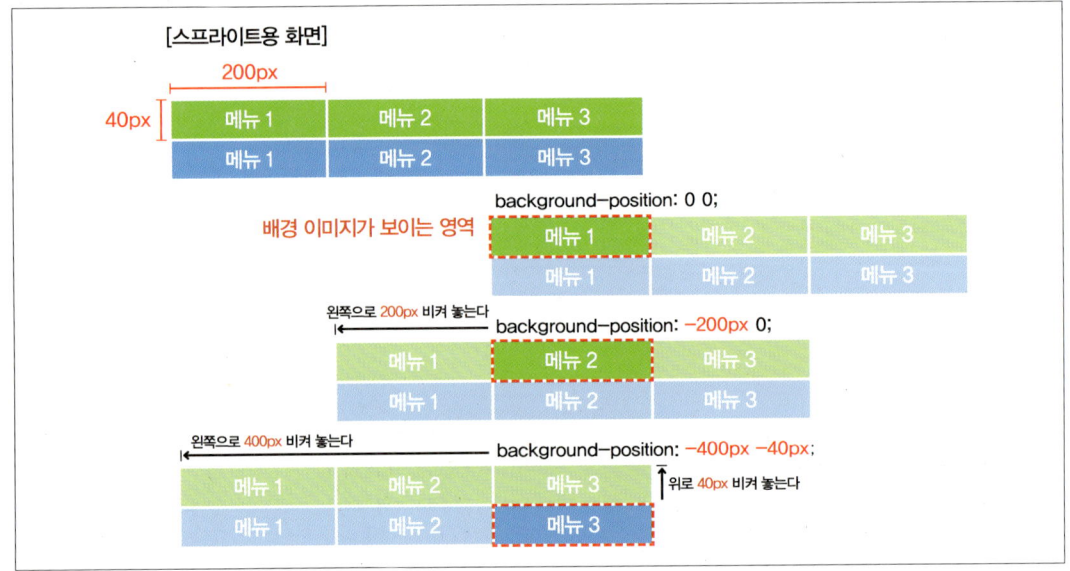

글로벌 내비게이션의 현재 위치를 표시한다(CSS 시그너처)

현재 위치를 나타내기 위해 LESSON 19에서는 a 요소에 class를 설정했습니다. 이 방법은 표시적으로는 문제가 없지만 다른 페이지를 만들 때마다 일일이 HTML을 수정해야 하고 공통으로 사용하는 글로벌 내비게이션의 소스 코드를 다른 용도로는 사용할 수 없는 문제가 발생합니다.

따라서 이번에는 같은 글로벌 내비게이션 소스 코드를 사용하면서 CSS만으로 현재 위치를 자동 인식시키는 방법을 배워보도록 하겠습니다.

 Memo 특히 공통으로 사용하는 것들을 외부 파일화해서 PHP 등으로 동적으로 채워 넣을 경우 같은 소스를 다른 곳에도 사용할 수 있느냐 없느냐에 따라 작업 속도가 달라집니다.

1 body 요소에 class로 카테고리명을 추가한다

글로벌 내비게이션의 각 항목은 웹사이트의 카테고리를 나타냅니다. 그러므로 HTML의 body 요소에 카테고리명을 나타내는 class명을 설정합니다. 여기가 이번 포인트입니다.

 Memo body 요소에 추가하는 카테고리 class명을 다른 페이지에서도 마찬가지로 추가해야 합니다.

[service.html]

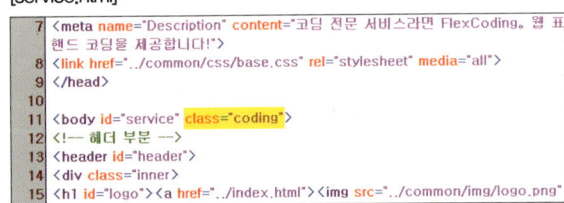
```
7  <meta name="Description" content="코딩 전문 서비스라면 FlexCoding。웹 표
   핸드 코딩을 제공합니다!">
8  <link href="../common/css/base.css" rel="stylesheet" media="all">
9  </head>
10
11 <body id="service" class="coding">
12 <!-- 헤더 부분 -->
13 <header id="header">
14 <div class="inner">
15 <h1 id="logo"><a href="../index.html"><img src="../common/img/logo.png"
```

② 카테고리명×리스트 항목명으로 현재 위치를 판단한다

이번에는 body의 카테고리 class명과 글로벌 내비게이션 목록 고유의 class명을 곱해 자손 선택자를 만들고 background-position 프로퍼티의 수직 좌표를 모두 –80px로 설정합니다. 이렇게 하면 CSS에서 자동으로 현재 위치 상태에서 스타일을 변경할 수 있게 됩니다.

```
210  .home #gnav .gnav01 a{ background-position: 0 -80px;}
211  .about #gnav .gnav02 a{ background-position: -156px -80px;}
212  .coding #gnav .gnav03 a{ background-position: -313px -80px;}
213  .lesson #gnav .gnav04 a{ background-position: -470px -80px;}
214  .faq #gnav .gnav05 a{ background-position: -627px -80px;}
215  .inquiry #gnav .gnav06 a{ background-position: -784px -80px;}
```

body.coding×li.gnav03에 해당하는 a 요소가 자동적으로 선택된다.

이와 같이 body 요소에 붙인 페이지 고유의 class/id명을 사용해 페이지 단위로 스타일에 변화를 주는 기법을 CSS 시그너처라고 합니다. 이 CSS 시그너처는 페이지나 카테고리 단위로 스타일을 관리하기 쉽게 하고 싶을 때 이용하기도 합니다.

👤 강의 CSS 스프라이트와 CSS 시그니처

CSS 스프라이트의 장점과 단점

위와 같은 화면 메뉴를 만들 경우 보통 롤오버와 현재 위치용 이미지를 1장씩 따로따로 준비해야 합니다. 여기서는 6항목×3패턴=18장의 이미지가 필요합니다. 웹 페이지의 데이터가 많으면 페이지 출력이 늦어지는 원인이 됩니다. 그러므로 출력 관점에서 보면 그다지 좋은 방법이라고는 할 수 없습니다.

▶ CSS 스프라이트의 장점

CSS 스프라이트는 필요한 모든 이미지를 한데 모은 것이므로 이미지 불러오기를 한 번에 완료할 수 있습니다. 이미 불러온 이미지의 표시 위치를 비켜 놓은 상태이므로 :hover 때에도 새로운 서버에 이미지를 요청하는 일은 없습니다. 그러므로 사용자가 실시간으로 출력을 바꿀 수가 있습니다.

CSS 스프라이트의 가장 큰 장점은 출력의 향상을 기대할 수 있다는 점에 있습니다. 특히 많은 액세스가 집중되는 웹사이트나 서비스를 구축할 때는 출력이 매우 중시되기 때문에 내비게이션뿐만 아니라 아이콘이나 버튼류 등 필요한 이미지를 모두 1장으로 모아 스프라이트를 만들 수도 있습니다.

CSS 스프라이트는 단순한 출력 테크닉이 아니라 HTTP 리퀘스트를 줄임으로써 보다 웹사이트 출력을 향상시키기 위한 수단입니다.

Memo

브라우저가 웹사이트의 출력에 필요한 각종 파일을 웹 서버에 요구하는 것을 'HTTP 리퀘스트'라 합니다. 한 번에 6개의 파일 정도밖에 요구할 수 없기 때문에 리퀘스트 수가 많으면 출력이 저하됩니다.

▶ CSS 스프라이트의 단점

CSS 스프라이트에도 단점은 있습니다. 그것은 제작과 관리에 손이 많이 간다는 것입니다. 이번처럼 거의 같은 크기의 이미지를 한 군데에서만 사용할 경우는 상관이 없지만 구글처럼 웹사이트 여기저기서 사용하는 이미지를 한데 모으는 일을 수작업으로 관리하기는 어렵습니다. 만약 수작업으로 한다면 모든 이미지를 무리하게 한데 모을 것이 아니라 컴포넌트 단위로 해서 여러 스프라이트 이미지로 나누어 관리하는 등의 방법이 필요할 것입니다.

CSS 스프라이트용 여러 이미지에 필요한 코드를 자동적으로 써주는 편리한 애플리케이션 툴도 있으므로 이와 같은 것을 활용하는 것도 좋습니다.

● 예제 20-2 스프라이트 화면의 예 : 구글

[CSS 스프라이트 작성 지원 툴의 예]

• CSS Sprite Generator URL http://ja.spritegen.website-performance.org/
  인기 있는 CSS 스프라이트 작성 툴이다. 스프라이트로 만들고 싶은 여러 화면을 zip으로 업로드하면 1장의 이미지로 이용하기 위한 CSS 코드를 써준다(무료).

• Sprite Pad URL http://wearekiss.com/spritepad
  스프라이트로 만들고 싶은 이미지를 드래그 앤 드롭으로 배치하면 1장 이미지로 이용할 수 있게 CSS 코드가 자동 작성된다(무료).

• Sprite Cow URL http://www.spritecow.com/
  스프라이트용으로 한데 모은 이미지를 업로드한 후 이미지를 선택하면 그 이미지의 스프라이트용 CSS 코드를 출력해 준다(무료).

CSS 시그너처의 장점와 단점

▶ CSS 시그너처의 장점

CSS 시그너처의 장점은 카테고리나 페이지마다 다른 스타일을 간단하게 설정할 수 있다는 점입니다. 카테고리나 페이지의 공통 스타일을 한데 모아 한군데에 기술해 두고 다른 부분은 CSS 시그너처를 이용해 설정하기만 하면 되므로 신규 제작하는 경우도 편하고 나중에 관리할 때도 알기 쉽습니다.

- 예제 20-3 CSS 시그너처 이용 예

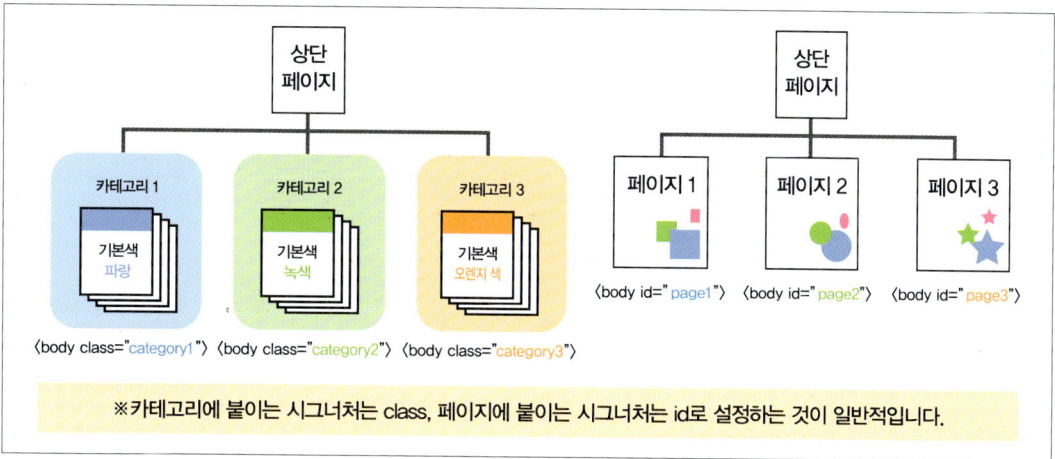

〈body class="category1"〉　〈body class="category2"〉　〈body class="category3"〉

〈body id="page1"〉　〈body id="page2"〉　〈body id="page3"〉

※카테고리에 붙이는 시그너처는 class, 페이지에 붙이는 시그너처는 id로 설정하는 것이 일반적입니다.

여러 카테고리로 이뤄지는 웹사이트에서 카테고리마다 주요 색상이 다른 경우나, 페이지마다 배경 이미지 비주얼이 다른 경우, CSS 시그너처를 사용하면 효율적으로 이용할 수 있습니다.

▶ CSS 시그너처의 단점

CSS 시그너처는 매우 편리한 테크닉이지만 '페이지 단위'로 스타일을 변경하기 위한 기법이기 때문에 같은 스타일을 다양한 곳에서 사용하기에는 적합하지 않습니다. 설정하고 싶은 다른 부분의 스타일이 정말로 '페이지에 의존'하는 것인지 확인하지 않고 사용하면 범용성이 없는 CSS를 쓰게 될 우려가 있습니다.

POINT

- CSS 스프라이트 , CSS 시그너처라는 인기 테크닉의 구조를 이해해 두자.
- 한곳에서 많은 이미지를 필요로 하는 이미지 내비게이션에는 CSS 스프라이트를 이용하자.
- 페이지 / 카테고리 단위로 스타일에 변화를 줄 때에는 CSS 시그너처를 이용하자.

실천적인 웹사이트 코딩

메인 콘텐츠 영역을 작성한다

LESSON 21에서는 콘텐츠 영역 내의 각 요소에 스타일을 설정하면서 각종 선택자를 사용하는 법과
둥근 모서리 등의 디자인 구현 방법을 알아보겠습니다.

샘플 파일 Chapter06 ▶ lesson21 ▶ before ▶ www/coding/service.html

● Before

● After

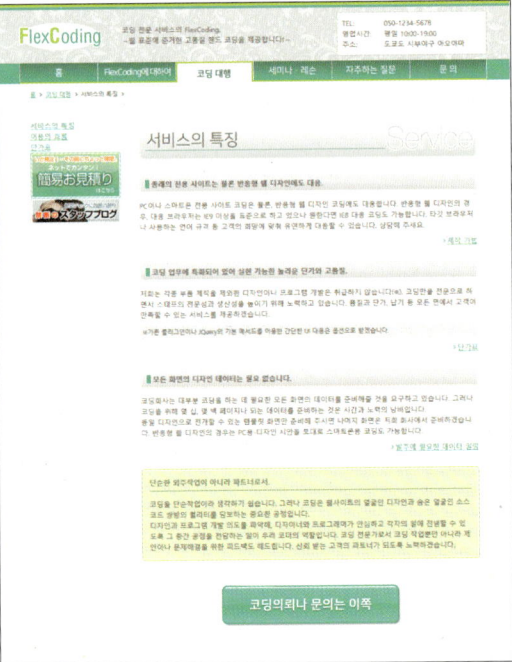

📖 실습 메인 콘텐츠 영역을 완성시킨다

표제 등의 '공유 스타일'을 지정한다

표제, 작은 표제, 본문, 보충, 링크 같은 요소는 일반적으로 특정 페이지만 사용되는 것이 아니라 사이트 하단에 사용되는 공통 기능입니다. Chapter 05에서 했던 설계를 토대로 메인 콘텐츠 영역 내의 각 디자인 요소에 모두 class로 명명한 다음 '공유 스타일'로써 base.css의 뒤에 정리해 기술하겠습니다.

```
267  /*---------------------------------
268
269
270     공유 스타일
271
272     ---------------------------------*/
273
274  /*페이지 큰 제목*/
275  .ptitle{
276      margin-bottom: 30px;
277  }
278
279  /*섹션 스타일*/
280  .sec{
281      margin-bottom: 30px;
282  }
283  .sec p+p{
284      margin-top: 10px;
285  }
286
287  /*부제목*/
288  .hdg{
289      margin-bottom: 15px;
290  }
291
292  /*주의 사항*/
293  .note{
294      padding: 5px;
295      background: #f2f2f2;
296      font-size: 85%;
297  }
298
299  /*아이콘 링크*/
300  .icon{
```

```
301      text-align: right;
302  }
303
304  .icon a{
305      padding-left: 10px;
306      background: url(../img/ico_arw02.png)
307  left center no-repeat;
308  }
309
310  /*문의 버튼*/
311  .btn_inquiry{
312      margin: 50px 0;
313      text-align: center;
314  }
```

서비스의 특징 ~~~~~~~~~~ Service

종래의 전용 사이트는 물론 반응형 웹 디자인에도 대응.

PC이나 스마트폰 전용 사이트 코딩은 물론, 반응형 웹 디자인 코딩에도 대응합니다. 반응형 웹 디자인의 경우, 대응 브라우저는 IE9 이상을 표준으로 하고 있으나 원한다면 IE8 대응 코딩도 가능합니다. 타깃 브라우저나 사용하는 언어 규격 등 고객의 희망에 맞춰 유연하게 대응할 수 있습니다. 상담해 주세요.

▶제작 기법

코딩 업무에 특화되어 있어 실현 가능한 놀라운 단가와 고품질.

저희는 각종 부품 제작을 제외한 디자인이나 프로그램 개발은 취급하지 않습니다(※). 코딩만을 전문으로 하면서 스태프의 전문성과 생산성을 높이기 위해 노력하고 있습니다. 품질과 단가, 납기 등 모든 면에서 고객이 만족할 수 있는 서비스를 제공하겠습니다.

※기존 플러그인이나 JQuery의 기본 메서드를 이용한 간단한 UI 대응은 옵션으로 받겠습니다.

▶단가표

▶ 메인 콘텐츠 영역의 margin 설정

메인 콘텐츠 영역의 각 디자인 요소에 설정하는 margin 설정 방법은 크게 두 가지로 나눌 수 있습니다.

❶ 각 디자인 요소의 스타일 지정에 고유의 margin 지정을 포함시키고 디자인 요소가 배치되었으면 자동으로 미리 설정된 margin으로 출력되도록 해 둔다.

❷ 각 디자인 요소의 스타일에 고유의 margin 지정을 하지 않고, margin만을 설정하는 범용 class로 개별 margin 지정을 한다.

❶은 디자인 요소마다 명확한 margin 규칙이 있으며 같은 margin 설정을 다른 곳에도 사용할 수 있습니다. 디자인 요소 스타일에 margin 설정이 들어 있으므로 콘텐츠를 늘려갈 때도 필요한 HTML 코드를 복사해 붙이기만 하면 될 정도로 효율적이라는 점이 장점입니다(이번 샘플 사이트의 경우도 이 같은 방법으로 진행했습니다).

반대로 같은 디자인 요소라 해도 배치하고 싶은 곳에 따라 margin을 임의로 변경하고 싶은 경우 원래 설정되어 있는 margin 지정이 방해가 된다는 점이 단점이라 할 수 있습니다.

❷는 각 디자인 요소의 margin을 자유롭게 설정하고 싶은 경우에 유연하게 대응할 수 있는 점이 장점입니다. 다만 디자인 요소마다 margin을 설정하고 싶은 경우는 그때마다 HTML에 margin 지정 전용 class를 추가해야 하기 때문에 손이 많이 갑니다.

Memo 선택자의 우선순위와 상세도 →Chapter 02의 86쪽을 참조해 주세요.

그리고 이미 margin 설정이 되어 있는 요소를 범용 margin으로 덮어쓰려고 할 때 선택자 상세도를 고려하지 않으면 문제가 발생할 우려가 있다는 점도 단점으로 뽑을 수 있습니다.

기본적으로는 디자인 단계에서 margin 규칙을 정확히 설계해서 ①의 방법을 바탕으로 margin을 설정해 두는 것이 좋습니다. 하지만 예외적인 케이스나 개별적으로 설정하고 싶은 케이스에 대응할 수 있게 미리 margin 지정을 위한 범용 class도 준비해 두고 필요할 때 사용하는 것이 제일 좋은 방법이라고 할 수 있습니다.

Memo 범용 class
사전에 정확히 설계하고 싶어도 현실적으로는 예외가 발생할 수 있습니다. 또한 개별적으로 우측 정렬하고 싶은 요소에 일일이 용도에 맞게 의미 있는 이름을 생각하는 것도 쉽지 않습니다. 따라서 개별 대응을 위해 많이 사용하는 스타일을 범용 class로서 미리 준비해 두면 편리합니다. margin만, color만, text-align만 등 개별 디자인 요소를 설정하는 범용적인 class를 'utility class'라 하는데 실제 안건을 코딩할 때 비교적 많이 사용합니다.

● 범용 class의 예

```
/*margin*/
.mb0  {margin-bottom: 0px;}
.mb5  {margin-bottom: 5px;}
.mb10 {margin-bottom: 10px;}
.mb15 {margin-bottom: 15px;}
.mb20 {margin-bottom: 20px;}
.mb25 {margin-bottom: 25px;}

/*행 정렬*/
.ta _ l  {text-align: left;}
.ta _ c  {text-align: center;}
.ta _ r  {text-align: right;}
```

높이 가변의 둥근 모서리를 설정한다

작은 표제 (.hdg)와 4단째 섹션(.r_box)에는 둥근 모서리 디자인을 사용합니다.

CSS2.1로 구현할 수 있는 프로퍼티로 기본 표제 스타일을 설정한다

```
287  /*부제목*/
288  .hdg{
289      margin-bottom: 15px;
290      padding: 8px 10px;
291      border: #e6e6e6 1px solid;
292      background: url(../img/bg_hdg_grad.png) left bottom repeat-x #f2f2f2;
293      line-height: 1.2;
294  }
```

배경 그러데이션용 화면 (bg_hdg_grad.png) … 10px X 206px

종래의 전용 사이트는 물론 반응형 웹 디자인에도 대응.

우선은 기존의 CSS로 할 수 있는 범위에서 기본적인 표제 스타일을 설정합니다. 그러데이션은 원래 CSS3로 적용할 수 있으나 여기서는 그러데이션용 배경 이미지를 준비했습니다.

② 블릿 마크 부분을 설정한다

[service.html]
```
61          <section class="sec">
62              <h3 class="hdg"><span>종래의 전용 사이트는 물론 반응형 웹 디자인에도 대응.
    </span></h3>
63              <p>PC이나 스마트폰 전용 사이트 코딩은 물론, 반응형 웹 디자인 코딩에도 대응합
    니다. 반응형 웹 디자인의 경우, 대응 브라우저는 IE9 이상을 표준으로 하고 있으나 원한다면 IE8 대
    응 코딩도 가능합니다. 타깃 브라우저나 사용하는 언어 규격 등 고객의 희망에 맞춰 유연하게 대응
```

[base.css]
```
296  .hdg span{
297      display: block;
298      padding-left: 5px;
299      border-left: #00c4ab 8px solid;
300  }
```

▌ **종래의 전용 사이트는 물론 반응형 웹 디자인에도 대응.**

표제 왼쪽 끝에 블릿 마크를 넣을 경우, border는 이미 사용했기 때문에 이대로는 .hdg에 블릿 마크를 설정하기가 어렵습니다. 또한 여러 행으로 된 경우에는 여러 행에 라인을 긋기 위해 :before 가상 요소를 사용하는 것도 곤란합니다. 따라서 h3 요소 안에 span 요소를 추가해 블릿 마크를 설정합니다. 여기까지가 IE8 이하에서 구현할 수 있는 디자인의 한계입니다.

③ CSS3를 이용해 둥근 모서리와 안쪽의 여백을 구현한다

```
287  /*부제목*/
288  .hdg{
289      margin-bottom: 15px;
290      padding: 8px 10px;
291      border: #e6e6e6 1px solid;
292      background: url(../img/bg_hdg_grad.png) left bottom repeat-x #f2f2f2;
293      line-height: 1.2;
294      border-radius: 3px;
295      box-shadow: 0 0 0 1px #fff inset;
296  }
```

★기억해 두세요.
border-radius [둥근 모서리]
box-shadow [박스의 그림자]

■ 종래의 전용 사이트는 물론 반응형 웹 디자인에도 대응.

둥근 모서리는 'border-radius'를 이용하면 간단하게 실현할 수 있습니다. 회색선 안쪽에 붙어 있는 1px의 흰 선은 요소에 그림자를 넣는 프로퍼티인 'box-shadow'를 이용하면 됩니다. 그리고 여기서 가변이 되는 것은 높이뿐이지만 실제로는 가로 폭의 가변에도 적용했습니다.

이와 같이 CSS3에 추가된 새로운 프로퍼티에 어떤 것이 있는지 알면 지금보다도 편하고 자유롭게 디자인을 할 수 있습니다.

● box-shadow 서식

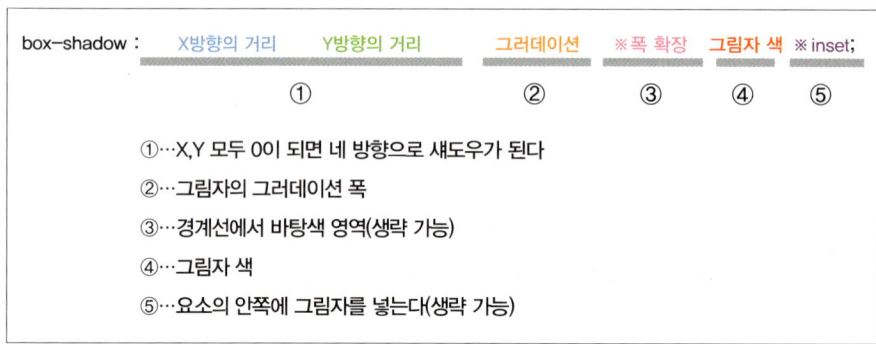

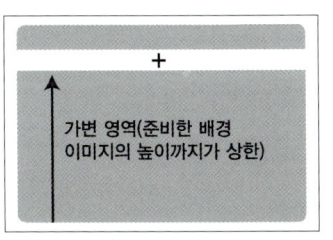

4단째 섹션(.r_box)의 구조는 작은 표제와 똑같습니다.

```
327  /*둥근 모서리 테두리*/
328  .r_box{
329      padding: 15px;
330      border: #cce91d 1px solid;
331      background: #f8ffd1;
332      border-radius: 5px;
333      box-shadow: 0 0 0 2px #fff inset;
334  }
335
336  .r_box_tit{
337      margin-bottom: 15px;
338      padding-bottom: 5px;
339      border-bottom: #79906f 1px solid;
340      color: #79906f;
341  }
```

> 단순한 외주작업이 아니라 파트너로서.
>
> 코딩을 단순작업이라 생각하기 쉽습니다. 그러나 코딩은 웹사이트의 얼굴인 디자인과 숨은 얼굴인 소스 코드 쌍방의 퀄리티를 담보하는 중요한 공정입니다.
> 디자인과 프로그램 개발 의도를 파악해, 디자이너와 프로그래머가 안심하고 각자의 일에 전념할 수 있도록 그 중간 공정을 전담하는 일이 우리 코더의 역할입니다. 코딩 전문가로서 코딩 작업뿐만 아니라 제안이나 문제해결을 위한 피드백도 해드립니다. 신뢰 받는 고객의 파트너가 되도록 노력하겠습니다.

사이드바 영역과 페이지 상단은 지금까지 배운 것을 응용하는 것이므로 설명은 생략하겠습니다. lesson 20 〉 complete에 완성 코드가 있으니 확인하기 바랍니다.

강의 화면 소재를 사용해 크기 가변 테두리를 만드는 방법

위에서는 높이 가변의 둥근 모서리를 만드는 데 CSS3를 이용했지만 아래와 같은 경우에는 이미지를 사용해 디자인을 해야 합니다.

- IE8로도 디자인을 하고 싶은 경우
- 둥근 모서리 같은 심플한 테두리가 아니라 손으로 그린 것 같은 선이나 장식 괘선을 만들고 싶은 경우

이것을 만드는 방법으로는 3가지 패턴이 있습니다. 앞에서 만든 둥근 모서리 테두리를 참고로 기본적인 방법을 익혀 두도록 합니다.

패턴 1 : 가로 폭 고정+어느 정도 높이의 상한을 예상할 수 있는 경우

가로 폭이 고정이고 높이의 상한을 어느 정도 예상할 수 있는 가변 테두리의 경우는 배경 이미지를 2장 준비합니다. 이 경우 예상되는 콘텐츠 양을 충분히 커버할 수 있는 큼지막한 배경 이미지를 준비하는 것이 포인트입니다.

● 기본 구조   ● 준비할 화면

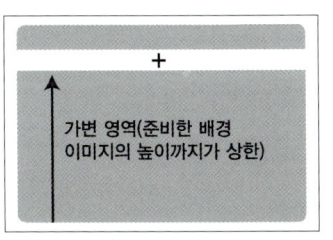

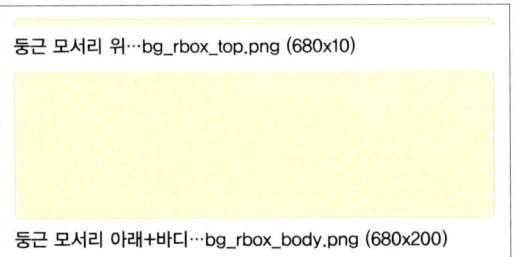

둥근 모서리 위…bg_rbox_top.png (680x10)

둥근 모서리 아래+바디…bg_rbox_body.png (680x200)

[HTML]

```
<div class="rbox01">
<p>[더미] 텍스트 텍스트</p>
</div>
```

[CSS]

```
.rbox01{
        padding: 15px;
        background: url(../img/bg_rbox_body.png) left bottom no-repeat;
        position: relative;
}
```

body+아래 모서리 둥근 테두리

```
.rbox01:before {
        content: "";
        display: block;
        width: 680px;
        height: 10px;
        background: url(../img/bg_rbox_top.png) no-repeat;
        position: absolute;
        left: 0;
        top: 0;
}
```

위 모서리 둥근 테두리(before 가상 요소)

.rbox01의 왼쪽 위를 기점으로 절대 배치

패턴 2 : 가로 폭 고정+높이 상한이 없는 경우

높이 상한이 없는 가변 테두리를 작성하는 경우에는 최소 3장의 배경 이미지와 그것을 표시하는 테두리가 필요합니다.

고정 크기의 상하 테두리에는 고정 크기의 배경 이미지, 중앙의 높이 가변이 되는 테두리의 배경에는 반복 가능한 배경 이미지를 이용해야 합니다.

● 기본 구조

```
        +

반복 영역(상한 없음)

        +
```

● 준비할 화면

둥근 모서리 위…bg_rbox_top.png (680x10)

바디…bg_rbox_body02.png (680x10)

둥근 모서리 아래…bg_rbox_btm.png (680x10)

● 소스

```
[HTML]
<div class="rbox02">
<p>[더미] 텍스트 텍스트</p>
</div>

[CSS]
.rbox02{
        padding: 15px;
        background: url(../img/bg_rbox_body02.png) repeat-y;
        position: relative;}
```

body(반복 영역)

```
.rbox02:before{
        content: "";
        display: block;
        width: 680px;
        height: 10px;
        background: url(../img/bg_rbox_top.png) no-repeat;
        position: absolute;
        left: 0;
        top: 0;
}
```

위 모서리 둥근 테두리(before 가상 요소)

.rbox02의 왼쪽 위를 기점으로 절대 배치

```
.rbox02:after{
        content: "";
        display: block;
        width: 680px;
        height: 10px;
        background: url(../img/bg_rbox_btm.png) no-repeat;
        position: absolute;
        left: 0;
        bottom: 0;
}
```

아래 모서리 둥근 테두리
(after 가상 요소)

.rbox02의 왼쪽 아래를 기점으로 절대 배치

패턴 3 : 세로 폭과 함께 가변인 경우

패턴 1과 2는 둘 다 가로 폭이 고정 크기이고, 높이만 가변인 경우이지만 가로 폭도 가변으로 하고 싶은 경우에는 상당히 복잡해집니다. 이 경우 필요한 배경 이미지는 만들고 싶은 디자인에 따라 다르지만 최대 9장이 됩니다. 이 패턴은 :before / :after 가상 요소를 구사했다 해도 요소 하나로 디자인을 실현하는 것은 불가능합니다. 디자인의 구현을 위해서는 div 요소 등을 추가해야 합니다.

● 기본 구조

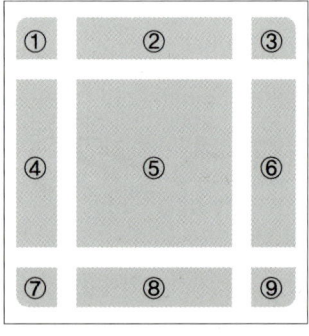

● 준비할 화면

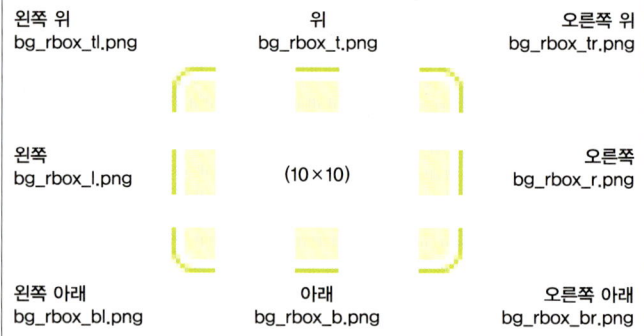

● 소스

[HTML]

```
<div class="rbox03">
<div class="rbox03 _ top">
<div class="rbox03 _ btm">
<div class="rbox03 _ body">
<p>[더미] 텍스트 텍스트</p>
</div><!-- /.rbox03 _ body -->
</div><!-- /.rbox03 _ btm -->
</div><!-- /.rbox03 _ top -->
</div><!-- /.rbox03 -->
```

[CSS]

```
/*위아래*/
.rbox03 _ top{
        padding-top: 10px;
        background: url(../img/bg _ rbox _ t.png) repeat-x;
        position: relative;
}

.rbox03 _ btm{
        padding-bottom: 10px;
        background: url(../img/bg _ rbox _ b.png) left bottom repeat-x;
        position: relative;
}


/*네 모서리*/
.rbox03 _ top:before,
.rbox03 _ top:after,
.rbox03 _ btm:before,
.rbox03 _ btm:after{
        content: "";
        display: block;
        width: 10px;
        height: 10px;
        background-repeat: no-repeat;
        position: absolute;
}
```

①②③(위 둥근 모서리)
영역의 테두리에 ②의 배경
이미지를 표시

⑦⑧⑨(아래 둥근 모서리)
영역의 테두리에 ⑧의
배경 이미지를 표시

①③⑦⑨
(네 둥근 모서리)용
테두리를 :before/:after
가상 요소로 생성해 공통하는
스타일을 일괄 지정

```
/*왼쪽 위*/
.rbox03_top:before{
background-image: url(../img/bg_rbox_tl.png);
left: 0;
top: 0;
}
```
①의 둥근 모서리를 .rbox03_top의
왼쪽 위에 절대 배치

```
/*오른쪽 위*/
.rbox03_top:after{
background-image: url(../img/bg_rbox_tr.png);
right: 0;
top: 0;
}
```
③의 둥근 모서리를 .rbox03_top의
오른쪽 위에 절대 배치

```
/*왼쪽 아래*/
.rbox03_btm:before{
background-image: url(../img/bg_rbox_bl.png);
left: 0;
bottom: 0;
}
```
⑦의 둥근 모서리를 .rbox03_bottom의
왼쪽 아래에 절대 배치

```
/*오른쪽 아래*/
.rbox03_btm:after{
background-image: url(../img/bg_rbox_br.png);
right: 0;
bottom: 0;
}
```
⑨의 둥근 모서리를 .rbox03_bottom의
오른쪽 아래에 절대 배치

```
/*바디*/
.rbox03_body{
padding: 5px 15px;
background: #f8ffcf;
position: relative;
}
```
바디 부분의 스타일을 설정

```
/*좌우*/
.rbox03_body:before,
.rbox03_body:after{
content: "";
display: block;
width: 10px;
height: 100%;
background-repeat: repeat-y;
position: absolute;
}
```
④⑥(양 사이드)용 테두리를 :before/:after
가상 요소로 생성해 공통하는 스타일을
일괄 지정

```
/*왼쪽*/
.rbox03_body:before{
background-image: url(../img/bg_rbox_l.png);
left: 0;
top: 0;
}
```
④의 세로선을 .rbox03_body의
왼쪽 위에 절대 배치

```
/*오른쪽*/
.rbox03_body:after{
background-image: url(../img/bg_rbox_r.png);
right: 0;
top: 0;
}
```
⑥의 세로선을 .rbox03_body의
오른쪽 위에 절대 배치

가로 세로 가변인 장식 괘선은 이처럼 이미지를 사용하는 일반적인 방법으로는 매우 복잡해집니다. 하지만 CSS3의 border-image라는 프로퍼티를 사용하면 HTML의 테두리 하나, 배경 이미지 1장만 있으면 똑같이 만들 수 있습니다.

● border-image 서식

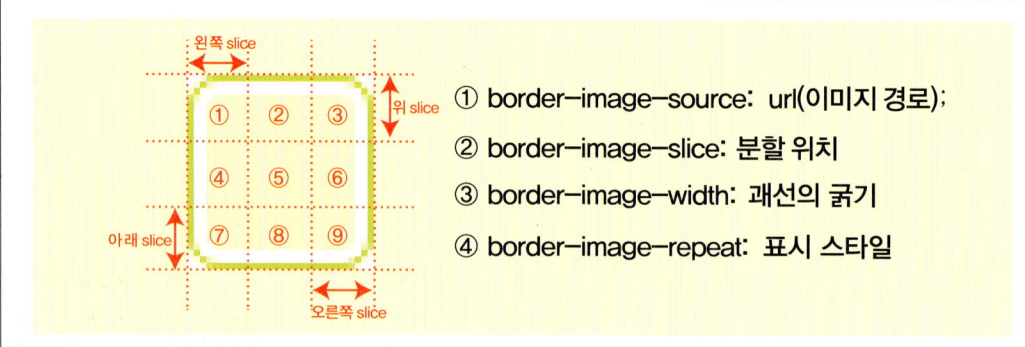

① border-image로서 사용하는 이미지를 지정(상하좌우 각 변과 네 모서리, 중앙을 9개로 분할할 수 있는 이미지를 준비할 것).
② 이미지의 상하좌우 각 변에서 몇 px를 border-image의 각 영역에 할당할지를 **단위 없는 수치**로 지정. fill을 추가하면 ⑤를 이미지로 다 채워 넣는다.
③ 괘선의 굵기를 지정. width 사이즈와 slice 사이즈가 다른 경우는 width 사이즈에 맞춰 이미지가 늘거나 준다.
④ 상하좌우 각 변의 border-image 이미지를 끌어 늘릴 것인가(stretch), 반복할 것인가(repeat)를 지정할 수 있다.

● 소스

[HTML]
```
<div class="rbox04">
<p>border-image 이용</p>
<p>[더미] 텍스트 텍스트</p>
</div>
```

[CSS]
```
.rbox04 {
        padding: 10px;
        border-image-source: url(../img/bg _ rbox.png);
        border-image-slice: 10 fill;
        border-image-width: 10px;}
```

코드를 비교하면 얼마나 간단한지 한눈에 알 수 있습니다. 다만 이 프로퍼티는 ==IE10 이하가 비대응==이므로 사용할 때는 동작할 수 있는 환경을 충분히 고려해야 합니다.

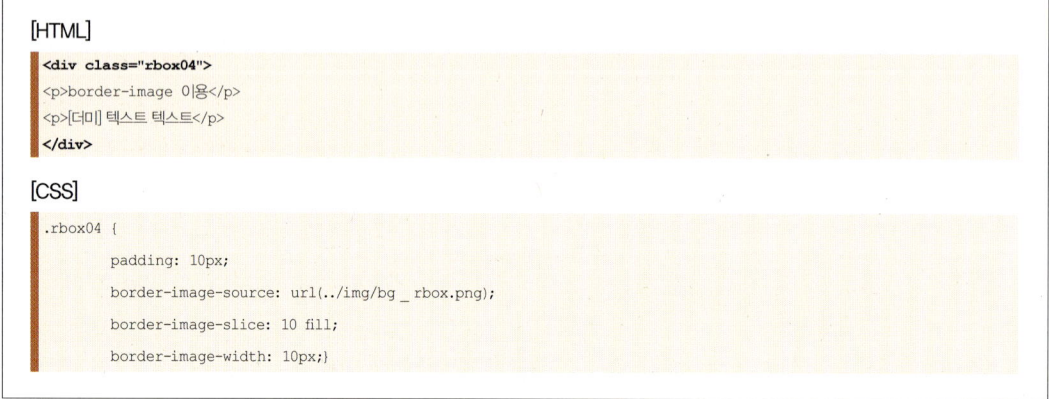

POINT
● 메인 콘텐츠 영역에서 사용하는 스타일은 원칙적으로 class 베이스로 만들자.
● 둥근 모서리나 그림자 같이 흔히 사용하는 디자인은 CSS3를 활용하자.
● 상황에 따른 여러 크기의 가변 테두리 구현 방법을 마스터하자.

Chapter 07

CSS3 입문

CSS3에서는 둥근 모서리나 드롭 섀도우뿐만 아니라 디자인 표현을 자유롭게 할 수 있는 다양한 프로퍼티와 선택자 등의 기능이 다수 갖춰 있습니다. 특히 최근 웹 제작에서 거의 필수적인 멀티 디바이스 대응을 할 때에는 CSS3가 상당히 중요한 역할을 하고 있습니다. 이 장에서는 이용 빈도가 높고 즉시 사용할 수 있는 것을 중심으로 CSS3의 선택자와 프로퍼티 기능을 설명하도록 하겠습니다. 또한 실무에 CSS3를 이용하는 데 주의해야 할 점에 대해서도 배워보도록 하겠습니다.

CSS3 입문

CSS3의 개요

LESSON 22에서는 CSS3에 어떤 기능이 추가되었는지 알아보겠습니다. 그리고 CSS3를 사용하는
데 있어 주의해야 할 점은 무엇인지에 대해서도 설명하겠습니다.

강의 CSS3의 기본과 주의할 점

CSS3란?

CSS3가 마치 지금까지 사용해왔던 CSS와는 전혀 다른 별도의 규격인 듯한 인상을 줄 수도 있습니다.
그러나 실제 CSS3는 지금까지 사용해왔던 CSS의 연장에 지나지 않습니다. 지금까지의 CSS를 토대로
거기에 새로운 선택자와 프로퍼티, 기타 기능을 추가한 것이 CSS3입니다.
단순하게 설명하자면, CSS3에는 '간단하게 할 수 있는 방법들'이 늘었을 뿐입니다. 따라서 CSS의 기본적
인 규칙이나 사용법을 확실히 익혀 두면 CSS3를 사용하는 데 아무런 문제가 없습니다.

● 예제 22-1 CSS의 확장

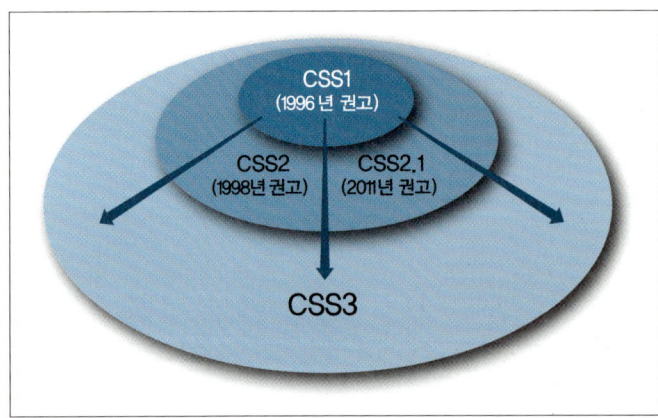

CSS3로 할 수 있게 된 것

CSS3로 할 수 있게 된 것들을 간단하게 알아보겠습니다.

1 class나 id에 의존하지 않는 선택자를 만들 수가 있다

CSS3에서는 새로운 선택자가 다수 추가되었습니다. 특히 속성 선택자나 가상 클래스, 가상 요소가 대폭으로 확장되어 class나 id에 의존하지 않는 선택자를 만들 수 있게 되었습니다.

2 CSS3만으로 표현할 수 있는 디자인의 폭이 넓어진다

둥근 모서리, 드롭 섀도우, 그러데이션을 비롯한 비주얼 표현에 없어서는 안되는 프로퍼티가 다수 추가되어 이미지를 준비하지 않아도 표현할 수 있는 디자인의 폭이 지금보다 훨씬 넓어졌습니다.

3 유연한 여러 단을 쉽게 실현할 수 있게 되었다

지금까지 단 레이아웃을 하려면 float나 position 등 극히 제한된 기법밖에는 없었습니다. 그러나 CSS3에는 다단 레이아웃(Multi-Column Layout Module), 유연한 박스 레이아웃(Flexible Box Layout Module)같은 새로운 레이아웃 모듈이 추가되어 더 간단하고 유연하게 단을 표현할 수 있게 되었습니다(155쪽 강의 참조).

4 CSS만으로 동적인 표현들이 가능하게 되었다

객체의 변형이나 트랜지션 효과, 애니메이션 같은 변형이나 움직임을 표현하는 프로퍼티가 추가되었습니다. 이전에는 플래시나 자바스크립트 등에 의존해 표현해야 했던 동적인 표현이 CSS만으로도 가능해진 것입니다.

● 예제 22-2 transform의 예

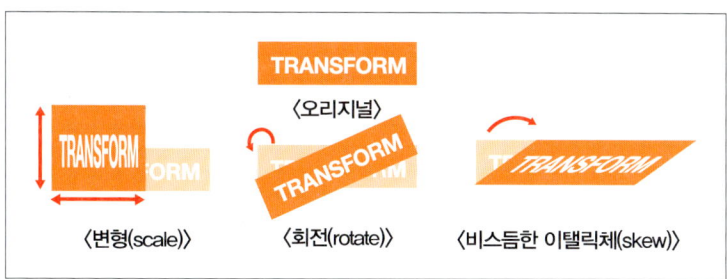

● 예제 22-3 transition의 예

● 예제 22-4 animation의 예

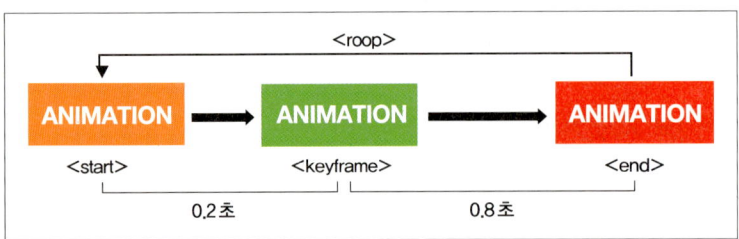

⑤ 웹 폰트를 지원

웹 폰트로서 서버 상에 폰트 데이터를 준비해 두면 사용자의 컴퓨터에 설치되어 있지 않아도 좋아하는 서체를 출력할 수 있게 되었습니다. 일부러 로고나 표제를 이미지화하지 않아도 됩니다. 사전에 웹 폰트 데이터를 준비해도 되지만 클라우드 서비스를 이용하면 보다 쉽게 할 수 있습니다.

● 예제 22-5 웹 폰트의 예

● 웹 폰트 서비스의 예

【Google Fonts】
URL http://www.google.com/webfonts/

【TypeSquare】
URL http://typesquare.com/

⑥ 윈도우나 디바이스 화면 크기 등에 따라 유연하게 CSS를 바꿀 수 있게 되었다

CSS3에서는 media 속성이 확장되어 윈도우나 디바이스 사이즈, 방향, 픽셀 밀도 등과 같은 미디어 특성에 따라 불러오는 스타일이 달라지는 '미디어 쿼리'라는 기능이 도입되었습니다. 최근 더욱 다양화되고 있는 디바이스와 표현 환경의 차이에 대응하는 데 없어서는 안되는 기능이라 할 수 있습니다.

● 예제 22-6 반응형 웹 디자인의 예 (http://kinugawakanaya.com/)

 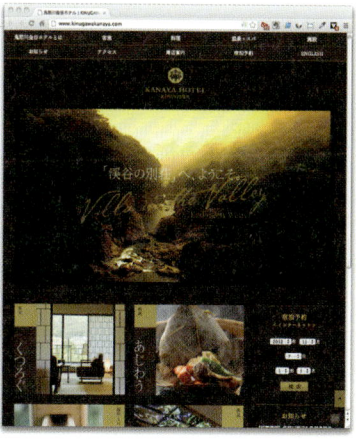 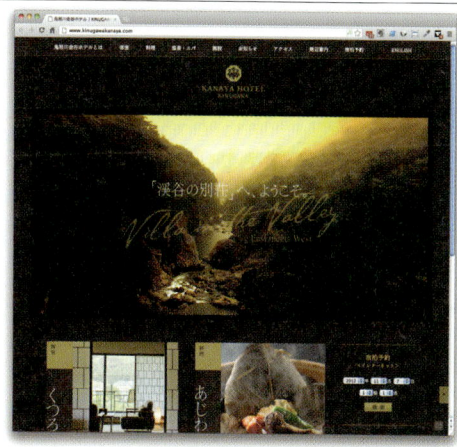

브라우저마다 다른 대응

CSS3에 추가된 기능은 매우 다양한데다 복잡합니다. 이 때문에 전체적인 기능들을 표준안으로 모두 정하는 것이 아니라 모듈 단위로 정하고 있습니다. 따라서 어느 모듈은 이미 권고가 되었는데 다른 모듈은 아직 초안 단계일 수도 있습니다. 브라우저의 대응도 모듈마다, 기능마다 수시로 진행되고 있으므로 CSS3를 사용할 경우에는 자신이 사용하고 싶은 기능이 브라우저의 어느 버전부터 사용할 수 있는지 확인해야 합니다.

브라우저의 대응 상황을 확인하는 방법은 Chapter 05에서 소개한 'can I use…'가 크게 도움이 됩니다(예제 22-7). 이 사이트에서는 최신 정보가 즉시 반영되기 때문에 날마다 업데이트되는 브라우저 최신 상황을 확인할 수 있으며 또한 과거 모든 버전에 대한 정보도 필요하다면 거슬러 올라가 확인할 수 있습니다. 또한 개별 프로퍼티 등에 대해서 각종 브라우저 버전마다 구체적으로 어디까지 대응할 수 있는지 확인할 수 있습니다. 이 사이트는 책에서 다 소개하지 못하는 모든 정보가 집약되어 있기 때문에 처음으로 사용하는 CSS3 프로퍼티나 비교적 최근 시작된 기능을 이용하고 싶은 경우에는 먼저 확인한 후 사용하도록 합니다.

벤더 프리픽스

CSS3를 사용하는 데 또 하나 알아 두어야 할 것은 '벤더 프리픽스'입니다. 이것은 초안 단계의 기능을 브라우저 벤더가 선행 대응할 경우에 본래 프로퍼티 또는 값 앞에 붙이는 키워드(식별자) 같은 것입니다. 벤더 프리픽스는 브라우저마다 표 22-1처럼 정해져 있습니다.

벤더 프리픽스는 표준안으로 굳어질 때까지 잠정적으로 사용하기 위한 과도기적인 것입니다. 표준안으로 된 것부터 순서대로

● 예제 22-1 벤더 프리픽스

브라우저	프리픽스
Internet Explorer	-ms-
Google Chrome	-webkit-
Safari	-webkit-
FireFox	-moz-
Opera	-webkit-
Opera(v12.16 이하)	-o-

제외되며 최종적으로는 모두 프로퍼티가 프리픽스 없이 동작하게 됩니다. 특히 이 책에서 소개하는 이용 빈도가 높은 것은 현재 대부분 프리픽스가 필요 없는 상태가 되었습니다. 그래도 아직 프리픽스가 필요한 것이 남아 있기 때문에 작업 중인 웹사이트 환경을 고려해서 경우에 따라 대응하기 바랍니다.

● 예제 22-7 can I use의 사용 방법과 벤더 프리픽스 확인 방법

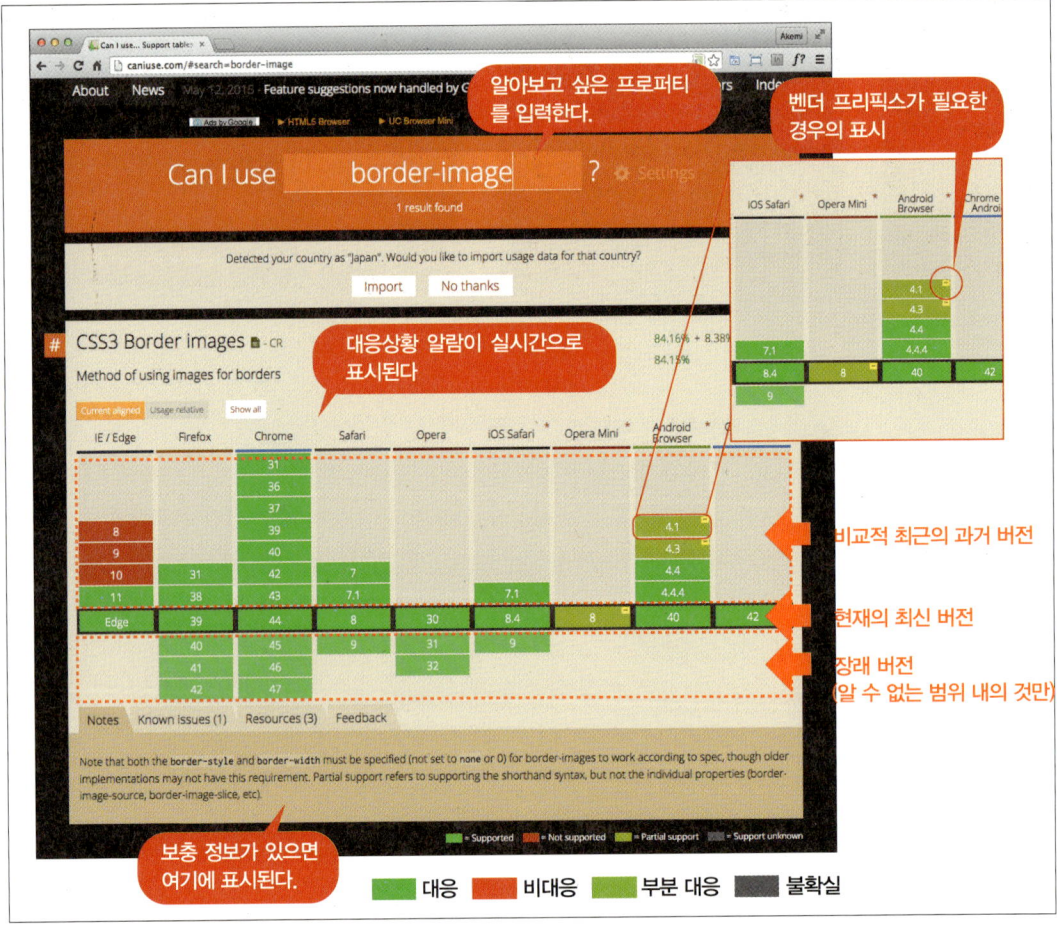

▶ 벤더 프리픽스 사용법

벤더 프리픽스는 '초안'에서 '권고 후보'가 된 단계에서 제외하는 것을 권장하고 있습니다. 따라서 벤더 프리픽스가 삭제됐을 때 동작에 문제가 생기지 않게 반드시 본래 프로퍼티와 세트로 기술해야 합니다. 그때에는 반드시 프리픽스 없는 프로퍼티를 마지막에 기술하도록 합니다.

그리고 상당히 오래된 과거의 버전까지 거슬러 올라가 넓게 지원한다면 4종류 모두 기술할 필요가 있지만 현재의 지원 상황과 브라우저의 보급률을 생각하면 대부분 '더한다면 -webkit-만, 경우에 따라 -ms-도 추가하는 정도로도 충분합니다.

● 벤더 프리픽스 예

```
.sample{
  -webkit-transform: rotate(45deg);  ──────── Chrome / Safari / Opera용
  -ms-transform: rotate(45deg);  ──────── IE9용
  transform: rotate(45deg);  ──────── 본래의 프로퍼티
}
```

CSS3 보급 상황과 제작자의 자세

▶ 주요 환경에서 대부분 이용 가능, 다만 프리픽스의 유무에 주의

CSS3 비대응인 IE8을 지원할 필요가 없고, 지원한다 해도 완전하지 않아도 되는 상황입니다. 그렇기 때문에 스마트폰이든 PC든 CSS3를 이용해서 제작해야 문제가 없습니다. 다만 이용하는 프로퍼티에 따라서 벤더 프리픽스가 필요한 것도 남아 있습니다. 특히 iOS나 Android 같은 모바일 환경에서는 PC 브라우저보다도 프리픽스를 필요로 하는 것이 많이 남아 있으므로 특히 주의가 필요합니다.

▶ IE9, 10과 Android4.3 이하의 동향을 체크

이들 환경 중 IE9, 10과 Android4.3 이하는 비교적 지원 상황이 늦어지고 있습니다. 특히 IE9는 대응되지 않는 프로퍼티가 많고 '부분 지원' 상황이므로 PC용(반응형 포함) 웹사이트 제작에서 CSS3 이용 상의 가장 큰 애로사항이 되고 있습니다. 스마트폰 전용 사이트에서는 PC용만큼 제한이 있는 것은 아니지만 Android4.3 이하와 4.4 이상 사이 단계의 지원 레벨의 벽이 있습니다. 이런 애로사항이 없어지면 거의 CSS3의 사용이 전면적으로 이뤄질 거라고 생각됩니다. 따라서 정기적으로 시장 동향을 체크하는 것이 좋습니다.

POINT

● CSS3는 지금까지의 CSS의 연장선상에 있으며 사용할 수 있는 기능이 늘어난 것뿐이다.

● 일부 기능에서는 '벤더 프리픽스' 기술이 필요하다.

● 지원해야 할 환경을 고려해 이용할 기술이나 프리픽스 유무를 그때그때 판단하는 것이 중요하다.

CSS3 입문

CSS3 선택자

CSS3에는 많은 선택자가 추가되어 지금까지보다도 유연하게 선택자를 만들 수 있게 되었습니다. 선택자 모듈은 이미 권고가 되었기 때문에 IE9 이상의 모든 브라우저에서 사용할 수 있습니다. LESSON 23에서는 '속성 선택자'와 '가상 클래스'를 중심으로 설명해 나가겠습니다.

샘플 파일 ▶ Chapter07 ▶ lesson23 ▶ before ▶ css/style.css | index.html

실습1 속성 선택자

● 표 23-1 새롭게 추가된 속성 선택자

서식	의미
E[foo^="bar"]	foo 속성 값이 bar로 시작되는 E 요소
E[foo$="bar"]	foo 속성 값이 bar로 끝나는 E 요소
E[foo*="bar"]	foo 속성 값이 bar를 포함한 E 요소

속성 선택자는 요소의 속성과 그 값이 어떤 식으로 되어 있는지를 토대로 대상을 선택하는 선택자입니다. CSS3에서는 위의 세 속성이 추가되었습니다.

속성 값이 '~로 시작된다' 요소를 선택한다

class 속성 값이 START로 시작되는 li 요소의 테두리 선을 빨간색으로 표현하도록 CSS를 설정하겠습니다. 속성 값이 '~로 시작된다'이므로 를 사용합니다.

[HTML]

```
<ul class="sample">
<li class="STARTxx">class="STARTxx"</li>
<li class="xxSTART">class="xxSTART"</li>
<li class="xxSTARTxx">class="xxSTARTxx"</li>
</ul>
```

[CSS]
```
/*~로 시작된다*/
li[class^="START"]{
  border-color:#f00;
}
```

```
class = "STARTxx"

class = "xxSTART"

class = "xxSTARTxx"
```

class 속성 값이 'START'로 시작되는 것은 맨 처음의 li 요소뿐이므로 첫 번째 행만 테두리 선이 빨간색으로 바뀌었습니다.

속성 값이 '~로 끝난다' 요소를 선택한다

class 속성 값이 END로 끝나는 li 요소의 테두리 선을 빨간색으로 표현하도록 CSS를 설정하겠습니다. 속성 값이 '~로 끝난다'이므로 E[foo$="bar"]를 사용합니다.

[HTML]
```
<ul class="sample">
<li class="ENDxx">class="ENDxx"</li>
<li class="xxEND">class="xxEND"</li>
<li class="xxENDxx">class="xxENDxx"</li>
</ul>
```

[CSS]
```
/*~로 끝난다*/
li[class$="END"]{
  border-color:#f00;
}
```

```
class = "ENDxx"

class = "xxEND"

class = "xxENDxx"
```

class 속성 값이 END로 끝나는 것은 두 번째 li 요소뿐이므로 두 번째 행만 테두리 선이 빨간색으로 바뀌었습니다.

속성 값이 '~포함한다' 요소를 선택한다

class 속성 값이 CNT를 포함하는 li 요소의 테두리 선을 빨간색으로 표현하도록 CSS를 설정하겠습니다. 속성 값이 '~포함한다'이므로 E[foo*="bar"]를 사용합니다.

[HTML]

```
<ul class="sample">
<li class="CNTxx">class="CNTxx"</li>
<li class="xxCNT">class="xxCNT"</li>
<li class="xxCNTxx">class="xxCNTxx"</li>
</ul>
```

[CSS]

```
/*~를 포함한다*/
li[class*="CNT"]{
  border-color:#f00;
}
```

class = "CNTxx"

class = "xxCNT"

class = "xxCNTxx"

class 속성 값에 CNT라는 글자가 들어간 것은 모든 li 요소이므로 3행 모두 테두리 선이 빨간색으로 바뀌었습니다.

[실용 예] 링크 종류별로 아이콘을 출력한다

'외부 사이트'에 대한 링크에는 끝에 외부 링크 아이콘을, 'PDF 파일'에 링크하는 것에는 맨 앞에 PDF 파일 아이콘이 자동적으로 붙도록 속성 선택자를 설정합니다. 링크처의 속성 값으로 판단하기 때문에 대상이 되는 요소는 a 요소, 사용할 속성은 href 속성입니다.

[HTML]

```
<ul class="sample">
<li><a href="index.html">일반 링크</a></li>
<li><a href="http://www.google.com/">외부 사이트로의 링크</a></li>
<li><a href="img/file01.pdf">PDF 파일에 링크</a></li>
</ul>
```

[CSS]

```
/*외부 사이트에 링크*/
a[href^="http"]{
  padding-right:20px;
  background:url(../img/icon_blank.gif) right center no-repeat;
}

/*PDF 파일에 링크*/
a[href$=".pdf"]{
  padding-left:20px;
  background:url(../img/icon_pdf.gif)  no-repeat;
}
```

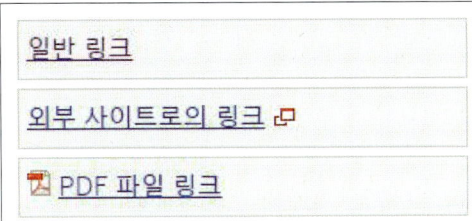

외부 사이트에 링크할 때는 http(절대 경로)로 시작하는 것, PDF 파일에 링크할 때는 '확장자가 .pdf인 것'을 찾으면 되므로 속성 선택자는 각각 a[href^="http"], a[href$=".pdf"]로 하면 됩니다.

실습2 가상 클래스

● 표 23-2 새롭게 추가된 가상 클래스

종류	가상 클래스	의미
구조적 가상 클래스	E:last-child	마지막 자식 요소 E
	E:nth-child(n)	n번째 자식 요소 E
	E:nth-last-child(n)	뒤에서 n번째 자식 요소 E
	E:only-child	유일한 E 요소
	E:first-of-type	첫 E 요소
	E:last-of-type	마지막 E 요소
	E:nth-of-type(n)	n번째 E 요소
	E:nth-last-of-type(n)	뒤에서 n번째 E 요소
	E:nth-only-of-type	유일한 E 요소
	E:root	루트 요소(html 요소)
	E:empty	내용물이 비어 있는 E 요소
부정 가상 클래스	E:not(s)	s가 아닌 E 요소
타깃 가상 클래스	E:target	참조 URI의 대상인 E 요소
UI 가상 클래스	E:enabled	유효한 UI인 E 요소
	E:disabled	무효한 UI인 E 요소
	E:checked	체크되어 있는 E 요소(체크 박스/라디오 버튼)

위의 사항은 CSS3에 추가된 가상 클래스입니다. 이전에도 :first-child(첫 자식 요소)는 있었으나 CSS3에서는 마지막 자식 요소, n번째 자식 요소 등과 같이 변화가 많아진 것이 특징입니다.

모든 자식 요소를 카운트하는 '~child' 계열 가상 클래스

:first-child(CSS2.1에서 정의됨) / :last-child(n) / :nth-child(n) / :nth-last-child(n) / :only-child 이 5개는 동일 계층에 있는 모든 자식 요소를 세서 조건에 해당하는 것을 선택하는 가상 클래스입니다. 다음의 소스 코드를 통해 child 계열 가상 클래스를 적용한 샘플을 확인해 보도록 하겠습니다.

[HTML]

```
<ul class="sample child">
<li>child1 (first)</li>
<li>child2</li>
<li>child3</li>
<li>child4</li>
<li>child5</li>
<li>child6</li>
<li>child7 (last)</li>
</ul>
```

▶ ul.child의 마지막 자식 요소 테두리 선을 빨간색으로 한다

마지막 자식 요소를 선택하려면 :last-child를 사용합니다.

[CSS]

```
/*마지막 자식 요소*/
.child :last-child{
  border-color:#f00;
}
```

| child1 (first) |
| child2 |
| child3 |
| child4 |
| child5 |
| child6 |
| child7 (last) |

'child7'의 테두리 선이 빨간색으로 바뀝니다. :nth-last-child(1)로 해도
같은 결과가 나오지만 마지막 자식 요소를 선택할 경우는 :last-child
라고 하는 것이 자연스럽습니다.

▶ 세 번째 자식 요소의 글자를 빨간색으로 한다

앞에서 n번째 자식 요소를 선택하려면 :nth-child()를 사용합니다.

[CSS]

```
/*세 번째 자식 요소*/
.child :nth-child(3){
  color:#f00;
}
```

| child1 (first) |
| child2 |
| child3 |
| child4 |
| child5 |
| child6 |
| child7 (last) |

세 번째 자식 요소인 'child3'의 글자가 빨간색으로 바뀝니다. 직접 순
번을 지정할 경우, :nth-child(n)의 n에 1로 시작되는 정수를 넣으면
됩니다.

▶ 뒤에서 세 번째 자식 요소의 글자를 파란색으로 한다

뒤에서 n번째 자식 요소를 선택하려면 :nth-last-child()를 사용합니다.

[CSS]

```
/*뒤에서 세 번째 자식 요소*/
.child :nth-last-child(3){
    color:#00f;
}
```

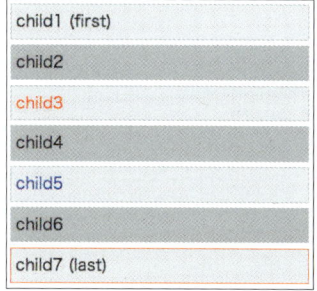

> 뒤에서 세 번째 자식 요소인 'child5'의 글자가 파란색으로 바뀝니다. 이번 소스 코드의 경우, :nth-child(5)와 :nth-last-child(3)는 같은 자식 요소를 가리킵니다. 어느 쪽에서부터 셀 것인가는 CSS를 설계하기 나름입니다.

▶ 짝수 번째 자식 요소만 배경색을 #ccc로 한다

짝수 번째 자식 요소를 선택하려면 :nth-child(even)을 사용합니다.

[CSS]

```
/*짝수 번째 자식 요소*/
.child :nth-child(even){
    background-color:#ccc;
}
```

> child2, child4, child6의 배경색이 #ccc(짙은 회색)로 바뀝니다. :nth-child(n)의 n을 'even'으로 하면 짝수 번째 자식 요소를 선택할 수 있고, 'odd'로 하면 홀수 번째 자식 요소를 선택할 수 있습니다. :nth-last-child(n)의 경우도 마찬가지입니다.

▶ 두 번째를 선두로 3개 건너뛴 자식 요소의 테두리 선을 3px 검정색으로 한다

좀 복잡한 패턴으로 자식 요소를 선택할 경우는 :nth-child(n)의 n에 수열을 넣어 지정합니다.

[CSS]

```
/*두 번째를 선두로 3개 건너뛴 자식 요소*/
.child :nth-child(3n+2){
    border:#000 3px solid;
}
```

> child2와 child5의 테두리 선이 3px의 검정선으로 바뀝니다.
> n에는 (αn+β)라는 형식의 수열을 넣을 수가 있습니다. 이 경우의 n에는 0, 1, 2…와 같이 0에서 시작하는 정수가 대입되고, (3n+2)의 경우에는 (3×0+2), (3×1+2),(3×2+2)…가 되어 2,5,8…이라는 수열이 돌아옵니다.
> (2n)으로 한 경우에는 (even), (2n+1)로 한 경우에는 (odd)와 같은 결과가 됩니다.

같은 요소만 카운트하는 '∼of-type' 계열 가상 클래스

:first-of-type / :last-of-type / :nth-of-type(n) / :nth-last-of-type(n) / :only-of-type 이 5개는 동일 계층에 있는 같은 종류의 요소를 카운트해서 조건에 해당하는 것을 선택하는 가상 클래스입니다. 다음 소스 코드를 통해 of-type 계열의 가상 클래스를 적용하는 샘플을 만들어 보도록 하겠습니다.

[HTML]
```
<div class="sample ofType">
<h4>heading1 (h4)</h4>
<p>paragraph1</p>
<h4>heading2 (h4)</h4>
<p>paragraph2</p>
<h5>heading3 (h5)</h5>
<p>paragraph3</p>
</div>
```

▶ .ofType의 맨 첫 요소 테두리 선을 빨간색으로 한다

맨 첫 요소를 선택하려면 :first-of-type를 사용합니다.

[CSS]
```
/*맨 첫 요소*/
.ofType :first-of-type{
  border-color:#f00;
}
```

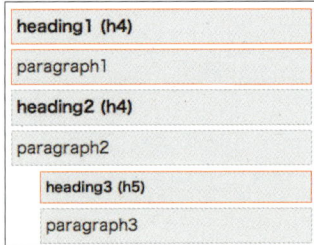

> **Memo**
> .ofType :first-type이라고 지정한 경우에는 heading 1개만 선택됩니다. ∼child는 요소의 종류에 관계없이 모두 자식 요소를 병렬로 카운트하기 때문에 맨 첫 요소라는 것은 항상 하나밖에 존재하지 않습니다.

> 요소를 지정하지 않고 :first-of-type라 지정하면 heading1, paragraph1, heading3 이 3개가 선택됩니다. 이것은 ∼of-type라는 가상 클래스가 <mark>같은 종류의 요소마다 각각 순서를 세는 성질</mark>을 갖고 있기 때문입니다. .ofType이라는 div의 자식 요소에는 h4요소, p요소, h5요소, 이 3종류가 들어 있고 :first-of-type로 한 경우에는 각각의 맨 처음 1개가 선택되기 때문에 이 3개의 테두리 선이 빨간색으로 바뀝니다.

▶ .ofType의 짝수 개째 요소 테두리 선을 파란색으로 한다

짝수 개째 자식 요소를 선택하려면 :nth-of-type(even)를 사용합니다.

[CSS]
```
/*짝수 개째 자식 요소*/
.ofType :nth-of-type(even){
  border-color:#00f;
}
```

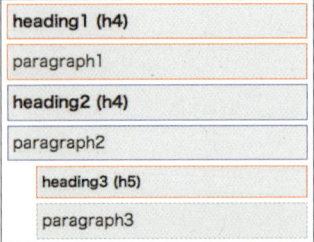

> 요소의 종류마다 각각 두 번째가 선택되므로 heading2와 paragraph2의 테두리 선이 파란색으로 바뀝니다.

▶ .ofType의 유일 요소 글자를 빨간색으로 한다

유일 요소를 선택하려면 :only-of-type를 사용합니다.

[CSS]

```css
/*유일 요소*/
.ofType :only-of-type{
  color:#f00;
}
```

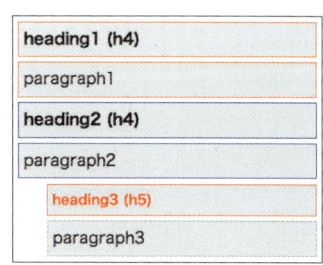

:only-of-type은 부모 요소 중에서 1개밖에 없는 요소를 선택합니다. h4요소와 p요소는 여러 개 있지만, h5 요소는 1개밖에 없으므로 heading3이 빨간색으로 바뀝니다.

[실용 예] 줄무늬 테이블을 만든다

테이블 요소로 만들어진 표의 짝수 행째 배경색을 #eee로 해서 흰색과 회색의 줄무늬 테이블을 만들어 보겠습니다.

[HTML]

```html
<table class="stripe">
<tr><td>White</td><td>White</td></tr>
<tr><td>Gray</td><td>Gray</td></tr>
<tr><td>White</td><td>White</td></tr>
<tr><td>Gray</td><td>Gray</td></tr>
</table>
```

[CSS]

```css
/*줄무늬 테이블*/
.stripe tr:nth-child(even){
  background-color:#eee;
}
```

White	White
Gray	Gray
White	White
Gray	Gray

카운트하는 것을 tr 요소로 한정하는 것이 포인트입니다. td 요소까지 선택하는 선택자로는 잘 생성되지 않습니다. 또한 이것은 tr:nth-of-type(even)으로도 만들 수 있습니다.

[실용 예2] 마지막 1행만 빨간색 글자로 표현하여 강조한다

dl 요소로 만든 목록의 마지막 1행만 빨간색 글자로 합니다.

[HTML]
```
<dl class="lastRed">
<dt>Item1</dt>
<dd>XXXXXXXXXX</dd>
<dt>Item2</dt>
<dd>XXXXXXXXXX</dd>
<dt>Item3</dt>
<dd>XXXXXXXXXX</dd>
</dl>
```

[CSS]
```
/*마지막 1행만 빨간색 글자로*/
.lastRed :last-of-type{
  color:#f00;
}
```

Item1   XXXXXXXXXX
Item2   XXXXXXXXXX
Item3   XXXXXXXXXX

> 1행임에도 소스 코드를 보면 dt 요소와 dd 요소 2종류로 되어 있으
> 므로 각각 마지막 1개를 선택하기 위해 last-child가 아닌 last-of-
> type으로 입력하도록 합니다.

 **실습3 부정/타깃/UI 가상 클래스**

부정 가상 클래스

:not(s)는 s로 지정한 선택자의 대상이 되는 것 이외를 선택하는 가상 클래스입니다. 'ㅇㅇ이외 전부'라는 식의 선택자를 만들 수 있습니다. 아래의 HTML 소스를 통해 마지막 1행 이외 모든 테두리를 빨간색으로 표현하는 스타일을 설정해 보겠습니다.

[HTML]
```
<ul class="sample nots">
<li>list1</li>
<li>list2</li>
<li>list3</li>
<li>list4</li>
<li>list5</li>
</ul>
```

[CSS]

```
/*마지막 1행 이외의 모두를 선택*/
.nots li:not(:last-child){
  border-color:#f00;
}
```

list1
list2
list3
list4
list5

li 요소의 :last-child(마지막 자식 요소) 이외의 전부를 선택하는 부정 가상 클래스를 만들었습니다. 여기서는 not() 안에 가상 클래스를 넣지만, id /class 선택자나 타입 선택자를 넣어도 상관없습니다.

타깃 가상 클래스

'타깃이 된 요소' 즉, 페이지 내 점프 링크를 클릭했을 때 점프처의 요소에 CSS를 적용할 수 있게 하는 것이 타깃 가상 클래스입니다. 타깃 가상 클래스는 여러 용도에 사용되는데, 여기서는 HTML 소스에 MENU를 클릭하면 링크처의 dd 요소가 열리는 스타일을 설정해 보겠습니다.

[HTML]

```
<dl class="sample target">
<dt><a href="#panel1">MENU1</a></dt>
<dd id="panel1">panel1 panel1 panel1 panel1 panel1 panel1 panel1 panel1 panel1</dd>
<dt><a href="#panel2">MENU2</a></dt>
<dd id="panel2">panel2 panel2 panel2 panel2 panel2 panel2 panel2 panel2 panel2</dd>
<dt><a href="#panel3">MENU3</a></dt>
<dd id="panel3">panel3 panel3 panel3 panel3 panel3 panel3 panel3 panel3 panel3</dd>
</dl>
```

[CSS]

```
/*링크를 연다*/
.target dd:target{
  display:block;
}
```

MENU1
MENU2
panel2 panel2 panel2 panel2
panel2 panel2 panel2 panel2
panel2
MENU3

클릭했을 때 스타일을 적용하는 것이어서 자칫 'dt' 요소 쪽에 :target을 붙이기 쉽습니다. :target을 붙이는 것은 'dd' 요소라는 것을 잊지 마세요.

UI 가상 클래스

입력 폼의 상태에 따라 요소를 선택하기 위한 가상 클래스입니다. UI 가상 클래스는 폼에 인접한 레이블 요소에 상태를 알 수 없는 스타일을 적용할 때 많이 사용합니다.

[HTML]

```
<form class="ui">
<input type="radio" name="radio" id="radio1" value="1">
<label for="radio1">선택지 1</label>
<input type="radio" name="radio" id="radio2" value="2">
<label for="radio2">선택지 2</label>
<input type="radio" name="radio" id="radio3" value="3" disabled>
<label for="radio3">선택지 3</label>
</form>
```

[CSS]

① 유효한 폼 레이블은 커서를 손가락으로 하고, :hover 시에 글자색을 #00c4ab로 변경한다.

② 무효한 폼 레이블은 글자색을 #ccc로 한다.

③ 선택된 폼 레이블은 배경색을 #cceebb로 한다.

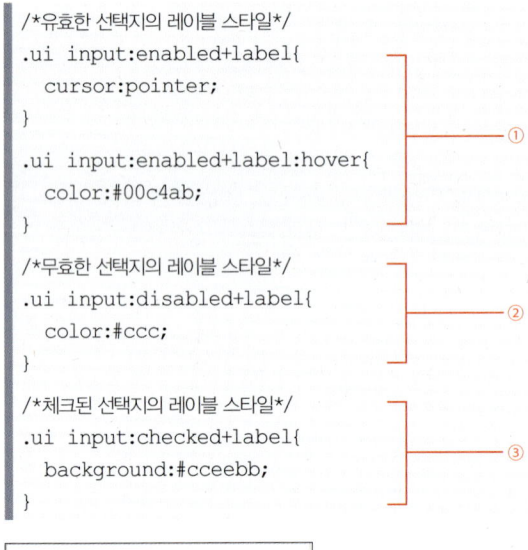

```
/*유효한 선택지의 레이블 스타일*/
.ui input:enabled+label{
  cursor:pointer;
}

.ui input:enabled+label:hover{
  color:#00c4ab;
}                                        ①

/*무효한 선택지의 레이블 스타일*/
.ui input:disabled+label{
  color:#ccc;
}                                        ②

/*체크된 선택지의 레이블 스타일*/
.ui input:checked+label{
  background:#cceebb;
}                                        ③
```

폼 자체가 아니라 인접하는 label 요소에 스타일을 적용하는 것이므로 인접 선택자(E+F)를 사용합니다.

인터넷 익스플로러의 선택자 대응

● IE에서 사용할 수 있는 CSS3 선택자

CSS3에 정의되어 있는 여러 선택자는 IE9 이상에서 모두 이용할 수 있습니다. 아래 표에 나와 있는 간접 선택자와 속성 선택자만은 IE7 이상에서 대응해야 합니다. 그러나 그 이외의 모든 CSS3 선택자는 IE8 이하에서는 사용할 수 없습니다.

> **Memo**
> IE7/8에서는 표준 모드로 표시되어 있을 때만 이들 속성 선택자를 사용할 수 있습니다.

IE9 이상	IE8	IE7	IE6
전부	간접 선택자(E~F)	간접 선택자(E~F)	없음
	E[attr^='value']	E[attr^='value']	
	E[attr$='value']	E[attr$='value']	
	E[attr*='value']	E[attr*='value']	

※간접 선택자…형제 요소 E 뒤에 계속되는 동생 요소 F 모두를 선택하는 선택자

● IE8의 CSS3 선택자 대응 방침

IE8은 이미 메인 타깃 브라우저에서 제외되었습니다. 하지만 IE6처럼 완전히 무시해도 되는 상황에 이르려면 아직 시간이 더 걸릴 수 있습니다. 왜냐하면 '완전히 똑같을 필요는 없지만 레이아웃에 크게 문제가 생기지 않았으면 좋겠다'는 어중간한 지원을 원하는 클라이언트가 많기 때문입니다. 또한 클라이언트가 요구하지 않는다 해도, 사용자를 위해 어느 정도 호환을 유지해 주기를 바라는 사람들도 있습니다.

이와 같은 경우 IE8 이하에서 CSS3 선택자를 사용할 수 있게 기능을 보완하는 스크립트를 불러오는 것이 좋습니다. 대표적인 것은 아래 2가지입니다.

• 「IE9.js」(URL http://code.google.com/p/ie7-js/)
IE8 이하를 IE9 상당으로 기능을 보완하는 스크립트로, 거의 CSS3 선택자에 대응할 수 있습니다. 그러나 스크립트 자체가 좀 무겁고, not(s)나 :nth-of-type(n) 등에 약간 버그가 보일 수 있어 과신은 할 수 없습니다.

• 「Selectivizr.js」(URL http://selectivizr.com/)
jQuery나 prototype.js 등 기타 자바스크립트 라이브러리와 조합해 사용하는 것으로 조합하는 라이브러리에 따라 대응할 수 있는 선택자가 다를 수 있습니다. 특히 jQuery와 조합하면 nth-of-type(n)를 사용할 수 없는 등 지원이 약해집니다.

자세한 사용법에 대해서는 각 사이트의 설치 매뉴얼을 확인해 주세요.

POINT
- CSS3 선택자는 IE 9 이상의 주요 환경에서 모두 사용할 수 있다.
- ~child 가상 클래스는 요소를 구별하지 않고 모든 자식 요소를 카운트하고, ~of-type 가상 클래스는 같은 종류의 요소를 카운트한다.
- 선택자 기능 보완 스크립트를 이용하면 IE8 이하에도 대응할 수가 있다.

CSS3 입문

CSS3 프로퍼티

CSS3에는 웹의 표현력을 높이는 다양한 프로퍼티가 다수 추가되었습니다. LESSON 24에서는 그중에서도 특히 많이 이용되고 각 브라우저 지원 상황이 좋은 것을 중심으로 소개하겠습니다. 샘플 파일 CSS 텍스트에 자신이 직접 수정하면서 어떻게 표현되는지 확인하기 바랍니다.

샘플 파일　📁 Chapter07 ▶　📁 lesson24 ▶　📁 before ▶　📄 /css/style.css | index.html

📖 실습1　텍스트 표현과 새로운 색상

text-shadow

● 예제 24-1 text-shadow 서식

```
text-shadow: X방향의 거리   Y방향의 거리   그러데이션 폭   그림자 색;
예: text-shadow:1px 1px 5px #000;
```

Chrome	Safari	Firefox	Opera	IE10+	IE9
○	○	○	○	○	×
iOS7.x	iOS8.x	Android2.x	Android3.x	Android4.x	Android5.x
○	○	○	○	○	○

text-shadow는 글자에 그림자를 넣는 프로퍼티입니다. X방향의 거리와 Y방향의 거리에는 마이너스 수치를 지정할 수도 있어 값을 콤마(,)로 구분 지으면 여러 개의 그림자를 겹쳐 넣을 수도 있습니다. 사용하는 데 프리픽스는 필요 없지만 IE9 이하는 비대응입니다.

다음의 HTML 소스에 text-shadow를 사용한 여러 샘플을 만들어 보도록 하겠습니다.

[HTML]

```
<ul class="sample ts">
<li class="ts01">Drop Shadow</li>
<li class="ts02">Grow</li>
<li class="ts03">Bevel</li>
<li class="ts04">Embos</li>
<li class="ts05">Stroke</li>
<li class="ts06">Neon</li>
</ul>
```

▶ 드롭 섀도우

[CSS]

```
.ts01{text-shadow: 2px 2px 3px #999;}
```

Drop Shadow

가장 전형적인 텍스트의 드롭 섀도우 표현입니다. X방향, Y방향의 거리를 모두 플러스로 하면 오른쪽 아래에, 모두 마이너스로 하면 왼쪽 위에 그림자가 생깁니다.

▶ 광채

[CSS]

```
.ts02{color:#fff; text-shadow:0 0 5px #999;}
```

Grow

X방향, Y방향의 거리를 모두 0으로 하면 광채 표현이 됩니다.

▶ 베벨 (도드라짐)

[CSS]

```
.ts03{color:#ccc;
text-shadow:-1px
-1px 0 #fff, 1px
1px 0 #aaa;}
```

Bevel

왼쪽 위에 하이라이트, 오른쪽 아래에 섀도우를 넣으면 베벨(도드라짐) 표현이 됩니다.

▶ 엠보스 (오목새김)

[CSS]

```
.ts04{color:#ccc;
text-shadow:-1px
-1px 0 #aaa, 1px
1px 0 #fff;}
```

Embos

오른쪽 아래에 하이라이트, 왼쪽 위에 섀도우를 넣으면 엠보스(오목새김)를 표현할 수 있습니다.

▶ 스트로크 글꼴

[CSS]

```
.ts05{
  color:#fff;
  text-shadow:
    1px 1px 0 #999,
    -1px 1px 0 #999,
    1px -1px 0 #999,
    -1px -1px 0 #999;}
```

상하좌우에 1px씩 그러데이션이 없는 그림자를 넣으면 스트로크 글꼴이 표현됩니다.

▶ 네온

[CSS]

```
.ts06{
  text-shadow:
    0 0 5px #fff,
    0 0 13px #f03,
    0 0 13px #f03,
    0 0 13px #f03,
    0 0 13px #f03;}
```

흰 글자 주변에 밝은 색의 그림자를 몇 개 겹쳐 넣으면 네온(발광)이 표현됩니다.

rgba() · hsla()

● 예제 24-2 rgba(), hsla() 서식

rgba(R, G, B, 투명도)
RGB 값 : 0~255 / 0%~100%
투명도 : 0~1(0=투명 / 1=불투명)

hsla(색상, 채도, 명도, 투명도)
색상 : 0~360   채도 : 0%~100%   명도 : 0%~100%
투명도 : 0~1(0=투명 / 1=불투명)

Chrome	Safari	Firefox	Opera	IE10+	IE9
○	○	○	○	○	○
iOS7.x	iOS8.x	Android2.x	Android3.x	Android4.x	Android5.x
○	○	○	○	○	○

CSS3에는 새로운 색상 지정 값이 추가되었습니다. 추가된 것에는 RGB값에 투명도를 지정할 수 있는 rgba()가 있고 색상과 채도, 명도로 색상을 지정할 수 있는 hsl(), 색상과 채도, 명도에 투명도를 지정할 수 있는 hsla()가 있습니다.

▶ 요소의 배경색만 반투명으로 한다

[HTML]

```
<p class="rgba"><span>RGBA COLOR</span></p>
```

[CSS]

```
/*rgba()*/
.rgba span{
  border:#fff 1px solid;
  padding:10px;
  background:rgba(255,255,255,0.3);
}
```

span 요소의 배경색을 #fff에서 rgba()값으로 변경하면 배경색만을 반투명으로 할 수 있습니다.

> **Memo** opacity 프로퍼티로 span 요소 전체의 투명도를 변경할 경우에는 콘텐츠도 포함하여 전부 투과하기 때문에 위에 올려 있는 글자도 반투명이 되어 버립니다. opacity와 rgba()는 요소 전체를 투과시키고 싶은지, 개별 색만 투과시키고 싶은지에 따라 구별해 사용하면 됩니다.

▶ hsla()를 사용해 색상의 톤과 투명도를 변경한다

[HTML]

```
<ul class="hsla">
<li class="hsla01">빨강</li>
<li class="hsla02">주황</li>
<li class="hsla03">노랑</li>
<li class="hsla04">초록</li>
<li class="hsla05">파랑</li>
<li class="hsla06">남색</li>
<li class="hsla07">보라</li>
</ul>
```

[CSS]

```
/*hsla()*/
.hsla01{background:hsla(0,100%,30%,0.7);}
.hsla02{background:hsla(30,100%,30%,0.7);}
.hsla03{background:hsla(60,100%,30%,0.7);}
.hsla04{background:hsla(120,100%,30%,0.7);}
.hsla05{background:hsla(240,100%,30%,0.7);}
.hsla06{background:hsla(270,100%,30%,0.7);}
.hsla07{background:hsla(300,100%,30%,0.7);}
```

빨강	주황	노랑	초록	파랑	남색	보라

hsla()로 원색으로 지정되어 있는 무지개 색상의 각 요소를 다크 톤으로 조정해 배경을 투과해 보겠습니다. 다크 톤이란 채도가 높고 명도가 낮은 색이므로 hsla(색상, 채도, 명도, 투명도)의 명도 값을

> **Memo** hsl()/hsla()에서 색상 지정을 하면 색상, 채도, 명도로 색상을 조절할 수 있기 때문에 같은 계통의 색상을 만들거나 여러 색상의 톤을 맞추기가 쉽습니다.

50%→30%로 떨어뜨립니다. 그런 다음 배경을 조금 투과시키기 위해 투명도를 1→0.7로 변경합니다.

● 예제 24-3 HSL 색상 공간

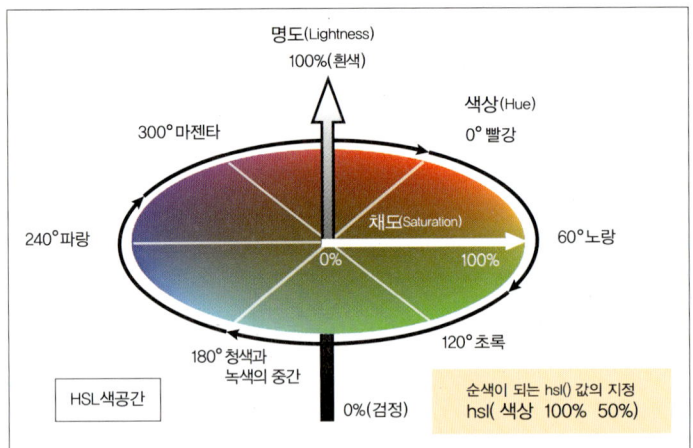

● **실습2** 박스의 장식과 박스 모델

border-radius

● 예제 24-4 border-radius 서식

border-radius : 둥근 모서리의 반경;
예 : **border-radius** : **5px** ;

Chrome	Safari	Firefox	Opera	IE10+	IE9
○	○	○	○	○	○
iOS7.x	iOS8.x	Android2.x	Android3.x	Android4.x	Android5.x
○	○	○*	○	○	○

*2.1은 -webkit-가 필요

border-radius는 요소를 '둥근 모서리'로 만드는 프로퍼티입니다. 4개의 모서리를 일괄 지정할 수도 있고 따로따로 지정할 수도 있습니다. 아래의 HTML 소스에 여러 둥근 모서리를 지정해 보겠습니다.

[HTML]

```
<ul class="sample bdr">
<li class="bdr01">모두 똑같다</li>
<li class="bdr02">왼쪽 위 | 오른쪽 위 | 오른쪽 아래 | 왼쪽 아래</li>
<li class="bdr03">왼쪽 위 | 오른쪽 위와 왼쪽 아래 | 오른쪽 아래</li>
<li class="bdr04">왼쪽 위와 오른쪽 아래 | 오른쪽 위와 왼쪽 아래</li>
<li class="bdr05">정원</li>
</ul>
```

▶ 값 1개의 둥근 모서리 지정

[CSS]

```
.bdr01{ border-radius:10px; }
```

모두 같다

값 1개로 네 개의 모서리 일괄 지정합니다.

▶ 값 4개의 둥근 모서리 지정

[CSS]

```
.bdr02{ border-radius:5px 10px 15px 20px; }
```

왼쪽 위 | 오른쪽 위 | 오른쪽 아래 | 왼쪽 아래

값 4개로 네 개의 모서리를 개별 지정합니다. 이 경우에는 왼쪽 위에서 시계 방향으로 지정합니다.

▶ 값 3개의 둥근 모서리 지정

[CSS]

```
.bdr03{ border-radius:10px 0 20px; }
```

왼쪽 위 | 오른쪽 위와 왼쪽 아래 | 오른쪽 아래

값 3개는 왼쪽 위, 오른쪽 위와 왼쪽 아래, 오른쪽 아래를 의미합니다.

▶ 값 2개의 둥근 모서리 지정

[CSS]

```
.bdr04{ border-radius:10px 0; }
```

왼쪽 위와 오른쪽 아래 | 오른쪽 위와 왼쪽 아래

값 2개는 왼쪽 위와 오른쪽 아래, 오른쪽 위와 왼쪽 아래를 대각선으로 지정합니다.

▶ 둥근 모서리로 정원을 만든다

[CSS]

```
.bdr05{
  width:50px;
  height:50px;
  border-radius:50px;
  text-align:center;
  line-height:50px;
}
```

정원

대상이 되는 요소의 width, height와 border-radius의 값을 똑같이 하면 정원이 됩니다.

LESSON 24

box-shadow

● 예제 24-5 box-shadow 서식

box-shadow: X방향의 거리 Y방향의 거리 그러데이션 폭 퍼짐 그림자 색;
예:**box-shadow:**0 0 **5px** **2px** **#000**;

※생략 가능   inset ※생략 가능

Chrome	Safari	Firefox	Opera	IE10+	IE9
○	○	○	○	○	○
iOS7.x	iOS8.x	Android2.x	Android3.x	Android4.x	Android5.x
○	○	-webkit-*	-webkit-*	○	○

*inset 지정과 그러데이션이 0인 shadow는 무효.

box-shadow는 <mark>박스에 그림자</mark>를 넣기 위한 프로퍼티입니다. text-shadow와 마찬가지로 콤마(,)로 구분해 여러 그림자를 겹쳐 붙일 수도 있습니다. 아래의 HTML 소스에 box-shadow를 사용한 여러 샘플을 만들어 보도록 하겠습니다.

[HTML]
```
<ul class="sample bs">
<li class="bs01">Drop Shadow</li>
<li class="bs02">Grow</li>
<li class="bs03">Inset Drop Shadow</li>
<li class="bs04">Inset Grow</li>
<li class="bs05">Spread Shadow</li>
<li class="bs06">Multi Shadow</li>
</ul>
```

▶ 기본 드롭 섀도우

[CSS]
```
.bs01{ box-shadow:2px 2px 5px #999; }
```

> **Drop Shadow**

X방향의 거리와 Y방향의 거리에 플러스 값을 넣은 드롭 섀도우입니다.

▶ 광채

[CSS]
```
.bs02{ box-shadow:0 0 10px #999; }
```

> **Grow**

X방향의 거리와 Y방향의 거리를 각각 0으로 하면 광채 표현이 됩니다.

▶ **안쪽 드롭 섀도우**

[CSS]

```
.bs03{ box-shadow:2px 2px 5px #999 inset; }
```

Inset Drop Shadow

Caution Android3.0 이하에서는 inset 지정이 무효.

inset 키워드를 추가하면 요소의 안쪽에 그림자를 넣을 수 있습니다.

▶ **안쪽 광채**

[CSS]

```
.bs04{ box-shadow:0 0 15px #ccc inset; }
```

Inset Grow

inset로 안쪽에 널찍한 광채를 넣으면 완만한 입체 표현을 할 수 있습니다.

▶ **퍼짐 (spread) 지정으로 만드는 실선**

[CSS]

```
.bs05{ box-shadow:0 0 0 3px #000; }
```

Spread Shadow

Caution Android3.0 이하에서는 그러데이션 폭이 0인 box-shadow는 무효.

X방향의 거리, Y방향의 거리, 그러데이션 폭에 이어 퍼짐을 지정하면 요소의 경계선에서 퍼짐으로 지정한 크기만큼 바탕색이 더해집니다. 그러데이션 폭을 0으로 퍼짐을 추가하면 장식 테두리 같은 실선이 됩니다.

▶ **여러 섀도우 설정**

[CSS]

```
.bs06{
  box-shadow:
    0 0 0 1px #000 inset,
    0 0 0 2px #000,
    2px 2px 10px #000;
}
```

Multi Shadow

값을 콤마(,)로 구분해 여러 개를 겹쳐 놓으면 다채로운 표현을 할 수 있습니다. 콤마(,)로 복수의 값을 취할 경우는 나중에 덧붙인 것이 레이어 밑에 더해지는 형태가 됩니다.

box-sizing

● 예제 24-6 box-sizing 서식

```
box-sizing:content-box|border-box|padding-box;
예:box-sizing:border-box;
```

Chrome	Safari	Firefox	Opera	IE10+	IE9
○	○	○	○	○	○
iOS7.x	iOS8.x	Android2.x	Android3.x	Android4.x	Android5.x
○	○	-webkit-	-webkit-	○	○

*Firefox 이외에는 값에 padding-box를 취할 수가 없습니다.

box-sizing 속성은 박스 모델의 계산 방법을 지정
하는 프로퍼티입니다. 값을 'border-box'로 하면
테두리(border)까지의 영역을 폭(width)으로 계산
하기 때문에 특히 테두리가 붙는 박스를 %로 크기
지정할 때 편리합니다. 이 프로퍼티는 예외적으로 IE8에서도 사용 가능합니다.

[HTML]
```
<ul class="sample bz">
<li class="bz01">content-box (width:300px;)
</li>
<li class="bz02">border-box (width:300px;)
</li>
</ul>
```

[CSS] .bz02의 박스 모델을 border-box로 한다
```
.bz02{
  box-sizing:border-box; }
```

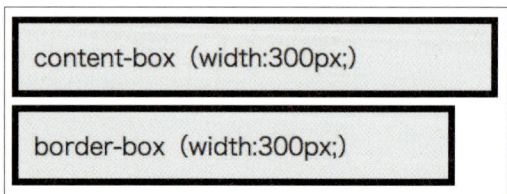

width가 300px, padding이 10px, border가 5px인 박스의 경우 보통은 박스 전체 크기가
300+(10+10)+(5+5)=330px가 되지만, border-box로 하면 테두리까지 포함해 300px가 되기 때문에 외
관의 폭과 width 크기가 일치합니다.

● 예제 24-7 box-sizing 모델

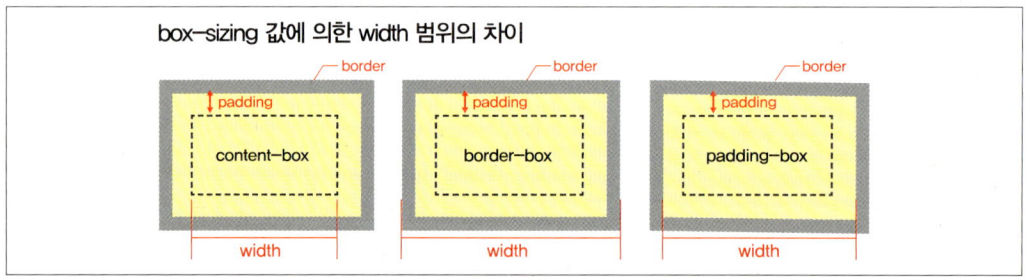

box-sizing 값에 의한 width 범위의 차이

실습3 배경 이미지와 그러데이션

multiple-background

● 예제 24-8 multiple-background 서식

```
background-image:url( 이미지 경로 ), url( 이미지 경로 ), url( 이미지 경로 );
```

가장 위에 배치 ◀━━━━━━━━━━━▶ 가장 아래에 배치

Chrome	Safari	Firefox	Opera	IE10+	IE9
○	○	○	○	○	○*
iOS4.x	iOS5.x	iOS6	Android2.x	Android3.x	Android4.x
○	○	○	○	○	○

*IE9는 여러 배경 이미지와 그러데이션을 동시에 사용할 수는 없습니다.

CSS2.1에서는 한 요소에 지정할 수 있는 배경 이미지는 1장뿐이었습니다. 그러나 CSS3에서는 한 ==요소에 여러 배경 이미지를 지정==할 수 있게 되었습니다. 이에 따라 여러 배경 이미지를 배치하기 위해 div 요소를 여러 개 넣어 마크업을 할 필요가 없어졌습니다.

> **Memo**
> 여러 배경 이미지에 대응하지 못하는 브라우저로 열면 복수 이미지를 설정한 곳의 배경 이미지가 출력되지 않습니다. 이 경우에 배경색을 지정해 두는 등의 조치를 취하는 것이 좋습니다.

[HTML]
```
<div class="multi-bg"> </div>
```

[CSS]
```
/*multiple-background*/
.multi-bg{
  background:
    url(../img/flower.png)  no-repeat,
    url(../img/ranikai.jpg) no-repeat;
}
```

원래대로 보통 1장의 배경 이미지를 지정한 후 콤마(,)로 두 장째 이후의 배경 이미지를 지정합니다. 이때 ==나중에 덧붙이는 이미지는 맨 아래에 배치==되므로 이미지 지정 순서를 주의해야 합니다. 이 경우는 바다 사진(ranikai.jpg)이 아래, 하이비스커스 일러스트(flower.png)가 위에 있게 되므로 지정하는 순서는 하이비스커스가 먼저, 바다가 나중이 됩니다.

개별 프로퍼티로 여러 배경 이미지를 설정하는 경우

여기서는 background 프로퍼티를 사용해 일괄 지정 했지만 background-image 프로퍼티를 사용해 개별 프로퍼티로 지정할 수도 있습니다. 이 경우 지정을 다음과 같이 합니다. 배경 이미지 이외의 관련 프로퍼티도 각각 이미지에 대응할 차례에 복수 지정을 합니다. 복수 지정하지 않은 경우는 배경 이미지에 대해 모두 같은 설정이 적용됩니다. 이 경우는 어느 쪽 이미지도 no-repeat이므로 1개의 값으로 통합됩니다.

```
/*개별 프로퍼티로 지정한 경우*/
.multi-bg{
    background-image:url(../img/flower.png), url(../img/ranikai.jpg);
    background-repeat: no-repeat;
}
```

background-size

● 예제 24-9 background-size 서식

```
background-size:auto|cover|contain|가로 세로;
예: background-size:cover;
```

Chrome	Safari	Firefox	Opera	IE10+	IE9
○	○	○	○	○	○

iOS7.x	iOS8.x	Android2.x	Android3.x	Android4.x	Android5.x
○	○	-webkit-*	○*	○*	○

*Android4.3 이하는 background-size 프로퍼티를 background 일괄 지정 안에서 사용할 수 없습니다.

background-size는 배경 이미지의 크기를 지정하는 속성입니다. 초깃값을 자동(auto)으로 하면 원래의 실물 크기가 됩니다. 그 이외에 'cover', 'contain', '가로/세로'를 지정할 수 있습니다. cover와 contain은 원래 이미지의 가로 세로 비율을 유지한 채 배치되지만 가로/세로의 수치를 지정하면 비율을 변경할 수도 있습니다. 이 프로퍼티를 사용하면 크기 가변 요소를 배경 이미지로 항상 덮는 디자인을 간단히 실현할 수 있습니다.

그럼 다음의 HTML 소스에 background-size를 지정해 보도록 하겠습니다. 사용하는 이미지는 737×415로 상당히 큰 이미지이므로 자동(auto) 상태에서는 이미지의 일부밖에 보이지 않지만 background-size 값을 사용해 표시가 어떻게 바뀌는지 확인해 보겠습니다.

[HTML]

```
<ul class="bgsize">
<li class="bgsize01">auto</li>
<li class="bgsize02">cover</li>
<li class="bgsize03">contain</li>
<li class="bgsize04">%</li>
<li class="bgsize05">px</li>
</ul>
```

▶ cover를 지정

[CSS]

```
.bgsize02{ background-size:cover; }
```

cover를 지정하면 사진의 비율을 유지하면서 배경 이미지가 항상 가로 또
는 세로의 한 변에 100% 맞춰 요소 전체를 덮는 상태가 됩니다.

▶ contain을 지정

[CSS]

```
.bgsize03{ background-size:contain; }
```

contain는 사진의 비율을 유지하면서 배경 이미지 전체가 요소 안에 모두
나타나는 상태가 됩니다.

▶ 퍼센트 지정

[CSS]

```
.bgsize04{ background-size:100% 100%; }
```

가로 세로 모두 100% 지정하면 사진의 비율을 무시하고 항상 그 배경 이
미지로 요소 전체를 덮는 상태가 됩니다. cover와 비교했을 때 어느 쪽이
좋은지는 준비한 이미지에 따라 달라집니다.

▶ 픽셀 지정

[CSS]

```
.bgsize05{ background-size:170px 100px; }
```

가로 세로 모두 px로 지정하면 지정한 크기로 확대되거나 축소되어 고정
크기로 배경 이미지를 나타냅니다.

linear-gradient

- 예제 24-10 linear-gradient 서식

~: **-prefix-linear-gradient(** 각도, 컬러 스톱, 컬러 스톱 **);**

각도(W3C 사양) ········· to bottom | to top | to right | to left | 수치 deg
각도(prefix 사양) ········· top | bottom | left | right | 수치 deg
컬러 스톱 ················· 색상 위치

예: **background:linear-gradient(to right,#f00,#fff);**

- 예제 24-11 구 Webkit 서식 (iOS4.3 이하, Android3.x 이하만)

~: **-webkit-gradient(** 종류, 시작점, 마침점, 시작점의 색상, 컬러 스톱, 마침점 색상 **);**

종류 ··················· linear | radial
시작점, 마침점 ·········· 가로 위치 세로 위치(가로 위치 : left | center | right   세로 위치 : top | center | bottom)
시작점의 색상 ·········· from(색상)
컬러 스톱 ·············· color-stop(위치, 색상)
마침점 색상 ············ to(색상)

예: **background: -webkit-gradient(linear,left top,right top,from(#f00),to(#fff));**

Chrome	Safari	Firefox	Opera	IE10+	IE9
○	○	○	○	○	×
iOS7.x	iOS8.x	Android2.x	Android3.x	Android4.x	Android5.x
○	○	-webkit-[1]	-webkit-[1]	○[2]	○

[1]···Android2.x/3.x는 구 -webkit- 구문밖에 사용할 수 없습니다.
[2]···Android4.0-4.3은 -webkit-가 필요합니다.

linear-gradient는 선형 그러데이션을 작성하기 위한 background-image의 새로운 값입니다. 그러데이션은 웹 디자인에서 아주 중요한 요소이며 border-radius, box-shadow와 나란히 자주 사용되고 있습니다.

그러데이션은 사양 책정 중에 몇 번 큰 변경이 있었기 때문에 구문이 크게 나뉘어 ① W3C 권고 후보 사양, ② 프리픽스가 붙는 사양과 ③ 구 webkit 사양 세 종류가 존재합니다. 그러나 ③ 구 webkit 구문은 Android3.x 이하와 iOS4.3 이하라는 구 모바일 브라우저 환경만이 대상이므로 새롭게 작성할 경우에는 필요 없습니다.

그럼 아래의 HTML 소스에 그러데이션을 설정해 보겠습니다.

[HTML]

```
<ul class="grad">
<li class="grad01">2Colors(top → bottom)</li>
<li class="grad02">3Colors(left → right)</li>
<li class="grad03">3Colors(left top → right bottom)</li>
</ul>
```

▶ 위에서 아래로 향하는 2색 그러데이션

[CSS]

```
/*linear-gradient()*/
.grad01{
    background-color:#f36;                            ──────────────① 
    background:-webkit-linear-gradient(top,#f36,#fff); ───②
    background:linear-gradient(to bottom,#f36,#fff);   ───③
}
```

2Colors (top → bottom)

① 그러데이션을 나타낼 수 없는 브라우저를 위한 폴백(fallback)을 지정합니다.
② 주로 Android4.x+용 서식이 됩니다. 위에서 아래는 'top'입니다.
③ W3C 권고 후보 서식입니다. 프리픽스 적용 사양과는 각도가 달라 그러데이션의 기점이 아니라 'to+방향'으로 기술해야 됩니다.

linear-gradient를 사용할 때 특히 중요한 것은 프리픽스를 붙인 서식과 프리픽스가 없는 서식에서는 그러데이션 각도 지정이 다르다는 것입니다. 예제 24-12에 나와 있는 것처럼 프리픽스를 적용한 경우는 그러데이션의 '기점'을 기술해야 하고 권고 후보는 'to가 붙은 방향'을 기술해야 합니다. 방향이나 각도를 생략한 경우에는 webkit가 있고 없고 상관없이 '위에서 아래'를 나타내게 됩니다. 따라서 앞의 코드는 다음과 같이 기술할 수도 있습니다.

```
.grad01{
    background-color: #f36;
    background: -webkit-linear-gradient(#f36,#fff);
    background: linear-gradient(#f36,#fff);
}
```

● 예제 24-12 키워드 각도 사양 비교

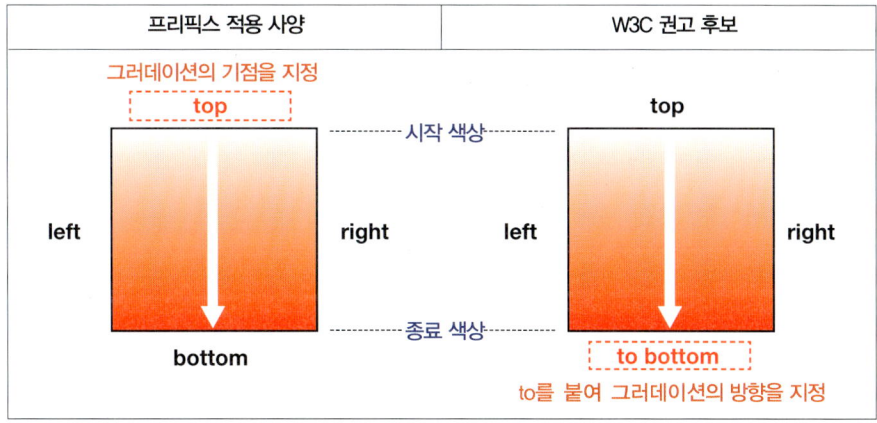

프리픽스 적용 사양	W3C 권고 후보

▶ 왼쪽에서 오른쪽으로 향하는 3색 그러데이션

시작하는 지점과 마치는 지점 이외의 부분에 색상을 지정할 경우는 컬러 스톱(색상이 변화하는 위치)을 지정해야 합니다.

[CSS]

```
.grad02{
  background-color:#f36; /*non-css3 browser*/
 background:-webkit-linear-gradient( ─────────────── ①
  left,
  #f36 0%,
  #fff 50%,
  #f63 100%); /*webkit*/
 background:linear-gradient( ─────────────── ②
  to right,
  #f36 0%,
  #fff 50%,
  #f63 100%); /*IE10 & future*/
}
```

3Colors (left → right)

① 세 가지 이상을 사용할 경우에는 '색상 위치'를 콤마(,)로 구분해 필요한 만큼 추가합니다.
② W3C 권고 후보에서 '왼쪽에서 오른쪽'은 'to right'가 됩니다.

▶ 왼쪽 위에서 오른쪽 아래로 향하는 3색 그러데이션

비스듬한 그러데이션을 만들려면 키워드가 아니라 각도(deg)로 지정해야 합니다.

[CSS]

```
.grad03{
 background-color:#f36; /*non-css3 browser*/
 background:-webkit-linear-gradient(
  -45deg,
  #f36 0%,
  #fff 50%,
  #f63 100%); /*webkit*/
 background:linear-gradient(
  135deg,
  #f36 0%,
  #fff 50%,
  #f63 100%); /*IE10 & future*/
}
```

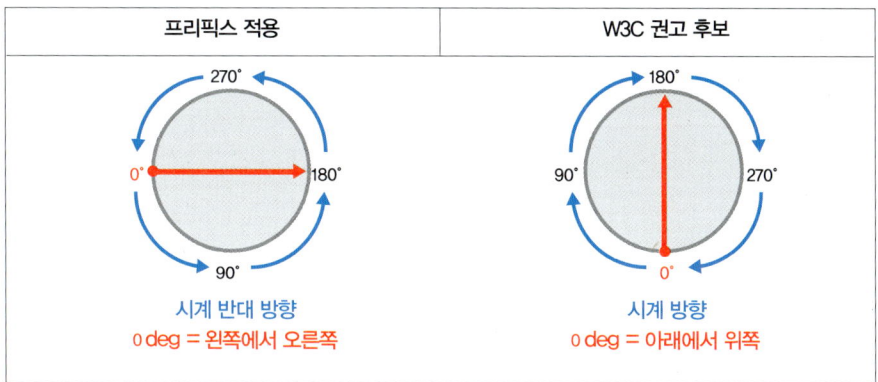

각도 사양도 W3C 권고 후보와 프리픽스 적용의 경우가 크게 다릅니다.

● 예제 24-13 수치 각도 사양 비교

프리픽스 적용	W3C 권고 후보
270° 0° 180° 90° 시계 반대 방향 0 deg = 왼쪽에서 오른쪽	180° 90° 270° 0° 시계 방향 0 deg = 아래에서 위쪽

예제처럼 프리픽스 적용의 경우는 0도 위치가 왼쪽이기 때문에, 그러데이션은 '왼쪽에서 오른쪽'을 나타냅니다. 하지만 W3C 권고 후보에서는 0도의 위치가 아래이기 때문에 그러데이션은 '아래에서 위로' 나타납니다. 또한 0도에서 각도를 늘리는 곳의 회전 방향도 반대가 됩니다. 따라서 '왼쪽 위→오른쪽 아래' 그러데이션의 경우, W3C 사양이라면 135deg(또는 −225deg), 프리픽스 적용 사양이라면 −45deg(또는 315deg)입니다.

[실용 예] CSS3에서 광택이 있는 버튼을 만든다

● 예제 24-14 디자인 견본

견본과 같은 버튼도 모두 CSS3로 만들 수 있습니다. 그러데이션으로 버튼의 광택을 표현하려면 컬러 스톱을 충분히 설정해야 합니다. 그만큼 코드를 기술하는 양도 상당히 많아집니다. 하지만 CSS3에서 지정해 두면 크기 변경이나 색상 차이도 간단히 표현할 수 있기 때문에 복잡한 그러데이션 지정도 익혀 두는 것이 좋습니다.

[HTML]

```
<p class="button"><a href="#">button</a></p>
```

[CSS]

```
.button a{
  display:block;
  padding:10px;
  border-radius:5px;
  box-shadow:1px 1px 3px #666;
  color:#fff;
  text-decoration:none;
  text-shadow:1px 1px 0 rgba(0,0,0,0.4);
   font-family:Helvetica, Arial, san-
serif;
  font-weight:bold;
  font-size:150%;
  background-color:#f36;
```

```
  background:-webkit-linear-gradient(
    top,
    #ffced7 0%,
    #f74657 49%,
    #f10013 51%,
    #fe2951 100%);
  background:linear-gradient(
    to bottom,
    #ffced7 0%,
    #f74657 49%,
    #f10013 51%,
    #fe2951 100%);
}
```

강의 CSS3 코딩을 보조하는 툴

CSS3만으로 여러 가지를 할 수 있다는 것은 편리하지만 그만큼 기술해야 하는 양이 많아지기 때문에 힘들다고 말하는 사람도 있습니다. 특히 그러데이션을 제대로 만드는 데는 상당히 손이 많이 갑니다. 따라서 이와 같은 CSS3 코딩에 대한 고민을 줄여 주는 몇 가지 툴을 소개하도록 하겠습니다.

CSS3 쓰기 툴

▶ Adobe Photoshop CC/Fireworks CS6

URL http://www.adobe.com/Photoshop　　URL https://creative.adobe.com/ko/products/fireworks

Adobe Photoshop CC나 Fireworks CS6라면 설정되어 있는 레이어 효과에서 CSS를 쓸 수 있습니다.

▶ CSS Hat(포토샵 플러그인)

URL http://csshat.com/

CSS Hat은 포토샵용 CSS 쓰기 플러그인입니다. 구 버전 CSS Hat 1이라면 포토샵 CS6 등에서도 레이어에 CSS를 쓸 수 있습니다.

▶ Ultimate CSS Gradient Generator

URL http://www.colorzilla.com/gradient-editor/

간단한 설정으로 구 webkit부터 최신 사양은 물론 IE용 필터 기능까지 그러데이션 코드를 한꺼번에 작성해 주는 인기 있는 CSS3 그러데이션 쓰기 툴입니다. 이미지에서 그러데이션을 불러와 코드로 변환해 주는 기능도 있습니다.

▶ **CSS3 Button Maker** `URL` http://css-tricks.com/examples/ButtonMaker/

'버튼'에 필요한 코드를 작성해 주는 툴입니다. 프리픽스가 없는 그러데이션 최신 사양 서식에는 대응할 수 없으므로 이것은 직접 추가 기술해야 합니다.

▶ **cssarrowplease** `URL` http://cssarrowplease.com/

'말풍선 테두리'에 필요한 코드를 작성해 주는 툴입니다. 그러데이션에는 아직 대상이 아닙니다.

▶ **CSS3 Generator** `URL` http://www.css3generator.com/

필요한 값을 기입하면 실시간으로 출력을 확인하면서 CSS3 코드를 쓸 수 있는 툴입니다. 많은 프로퍼티에 대응 가능합니다.

▶ **border-image-generator** `URL` http://border-image.com/

실시간으로 결과를 확인하면서 간단한 조작으로 border-image 코드를 써주는 툴입니다. border-image는 직접 기술하면 알아보기 힘들 수도 있습니다. 값의 변화를 시각적으로 실시간 출력해 주는 이 툴을 이용하면 상당히 편리합니다.

HTML5, CSS3의 각종 브라우저 대응 지원 툴

▶ **Modernizr** `URL` http://modernizr.com

Modernizr는 사용자의 브라우저에서 HTML5와 CSS3의 각 기능에 대한 지원 여부를 확인해 볼 수 있는 오픈 소스 자바스크립트 라이브러리입니다. 브라우저마다 대응이 각기 다른 기능을 사용할 경우에 html 요소에 쓰인 기능별 class명을 이용해서 어떤 요소와 속성들이 지원되고, 지원되지 않는지 알려 주기 때문에 이에 대한 대응 책을 세울 수 있습니다.

≪참고 URL≫

• 공식 Documentation(영어)

`URL` http://modernizr.com/docs/

• 다양한 브라우저 환경에 대응하기 위한 자바스크립트 라이브러리 'Modernizr'

`URL` http://javascript.webcreativepark.net/library/modernizr

POINT

● 안드로이드와 IE9의 지원 상황에 주의하자.

● box-sizing은 예외적으로 IE8 에서도 사용할 수가 있다.

● 그러데이션은 최종 사양과 프리픽스 적용 사양 구문이 일부 다르다.

CSS3 입문

변형·애니메이션과 미디어 쿼리

LESSON 25에서는 기타 주요 CSS3 프로퍼티 기능으로써 transform(변형), transition(애니메이션)과 미디어 쿼리를 소개합니다. 생각보다 어렵고 앞으로 변경될 가능성이 있는 기능이긴 하지만 배워두면 큰 도움이 될 것입니다.

샘플 파일 ▶ Chapter07 ▶ lesson25 ▶ before ▶ /css/style.css | index.html

실습1 transform(변형)

● 예제 25-1 transform 서식

```
transform: 트랜스폼 함수;
예:transform:rotate(45deg);
```

Chrome	Safari	Firefox	Opera	IE10+	IE9
○	—webkit—	○	○	○	—ms—
iOS7.x	iOS8.x	Android2.x	Android3.x	Android4.x	Android5.x
—webkit—	—webkit—	—webkit—	—webkit—	—webkit—	○

변형 처리	함수
이동	translate()／translateX()／translateY()
확대/축소	scale()／scaleX()／scaleY()
회전	rotate()
경사	skew()／skewX()／skewY()

transform은 이차원 좌표에서 변형시키는 프로퍼티입니다. 값에 translate() / scale() / rotate() / skew() 4종류의 트랜스폼 함수를 사용해 이동, 확대나 축소, 회전, 경사를 만들 수 있습니다. 그럼 lesson 25의 샘플 파일을 사용해 transform 프로퍼티를 만들어 보겠습니다.

이동

● 예제 25-2 이동의 서식

> **translate** (X축 방향의 거리 , Y축 방향의 거리 ※생략 가능)
> **translateX** (X축 방향의 거리)
> **translateY** (Y축 방향의 거리)
>
> 예: `transform:translate(50px,30px);`

translate() 함수는 요소를 X축 방향이나 Y축 방향으로 이동시킬 수 있습니다. X축 방향 값을 플러스로 하면 오른쪽으로, 마이너스로 하면 왼쪽으로 이동합니다. Y축 방향 값을 플러스로 하면 아래로, 마이너스로 하면 위로 이동합니다.

[HTML]

```
<div class="trans01">오른쪽으로 30px 이동</div>
<div class="trans02">아래로 30px 이동</div>
<div class="trans03">오른쪽으로 30px 위로 30px 이동</div>
```

▶ .trans01을 오른쪽으로 30px 이동

[CSS]

```
/*translate()*/
.trans01{
-webkit-transform: translate(30px,0);
-ms-transform: translate(30px,0);
transform: translate(30px,0); }
```

● 예제 25-3 오른쪽 30px 이동시킨 결과

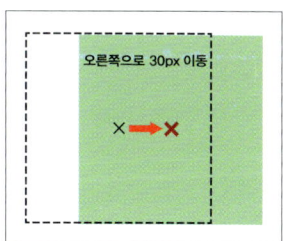

오른쪽으로 30px 이동시키는 것이므로 translate(30px,0)이라고 지정합니다. X축 방향만 이동할 경우에는 Y축 좌표를 생략할 수 있으므로 translate(30px)라고 써도 됩니다. 또한 X축 방향만 이동할 경우에는 translateX() 함수를 사용해 translateX(30px)라고 쓸 수도 있습니다.

▶ .trans02를 아래로 30px 이동

[CSS]

```
.trans02{
-webkit-transform: translate(0,30px);
-ms-transform: translate(0,30px);
transform: translate(0,30px); }
```

● 예제 25-4 30px 아래 이동시킨 결과

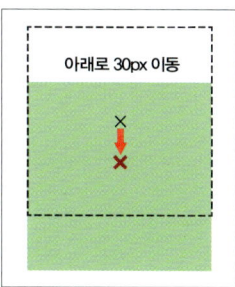

아래로 30px 이동시키는 것이므로 translate(0,30px)라고 지정합니다. Y축 방향만 이동을 지정하는 translateY() 함수를 사용해 translateY(30px)라 쓸 수도 있습니다.

▶ .trans03을 오른쪽으로 30px 위로 30px 이동

● 예제 25-5 오른쪽 위로 30px 이동시킨 결과

[CSS]

```
.trans03{
  -webkit-transform: translate(30px,-30px);
  -ms-transform: translate(30px,-30px);
  transform: translate(30px,-30px);
}
```

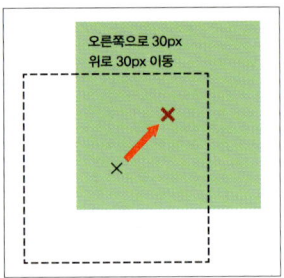

오른쪽으로 30px, 위로 30px 이동시키는 것이므로 translate(30px,-30px)라고 지정합니다. 위로 이동시킬 때는 Y좌표에 마이너스 값을 지정합니다.

확대/축소

● 예제 25-6 확대 / 축소의 서식

> **scale (** X축 방향의 거리 , Y축 방향의 거리 ※생략 가능 **)**
> **scaleX (** X축 방향의 거리 **)**
> **scaleY (** Y축 방향의 거리 **)**
>
> 예: **transform:scale(0.5,0.5);**

scale() 함수는 요소를 X축 방향이나 Y축 방향으로 확대/축소할 수 있습니다. 변형의 원점은 객체의 중심입니다.

[HTML]

```
<div class="scale01">80%로 축소</div>
<div class="scale02">가로를 절반으로 축소</div>
<div class="scale03">세로를 1.5배로 확대</div>
```

● 예제 25-7 80% 축소 결과

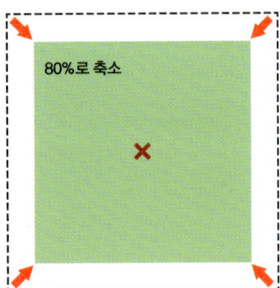

▶ .scale01을 80% 축소

[CSS]

```
.scale01{
  -webkit-transform: scale(0.8, 0.8);
  -ms-transform: scale(0.8, 0.8);
  transform: scale(0.8, 0.8);
}
```

'80%로 축소'라고 되어 있지만 scale(80%, 80%)로 해서는 안 되기 때문에 scale(0.8, 0.8)으로 비율을 지정합니다. 가로와 세로를 같은 비율로 확대하거나 축소할 경우에는 Y축 방향의 수치를 생략하여 scale(0.8)이라고 기술해도 됩니다. scale()로 요소를 확대하거나 축소한 경우는 width/height의 수치를 변경한 경우와 달리 그 요소의 내용물(텍스트 등)도 포함해 전체가 확대/축소됩니다.

▶ **.scale02의 가로를 절반으로 축소**

[CSS]

```
.scale02{
  -webkit-transform: scale(0.5, 1);
  -ms-transform: scale(0.5, 1);
  transform: scale(0.5, 1);
}
```

● 예제 25-8 가로를 절반으로 축소한 결과

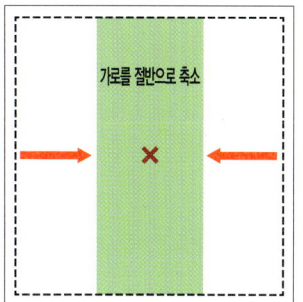

가로의 비율만 변경하려면 scale(0.5, 1), X축 방향의 수치만 변경합니다. X축 방향의 비율만을 변경하는 scaleX() 함수를 사용해 scaleX(0.5)라 기술할 수도 있습니다.

▶ **.scale03의 세로를 1.5배로 확대**

[CSS]

```
.scale03{
  -webkit-transform: scale(1, 1.5);
  -ms-transform: scale(1, 1.5);
  transform: scale(1, 1.5);
}
```

● 예제 25-9 세로를 1.5배 확대한 결과

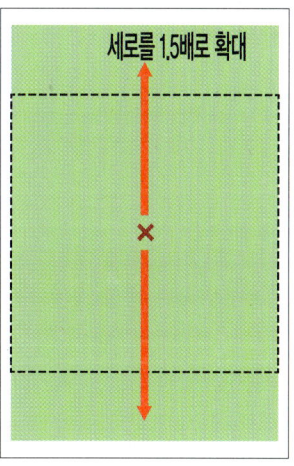

세로의 비율만 변경하려면 scale(1, 1.5), Y축 방향의 수치만 변경합니다. Y축 방향의 비율만을 변경하는 scaleY() 함수를 사용해 scaleY(1.5)라 기술할 수도 있습니다.

회전

● 예제 25-10 회전의 서식

> **rotate (** 회전의 각도 **)**
> 예:**transform:rotate(45deg);**

rotate() 함수는 각도를 지정해 요소를 회전시킬 수가 있습니다. 플러스 각도를 지정하면 시계 방향으로, 마이너스 각도를 지정하면 시계 반대 방향으로 회전합니다. 회전의 원점은 객체의 중심이 됩니다.

[HTML]

```
<div class="rotate01">45도 회전</div>
<div class="rotate02">15도 역회전</div>
```

[CSS]

```
/*rotate()*/
.rotate01{
  -webkit-transform: rotate(45deg);
  -ms-transform: rotate(45deg);
  transform: rotate(45deg);
}
```

```
.rotate02{
  -webkit-transform: rotate(-15deg);
  -ms-transform: rotate(-15deg);
  transform: rotate(-15deg);
}
```

● 예제 25-11 회전 결과

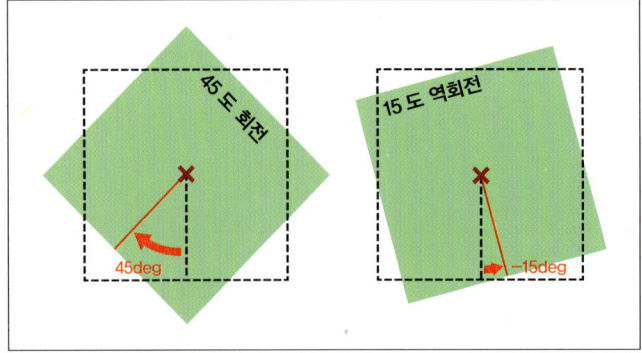

경사

● 예제 25-12 회전의 서식

skew (X축 방향의 경사 각도, Y축 방향의 경사 각도※생략 가능)
skewX (X축 방향의 경사 각도)
skewY (Y축 방향의 경사 각도)

예: `transform: skew (30deg,0);`

skew() 함수는 X축 방향과 Y축 방향으로 요소를 기울일 수 있습니다. 축과 각도의 관계를 이해하기 쉽지 않으므로 다음 예제로 개요를 파악해 두기 바랍니다.

● 예제 25-13 경사의 축과 각도의 관계

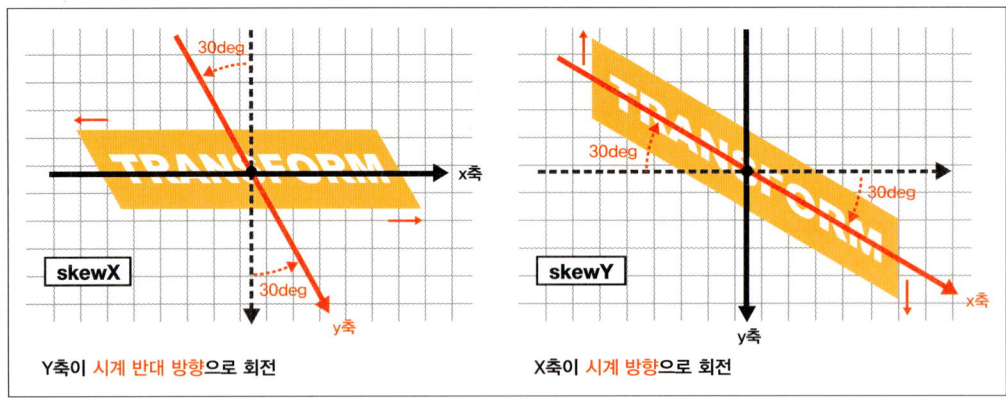

[HTML]

```
<div class="skew01">X축 방향으로 30도 경사</div>
<div class="skew02">Y축 방향으로 30도 경사</div>
<div class="skew03">X축과 Y축 방향으로 30도 경사</div>
```

▶ **.skew01을 X 축 방향으로 30도 경사**

[CSS]

```
/*skew()*/
.skew01{
  -webkit-transform: skew(30deg, 0);
  -ms-transform: skew(30deg, 0);
  transform: skew(30deg, 0);
}
```

● 예제 2 예제 25-14 X 축 방향으로 30도 경사

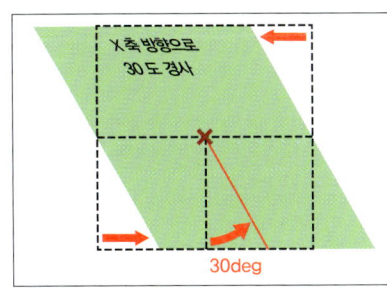

skew(30deg, 0)이라고 X축 방향만 플러스 각도로 지정하면 Y축이 시계 반대 방향으로 회전하기 때문에 그 축을 따라 왼쪽으로 기울어진 평행사변형이 됩니다. Y축 방향의 수치는 생략할 수 있으므로 skew(30deg)라고 기입해도 됩니다. 또한 X축 방향의 경사만을 지정하는 skewX() 함수를 사용해 skewX(30deg)라 쓸 수도 있습니다.

▶ **.skew02를 Y 축 방향으로 30도 경사**

[CSS]

```
.skew02{
  -webkit-transform: skew(0, 30deg);
  -ms-transform: skew(0, 30deg);
  transform: skew(0, 30deg);
}
```

● 예제 25-15 Y 축 방향으로 30도 경사

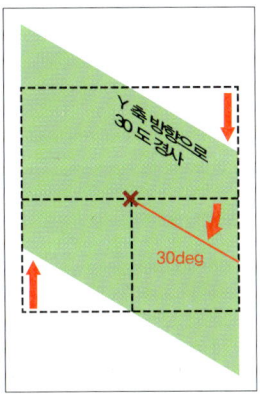

skew(0, 30deg)라고 Y축 방향만 플러스 각도로 지정하면 X축이 시계 방향으로 회전하기 때문에 그 축을 따라 오른쪽이 아래로 내려간 평행사변형이 됩니다. Y축 방향의 경사만을 지정하는 skewY() 함수를 사용해 skewY(30deg)라 쓸 수도 있습니다.

▶ **.skew03을 X 축과 Y 축 방향으로 각각 30도 경사**

[CSS]

```
.skew03{
  -webkit-transform: skew(30deg, 30deg);
  -ms-transform: skew(30deg, 30deg);
  transform: skew(30deg, 30deg);
}
```

● 예제 25-16 XY 축 방향으로 30도 경사

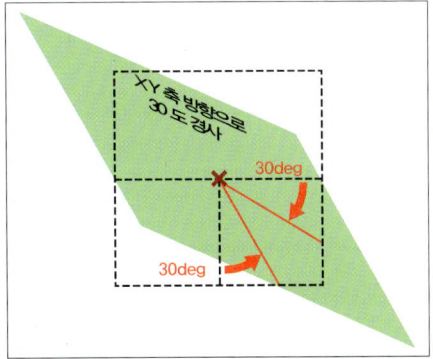

skew() 함수로 X축과 Y축을 기울인 결과 X축과 Y축이 겹쳐 버린 경우 객체는 화면에 출력되지 않습니다. 따라서 각도를 조합할 때 주의하기 바랍니다.

● 예제 25-17 transform-origin의 서식

```
transform-origin:X축 방향의 위치 Y축 방향의 위치;
                  (왼쪽 변으로부터의 거리)      (윗변으로부터의 거리)
X축 방향의 위치 …… 비율 | 수치 | left | center | right
Y축 방향의 위치 …… 비율 | 수치 | top | center | bottom
예: transform-origin:0 50%; / transform-origin:left center; /
    transform-origin:10px 50px;
```

Chrome	Safari	Firefox	Opera	IE10+	IE9
○	—webkit—	○	○	○	—ms—

iOS7.x	iOS8.x	Android2.x	Android3.x	Android4.x	Android5.x
—webkit—	—webkit—	—webkit—	—webkit—	—webkit—	○

웹 페이지에는 브라우저의 왼쪽 위를 원점으로 하는 좌표계가 있고, 각 요소는 그에 따라 배치되어 있습니다. 각 요소에는 그와는 별도로 자신의 왼쪽 위를 원점으로 하는 로컬 좌표를 갖고 있는데 transform-origin 프로퍼티가 원점의 위치를 정해 줍니다.

로컬 좌표의 원점은 보통 객체의 왼쪽 위지만 transform 프로퍼티를 사용해 변형 처리를 한 경우는 자동적으로 값이 50% 50%(객체의 중앙)으로 세트됩니다. 변형의 원점이 객체의 중앙인 것은 이 때문입니다.

● 예제 25-18 로컬 좌표의 원점

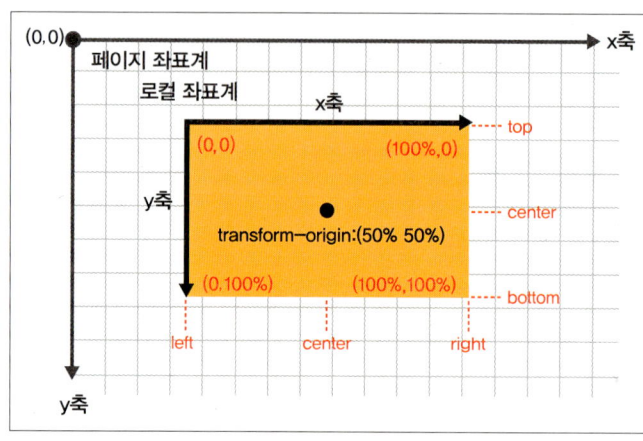

로컬 좌표의 원점은 transform-origin 값을 바꾸면 언제라도 변경할 수 있습니다.

변형의 원점을 변경한다

transform 프로퍼티는 :hover 가상 클래스를 사용하면 양방향으로 변형시킬 수 있습니다. scale() 함수로 롤오버하면 옆으로 늘어나지만, 그대로는 원점이 중심이기 때문에 좌우로 늘어나 버립니다. 따라서 transform-origin 프로퍼티를 추가해 원점을 왼쪽 위로 이동시킵니다.

[HTML]

```
<ul class="sample origin">
<li>늘린다</li>
<li>늘린다</li>
<li>늘린다</li>
</ul>
```

● 예제 25-19 원점 이동 결과

[HTML]

```
/* Transform-Origin
-------------------------*/
.origin li{
    width:30%;
    cursor:pointer;
}

.origin li:hover{
    -webkit-transform: scale(2, 1);——①
    -ms-transform: scale(2, 1);
    transform: scale(2, 1);

    -webkit-transform-origin:0 0; ——②
    -ms-transform-origin:0 0;
    transform-origin:0 0;
}
```

① hover 시에 scale() 함수로 가로를 두 배로 확대합니다.

② transform-origin 프로퍼티를 추가합니다. 변형의 원점을 왼쪽 위로 하고 싶다면 값을 0 0(또는 left top)으로 합니다.

실습3 transition(트랜지션 애니메이션)

● 예제 25-20 transition 서식

transition: 변화하는 데 걸리는 시간 프로퍼티 변화 방법 딜레이;
transition-duration: 변화하는 데 걸리는 시간;
transition-property: 프로퍼티;
transition-timing-function: 변화 방법;
transition-delay: 딜레이;
변화하는 데 걸리는 시간 … 초(s) | 밀리 초(ms)
프로퍼티 ……………… all | none | 프로퍼티명
변화 방법 ……………… ease | linear | ease-in | ease-out | ease-in-out | cubic-bizer()
딜레이 ………………… 초(s) | 밀리 초(ms)
예: **transition**:1s color linear 0.5s; / **transition**:1s;

Chrome	Safari	Firefox	Opera	IE10+	IE9
○	○	○	○	○	X
iOS7.x	iOS8.x	Android2.x	Android3.x	Android4.x	Android5.x
○	○	-webkit-	-webkit-	○*	○

*Android4.0-4.3은 webkit가 필요합니다.

transition은 :hover 등의 동작을 통해 <mark>애니메이션으로 프로퍼티 값을 변화</mark>시킬 수 있는 프로퍼티입니다. 예를 들어 마우스를 올리면 색이 녹색에서 노란색으로 바뀌는 변화의 경우 보통의 :hover에서는 한 순간에 노란색으로 바뀝니다. 그러나 transition 프로퍼티를 사용하면 녹색에서 노란색까지 점진적으로 색이 변화하게 됩니다. 여기서는 샘플을 사용해 transition 프로퍼티 사용법을 연습해 보겠습니다.

일정 시간으로 프로퍼티를 변화시킨다(transition-duration)

먼저 롤오버로 배경색과 글자색이 1초 걸려 거의 동시에 바뀌는 효과를 설정해 보겠습니다.

● 예제 25-21 transition 1

[HTML]
```
<p class="btn btn01"><a href="#">button</a></p>
```

[CSS]
```
p.btn01 a{
  background-color:#9c9;
  color:#fff;
  -webkit-transition:1s;
  transition:1s;
}
p.btn01 a:hover{
  background-color:#fc6;
  color:#000;
}
```

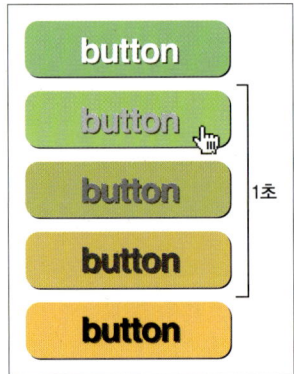

:hover 전후로 변화하는 프로퍼티를 모두 똑같이 일률적으로 애니메이션으로 하고 싶은 경우에는 transition 프로퍼티에 '변화하는 데 걸리는 시간(초)'을 설정하기만 하면 됩니다.

Memo
transition 프로퍼티는 배경 관련 지정을 할 때 background 프로퍼티처럼 일괄적으로 지정하는 프로퍼티입니다. transition-duration: 1s라고 개별 프로퍼티로 써도 상관없습니다.

Caution
transition 프로퍼티는 :hover 쪽이 아니라 원래 요소 쪽에 설정해야 합니다. 주의해 주세요.

특정 프로퍼티만으로 트랜지션 효과를 낸다(transition-property)

여기서는 배경색에만 트랜지션 효과를 내보도록 하겠습니다.

● 예제 25-22 transition 2

[HTML]
```
<p class="btn btn02"><a href="#">button</a></p>
```

[CSS]
```
p.btn02 a{
  background-color:#9c9;
  color:#fff;
  -webkit-transition:background-color 1s;
  transition:background-color 1s;
}
```

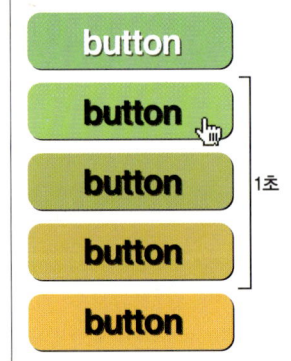

:hover의 타이밍으로 변화하는 여러 프로퍼티 중 특 정한 곳에만 트랜지션 효과를 내고 싶은 경우에는 transition 프로퍼티 값에 대상 프로퍼티명을 추가합 니다. 변화 시간 지정과 순번은 바뀌어도 상관없습니다.

> **Memo** 개별적으로 지정하는 경우에는 'transition-property: 대상 프로퍼티명'이 됩니다.

▶ 트랜지션 효과 시작에 시간차를 붙인다 (transition-delay)

마지막으로 배경색과 글자색이 시간차로 변해가는 효과를 넣어 보겠습니다.

[HTML]

```
<p class="btn btn03"><a href="#">button</a></p>
```

[CSS]

```
p.btn03 a{
  background-color:#9c9;
  color:#fff;
  -webkit-transition:background-color 1s 0s, color 1s 1s;
  transition:background-color 1s 0s, color 1s 1s;
}
```

● 예제 25-23 transition 3

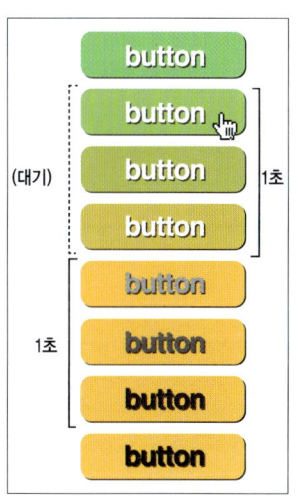

:hover의 타이밍이 발생하고 나서 실제로 변화가 시작되기까지의 시 간을 지정하는 것이 transition-delay 프로퍼티입니다. 일괄 지정으 로 기술하는 경우에는 반드시 transition-duration 수치보다 뒤에 기술해야 합니다. 여기서는 배경색의 delay는 0초, 글자의 delay는 1 초이므로 hover한 후 즉시 배경색이 변화하고 1초 후에 글자색이 변 화합니다. 일괄 지정이 알아보기 힘든 경우는 다음과 같이 프로퍼티 단위로 기술할 수도 있습니다.

```
transition-property: background-color, color;
transition-duration: 1s, 1s;
transition-delay: 0s, 1s;
```

transition-timing-function

transition 관련 프로퍼티에는 또 하나 변화 방법을 설정하는 transition-timing-function 프로퍼티라 는 것이 있습니다. 주요 값과 그 의미는 다음과 같습니다.

값	변화 방법
ease(초깃값)	점진적으로 시작해 점진적으로 끝난다
linear	일정 속도로 변화
ease-in	천천히 시작한다
ease-out	천천히 끝난다
ease-in-out	천천히 시작해 천천히 끝난다

설명만으로는 이미지를 파악하는 데 어려움이 많습니다. 샘플 파일의 마지막에 있는 transition-timing-function 샘플을 실제로 해 보고 움직임의 특징을 확인해 보기 바랍니다. 이 샘플은 노란 영역에 마우스 포인터를 넣으면 ease에서 ease-in-out까지 5개의 박스가 1초 걸려 오른쪽으로 500px 이동하도록 설정되어 있습니다. 딜레이는 설정되어 있지 않으므로 동시에 시작해 동시에 끝나게 됩니다. 다만 transition-timing-function 값이 각각 다르게 되어 있으므로 움직이는 도중 경과는 모두 다릅니다.

● 예제 25-24 timing 샘플

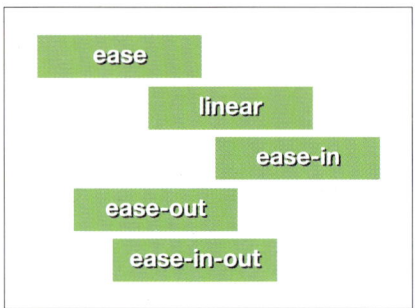

보통은 초깃값을 'ease'로 하면 됩니다. 그러나 경우에 따라서는 다른 프로퍼티 값이 오히려 딱 맞는 일도 있습니다. 그렇기 때문에 제각기 다른 움직임의 특징을 파악해 두는 것이 좋습니다.

3D 변형과 고도의 애니메이션

CSS3에는 3D(3차원)로 변형 처리를 하는 transform3D나 transition보다 더 고도의 애니메이션을 표현하기 위한 animation 프로퍼티라는 것도 준비되어 있습니다.

웹에서 이들을 사용할 기회가 그리 많지는 않습니다. 하지만 보다 고도의 인터페이스를 필요로 하는 웹사이트나 웹 애플리케이션, 게임 개발 등에서는 빈번하게 이용하는 기능입니다. 비교적 고도의 기능이기 때문에 책에서는 다루지 않지만 이 방면에 진출하고 싶은 분들은 알아 두는 것이 좋습니다.

● 예제 25-25 transform3D, animation 의 예

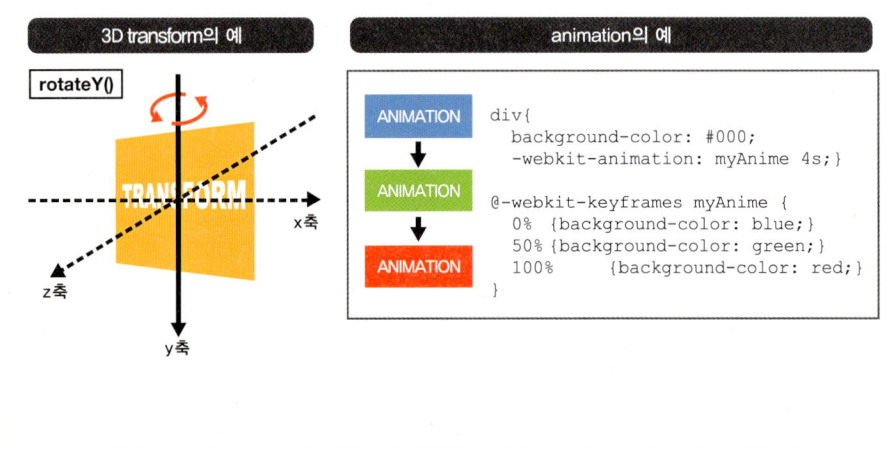

🖐강의 CSS3 미디어 쿼리

Chrome	Safari	Firefox	Opera	IE10+	IE9
○	○	○	○	○	○
iOS7.x	iOS8.x	Android2.x	Android3.x	Android4.x	Android5.x
○	○	○	○	○	○

마지막으로 스마트폰 대응에서 빼놓을 수 없는 미디어 쿼리(Media Queries)의 기능을 소개하겠습니다.

미디어 쿼리(Media Queries)란?

미디어 쿼리는 윈도우 크기나 모니터의 물리적인 크기, 화면 밀도나 디바이스용 등 ==미디어 특성에 따라 CSS 를 나누는 기능==으로 CSS2.1부터 사용되고 있는 media 속성(media="all" 등)의 확장으로 정의됩니다.

▶ 미디어 쿼리의 기술 방법과 서식

미디어 쿼리는 ① CSS 파일 내의 @media, ② link 요소의 media 특성, ③ CSS 파일 내의 @import 중 어느 곳에 기술해도 됩니다. ①은 다른 CSS와 같은 파일 내에 기술해서 관리하는 경우에 사용하고, ②와 ③은 조건이 갈리는 CSS 기술을 외부 파일화해서 관리할 경우에 사용합니다. 각각의 서식은 다음 과 같습니다.

● 예제 25-26 미디어 쿼리 서식

---

① CSS 파일 내에 기술할 경우

@media screen※ **and** (미디어 특성){···스타일 설정···}

※미디어 타입은 all이나 print 등 screen 이외의 값을 취할 수도 있습니다. 하지만 실제 용도를 고려하면 거의 'screen'이 되는 것이 일반적입니다.

② link 요소에 기술할 경우

```
<link rel="stylesheet" media="screen and (미디어 특성)" href=" 파일명 css">
```

③ @import에 기술할 경우

@import url(" 파일명 css"**) screen and** (미디어 특성);

▶ 사용할 수 있는 주요 미디어 특성

조건 판별에 많이 사용하는 미디어 특성에는 다음과 같은 것이 있습니다(일부 발췌).

특성	조건	최대값/최소값	값
width	출력 영역(브라우저 화면)의 가로 폭	max-/min-	수치
height	출력 영역(브라우저 화면)의 높이	max-/min-	수치
device-width	스크린(모니터 화면)의 가로 폭	max-/min-	수치
device-height	스크린(모니터 화면)의 높이	max-/min-	수치
orientation	출력 영역의 방향. 세로 길이(portrait) 또는 가로 길이(landscape)	없음	portrait/landscape
aspect-ratio	출력 영역의 가로 세로 비율. 가로/세로(1/1 등) 형태로 지정	max-/min-	가로 세로 비율
device-aspect-ratio	스크린의 가로 세로 비율. 가로/세로(16/9 등) 형태로 지정	max-/min-	가로 세로 비율
device-pixel-ratio※❶	화면의 픽셀 밀도(density)의 값	max-/min-	1, 1.5, 2 등의 값
resolution※❷	화면의 픽셀 밀도 값	max-/min-	dpi(1인치당 도트 수) dpcm(1센티미터당 도트 수) dppx(1px 단위의 도트 수)

※ ❶ device-pixel-ratio는 W3C 표준안에는 정의되어 있지 않습니다. 이용하는 데는 -webkit- 프리픽스가 필요합니다.
※ ❷ W3C 표준안에 정의되어 있는 픽셀 밀도의 미디어 특성. 아직 지원 환경이 적으므로 -webkit-device-pixel-ratio라고 나란히 쓸 것을 권장하고 있습니다.

미디어 쿼리 사용법

미디어 쿼리는 ==컴퓨터뿐만 아니라 스마트폰이나 태블릿 등 다양한 디바이스에 각각 적합한 형태로 화면에 띄울 때 필요한 기능입니다.== 미디어 유형의 기능을 확장할 수 있어, 최근 스마트폰 대응 기법의 하나로서 주목받고 있는 반응형 웹을 구현하는 데도 아주 유용합니다.

▶ 출력의 크기에 따라 스타일을 바꾼다

대표적인 예로서 출력의 크기에 따라 스타일을 변경하는 미디어 쿼리를 살펴보겠습니다.

```
/*640px 이하의 환경*/                    ※미디어 쿼리에 필요한 부분만 발췌
@media screen and (max-width:640px){ ──────────────── ①
  body{background-color:red;}
}

/*641px 이상 980px 이하의 환경*/
@media screen and (min-width:641px) and (max-width:980px){ ─── ②
  body{background-color:green;}
}

/*981px 이상의 환경*/
@media screen and (min-width:981px){ ──────────────── ③
  body{background-color:yellow;}
}
```

① 'OO px 이하'인 경우의 미디어 특성에는 'max-width'를 사용합니다.
② 조건이 여러 개 있는 경우는 and로 미디어 특성을 넣어 모든 조건을 충족시켜야만 스타일을 지정할 수 있습니다.
③ 'OO px 이상'인 경우의 미디어 특성에는 'min-width'를 사용합니다.

● 예제 25-27 미디어 쿼리 예 1

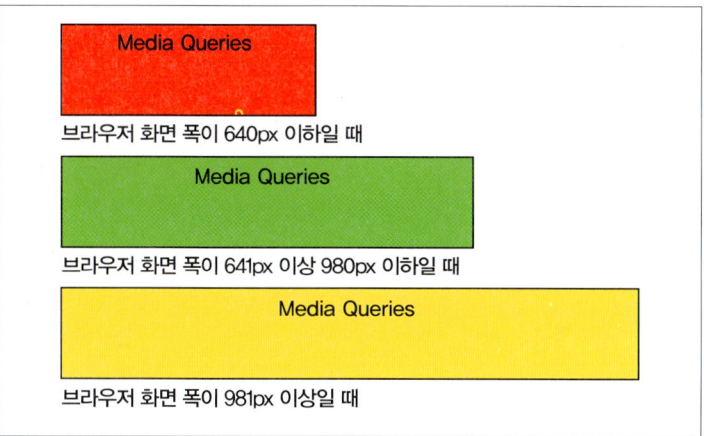

디바이스에 따라 스타일을 바꾼다

세로용과 가로용이 있는 디바이스에서 화면을 회전시키고 싶은 경우에 스타일을 변경하는 미디어 쿼리를 사용합니다.

```
/*세로용일 때*/
@media screen and (orientation: portrait){
   body{background-color: yellow;}
}
/*가로용일 때*/
@media screen and (orientation: landscape){
   body{background-color: green;}
}
```

● 예제 25-28 미디어 쿼리의 예 2

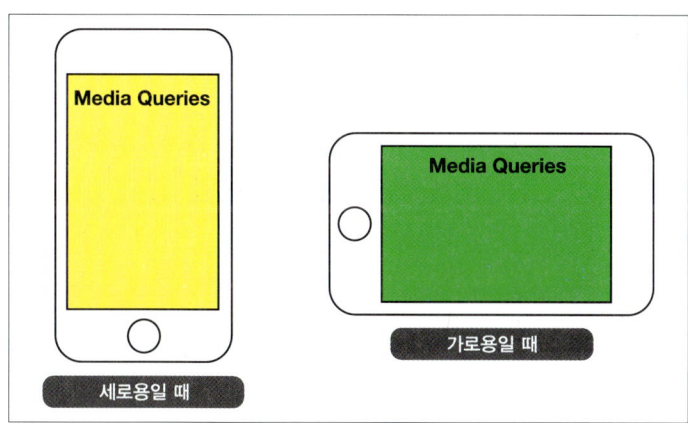

방향을 나타내는 미디어 특성은 'orientation'이고 세로 길이는 'portrait', 가로 길이는 'landscape'입니다. 가로용과 세로용으로 자세히 레이아웃을 조정하고 싶을 때 활용하면 좋습니다.

> **Memo**
>
> orientation은 주로 스마트폰이나 태블릿에 사용한다고 생각하기 쉽습니다. 그러나 orientation은 '가로용인지, 세로용인지'만을 보는 것이기 때문에 실제로는 PC 브라우저에도 적용할 수 있습니다.

미디어 쿼리의 보다 자세한 활용법에 대해서는 다음의 Chapter 08 '멀티 디바이스 대응의 기초 지식', Chapter 09 '반응형 웹 디자인 코딩'에서 설명하겠습니다.

POINT

- transform 프로퍼티로 요소의 이동 / 확대, 축소 / 회전 / 경사가 가능하다.
- transition 프로퍼티로 마우스 오버 시의 스타일을 점진적으로 변화시킬 수가 있다.
- 미디어 쿼리로 다양한 디바이스에 맞는 유연한 스타일 지정을 할 수 있다.

Chapter 08

멀티 디바이스 대응의
기초 지식

최근 스마트폰이나 태블릿 같은 모바일 단말기로 웹사이트를 보는 사람이 급속도로 늘었습니다. 웹사이트
의 멀티 디바이스 대응을 해야 하는 시대가 된 것입니다. 이 장에서는 스마트폰이나 태블릿용 웹사이트를
제작할 때 필요한 디바이스의 특성과 주의할 점을 살펴보겠습니다.

멀티 디바이스 대응의 기초 지식

디바이스의 특성 이해하기

스마트폰이나 태블릿 같은 디바이스는 PC와는 다른 특성을 갖고 있습니다. LESSON 26에서는 디바이스의 특성과 사이트를 제작할 때 주의해야 할 점을 살펴보겠습니다.

강의 대표적인 레이아웃 기법

스마트폰과 태블릿의 보급과 대책

▶ 구글의 스마트폰 대응 레이블

멀티 디바이스 대응을 서둘러야 하는 이유 중 하나로, 구글이 2015년 4월 21일부터 시작한 '스마트폰 대응 레이블'을 빼놓을 수 없습니다. 이것은 구글이 웹사이트 페이지 설계가 모바일 단말기에 최적화되어 있는지 아닌지 판단해 최적화되어 있는 웹사이트에는 검색 결과에 '스마트폰 대응'이라는 레이블을 붙여주는 것을 말합니다.

'스마트폰 대응' 레이블이 있다고 해서 PC의 검색 순위에 영향을 미치지는 않습니다. 그러나 모바일의 검색 순위에는 크게 영향을 끼칩니다. 모바일 단말기의 보급률을 생각하면 스마트폰 대응 레이블 유무에 따른 검색 순위 결과의 변동은 특히 비즈니스 사이트에서 사활을 건 문제가 될 수 있기 때문에 대응이 시급한 요인이 되었습니다.

● 예제 26-1 스마트폰 대응 레이블

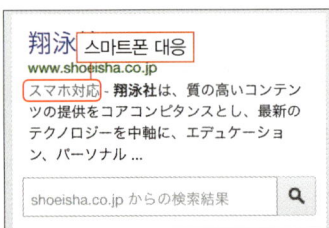

● 예제 26-2 모바일 가이드

▶ 모바일 프렌들리 테스트 (Mobile Friendly Test)

모바일 프렌들리 테스트는 웹사이트가 모바일 단말기에 최적화되어 있는지를 확인하는 툴(https://www.google.com/webmasters/tools/mobile-friendly/)입니다. 여기서 모바일 프렌들리로 인식되는지 인식되지 않는지 체크하고 문제가 있는 경우에는 그에 따른 대책을 세울 필요가 있습니다.

스마트폰과 태블릿의 디바이스 특성

구체적인 멀티 디바이스 대응 방법을 설명하기 전에 스마트폰이나 태블릿 같은 디바이스가 어떤 특징을 갖고 있는지 살펴보겠습니다.

▶ 터치 디바이스

스마트폰이나 태블릿의 가장 큰 특징은 터치 디바이스라는 점입니다. 즉 손으로 직접 화면을 접촉해 조작하는 것을 의미합니다. 따라서 마우스를 사용해 조작하거나 키보드에서 입력을 할 수 있는 PC와는 조작성 그 자체가 다릅니다. 또한 손가락으로 조작하는 기능인 '스와이프'나 '플릭', '핀치 줌인/줌아웃'처럼 PC에는 없는, 독자적인 조작 인터페이스도 있습니다.

▶ 한정된 성능

스마트폰이나 태블릿 단말기는 최근 고기능으로 바뀌었다고는 하지만 역시 전체적으로 보면 PC보다 성능이 낮은 단말기라는 것을 잊어서는 안 됩니다. 그렇기 때문에 처리하는 데 부하가 걸리는 콘텐츠는 피해야 합니다.

▶ 웹을 여는 환경의 차이

웹사이트를 여는 환경도 모바일 단말기는 PC와 크게 다릅니다. 다음은 PC와 모바일 단말기의 웹 열람 환경을 비교한 표입니다. PC환경보다 모바일 단말기를 사용한 웹 환경의 제약이 크다는 것을 알 수 있습니다.

● 표 26-1 PC와 모바일 단말기의 웹 열람 환경

	PC	모바일
화면 크기	크다	작다
통신회선	빠르다, 안정되어 있다	늦다, 불안정
여는 곳	실내	실내, 실외
여는 방법	앉아서 연다	이동 중이나 다른 일을 하면서도 열 수 있다.
여는 시간	길다	비교적 짧다
문자 입력 난이도	낮다	높다(장문을 입력하는 데는 적합하지 않다)

스마트폰이나 태블릿용 인터페이스

▶ 손가락으로 조작하는 것을 의식한다

모바일 단말기용 웹사이트를 제작할 때 특히 주의해야 할 것은 손가락으로 조작한다는 점입니다. 손가락으로 조작하는 것은 마우스와 달리 터치하는 영역이 커집니다. 따라서 세세한 문자 텍스트 링크를 나열하는 등, 작은 링크 영역을 만들지 않도록 하는 것이 중요합니다.

● 예제 26-3 사용하기 불편한 링크 예

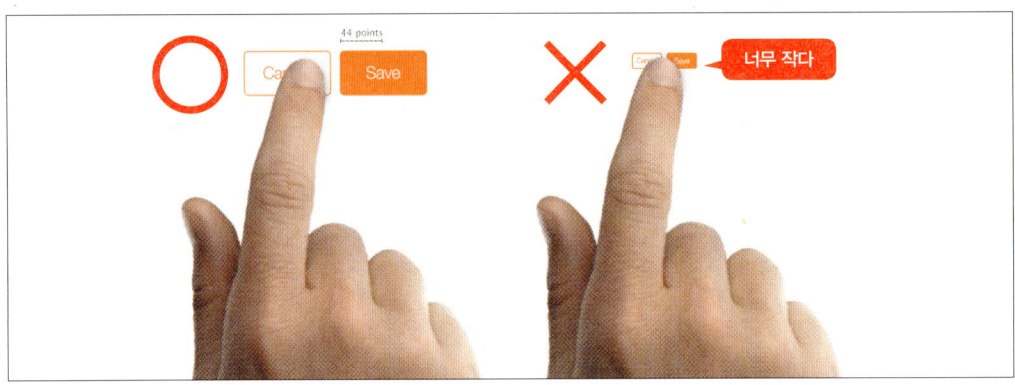

출처 : UI Design Do's and Don's(https://developer.apple.com/design/tips/)

▶ 누를 수 있다는 것을 한눈에 알아보는 디자인

또 하나 주의해야 할 것은 스마트폰이나 태블릿 같은 터치 디바이스에는 '롤오버의 개념이 없다'는 것입니다. PC라면 마우스를 올려놓은 단계(롤오버)에서 무언가의 반응이 있기 때문에 직감적으로 '여기는 링크'라는 것을 알 수 있습니다.

그러나 터치 디바이스의 경우는 실제로 눌러보기 전까지는 링크되어 있는지 알 수 없습니

● 예제 26-4 누르면 알 수 있는 디자인 예

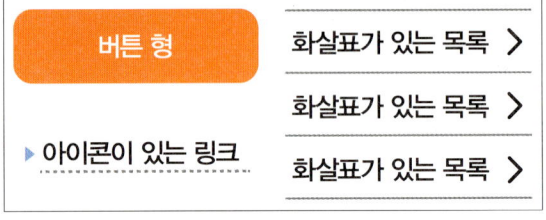

다. 따라서 딱 보고 한눈에 '눌러도 된다'는 것을 알 수 있게 디자인해야 합니다.

▶ 디자인의 기본은 가로 폭 가변

스마트폰이나 태블릿에는 다양한 기종이 있습니다. 특히 안드로이드 단말기는 가로세로 비율이 다른 다양한 기종이 출시되고 있습니다. 크기가 조금씩 다른 화면이 무수히 존재한다는 얘깁니다. 더구나 세로용-(portfolio)도 있고 가로용-(landscape)도 있습니다.

이와 같은 상황에서는 PC용 사이트처럼 평균적인 모니터 크기에 맞춰 콘텐츠 폭을 고정 크기로 하는 것은 현실적이지 않습니다.

그래서 모바일 단말용 웹사이트를 제작할 경우에는 '가로 폭 가변'을 전제로 해서 디자인을 하는 것이 기본입니다.

가로 폭을 가변으로 할 경우 리퀴드 레이아웃(배치되는 화면의 크기는 고정이며 콘텐츠만 가변)과 반응형 레이아웃(배치되는 이미지 크기나 단 폭이 동일 비율을 유지하면서 가변) 패턴이 있습니다. 이 둘 중 어느 한쪽으로 꼭 해야 할 이유는 없으므로 한 화면에 넣을 정보량과 디자인의 균형을 보면서 적당히 맞춰 디자인하면 됩니다.

● 예제 26-5 안드로이드 단말기의 화면 크기 단편화

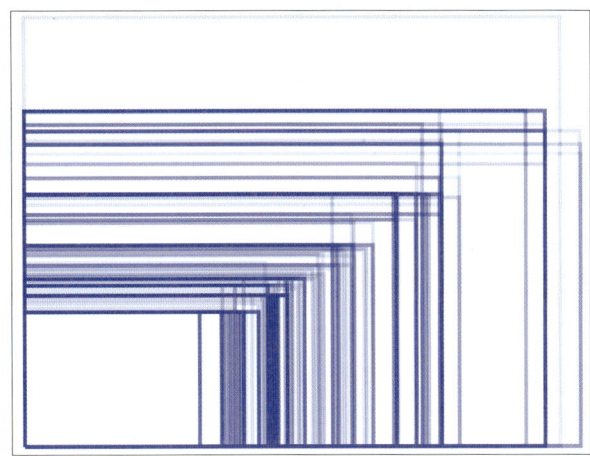

● 예제 26-6 폭이 가변인 디자인

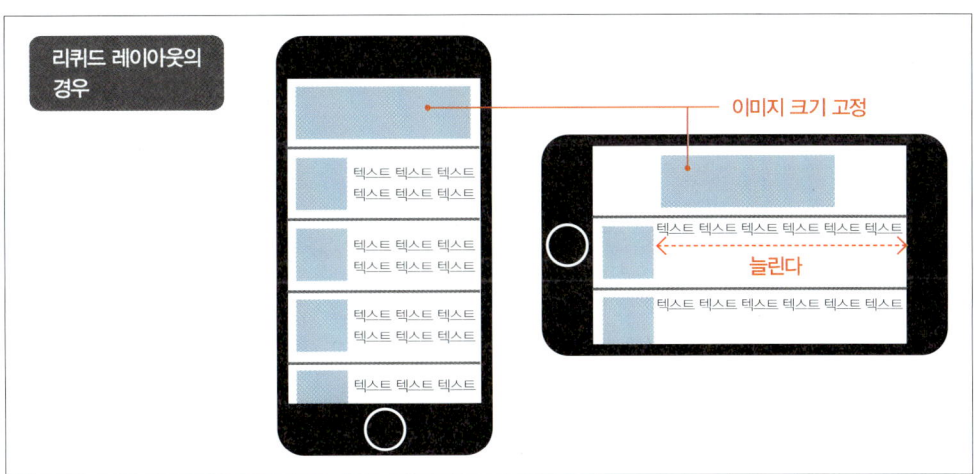

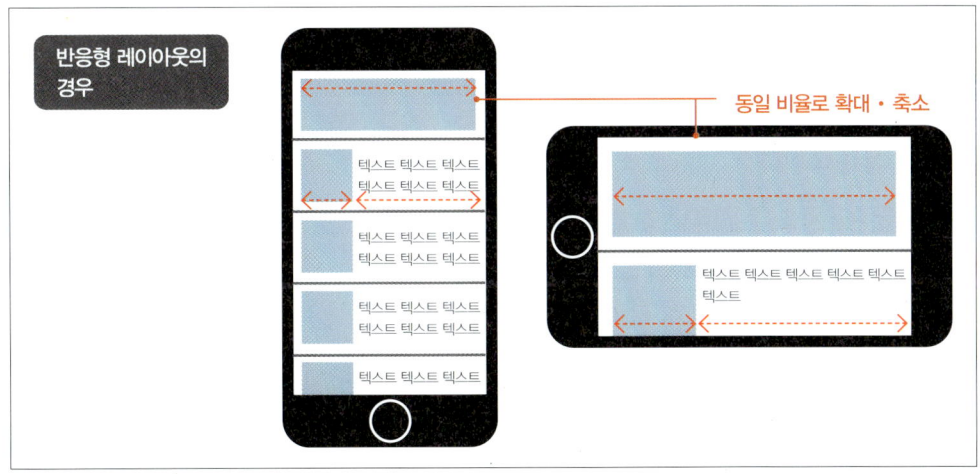

▶ 모바일용 디자인 가이드라인

처음으로 모바일용 사용자 인터페이스(UI)를 설계한다면 애플의 'UI Design Do's and Don'ts(https://developer.apple.com/design/tips/)가 참고가 될 것입니다. 영어 사이트이지만 간결한 문구와 알기 쉬운 사진으로 '모바일 UI 디자인으로 하면 좋은 것과 나쁜 것'을 10개 엄선해 소개하고 있습니다. 특히,

- 디바이스의 화면 크기와 맞춘 레이아웃
- 최저 44×44px 이상의 링크 영역
- 최저 11point 이상의 글자 크기

는 모바일용 UI 디자인을 하는 데 최소한의 상식으로 알려져 있습니다. 이외에도 중요한 정보들이 많으니 꼭 한번 들어가 훑어보기를 권합니다.

● **예제 26-7 UI Design Do's and Don'ts 화면**

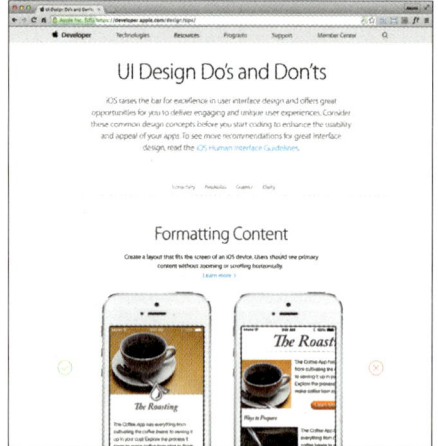

화면 크기와 viewport의 관계

▶ viewport 란?

viewport란 모바일 단말기에서 디바이스의 스크린을 (몇) 픽셀×(몇) 픽셀로 할지를 설정하는 것으로, 말하자면 모바일 단말기의 <mark>'가상 윈도우 사이즈'</mark>라 할 수 있습니다. 보통의 PC용 웹사이트를 스마트폰으로 열면 대부분의 경우는 그대로 축소되어 전체가 표시되는데, 이것은 디폴트 viewport 사이즈가 대부분의 경우 980px로 되어 있기 때문입니다.

▶ viewport 설정과 화면 표시

viewport가 980px인 PC 사이트를 보았을 경우 원래 320~360px 정도밖에 되지 않는 스크린 안에 980px 분량의 정보를 축소해 넣은 꼴이 됩니다. 따라서 글자가 너무 작아 확대하지 않으면 읽기 어렵습니다. 그리고 확대하면 화면 안에 정보가 다 들어가지 못하기 때문에 다른 부분을 보려면 화면을 좌우로 이동해야 합니다. 그렇기 때문에 읽을 때 많은 불편함을 느끼게 됩니다. 따라서 모바일용 웹사이트를 제작할 때는 모바일 화면 크기에 최적화된 레이아웃으로 설정한 다음 그것을 디바이스 원래 크기에 맞춘 viewport로 열어야 합니다.

viewport 값을 변경하는 데는 meta 요소를 사용합니다. HTML의 head 요소 안에 다음과 같이 기술하면 각각 디바이스 원래의 스크린 사이즈에 맞춰 자동적으로 viewport 크기가 조정됩니다.

● 예제 26-8 PC 사이트를 스마트폰으로 여는 경우

가로 폭 980px 상당

```
<meta name="viewport" content="width=device-width">
```

> **Memo**
>
> **viewport의 width**
>
> viewport의 width 값에는 conetnt="width=640px"와 같이 고정값을 넣을 수도 있습니다. 이 경우 화면 폭을 640px로 정해 콘텐츠가 확대되거나 축소됩니다. 그러나 고정값으로 지정한 경우, 고정값보다 큰 스크린을 갖는 디바이스에서는 너무 확대되어 사용하기 곤란한 상황이 발생할 수 있습니다. 다양한 크기의 디바이스에 대응하기 위해서는 conetnt="width=device=width"로 하는 것이 최상의 방법입니다.

● 예제 26-9 viewport를 device-width에 설정할 경우

디바이스 픽셀 비와 이미지 표현 관계

▶ 화면 크기와 해상도

PC와 모바일의 화면 크기와 해상도 관계는 좀 다른 양상을 보입니다. PC에서는 기본적으로 해상도가 높아지면 화면 크기도 그에 비례해서 커지지만 모바일 단말기의 경우는 해상도 크기와 화면 크기가 비례하지 않습니다. 예를 들어 아이폰3까지의 화면과 아이폰4/5는 물리적인 단말기 화면 크기가 같습니다. 그러나 해상도를 비교하면 아이폰3까지가 320×480인데 비해 아이폰 4/5는 640×960입니다. 해상도가 2배인데 화면 크기는 변함이 없습니다. 왜 그럴까요?

그것은 스크린의 <mark>픽셀 밀도</mark>가 2배가 되기 때문입니다. 픽셀 밀도란 1인치당 픽셀수를 말하는 것으로 dpi(dot per inch) 또는 ppi(pixel per inch)라 합니다. 픽셀 밀도가 높을수록 면적당 해상도가 높아집니다. 애플에서는 아이폰4 이후 버전에서 채택한, 픽셀 밀도가 2배 이상 되는 디스플레이를 <mark>Retina 디스플레이</mark>라 합니다. 안드로이드에서는 이와 같이 부르는 이름은 없지만 마찬가지로 픽셀밀도가 높은 단말기가 있습니다.

Caution

Retina 디스플레이란 애플 제품을 부르는 이름입니다. 안드로이드 단말기 등 기타 제품에서는 이렇게 부르지 않습니다. 다만 이 책에서는 편의상 안드로이드 단말기도 포함하여 픽셀 밀도가 높은 고정 밀도 디스플레이를 통틀어 Retina 디스플레이라고 표현하겠습니다.

● 예제 26−10 비 Retina·Retina 비교

▶ 디바이스 픽셀 비란?

단말기의 해상도와 픽셀 밀도가 높아지면 같은 크기의 화면 안에 보다 넓은 영역을 확보할 수 있습니다. 그러나 단순하게 1px=액정의 1dot으로 나타내면 곤란한 일이 발생할 수 있습니다. 예를 들어 320×320px

Memo

엄밀하게 말하면 '디바이스 픽셀 비2'인 단말기에서는 1개의 CSS 픽셀을 나타내는 데 세로 2dpx, 가로 2dpx, 합계 4dpx를 사용하게 됩니다. 그러니까 세로 2배, 가로 2배, 면적 비 4배가 되는 셈입니다.

의 요소를 나타냈을 경우 아이폰3 버전까지는 화면 폭 가득 채워집니다. 그러나 아이폰4 버전 이후부터는 화면의 절반밖에 채워지지 않게 되고, 단말기의 해상도나 픽셀 밀도에 따라 보는 법이 제각기 달라져 버립니다. 이와 같은 사태를 피하기 위해 생각한 것이 <mark>디바이스 픽셀 비(device−pixel−ratio)</mark>라는 개념입니다.

먼저 웹 디자인에서 취급하는 픽셀을 'CSS 픽셀(csspx)', 액정상의 물리적인 dot=픽셀을 '디바이스 픽셀(dpx)'로 구별해 생각해 주기 바랍니다. Retina 디스플레이와 같이 픽셀 밀도가 2배가 되는 스크린에서는 1csspx=2dpx입니다. <mark>1개의 CSS 픽셀을 몇 픽셀의 디바이스 픽셀로 할 것인가 하는 비율,</mark> 이것이 디바이스 픽셀 비입니다.

대부분의 PC 모니터나 초기 스마트폰에서는 'CSS 픽셀=디바이스 픽셀'입니다. 그러므로 디바이스 픽셀 비를 신경 쓸 필요가 없었습니다. 하지만 지금은 디바이스 픽셀 비가 1, 1.5, 2, 3처럼 다양한 종류의 디바이스가 있기 때문에 멀티 디바이스 대응 웹사이트를 제작할 때는 이 점에도 주의할 필요가 있습니다.

● 예제 26-11 CSS 픽셀과 디바이스 픽셀

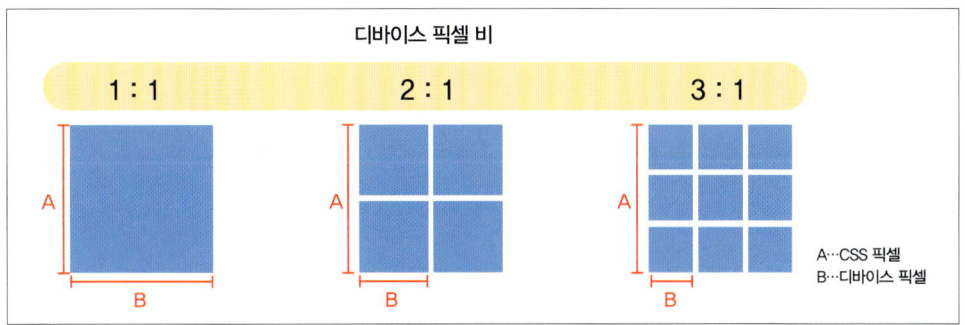

Retina 디스플레이에서 이미지가 흐려지는 문제

디바이스 픽셀 비가 다른 여러 디바이스용으로 웹사이트를 제작할 경우, 문제가 되는 것이 비트맵 이미지의 취급입니다. 앞에서 언급한 것처럼 디바이스 픽셀 비가 2인 단말기에서는 1 csspx=2dpx이므로 가로가 2배로 확대됩니다. 이때 jpeg나 png처럼 비트맵 형식의 이미지 데이터는 확대되면 화질이 떨어져 버립니다. 이것은 포토샵 등의 프로그램에서 100×100px의 해상도 이미지를 무리하게 200×200px로 변경한 경우에 일어나는 현상과 같은 경우라고 할 수 있습니다. 따라서 PC 사이트를 만들 때처럼 나타내고 싶은 실물 크기 이미지를 준비해서는 안

● 예제 26-12 텍스트와 이미지 비교

됩니다. Retina 디스플레이에서는 이미지가 흐릿해져 화면의 질이 떨어져 버리기 때문입니다.

▶ 이미지의 Retina 대응 방법

이 문제를 해결하려면 Retina 환경에서는 나타내고 싶은 CSS 픽셀의 2배 크기 이미지를 준비해 1/2로 축소하여 사용합니다. 웹사이트에서 사용하는 이미지는 img 이미지와 배경 이미지가 있습니다. img 이미지의 경우는 width/height에서, 배경 이미지의 경우는 background-size 프로퍼티를 사용해 각각 1/2 크기로 축소합니다.

반응형 웹 디자인처럼 이미지 자체가 고정 크기가 아니라 늘리거나 줄이는 경우는 1/2 크기의 수치로 고정할 수가 없습니다. 따라서 2배 크기 이미지를 준비해 두고 부모 요소 크기에 맞춰 자동으로 축소되도록 해야 합니다.

• 나타내고 싶은 크기…100×100px　　　　• 준비할 이미지…200×200px

① img 이미지의 경우

```
<img src="img/sample.png" width="100" height="100" alt="">
```

② 배경 이미지의 경우

```
.selector{ /*콘텐츠 사이즈 가변의 경우*/
    background: url(img/sample.png) no-repeat;
    background-size: 100px 100px;
}
.selector{ /*콘텐츠 사이즈 가변의 경우*/
    width: 100px;
    height: 100px;
    background: url(img/sample.png) no-repeat;
    background-size: contain;
}
```

> **Memo** 디바이스 픽셀 비 : 3에 대응하려면 3배 크기 이미지를 준비해서 1/3로 축소해야 합니다.

▶ Retina 대응 문제점과 그 대책

이와 같이 멀티 디바이스 대응을 생각할 경우 디바이스 픽셀 비가 2 이상인 단말기에 이미지를 어떻게 나타낼 것인지 문제가 될 수 있습니다. 이 문제의 난점은 디바이스 픽셀 비가 큰 단말기에 맞추면 그렇지 않은 단말기에서는 쓸데없이 큰 이미지 데이터를 불러와야 한다는 점입니다. 이상적인 것은, 이미지 크기나 해상도에 맞춰 여러 크기의 이미지를 준비해 두고, 브라우저 측이 자동으로 환경에 적합한 것만을 선택적으로 불러와 나타내 주는 것입니다. 이것이 가능해지면 각각의 환경에 적합한 크기의 이미지를 1장만 불러오면 되기 때문에 데이터 용량의 낭비가 적습니다.

이와 같은 구조의 이미지를 반응형 이미지(Responsive Image)라 합니다. 반응형 이미지의 구조는 현재 HTML과 CSS에서 표준안을 굳히고 있는 중이지만, 이미 일부 환경에서 이용 가능한 것도 있습니다. 따라서 Retina 대응 환경을 최신 환경만으로 한정한다면 새로운 반응형 이미지의 구조를 사용해 대응할 수 있습니다(상세한 것은 뒤의 '칼럼'을 참조). 그러나 반응형 이미지에 대응하지 못하는 환경에서도 적절하게 Retina 대응을 하고 싶다면 다른 방법을 찾아야 합니다. 그 대책 방법은 다음과 같습니다.

① 배경 이미지의 경우

배경 이미지를 해상도에 따라 바꾸어 넣을 경우에는 CSS3의 미디어 쿼리로 분기하는 방법을 이용합니다.

```
@media screen and (-webkit-min-device-pixel-ratio:2),(min-resolution:2dppx) {
  .selector{
    background: url(../img/sample@2x.png) no-repeat;
    background-size: 100px 100px; }
}
```

해상도에 따라 CSS를 분기할 경우, device-pixel-ratio와 resolution 두 종류가 있습니다. device-pixel-ratio는 애플의 독자 규격으로, iOS와 Android4.3 이하는 이 구조만을 이용합니다. resolution은 W3C가 정하는 웹 표준 규격으로 chrome 등 최신 브라우저에서 사용합니다. resolution 에서 디바이스 픽셀 비 수치를 표현할 경우에는 주로 'dppx'라는 단위를 이용합니다. 즉 디바이스 픽셀 비 : 2=2dppx가 됩니다.

② img 이미지의 경우

HTML 상에 채워진 img 이미지를 바꾸는 것은 HTML이나 CSS에서는 불가능합니다. 해상도에 따라 이미지를 바꾸고 싶다면 프로그램 언어를 이용해야 합니다. 가장 많이 알려진 것이 'Retina.js'입니다. 이 스크립트는 '원래 이미지 파일명@2x.png'처럼 확장자 앞에 '@2x'라는 문자열을 붙여 원래 이미지와 같은 폴더에 2배 이미지를 넣어 두면 스크립트 파일을 불러오기만 해도 Retina 환경이었을 경우에 자동적으로 @2x 이미지로 바꿔 나타내 줍니다.

• Retina.js **URL** http://imulus.github.io/retinajs/

이와 같이 CSS3 미디어 쿼리나 자바스크립트를 사용해 사용할 이미지를 나눌 수는 있지만 여기에도 문제는 있습니다. 미디어 쿼리의 경우든 Retina.js를 사용한 경우든 우선 한 번 같은 비율 이미지를 불러오고 그 후 2배 이미지로 바꾸는 순서를 밟습니다. 그렇기 때문에 Retina 환경에서 두 종류의 이미지가 양쪽 다 다운로드되어 버리는 문제가 생깁니다. 다시 말해 한쪽을 추구하면 부득이 다른 쪽을 희생해야 하는, 이율배반적인 관계가 됩니다. 보기에 좋은 것을 추구하면 할수록 데이터 전송량이 비대해져 표현 성능이 떨어지는 딜레마에 빠질 우려가 있는 것입니다.

▶ 표현 성능을 개선하기 위한 대책

 표현 성능을 개선하기 위해서는 두 가지 기본적인 대책이 필요합니다. 하나는 이미지를 사용하는 곳을 줄이는 것입니다. 또 하나는 이미지 데이터 크기나 전송량을 작게 하는 것입니다. 그러니 퀄리티가 현저히 저하되면 의미가 없으므로 어느 정도 퀄리티를 유지하면서 최소 전송 데이터 크기로 하는 균형을 생각해야 합니다.

① 비트맵 이미지를 줄인다

멀티 디바이스 대응 사이트를 제작할 경우 먼저 들 수 있는 해결책은 비트맵 이미지를 사용하지 않는 디자인을 하는 것입니다. 물론 필요한 사진 데이터 등은 사용하면 좋지만 예를 들어

• CSS에서 그릴 수 있는 객체는 CSS에 맡긴다.
• 특수 서체는 웹 폰트를 이용한다.
• 단색 아이콘은 아이콘 폰트를 이용한다.

등 비트맵 이미지 이외의 선택지가 있는 경우는 기본적으로 그것을 이용하면 Retina 대응을 해야 하는 곳을 줄일 수 있습니다.

• CSS Shapes Generator (**URL** https://coveloping.com/tools/css-shapes-generator)
• Google Web Fonts (**URL** https://www.google.com/fonts)
• IcoMoon (**URL** https://icomoon.io/)

② 이미지 데이터 크기를 최적화

포토샵에서 쓴 이미지 데이터에는 표현과 관계없는 메타데이터가 포함되어 있습니다. 전용 이미지 최적화 툴을 사용하면 퀄리티가 떨어지는 일 없이 데이터 크기를 최적화할 수 있습니다. 꼭 사용해야 되는 이미지는 최적화해 두기 바랍니다.

- Image Optim (URL https://imageoptim.com/) ※맥용
- ImageAlpha (URL http://pngmini.com/) ※맥용
- PNGmicro (URL http://www.romeolight.com/ja/products/pngmicro/ ※윈도우용
- JPEGmicro (URL http://www.romeolight.com/ja/products/jpegmicro/) ※윈도우용

③ 2배 이미지만 준비한다

스마트폰 전용 사이트의 경우 이미 시장 점유율로 보면 디바이스 픽셀 비가 2배 이상인 단말기 쪽이 많은 상황입니다. 그렇기 때문에 모든 이미지를 2배 크기로 하면 실제 크기/2배를 바꾸는 것보다 훨씬 효과적으로 많은 환경에서 데이터 전송량을 줄일 수가 있습니다.

④ 2배 이미지를 준비하지 않는다

반응형 웹 디자인의 경우는 화면이 큰 데스크톱용 이미지가 대부분입니다. 반응형의 경우는 화면 크기가 작아지면 이미지도 축소 표시되기 때문에 스마트폰 환경이면 특별히 바꾸지 않아도 사진의 퀄리티를 유지할 수 있는 경우가 많습니다. 이와 같이 확대 축소가 전제되는 이미지에 대해서는 2배 이미지를 준비하지 않아야 쓸데없는 수고를 줄일 수가 있습니다.

COLUMN

반응형 이미지

화면 크기나 디바이스 픽셀 비 등의 환경에 따라 사용할 이미지를 선택적으로 나타낼 수 있는 새로운 이미지를 반응형 이미지라 합니다. 반응형 이미지는 멀티 디바이스 대응일 경우 이미지 문제를 해결해야 하는데 현재 HTML과 CSS의 표준안 책정이 진행되고 있습니다. 현재로서는 각 브라우저의 대응 상황이 달라 아직은 제한된 환경에서만 사용할 수 있지만 앞으로 이들을 사용해 최적의 이미지를 선택할 수 있게 될 날이 올 것입니다.

①srcset 속성

img 이미지의 이미지 소스를 여러 개 준비해 두고 브라우저가 환경에 맞춰 자동적으로 적절한 크기의 이미지를 선택해 주는 새로운 속성입니다. 화면 크기, 화면 해상도, 또는 이들 조합 조건에 맞춰 이미지 소스를 바꿀 수가 있습니다. 이미지 소스에는 기본적으로 같은 이미지의 다른 크기를 준비합니다.

```
〈!--화면 폭에 따라 구분해 사용--〉
<img src="img/small.jpg" srcset="img/small.jpg 400w, img/medium.jpg 800w,
img/large.jpg 1200w" alt="cat">

〈!--해상도에 따라 구분해 사용--〉
<imp src="img/sample.jpg" srcset="img/sample@2x.jpg 2x, img/sample@3x.jpg 3x"
alt="cat">
```

② picture 요소

picture 요소의 자식 요소로 source 요소, img 요소를 준비해 화면 크기, 화면 해상도 등의 조건에 따라 나타낼 이미지를 구분하기 위한 새로운 요소입니다. 소스 요소에는 환경마다 다른 이미지를 기술하고, img 요소에는 디폴트 표시용 이미지를 기술합니다.

```
<picture>
  <source
    media="(min-width: 640px)"
    srcset="img/large.jpg, img/large@2x.jpg 2x>
  <source
    media="(min-width: 480px)"
    srcset="img/medium.jpg, img/medium@2x.jpg 2x">
  <img
    src="img/small.jpg"
    srcset="img/small@2x.jpg 2x"
    alt="cat">
</picture>
```

③ image—set()

image—set()은 해상도가 다른 여러 배경 이미지를 구분하기 위한 background—image의 새로운 값입니다.

```
#selector{
background-image: image-set(url(img/bg.jpg) 1x, url(bg@2x.jpg) 2x, url(bg@3x.jpg)
3x);
}
```

● 표 26-2 반응형 이미지의 종류와 용도

반응형 이미지 속성	용도
srcset 속성	내용과 애스펙트비(Aspect Ratio, 가로:세로의 화면 비율)가 같고 **해상도(크기)만 다른** 이미지 구분에 사용한다.
picture 요소	**내용과 애스펙트비, 해상도가 다른 이미지**를 환경에 맞게 구분할 때 사용한다.
image—set()	해상도가 다른 **배경 이미지** 구분에 사용한다.

Memo 이들 세 가지 중 srcset 속성과 image—set()은 비교적 브라우저의 지원 상황이 좋기 때문에 '대응 환경에서만 제한적으로 이용하려면 지금이라도 사용할 수가 있습니다. srcset 속성이든, image—set()이든 비대응 환경에서는 무시되므로 적절하게 폴백 지정이 되어 있다면 표현상 큰 문제는 생기지 않습니다.

POINT

● PC 환경과 모바일 환경의 차이를 이해하고 모바일에 맞는 설계를 하자.

● 모바일 대응 사이트 제작에서는 viewport 와 디바이스 픽셀 비의 이해가 필수다.

● 비트맵 이미지를 Retina 디스플레이에 대응시키는 방법을 이해하자.

멀티 디바이스 대응의 기초 지식

모바일 대응 웹사이트 제작의 기초 지식

모바일 대응 사이트를 제작할 경우 모바일 전용 사이트를 구축하는 방법과 반응형 웹 디자인으로 구축하는 방법이 있습니다. LESSON 27에서는 반응형 웹 디자인과 모바일 전용 사이트의 장점과 단점, 그리고 주의할 점에 대해 알아보겠습니다.

강의 모바일 대응 기법과 그 장단점

모바일에 대응하는 두 가지 방법

모바일 대응 사이트를 제작할 경우 크게 두 가지 방법을 생각할 수 있습니다. 하나는 PC 사이트와는 별개로 '모바일 전용 사이트'를 구축하는 방법이고 또 하나는 PC 사이트와 같은 HTML을 사용해서 반응형 웹 디자인을 구축하는 방법입니다. 어느 방법이든 모바일 대응 사이트를 구축하는 데는 문제가 없지만 각각 장점과 단점이 있습니다. 자신이 제작하는 웹사이트의 사용자가 어느 쪽을 보다 원하는지 잘 검토한 다음 판단해야 할 것입니다.

▶ 모바일 전용 사이트의 장점과 단점

● 장점

모바일 전용 사이트를 구축하는 데 가장 큰 장점은 모바일 사용자의 요구와 행동 특성에 맞춘 최적의 콘텐츠 구성을 제공하기가 용이하다는 점입니다.

- 지금 즉시 갈 수 있는 가까운 레스토랑을 검색해 예약을 한다.
- 앞으로 갈 목적지를 지도에서 찾아 본다.
- 서둘러 기차의 지정석을 구입한다.

이와 같이 사용자가 바라는 바가 확실할 경우 거기에 최적화된 사이트 설계와 디자인을 자유롭게 할 수 있습니다. 그리고 페이지 등 비주얼 임팩트가 중시되는 사이트에서도 공을 들여야 하는 화면 디자인을 하기 쉽습니다. 이와 같은 설계와 디자인을 자유롭게 할 수 있는 것도 전용 사이트의 장점입니다.

● 단점

모바일 전용 사이트의 단점은 <mark>제작과 운용, 관리, 유지하는 데 손이 많이 가고 비용도 많이 든다</mark>는 점을 들 수 있습니다. 특히 CMS 등의 콘텐츠 관리 시스템을 도입하지 않은 정적인 사이트의 경우에는 운용 시 손이 많이 가는 일이 실수로도 연결될 수 있으므로 주의해야 합니다. 특히 PC 사이트든 모바일 사이트든 거의 같은 내용일 경우는 손이 많이 간다는 단점이 크게 부각될 수 있습니다.

▶ 반응형와 웹 디자인의 장점과 단점

● 장점

반응형 웹 디자인에서 사이트를 구축하는 데 가장 큰 장점은 <mark>PC나 모바일 모두 사용자에게 동일 콘텐츠와 정보를 내보내기 쉽다</mark>는 점입니다. 정보 제공이 주목적인 웹사이트의 경우는 기본적으로 PC 사용자와 모바일 사용자의 사이트 열람 목적에 큰 차이는 없습니다. 따라서 같은 HTML을 사용해 동일 내용을 게재해 두고 CSS에서 화면 크기에 맞는 레이아웃이나 UI 설계만을 유연하게 조정하는 반응형 웹 디자인은 가장 빠르고 스마트하게 멀티 디바이스 대응을 할 수 있는 제작 기법이라 할 수 있습니다.

● 단점

반응형 웹 디자인의 주요 단점은 PC나 모바일에서 <mark>같은 HTML을 사용하기 때문에 기술적인 제약이 있을 수 있다</mark>는 점입니다. 모바일 전용 사이트와 달리 기본적으로 같은 HTML 구조를 사용해 CSS로 디자인하고 레이아웃을 변경하기 때문에 만들고 싶은 디자인이나 레이아웃에 따라 실현이 기술적으로 불가능한 것도 있을 수 있습니다. 즉, 비주얼적인 부분에서 원하는 디자인을 하지 못하는 경우가 발생할 수 있습니다. 사이트 구축을 담당하는 모든 담당자(클라이언트도 포함)가 이 점을 이해한 다음 프로젝트에 착수해야 합니다.

이와 같이 전용 사이트를 구축하는 일과 반응형 웹 디자인으로 구축하는 일의 장점과 단점은 표리 관계에 있습니다. 우선은 직접 웹사이트가 어느 기법에 맞는지(어느 기법이 보다 사용자에게 높은 편리함을 제공할 수 있는지)를 판단해 가능하면 단점을 줄이기 위한 대책을 강구하는 것이 좋습니다.

● 표 27-1 모바일 전용 / 반응형 웹사이트의 비교

	모바일 전용 사이트	반응형 웹사이트
콘텐츠 전송의 특성	PC 사용자와는 다른 모바일 사용자 독자의 요구나 행동 특성에 최적화한 콘텐츠 전송	PC나 모바일 사용자 구별 없이 동일 콘텐츠 전송
정보 설계, 디자인의 자유도	높다	조금 낮다
신규 작성 시의 기술적 난이도	낮다	높다
운용 시의 수고	높다	낮다
URL 정규화의 필요성	있음	없음
비용과 납기	두 사이트 분량을 만들기 때문에 높은 비용과 많은 시간이 걸릴 수 있다.	비용과 시간을 단축할 수 있다. (※다만 설계하기에 따라서는, 반대로 전용 사이트보다 비용도 더 들고 시간도 더 걸릴 수 있다.)

모바일 대응 사이트 코딩을 위한 준비

PC 사이트든 모바일 사이트든 제작의 흐름은 기본적으로 같습니다. 하지만 모바일 대응 사이트를 제작할 때는 PC 사이트 제작 시에는 없었던 준비나 기술이 필요합니다.

▶ 디자인 시안

모바일 사이트의 디자인 시안을 제작할 때는 Retina 디스플레이용 이미지를 표현하기 위해 실물의 2배 크기로 시안을 만들어야 합니다. 지금까지는 320csspx2배=640px로 만드는 것이 보통이었으나 아이폰6 이상의 등장으로 375csspx 기준×2배=750px로 만드는 것이 좋다는 말이 나오고 있습니다. 어느 쪽으로 시안을 만들든 상관없지만 둘 다 '모든 크기를 2배로 만들어야 한다'는 것과 '320px~640px 정도의 폭으로 가로폭을 가변으로 해야 한다'는 점을 주의해서 디자인하는 것이 좋습니다.

▶ viewport

앞에서 설명한 것처럼 모바일용 사이트의 경우에는 반드시 viewport을 설정해야 합니다. 기본적으로는

```
<meta name="viewport" content="width=device-width">
```

또는

```
<meta name="viewport" content="width=device-width, initial-scale=1">
```

로 하면 좋습니다.

위와 같이 작성한 경우 사용자의 핀치 줌인, 줌아웃에 의한 확대, 축소가 허용됩니다. 'initial-scale=1'
은 초기 상태에서 확대 축소 비율을 실제 크기로 지정

한다는 의미입니다. 그러나 기본적으로는 기술하지 않아도 초기 상태는 실제 크기가 되는 것이 일반적입니다. 독자분들에게 보여 주기 위해 여기서는 기술하도록 하겠습니다. 만약 사용자에게 핀치 줌인이나 줌아웃을 허용하고 싶지 않을 때는 아래와 같이 viewport를 기술하기도 합니다.

```
<meta name="viewport" content="width=device-width, intial-scale=1, minimum-scale=1,
maxmum-scale=1, user-scalable=no">
```

구 iOS나 Android 브라우저는 핀치 줌인이나/줌아웃을 할 수 있는 상태에서는 position:fixed가 기능을 하지 않는 등의 레이아웃에 문제가 생기는 일이 많았습니다. 그래서 비교적 오래된 스마트폰 전용 사이트에서 위 기술을 많이 볼 수 있었습니다. 그러나 제작 사정으로 사용자 조작의 자유를 제한하는 것은 바람직하지 않습니다. 치명적인 문제가 발생하지 않는 한 확대 축소 금지는 하지 않는 것이 좋습니다.

▶ 회전 시의 글자 크기 자동 조절 기능

아이폰이나 안드로이드 브라우저에는 가로로 볼 때와 세로로 볼 때 글자 크기가 자동 조정되는 기능이 있기 때문에 가로로 볼 때는 글자가 확대되도록 되어 있습니다. 이 기능은 글자가 커지면 1행 당 글자 수가 적어져 읽기 쉽지만 한 화면에 들어 있는 정보량이 줄어들고 이미지와 글자 사이에서 디자인 균형이 깨지기 때문에 일반적으로 오프로 해두는 일이 많습니다.

글자 크기 자동 조절 기능을 오프로 하려면 CSS에서 아래와 같이 지정하면 됩니다.

```
html {
-webkit-text-size-adjust: 100%;
}
```

▶ 전화번호 자동 인식 기능

아이폰에는 텍스트 안에 전화번호가 있을 경우 자동적으로 링크를 만들기 때문에 터치하면 전화가 걸립니다. 하지만 전화번호와 팩스 번호를 구별하지는 못합니다. 전화번호가 아니어도 배열이 비슷하면 인식을 잘못해 링크해 버리기 때문에 보통 이 기능은 meta 태그로 해 둡니다.

```
<meta name="format-detection" content="telephone=no">
```

▶ URL 정규화

PC 사이트와 별도로 모바일 전용 사이트를 제작할 경우에는 URL의 정규화를 지정해 둘 필요가 있습니다. URL 정규화란 다른 URL을 가진 웹 페이지의 내용이 동일 혹은 거의 같은 내용일 경우에 검색 엔진에서 중복 콘텐츠로 인식되어 검색 엔진 최적화상 불리한 취급을 받는 일이 없도록 오리지널 URL을 지정해 두는 것을 가리킵니다. PC 사이트와 모바일 사이트를 따로 만들고 URL도 다른 경우에는 다음과 같이 처리해 PC용과 모바일용 페이지를 1대 1로 참조할 수 있게 해 둘 필요가 있습니다. 예를 들어

- PC용 URL   http://www.example.com/
- 모바일용 URL   http://www.example.com/sp/

이었을 경우에는 아래와 같이 각 페이지에 URL 정규화를 기술해 두어야 합니다.

① rel="alternate"에서 스마트폰용 페이지의 존재를 명시한다.

먼저 'PC용 사이트' HTML에 rel="alternate"라는 속성을 사용해 스마트폰용 페이지가 따로 존재한다는 것을 검색 엔진에 알립니다.

```
<link rel="alternate" media="only screen and(max-width:640px)" href="http://www.
example.com/sp/">
```

② rel="canonical"에서 PC 사이트 URL과 연결시킨다.

이후 '모바일용 사이트' HTML에 rel="canonical"로 그 페이지에 대응하는 PC용 URL을 연결시켜 URL을 정규화합니다.

```
<link rel="canonical" href="http://www.example.com/">
```

이 정규화 처리는 PC용 페이지와 모바일용 페이지를 1대 1로 연결해, 지표로 삼기 위한 것이므로 1페이지씩 모든 페이지를 연결해야 합니다. 다만 PC나 모바일 어느 한쪽에만 존재하는 페이지일 경우에는 무리하게 정규화할 필요가 없습니다. 또한 이것은 '모바일 전용 사이트'에서 'PC 사이트로 표시되는 URL이 다를 경우'에 하는 것이므로 반응형 웹 디자인으로 구축하고 있는 경우나 .htaccess 등 서버 측의 설정으로 URL을 통일해 두는 경우에도 기술할 필요가 없습니다.

▶ 홈 아이콘의 설정

PC 사이트의 favicon처럼 모바일 단말기에서는 웹사이트의
단축 아이콘을 '홈 아이콘'으로써 디바이스 홈 화면에 등록할
수 있습니다. 특별한 지정을 하지 않으면 자동적으로 웹사이
트 화면이 홈 아이콘으로 사용됩니다. 하지만 전용 이미지를
준비하는 것이 보기에 좋으므로 가능하면 그렇게 하기를 권
합니다.

● 예제 27-1 홈 아이콘의 유무

▶ 홈 아이콘에 필요한 이미지

홈 아이콘용으로 준비한 이미지는 png 형식의 정사각형 이
미지로, 엄밀하게는 단말기에 따라 적합한 크기가 달라집니다. 그러나 적합한 크기가 없어도 단말기측이
홈 아이콘 안에서 적당한 것을 골라 표시해 주기 때문에 가장 큰 크기만 준비해 두어도 상관없습니다.

● 표 27-2 iOS 단말기의 홈 아이콘 필요 크기

단말기(디바이스 픽셀 비)	크기(px)
iPhone6 Plus(@3x)	180×180
iPhone5 / 6(@2x)	120×120
iPhone4(@2x)	120×120
iPad / iPad mini(@2x)	152×152
iPad 2 / iPad mini(@1x)	76×76

▶ 홈 아이콘 설정

iOS 디바이스는 'apple-touch-icon.png'라는 이름의 png 이미지를 서버의 루트 디렉터리에 넣어 두면
자동 인식해 홈 아이콘으로 사용합니다. 그러나 안드로이드에서는 HTML에 〈link rel="apple-touch-
icon"~〉을 기술하지 않으면 사용할 수 없습니다. 또한 안드로이드 크롬은 이 기술을 앞으로 지원하지 않
을 가능성이 있으므로 구글이 권장하는 〈link rel="icon"~〉을 기술해 두는 것이 좋습니다.

```
<!--iOS 사파리·안드로이드 표준 브라우저-->
<link rel="apple-touch-icon" href="apple-touch-icon.png">
<!--안드로이드 크롬-->
<link rel="icon" sizes="192x192" href="apple-touch-icon.png">
```

PC용 favicon과 모바일용 홈 아이콘을 하나의 이미지로 만든 다음 HTML에 쉽게 삽입할 수 있게 도와
주는 편리한 웹 서비스도 있습니다. 이러한 툴을 활용하는 것도 좋습니다.

• 「Favicon Maker」 (URL http://favicon.il.ly/)

확인 환경 준비

모바일 대응 사이트를 제작할 경우 제작 도중에 무언가를 수정할 때마다 일일이 FTP에서 서버에 업로드하고 URL를 입력해 불러오려면 손이 많이 갑니다. 최종적인 동작 확인은 실제 기기에서 할 필요가 있지만, 어느 정도 형태가 드러나기 전까지는 코딩 작업을 하는 PC 환경에서 가볍게 마치는 것도 하나의 요령입니다.

▶ 크롬 개발 툴

iOS나 안드로이드 브라우저는 Webkit이고 내용물은 사파리나 크롬에 가깝습니다. 따라서 Webkit 프리픽스 유무 등 사전에 어느 정도 모바일 브라우저를 주의하면서 코딩해 두면 도중에 데스크톱용 사파리나 크롬 브라우저 폭을 좁히면서 확인해도 그다지 문제가 없습니다.

그러나 사파리나 크롬은 400px보다 폭을 좁게 할 수는 없습니다. 그러므로 실제 출력 영역에 가까운 상태로 확인을 할 수 있도록 <mark>크롬 디벨로퍼 툴(Chrome Developer Tools)의 디바이스 모드 기능</mark>을 활용하기를 권합니다.

사용하는 방법은 다음과 같이 아주 간단합니다.

   ① 확인하고 싶은 페이지를 크롬으로 열고 개발 툴을 켠다.

   ② 디바이스 모드 아이콘을 클릭

   ③ 확인하고 싶은 디바이스를 선택

● 예제 27-2 디바이스 모드 기능을 사용하는 법

① 디벨로퍼 툴을 켠다

※화면은 맥용입니다. 윈도우는 'F12'를 누르면 됩니다.
또한 맥이나 윈도우 모두 화면상에서 마우스 오른쪽 클릭〉요소의 검증(요소 검사)으로 실행해도 됩니다.

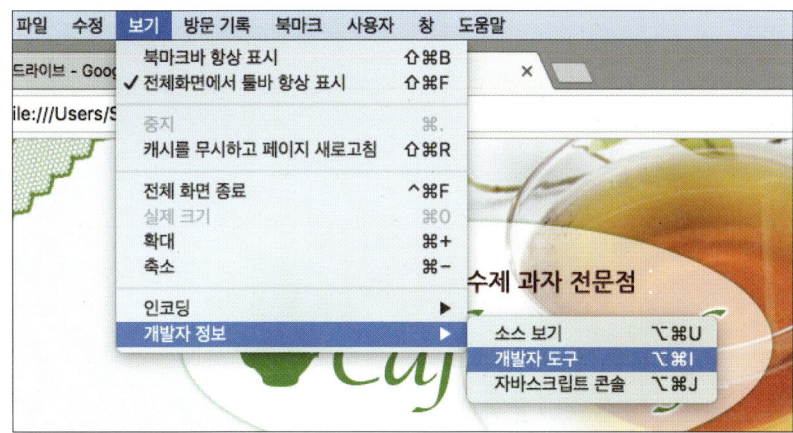

② 디바이스 모드를 실행한다

③ 실행시키고 싶은 디바이스 선택

④ 각 디바이스 표시를 확인

모바일 프렌들리 테스트에 합격하기 위한 5가지 조건

모바일 사이트를 구축하려 한다면 적어도 LESSON 26에서 소개한 구글 모바일 프렌들리 테스트에 합격할 수 있는 내용으로 제작하는 것이 좋습니다. 물론 이것은 모바일 대응 최종 목표가 아니라 시작 지점에 지나지 않습니다. 여기에 합격했다고 해도 콘텐츠 내용이 가볍고 사용자에게 가치가 없는 정보라면 그것은 전혀 의미가 없습니다. 이것만으로는 모바일 최적의 UI가 제공되었다고 판단할 수도 없습니다. 하지만 최소한 지켜야 할 지표로서 객관적인 판단 기준이 되는 것은 분명합니다. 어떤 기법으로 제작한다 해도 다음 5가지 조건은 갖춰 두어야 할 것입니다.

1. 탭 요소끼리 너무 가깝지 않도록 한다

애플의 가이드라인에서는 탭(링크) 영역은 최소 44×44px를 권장하고 있습니다. 그러나 구글 가이드라인에서는 48×48px 이상을 권장하고 있습니다. 하나하나의 탭 영역이 48×48px 이상 된다고 해도 그것들이 딱 붙어 있는 상태로 배치되어 있는 경우에는 자칫하면 옆을 건드릴 수 있으므로 충분한 여백이 있어야 합니다.

2. 확대해야만 읽을 수 있는 작은 글자로 해서는 안 된다

사용하는 폰 사이즈는 사용자가 확대하지 않아도 읽을 수 있는 크기를 확보해야 합니다. 12~16px 정도 되면 문제가 없습니다.

3. 모바일용 viewport를 설정한다

다양한 화면 폭의 디바이스에서 문제없이 콘텐츠가 출력되도록 HTML에는 viewport를 설정합니다. 기본적으로는 가로 폭은 고정값보다 "device-width" 쪽을 권하고 싶습니다(고정값이 절대로 안 된다는 것은 아니지만 모바일 환경 표시에 악영향을 주는 경우에는 수정 항목으로 지적될 가능성이 있습니다).

4. 콘텐츠가 viewport에서 빠져 나오지 않도록 한다

viewport 값이 'width=device-width'가 되어 있어도 HTML 요소나 이미지에 고정값이 설정되어 있으면 콘텐츠가 viewport에서 빠져 나와 버리는 경우가 있습니다. HTML 요소의 width는 기본적으로 자동(auto)으로 하든가 퍼센트를 지정하고 이미지에는 max-width:100%;를 설정해 두어야 합니다.
고정폭 광고는 기본적으로 사용자측에서 폭을 가변으로 할 수는 없기 때문에 가변폭 광고로 바꾸든지 PC와 모바일로 콘텐츠를 구분하는 등의 대책이 필요합니다.

5. 플래시를 사용하지 않는다

대부분의 모바일 브라우저는 플래시에 대응하지 못합니다. 플래시 콘텐츠를 사용하지 말고 HTML5+CSS3+JavaScript로 대응하도록 해야 합니다.

기존 사이트의 모바일 프렌들리 대책

전면 리뉴얼로 모바일 대응 사이트를 구축할 경우는 괜찮지만 그렇게 할 시간이나 금전적 여유가 없어, 우선 응급 처치로 모바일 프렌들리 테스트 대책을 세우기를 원하는 사람도 있을 것입니다.

모바일 프렌들리 테스트는 '페이지 단위'로 하므로 그와 같은 경우에는 우선 기존 사이트의 액세스 해석을 실행해서 모바일 사용자가 유입하거나 컴버전이 많은 페이지만을 우선적으로 개선하는 방법을 선택해도 됩니다. 그러나 사이트 전체 중 일부만이 스마트폰 대응이고 그 외 다른 부분은 PC 상태를 계속 유지하는 것은 사용자에게 그다지 바람직하다고 볼 수 없습니다. 기회를 봐서 전면적으로 개정하거나 리뉴얼을 검토하는 것이 좋습니다. 모바일 대응을 하는 것은 구글을 위해 하는 것이 아니라 사용자를 위해 한다는 것을 잊지 마시기 바랍니다.

이 장에서 설명한 내용을 토대로 다음 Chapter 09에서는 간단한 멀티 디바이스 대응 사이트를 만들어 보겠습니다.

POINT

● 모바일 전용 사이트와 반응형 웹사이트의 장점과 단점을 이해해 두자.

● 모바일 사이트 제작에서 필요한 약속 기술을 템플릿에 기술하자.

● 모바일 프렌들리 테스트 대책 5가지 항목을 이해하자.

HTML5&
CSS3

Chapter 09

반응형 웹 디자인의 코딩

Chapter 09에서는 반응형 코딩을 하는 데 필요한 지식과 테크닉을 알아보겠습니다.
반응형 코딩을 하려면 HTML이나 CSS, 멀티 디바이스 대응 지식을 종합적으로 활용해야 합니다. 이 장에
서는 기본적인 반응형 코딩에 대해 살펴보겠습니다.

반응형 웹 디자인의 코딩

반응형 화면 설계와 베이스 코딩

반응형 웹 디자인을 제작할 때는 '같은 HTML을 사용한다'는 특성을 이해한 다음 화면을 설계해야 합니다. LESSON 28에서는 반응형 웹사이트의 기본적인 화면 설계와 반응형 코딩 준비에 대해 설명한 다음, 베이스가 되는 화면 코딩을 해보겠습니다.

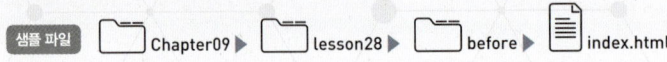

샘플 파일 ▷ Chapter09 ▶ lesson28 ▶ before ▶ index.html

강의 반응형 웹 디자인의 화면 설계

기본적인 화면 구성

▶ **콘텐츠 퍼스트**

PC용 웹사이트의 화면을 구성할 때는 레이아웃을 먼저 결정하고 그 안에 콘텐츠를 나열하는 식으로 진행하는 경우가 많습니다. 그러나 반응형 웹 디자인의 경우는 레이아웃을 먼저 정하는 것이 아니라 콘텐츠를 가지고 화면을 설계합니다. 이것이 중요한 포인트입니다.

먼저 콘텐츠를 가지고 화면을 설계하는 기법을 콘텐츠 퍼스트라 합니다. 구체적으로 다음과 같은 순서로 화면 구성을 검토하게 됩니다.

❶ 화면에 필요한 콘텐츠 구성 요소들을 모두 정리한다.

❷ 정보의 중요도를 고려해 구성 요소를 세로/일렬로 나열한다.

❸ 필요에 따라 구성 요소끼리 그룹화하고 마지막에 레이아웃을 한다.

여기서 중요한 것은 순서 ❷에서 검토한 콘텐츠 나열 순이 기본적으로 마크업의 기술 순서가 되고 또한 스마트폰의 출력 순서가 된다는 점입니다. 또한 반응형에서는 같은 HTML 구조를 사용해 모든 환경에서 사용할 수 있는 레이아웃을 실현하기 때문에 원칙적으로 ❷에서 결정한 순서를 CSS에서 다시 나열해 만들 수 있는 범위의 레이아웃으로 하는 것이 중요합니다.

● 예제 28-1 콘텐츠 퍼스트에 의한 화면 설계

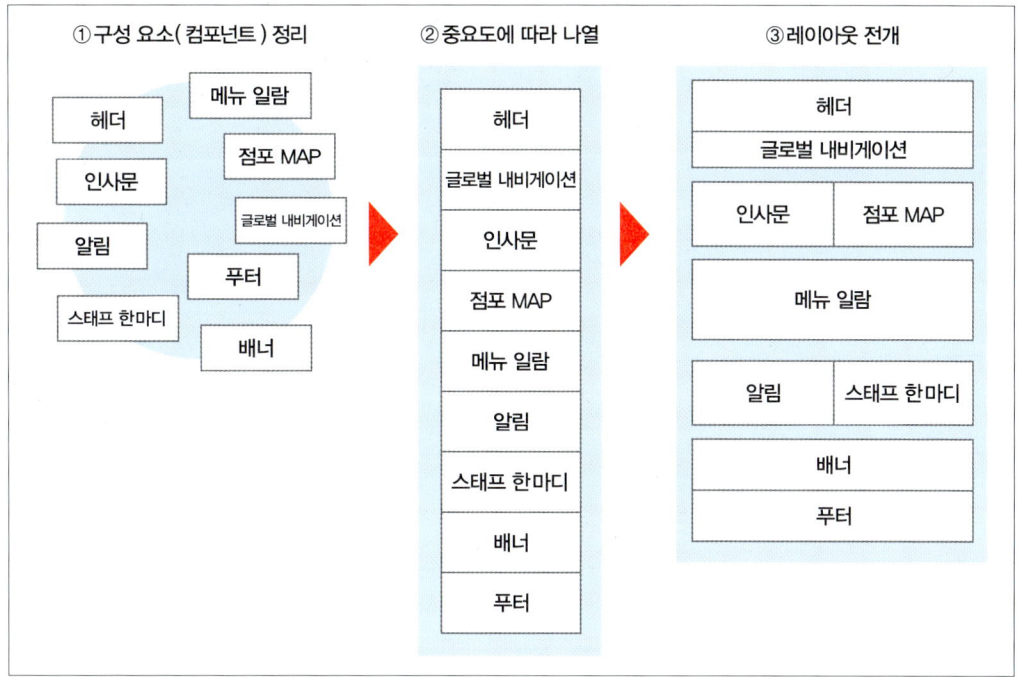

▶ 브레이크 포인트의 수와 레이아웃 패턴

❸에서 레이아웃을 할 때 검토해야만 하는 것이 '<mark>브레이크 포인트</mark>'(break point)입니다. 반응형 웹 디자인에서는 어느 일정한 화면 크기를 기준으로 해서 CSS에서 레이아웃을 바꿀 수 있게 만듭니다. 이 레이아웃이 바뀌는 화면 크기의 기준점을 브레이크 포인트라 합니다.

브레이크 포인트 설정 크기를 몇으로 할 것이며, 몇 개의 브레이크 포인트를 준비해야 하는 지는 레이아웃 패턴의 수와 연동되기 때문에 무턱대고 늘리지 않는 것이 좋습니다.

- 스마트폰용과 PC용, 두 개의 레이아웃 패턴을 준비하고 그 경계에 브레이크 포인트를 1개 설정
- 스마트폰용과 소형 태블릿용, PC용, 세 개의 레이아웃 패턴을 준비하고 그 경계선에 브레이크 포인트를 2개 설정

이 둘 중 한 가지를 베이스로 하고 필요하다면 부분적으로 조정하는 것이 좋습니다.

> **Memo**
> 스마트폰용, PC용 식으로 레이아웃 포맷을 바꾸는 브레이크 포인트를 '메이저 브레이크 포인트'라 합니다. 이에 반해 부분적으로 레이아웃을 조정하기 위해 설정하는 브레이크 포인트를 '마이너 브레이크 포인트'라 합니다. 실제로는 메이저 브레이크 포인트와 마이너 브레이크 포인트를 조합해 레이아웃을 조정합니다.

● 예제 28-2 브레이크 포인트와 레이아웃 패턴

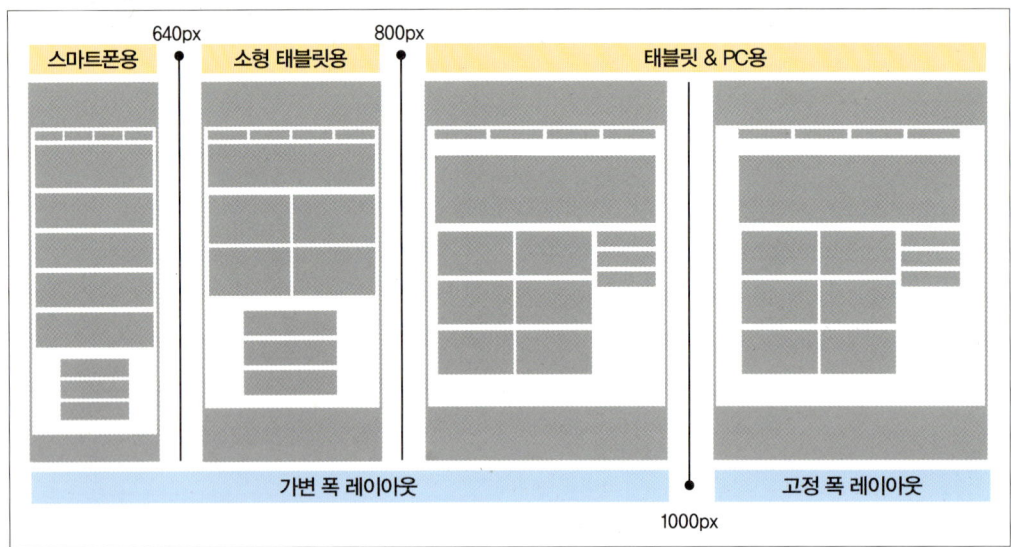

▶ 브레이크 포인트를 결정하는 법

브레이크 포인트를 설정하는 구체적인 수치(화면 크기)가 있는 것은 아닙니다. 업계에 통일된 것은 없으나 디바이스 종류가 적었을 때는 아이폰이나 아이패드 같은 대표적인 디바이스 크기를 기준 삼아 스마트폰용, 태블릿용, PC용 식으로 브레이크 포인트를 설정했습니다. 하지만 지금은 디바이스 종류가 늘어 크기에 따라 단순하게 디바이스를 나눌 수는 없습니다. 따라서 주요 디바이스 크기는 의식하지만 기본적으로는 윈도우 사이즈에 대한 콘텐츠를 보여 주는 방법에 따라 브레이크 포인트를 설정하는 경우가 많습니다. 브레이크 포인트를 결정할 때는

❶ 최소 브레이크 포인트 장소
❷ 최대 브레이크 포인트 장소
❸ 중간 브레이크 포인트 장소

순으로 생각하면 초보자도 비교적 순조롭게 결정할 수 있습니다.

❶ 최소 브레이크 포인트 장소

최소 브레이크 포인트는 스마트폰용 레이아웃과 그 이외를 나누기 위한 중요한 포인트입니다. 기본적으로는 브레이크 포인트를 경계로 작은 화면에서는 1단, 큰 화면에서는 다단(Multi-column)이 레이아웃의 기본입니다. 비교적 흔히 볼 수 있는 수치는 480px, 640px, 768px입니다.

❷ 최대 브레이크 포인트 장소

반응형 웹 디자인에서 콘텐츠의 가로 폭은 원칙적으로 가변이지만 일정 크기 이상은 PC용 사이트와 마찬가지로 폭을 고정으로 하는 경우가 많습니다. 그 경우 최대 브레이크 포인트는, '그 이상은 가로 폭 고정 레이아웃으로 변경'하기 위한 것으로 기본적으로 PC 레이아웃의 콘텐츠 고정폭과 같습니다. 비교적 흔히 볼 수 있는 수치는 960px, 978px, 1024px 수치입니다.

③ 중간 브레이크 포인트 장소

500~800px 전후의 중간 크기는 콘텐츠나 레이아웃에 따라 '스마트폰용 레이아웃으로는 사이가 너무 넓다', 'PC용 레이아웃으로는 너무 답답하다'고 하는 문제가 나오기 쉬운 사이즈입니다. 따라서 최소와 최대 브레이크 포인트가 너무 떨어져 있는 경우에는 1~2군데 중간 브레이크 포인트를 추가하는 것이 좋습니다.

화면 설계를 검토할 때 주의할 점

반응형 웹사이트 화면 설계를 검토할 때 가장 주의해야 하는 것은 스마트폰용이든 PC용이든 같은 HTML을 사용한다는 점입니다. 콘텐츠의 위치 조정은 CSS만을 사용하기 때문에 CSS의 기술적 제약을 뛰어넘은 배치 변경은 원칙적으로 할 수 없습니다.

만일 동일 HTML에서 실현이 물리적으로 불가능한 것을 가능하게 하고 싶다면 스마트폰용과 PC용에서 각각 다른 코드를 양쪽에 기술해 코드를 이중 관리해야 합니다. 이와 같은 방법은 낭비도 많지만 무엇보다 '이중 관리할 필요가 없어 운용하기 쉽다'고 하는 반응형의 장점을 없애 버리는 일로 연결됩니다. 그래서 어쩔 수 없는 경우를 제외하고 원칙으로는 피하도록 해야 합니다.

실제로 코드를 쓰는 사람과 화면 설계를 하는 사람이 동일인이라면 무엇이 가능하고 무엇이 불가능한지 대략적으로 판별할 수 있을 것입니다. 하지만 화면 설계를 하는 사람에게 코딩 지식이 없는 경우에는 문제가 많은 화면 설계를 할 가능성이 높아집니다. 따라서 코딩 지식이 없거나 설계한 화면이 맞게 되었는지 확인하고 싶다면 아래와 같은 방법으로 체크하는 것이 좋습니다. 그러면 비교적 간단히 문제의 유무를 분별할 수 있습니다.

● **예제 28-3 화면 설계 체크 ①**

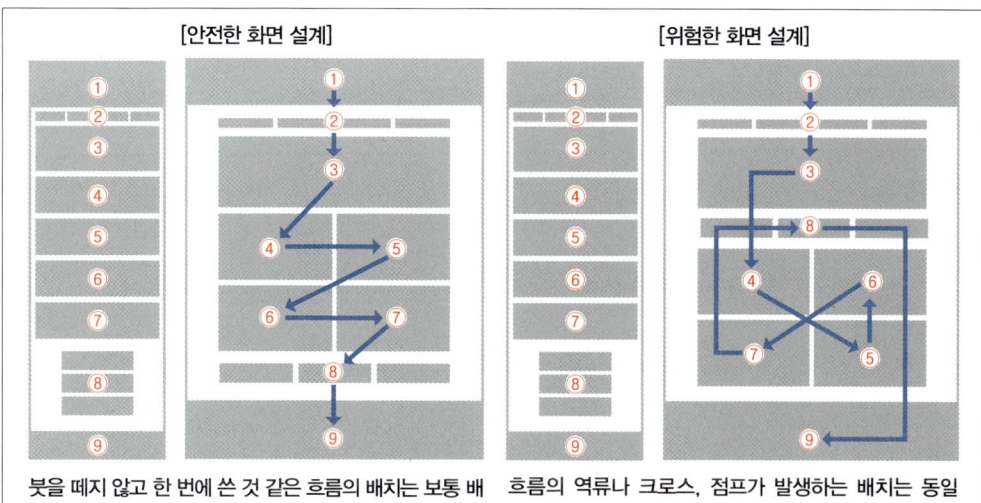

붓을 떼지 않고 한 번에 쓴 것 같은 흐름의 배치는 보통 배치나 float 배치로 문제없이 제작할 수 있는 전형적인 레이아웃입니다. 기술적으로 문제가 되는 일은 없습니다.

흐름의 역류나 크로스, 점프가 발생하는 배치는 동일 HTML에서 레이아웃할 수 없을 가능성이 있습니다. 반드시 사전에 테스트해 보고 실현 가능한지 확인해 두는 것이 좋습니다.

왼쪽 예와 같이 일련번호를 이은 선이 자연스럽게 이어지는 흐름인 경우라면 CSS 레이아웃상 기술적인 문제는 거의 없다고 생각해도 됩니다.

반대로 오른쪽 예와 같이 이은 선이 위아래 방향으로 왔다 갔다 하거나 선이 교차하듯이 복잡한 흐름으로 되어 있는 경우는 CSS만으로 실현 가능한지 반드시 사전에 확인해야 합니다.

● 예제 28-4 화면 설계 체크 ②

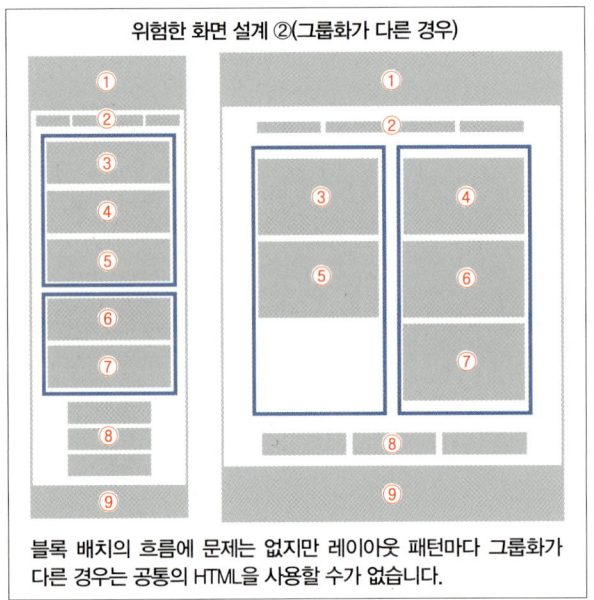

또한 위 예와 같이 각 블록의 흐름에는 문제가 없어도 레이아웃에 따라 그룹화가 변하는 설계는 동일 HTML에서 레이아웃을 할 수 없기 때문에 피해야 할 전형적인 예라 할 수 있습니다.

이상은 반응형의 장점을 최대한 살리면서 효율적으로 제작하기 위한 중요한 포인트입니다. 실제 코딩하는 사람뿐만 아니라 디렉터나 디자이너 등 프로젝트에 관여하는 모든 사람이 이해하는 것이 바람직하다고 할 수 있습니다.

설계 방침 확인과 베이스 코딩

● Before   ● After

그럼 실제로 반응형 웹 디자인으로 사이트를 제작해 보겠습니다. 이번에 제작하는 것은 홍차 전문 카페 웹사이트입니다. 사전에 콘텐츠 퍼스트로 화면 설계를 하고 거기에 따라 PC/스마트폰용 각 디자인 시안 을 만들어 두었습니다. 이것을 토대로 반응형 코딩을 해나가도록 하겠습니다.

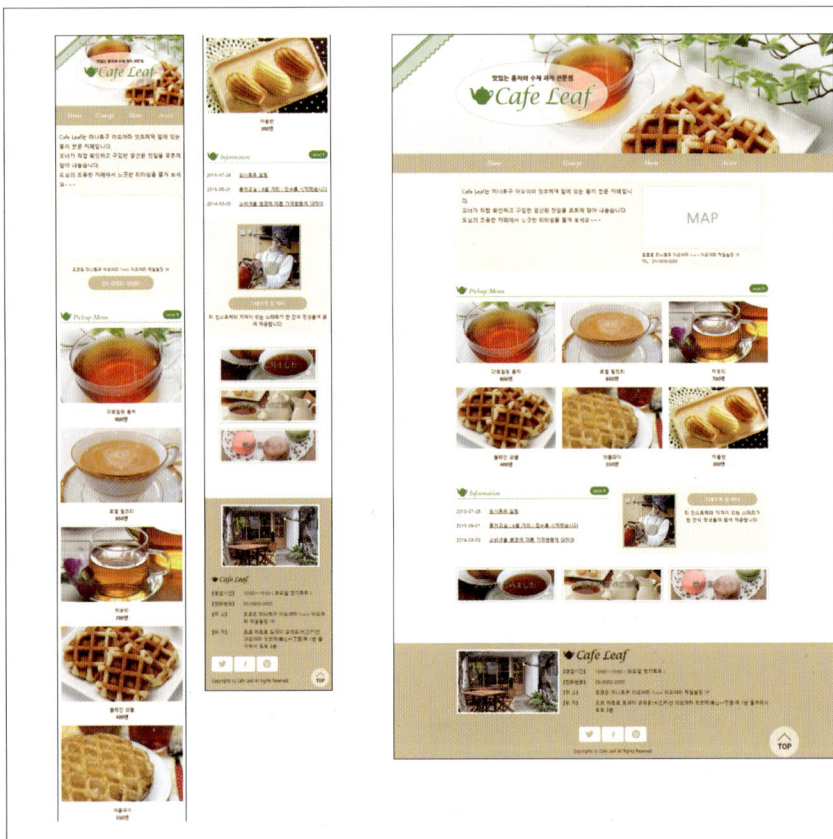

1 대상 환경과 설계 방침을 확인한다

우선 코딩하기 전에 전제 요건을 확인합니다. 전제 요건에 따라 사용할 기술이나 만드는 법이 달라질 수 있으므로 반드시 사전에 체크해 두어야 합니다.

동작 확인 대상 환경

스마트폰에서 데스크톱 PC까지 폭넓은 환경에서 볼 것을 전제로 만듭니다. 따라서 윈도우나 맥과 각종 브라우저의 버전, iOS와 안드로이드 버전을 확인해 두세요. 이번에는 아래와 같은 조건으로 제작합니다.

데스크톱 환경		모바일 환경	
OS	브라우저	OS	브라우저
Window 7~	·IE9, 10, 11 ·Chrome, Firefox, Edge 최신판	Android 4.x~	·표준 브라우저(4.0~4.3) ·Chrome(4.4~)
MacOS 10.6~	·Safari, Chrome, Firefox 최신판	iOS7~	·모바일 Safari

※IE8 이하, Android3.x 이하는 지원하지 않습니다.

브레이크 포인트

여기서 브레이크 포인트는 640px 한 군데입니다. 이외에는 PC 환경에서 콘텐츠 폭을 고정하기 위해 940px 마이너 브레이크 포인트를 1개 준비해 두겠습니다. 640~939px와 940px 이상은 컨테이너 가로 폭이 고정되느냐 고정되지 않느냐만 다를 뿐이므로 레이아웃 패턴으로서는 스마트폰용과 PC용 두 가지 밖에 없습니다.

● 예제 28-6 브레이크 포인트 예제

CSS 코딩 방식

반응형 코딩을 할 경우 크게 두 가지 CSS 코딩 방식이 있습니다.

❶ 스마트폰용 레이아웃을 베이스로 하고 큰 화면용 레이아웃에서 덮어 쓴다
❷ PC용 레이아웃을 베이스로 하고 작은 화면용 레이아웃에서 덮어 쓴다

❶을 모바일 퍼스트 방식 ❷를 데스크톱 퍼스트 방식이라 합니다. 어느 방식으로 해도 완성 화면은 같습니다. 그러나 기본적으로는 ❶ 모바일 퍼스트 방식으로 코딩하는 것을 권장하고 있습니다. 모바일 퍼스트 방식이 모바일 환경에서 부하가 적고, 1단이 원칙인 스마트폰용 레이아웃을 베이스로 하는 것이 큰 화면용과의 비교했을 때 CSS도 단순해지기 때문입니다.

● 예제 28-7 모바일 퍼스트 방식과 데스크톱 퍼스트 방식의 CSS 계승 비교

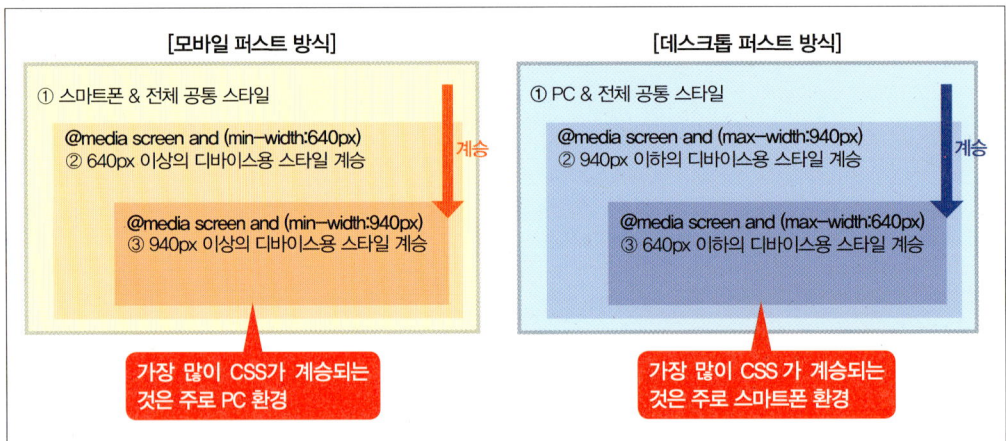

이번에는 동작 대상 환경이 IE9 이상(IE8 이하는 지원되지 않음)이므로 일반적으로 권장되는 모바일 퍼스트 방식으로 코딩하도록 하겠습니다.

> **Memo**
>
> **데스크톱 퍼스트 방식을 선택하는 케이스**
> 기본은 모바일 퍼스트 방식이지만 기존의 PC 사이트를 반응형 웹사이트화할 경우에는 데스크톱 퍼스트 방식으로 해야 합니다. 또한 신규로 만들 경우에도 IE8 환경을 지원하는 경우에는 손이 많이 가지 않도록 데스크톱 퍼스트 방식을 채택하기를 권합니다.

② 마크업을 확인한다

동작 환경과 설계 방침을 정했으면 PC 전용 사이트를 만들 때와 같이 문서 구조를 검토합니다. 기본적으로는 Chapter05에서 설명한 것과 같은 방식으로 진행하므로 자세한 설명은 생략하겠습니다. 한 가지 반응형에서 주의해야 할 점이 있다면 <mark>PC/스마트폰 양쪽 레이아웃 패턴을 받아들일 수 있게 해야 한다</mark>는 것입니다. 즉, 한쪽 레이아웃만을 보면서 검토하는 것이 아니라 PC/스마트폰 양쪽 모두 레이아웃을 동시에 보면서 문서 구조나 레이아웃을 검토해야 합니다.

이번 문서 구조 개요는 다음과 같습니다.

● 예제 28-8 문서 구조 개요

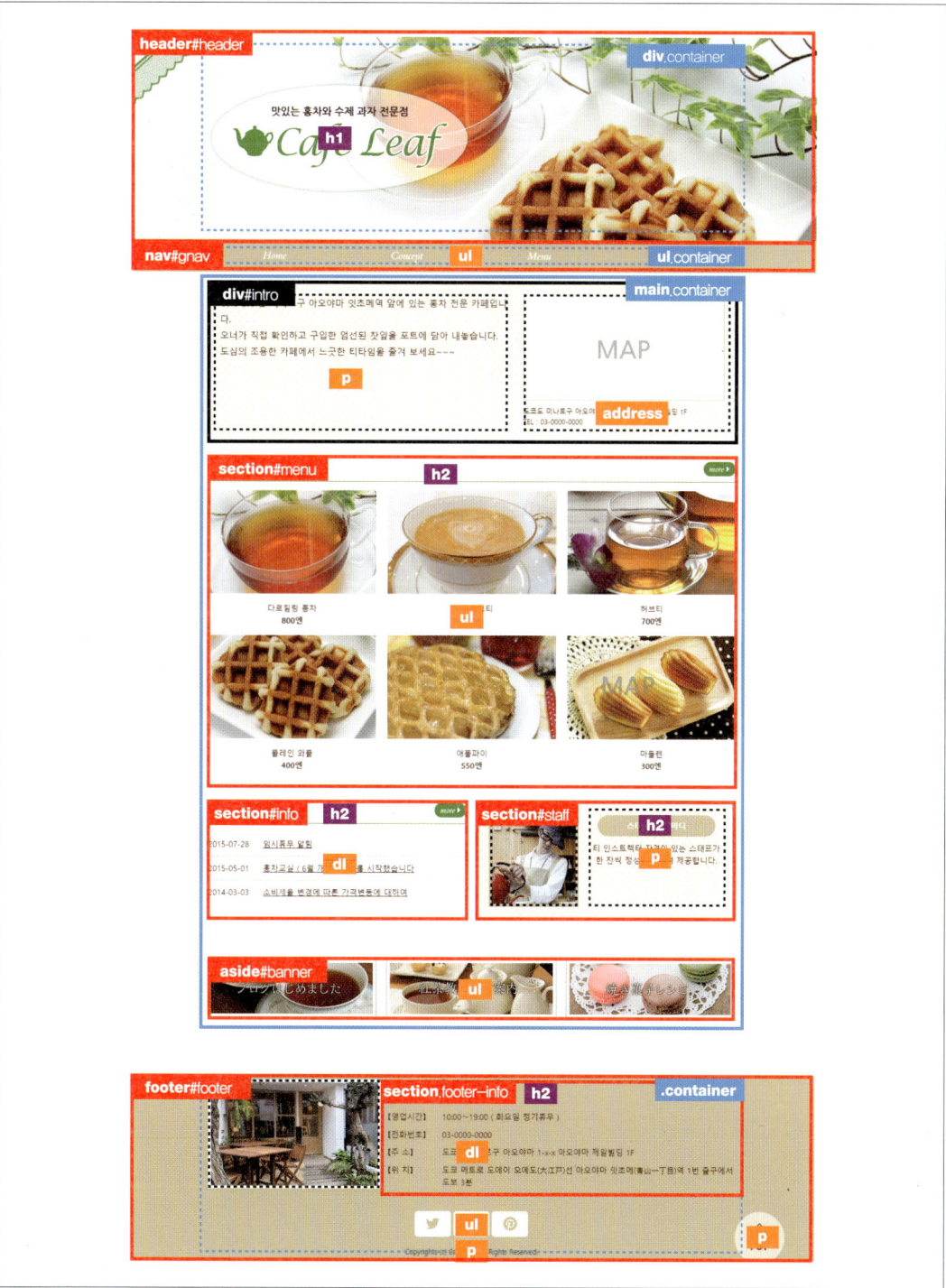

※일부 요소, class, id는 생략했습니다. 자세한 사항은 HTML 소스 코드를 확인해 주세요.

③ 반응형용 템플릿을 준비한다

아래는 반응형용 HTML, CSS 템플릿입니다. Chapter08에서 소개한 멀티 디바이스 대응의 다양한 코드 중 반응형용으로서 필요한 것을 미리 준비해 두었으니(※소스 중의 빨간색 부분). 내용을 확인해 보기 바랍니다.

[HTML]

```html
<!DOCTYPE html>
<html lang="ko">
<head>
<meta charset="utf-8">
<meta http-equiv="X-UA-Compatible" content="IE=Edge">
<title>Cafe Leaf</title>
<meta name="description" content="">
<meta name="keywords" content="">
<meta name="viewport" content="width=device-width,initial-scale=1.0">
<meta name="format-detection" content="telephone=no">
<!--icon -->
<link rel="apple-touch-icon" href="apple-touch-icon.png">
<link rel="icon" sizes="192x192" href="apple-touch-icon.png">
<!-- stylesheets -->
<link rel="stylesheet" href="css/base.css" media="all">
</head>
```

[CSS]

```css
@charset "utf-8";
/*
====================================
    Reset CSS
====================================
*/
html, body, div, span, object, iframe,
h1, h2, h3, h4, h5, h6, p, blockquote, pre,
abbr, address, cite, code,
del, dfn, em, img, ins, kbd, q, samp,
small, strong, sub, sup, var,
b, i,
dl, dt, dd, ol, ul, li,
fieldset, form, label, legend,
table, caption, tbody, tfoot, thead, tr, th, td,
article, aside, canvas, details, figcaption, figure,
footer, header, main, menu, nav, section, summary,
time, mark, audio, video{
    margin:0;
    padding:0;
```

```
}
article, aside, details, figcaption, figure,
footer, header, main, menu, nav, section{
    display:block;
}
html{
    -webkit-text-size-adjust: 100%;
}
body{
    font-family: sans-serif;
}
img{
    border: 0;
}
ul,ol{
    list-style-type: none;
}
table{
    border-collapse: collapse;
    border-spacing: 0;
}
img, input, select, textarea{
    vertical-align: middle;
}
```

4 플루이드 이미지 설정

반응형 웹 디자인의 큰 특징 중 하나는 컨테이너 폭이 늘고 줄어듬에 따라 채워진 이미지나 동영상의 크기도 늘어나고 줄어든다는 점입니다. 이와 같은 늘어나고 줄어드는 이미지를 '플루이드 이미지'라 합니다. 반응형 웹사이트를 제작할 때에는 원칙적으로 모든 img 이미지는 플루이드 이미지로서 확대되거나 축소되도록 설정합니다. 따라서 리셋 CSS의 베이스 CSS 안에 이미지를 플루이드 이미지로 하기 위한 코드를 추가합니다. 배경 이미지나 동영상, 구글 맵 등도 확대되거나 축소되도록 합니다. 여기서는 개별 선택자에서 대응하기 때문에 필요에 따라 수시로 설정하는 식으로 진행합니다.

[CSS]

```
img{
    border: 0;
    max-width: 100%;
    height: auto;
}
```
플루이드
이미지 설정

[플루이드 이미지화 전]

[플루이드 이미지화 후]

윈도우에서 빠져 나온다.

윈도우에 들어가도록 축소된다.

> **Memo** 로고나 아이콘처럼 비교적 작은 이미지는 플루이드 이미지가 아니라 고정 크기 이미지로서 넣는 경우도 있습니다. 그 경우에는 개별적으로 대응하게 됩니다.

이미지를 플루이드 이미지화했으면 브라우저 폭을 넓히거나 줄여 이미지의 크기가 조정되는 것을 확인합니다. 일반적으로 플루이드 이미지의 경우, width:100%;가 아니라 max-width:100%;로 설정합니다. 이미지 본래의 가로 폭 크기 이상으로는 확대되지 않게 주의합니다. 이것은 준비하는 이미지 크기에 영향을 줍니다.

어떠한 레이아웃으로 하느냐에 따라서도 바뀔 수 있습니다. 단의 수에 따라 PC 레이아웃용 사진보다도 스마트폰용 사진의 최대 크기가 커지는 일이 있습니다. 이번 경우도 메뉴 사진은 PC용 레이아웃의 경우 3단이므로 최대 300px가 됩니다. 그러나 스마트폰용 레이아웃의 경우는 1단으로 표시가 되기 때문에 스마트폰용 레이아웃의 최대 폭인 640px의 경우에는 최대 600px로 표시되게 됩니다.

● 예제 28-10 필요한 사진 소재 크기

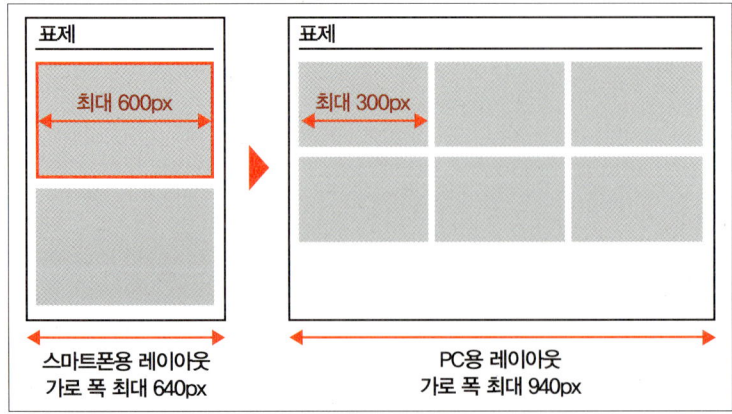

표제

표제

최대 600px

최대 300px

스마트폰용 레이아웃
가로 폭 최대 640px

PC용 레이아웃
가로 폭 최대 940px

이와 같이 반응형 웹사이트의 경우는 채워 넣을 이미지의 최대 폭을 바르게 판단해서 준비해야 합니다.

> **Memo** 필요한 최대 폭의 이미지를 준비하지 못했을 경우에는 그곳만 개별적으로 img 요소를 width:100%로 변경합니다. 그러나 이것은 어디까지나 예외입니다. 기본적으로 max-width:100%로 설정하는 것이 원칙입니다.

⑤ 베이스 레이아웃 코딩

기본 설정이 끝났으면 이제 베이스 레이아웃 코딩을 할 차례입니다. 여기서는 모바일 퍼스트 방식으로 제작하기 위해 우선 스마트폰용 레이아웃을 기준으로 스타일을 지정해나갑니다. 여기서 설정하는 스타일은 스마트폰용뿐만 아니라 모든 화면 크기에 공통하는 베이스 설정이기 때문에 가로 폭이 넓어지는 것도 어느 정도 고려하면서 코딩해야 합니다.

이후 스타일 지정을 모두 base.css에 정리해 기술합니다. base.css에는 각각의 코멘트 표제를 미리 적어 놓았으므로 그것을 참고로 CSS 코드를 추가하도록 합니다.

전체 공통의 스타일 설정

우선은 전체에 공통하는 기본 폰트, 링크, 컨테이너 테두리를 추가합니다. 컨테이너 테두리는 스마트폰용 레이아웃에서는 자동으로 확대되거나 축소되기 때문에 width는 지정할 필요가 없습니다. 그러나 PC 레이아웃을 고려해서 최대 940px로 고정하기 위해 max-width에 최대 폭을 지정해 두었습니다.

[CSS]

```
32  body{
33      color: #59220d;
34      line-height: 1.5;          본문 폰트
35      font-size: 14px;           기본 스타일
36      font-family: sans-serif;
37  }
```

```
58  a{
59      color: #59220d;
60      transition: 0.5s;
61  }                              텍스트 링크 기본 스타일
62  a:hover{
63      color: #d53e04;
64  }
65
66  a:hover img{
67      opacity: 0.7;              이미지 링크:
68  }                              hover 시에 반투명화
```

```
70  /*
71  ==================================
72      Base Layout
73  ==================================
74  */
75  /*ALL and Smart Phone*/
76  .container{
77      max-width: 940px;
78      padding-left: 10px;        컨테이너 폭 설정
79      padding-right: 10px;       (최대 폭 940px까지)
80      margin: 0 auto;
81  }
82  .container:after{
83      content:"";
84      display: block;            컨테이너 내에서
85      clear:both;                float 해제(clearfix)
86  }
```

※컨테이너에는 양 사이드 10px의 padding을 취하기 때문에 컨테이너 박스 전체는 960px가 됩니다.

헤더 영역의 배경 이미지와 로고의 중앙 배치

헤더 영역의 포인트는 배경 이미지입니다. 헤더 영역은 브라우저의 가로 100%로 넓어집니다. 배경 이미지는 그 헤더 영역 전체를 항상 덮듯이 확대되거나 축소되기 때문에 배경 이미지를 플루이드 이미지화해야 합니다. 배경 이미지를 플루이드 이미지화하기 위해 CSS3의 background-size 프로퍼티를 사용합니다.

사이트 로고는 헤더 영역의 상하좌우 중앙에 배치되었습니다. 이번에는 헤더 영역의 상하좌우에 padding을 설정함으로써 로고를 중앙에 배치하겠습니다. 이때 padding을 px가 아닌 %로 지정하면 윈도우 사이즈에 맞게 자동적으로 헤더 영역의 padding 사이즈도 일정 비율로 늘거나 줄게 됩니다. 몇 퍼센트로 하면 좋을지는 스마트폰용 디자인 시안에서 먼저 고정 수치의 px 사이즈를 측정하고, 'padding ÷부모 요소의 width×100'으로 비율을 계산합니다.

[CSS]

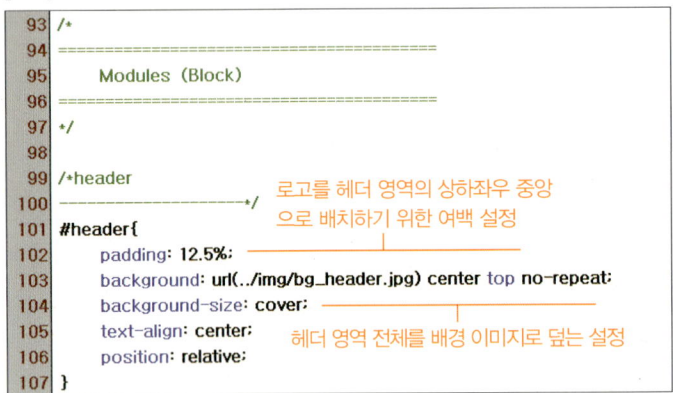

● 예제 28-11 padding/margin의 % 산출 방법

자식 요소의 padding/margin 산출 기준
=
부모 요소의 가로 폭 크기 640px=100%

$$80px \div 640px = 12.5\%$$

대상 요소의   부모 요소의
padding사이즈   가로 폭 사이즈

스마트폰용 시안에서 % 수치를 산출하고 싶은 padding 사이즈(px)와 그 부모 요소의 가로 폭 사이즈(px)를 알아내 부모 요소의 가로 폭을 100%로 해서 padding의 비율을 산출합니다(※margin도 같은 방법으로 산출하면 됩니다).

헤더 영역의 레이스 장식

왼쪽에 삽입할 레이스는 단순한 장식이므로 before 가상 요소로 구현합니다. 이 레이스 장식도 헤더 영역의 크기에 따라 일정 비율로 확대되거나 축소되게 할 필요가 있으므로 여기 또한 부모 요소 #header 사이즈를 기준으로 해서 몇 %로 할 것인가를 계산해야 합니다.

● 예제 28-12 width/height의 % 산출 방법

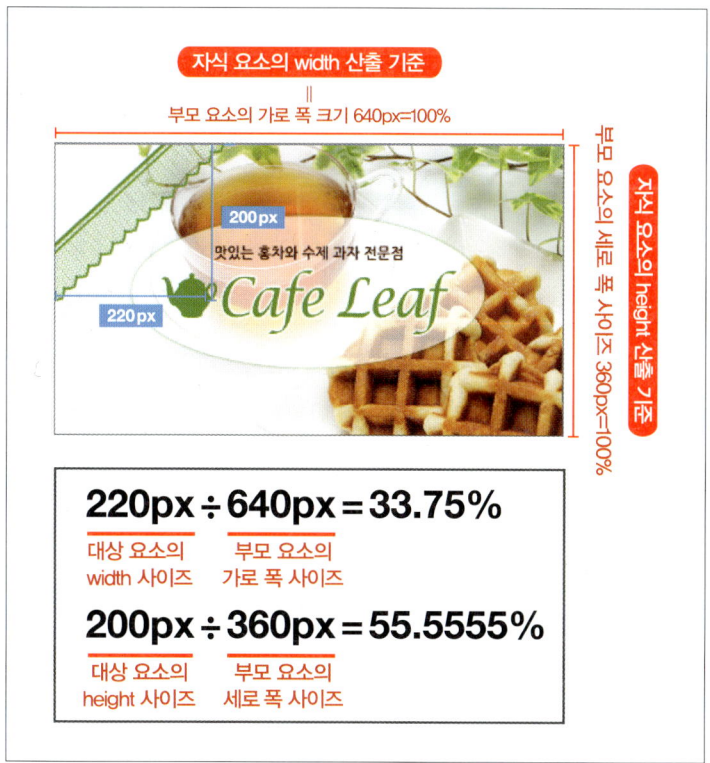

[CSS]

```
103  #header:before{
104      content: "";
105      display: block;
106      width: 33.75%;          ─── 사이즈를 %로 지정
107      height: 55.5555%;
108      background: url(../img/bg_race.png) no-repeat;   ─── 레이스 장식 이미지를 항상
109      background-size: contain;                            테두리 내에 들어가도록 설정
110      position: absolute;
111      left: 0;               ─── 헤더 영역의 왼쪽 위에 고정
112      top: 0;
113  }
```

준비한 before 가상 요소에 더미 배경
색을 넣어 확대/축소해 보세요. width/
height는 퍼센트로 지정되어 있으므
로 부모 요소의 크기가 커지면 같은 비
율로 확대된다는 것을 알 수 있습니
다. 이 테두리에 레이스 배경 이미지를
background-size:contain;으로 지정
하면 화면 폭이 넓어졌을 때 레이스 이
미지가 실물 크기 이상으로 확대되어
화질이 떨어집니다.

이와 같은 경우 img 이미지의 플루이드 이미지라면 max-width에서 본래 이미지 크기 이상으로는 확
대되지 않게 설정할 수 있습니다. 그러나 배경의 플루이드 이미지는 자동으로 중간에 크기를 고정할 수
가 없습니다. 따라서 배경 이미지를 설정하는 before 가상 요소 자체의 최대 크기를 max-width/max-
height로 지정해 이미지의 실물 크기 이상으로는 확대되지 않게 조정합니다.

[CSS]

```
103  #header:before{
104      content: "";
105      display: block;
106      width: 33.75%;
107      height: 55.5555%;
108      max-width: 220px;       ─── 레이스 이미지의 최대 크기 설정
109      max-height: 200px;
110      background: url(../img/bg_race.png) no-repeat;
111      background-size: contain;
112      position: absolute;
113      left: 0;
114      top: 0;
115  }
```

글로벌 내비게이션 영역

글로벌 내비게이션 영역은 Chapter 06에서 배운 것과 같이 float에서 li 요소를 옆으로 나열해 구현합니다. Chapter 06과 다른 것은 li 요소의 가로 폭이 px 고정이 아니라 컨테이너 영역의 1/4폭으로 확대되거나 축소되도록 퍼센트로 지정한다는 점입니다. 메뉴 4가지는 모두 균등 폭으로 해도 되므로 1/4=25%가 width의 사이즈입니다.

[CSS]

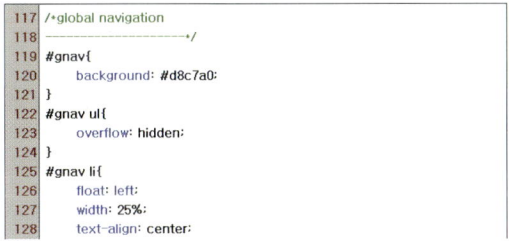

```
117  /*global navigation
118  ----------------------*/
119  #gnav{
120      background: #d8c7a0;
121  }
122  #gnav ul{
123      overflow: hidden;
124  }
125  #gnav li{
126      float: left;
127      width: 25%;
128      text-align: center;
```

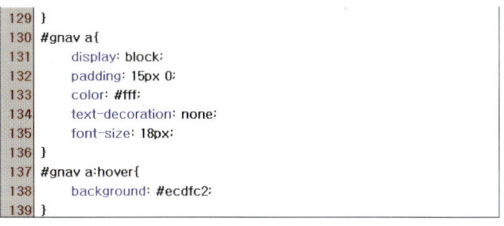

```
129  }
130  #gnav a{
131      display: block;
132      padding: 15px 0;
133      color: #fff;
134      text-decoration: none;
135      font-size: 18px;
136  }
137  #gnav a:hover{
138      background: #ecdfc2;
139  }
```

Google Map

이번에는 구글 맵을 넣어 지도를 만들겠습니다. 구글 맵 코드는 구글 맵 사이트에서 간단히 구할 수가 있습니다. 그러나 구글 맵 HTML 코드는 고정 사이즈로 되어 있기 때문에 그 상태에서는 이미지처럼 확대 축소가 되지 않습니다. 따라서 구글 맵 또한 플루이드화 해야 합니다.

구글 맵 코드의 특징은 iframe 요소로 되어 있다는 점입니다. 이것을 플루이드화하려면 먼저 그 iframe 요소를 div 요소 등으로 감싸야 합니다. 여기서는 이미 〈div class="map"〉으로 iframe 요소를 감싸 놓았으므로 이것을 이용해 다음과 같은 코드를 기술합니다.

[HTML]

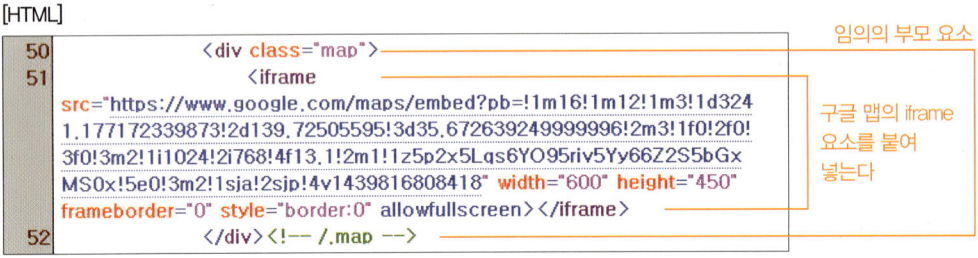

[CSS]

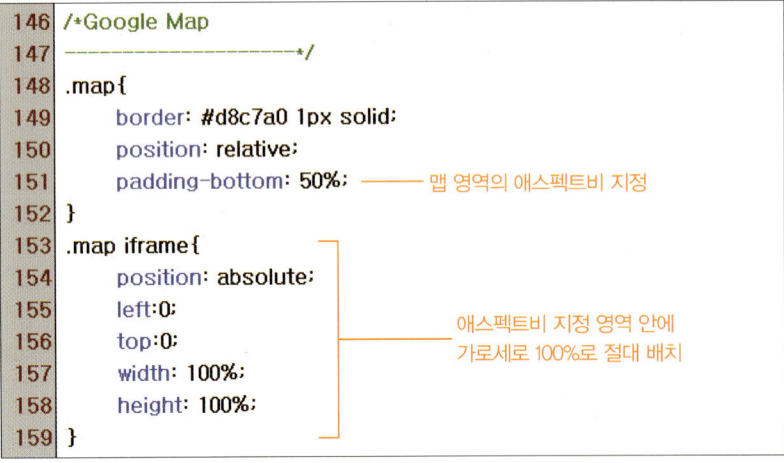

이 코드의 포인트는 ==iframe을 감싸는 부모 요소의 높이를 width에 연동하는 % 지정 padding으로 정==한다는 점입니다. 이미 헤더 영역에서 설명한 것처럼 요소의 padding 사이즈를 % 지정한 경우, 그 부모 요소의 width 사이즈를 기준으로 해서 크기가 정해집니다. 이 구조를 이용해 높이를 padding-bottom(padding-top으로도 가능)으로 지정하면 요소의 애스펙트 비(Aspect Ratio, 가로와 세로의 화면 비율)를 지정할 수 있습니다. 그 다음은 이 요소 안에 절대 배치로 iframe 요소를 겹치고, width:100%, height:100%로 부모 요소의 크기 가득 넓히는 상태로 만들면 완성됩니다.

이 구조는 유튜브 등의 동영상을 넣기 위해 활용할 수 있고 일정 애스펙트 비 지정으로 신축하는 영역 내에 무언가를 절대 배치하고 싶은 경우에도 응용 가능합니다.

● 예제 28-13 구글 맵의 플루이드화

[플루이드화 전] [플루이드화 후]

도입 영역

구글 맵을 포함한 도입 영역의 스타일을 지정합니다. 여기서는 일반적인 디자인대로 스타일 지정을 해 두겠습니다.

[CSS]

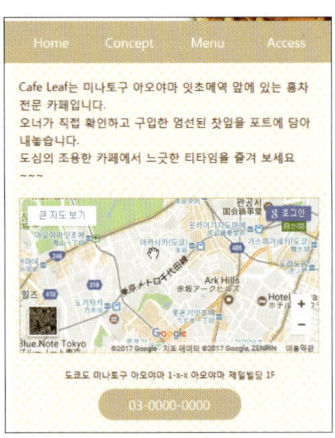

```
162  /*introduction
163  ────────────────*/
164  #intro{
165       margin-bottom: 40px;
166       padding: 20px 10px;
167       background: url(../img/bg_check.png);
168  }
169  .intro-text{
170       margin-bottom: 20px;
171       font-size: 114%;
172  }
173  .intro-map .map{
174       margin-bottom: 20px;
175  }
176  .intro-map address{
177       text-align: center;
178       font-style: normal;
179       font-size: 12px;
180  }
181  .intro-map address p+p{
182       margin-top: 10px;
183  }
184
185  .btn-tel{
186       display: inline-block;
187       width: 70%;
188       max-width: 200px;
189       padding: 8px 0;
190       border-radius: 2em;
191       background: #d8c7a0;
192       color: #fff;
193       text-decoration: none;
194       font-size: 18px;
195  }
```

브라우저 폭을 좁혀서 확인하면 디자인 시안과 달리 도입 영역 좌우에 10px의 여백이 생기는 것을 알 수 있습니다. 스마트폰이나 태블릿 등 전체 화면 표시가 되는 디바이스의 경우 콘텐츠 좌우에 어느 정도의 여백(10~20px 정도. 여기서는 10px)이 없으면 레이아웃이 읽기 힘든 상태가 됩니다. 따라서 앞선 .container에는 일률적으로 좌우에 10px의 padding을 설정하였습니다. 그러나 배경색이나 배경 이미지가 있는 경우에는 화면 폭 가득 배경색과 배경 이미지로 채워지도록 디자인하는 경우가 많기 때문에 특정 컴포넌트에서는 좌우 여백이 방해가 될 수 있습니다.

이와 같은 케이스를 해결하는 방법은 몇 가지가 있습니다. 여기서는 폭을 가득히 넓히는 컴포넌트에 <mark>네거티브 마진을 설정해 좌우 여백을 상쇄하는 방법</mark>을 쓰겠습니다.

[HTML]

```
40        <div id="intro" class="full">——— 좌우 여백을 상쇄하고 싶은 요소에 class 부여
41            <div class="intro-text">
42                <p>Cafe Leaf는 미나토구 아오야마 잇초메역 앞에 있는 홍
차 전문 카페입니다.<br>
43 오너가 직접 확인하고 구입한 엄선된 찻잎을 포트에 담아 내놓습니다.<br>
44 도심의 조용한 카페에서 느긋한 티타임을 즐겨 보세요~~~</p>
45            </div><!-- /.intro-text -->
```

[CSS]

```
88  .full{
89      margin-left: -10px;——┐  .container에 붙어 있는 좌우 10px의 padding
90      margin-right: -10px;——┘  을 상쇄하기 위한 전용 class를 준비
91  }
```

● 예제 28-14 여백 상쇄

일률적으로 여백을 붙여 두고 필요에 따라 class를 지정하기만 하면 좌우 여백을 상쇄할 수 있습니다. 이 방법은 디자인에 맞춰 HTML의 구조를 일일이 조정하지 않아도 되는 점이 장점입니다. 단점은 네거티브 마진으로 여백을 상쇄할 수 있는 것은 px로 지정한 경우에 한한다는 점입니다. 좌우 여백 자체가 퍼센트 지정이 되어 있는 경우에는 사용할 수 없으므로 주의하기 바랍니다.

나머지 스타일 지정에 대해서는 위에서 설명한 내용과 동일하므로 생략하겠습니다. lesson 29〉after〉index.html에 완성된 코딩을 올려놓았으니 확인해 보기 바랍니다.

POINT

● 화면 설계는 콘텐츠 퍼스트, 코딩은 모바일 퍼스트가 기본이다.

● 반응형 코딩은 같은 HTML을 사용한다는 점을 의식하자.

● 이미지는 미리 플루이드 이미지로 해 두자.

Chapter 09

LESSON **29**

반응형 웹 디자인의 코딩

미디어 쿼리를 사용한 레이아웃 조정

반응형 웹 디자인에서는 브레이크 포인트를 경계로 CSS에서 레이아웃을 변경함으로써 다양한 화면 크기에 대응한 유연한 레이아웃을 표현했습니다. LESSON 29에서는 미디어 쿼리를 사용해 레이아 웃을 조정하고 앞서 제작한 반응형 웹사이트의 마무리 과정을 진행하겠습니다.

샘플 파일   Chapter09 ▶   lesson29 ▶   before ▶   index.html

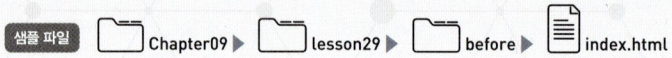

● Before

● After

실습 미디어 쿼리를 사용해 화면 크기마다 레이아웃을 조정한다

1 브레이크 포인트에 맞춰 미디어 쿼리를 기술한다

앞서 스마트폰용 레이아웃 설정을 마쳤으므로 여기서는 640px 이상의 레이아웃을 만들기 위해 미디어 쿼리를 추가하겠습니다. '스크린 사이즈가 640px 이상'이 되도록 미디어 쿼리 구문을 만들어야 하기 때문에 다음과 같이 작성합니다.

```
@media screen and (min-width: 640px){
    /*여기에 640px 이상의 스타일을 기술*/
}
```

미디어 쿼리를 기술하는 곳으로는 다음과 같이 두 가지를 생각할 수 있습니다.

❶ 베이스 스타일 기술 끝부분에 한데 모아 @media 구문을 기술한다.

❷ 각 컴포넌트마다 베이스 기술 뒤에 계속해서 @media 구문을 기술한다.

어느 쪽으로 하든지 똑같이 만들 수 있으므로 각자 편한 방법을 선택해도 상관없습니다. 다만 비교적 복잡한 디자인의 경우는 베이스 레이아웃 기술과 바로바로 비교하기 쉬운 ❷의 방법이 더 만들기 간단한 경우가 많습니다.

여기서는 각 컴포넌트 끝에 미디어 쿼리를 분산 기술하는 ❷의 방법을 사용하도록 하겠습니다.

● 예제 29-1 미디어 쿼리의 기술 장소

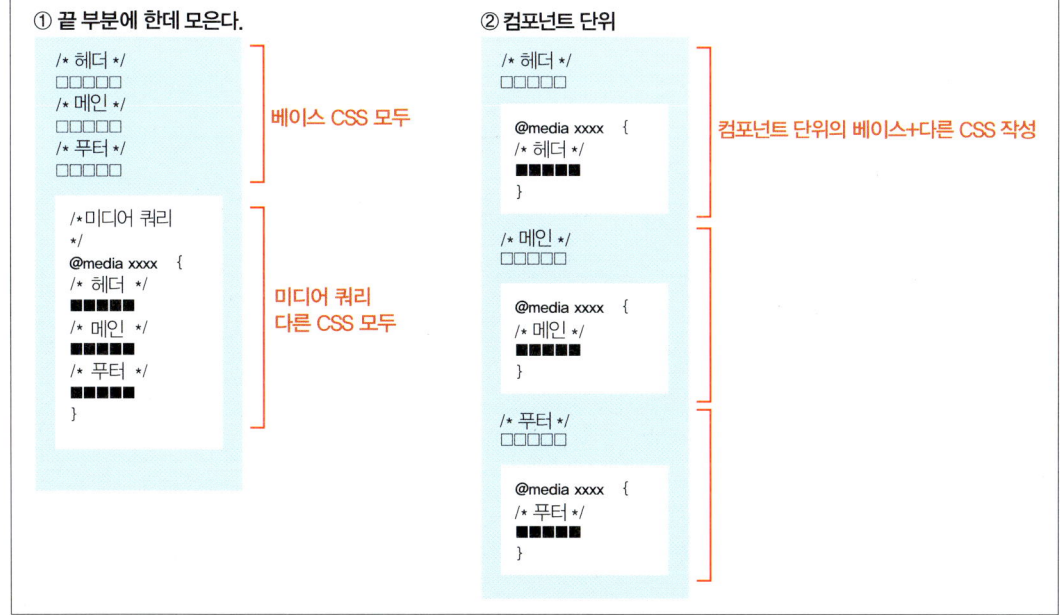

헤더 영역과 글로벌 내비게이션 영역을 조정한다

헤더와 글로벌 내비게이션에서 레이아웃의 세세한 조정을 추가합니다.

[CSS]

```
 99  /*header
100  ----------------------*/
101  #header{
102      padding: 12.5%;
103      background: url(../img/bg_header.jpg) center top no-repeat;

120
121  @media screen and (min-width: 640px){
122      #header{
123          padding: 80px 0;            ─── PC 레이아웃용 차이점
124          text-align: left;
125      }
126  }
127
128  /*global navigation
129  ----------------------*/
130  #gnav{
131      background: #d8c7a0;
132  }

157  @media screen and (min-width: 640px){
158      #gnav{
159          margin-bottom: 20px;        ─── PC 레이아웃용 차이점
160      }
161  }
```

이와 같은 요령으로 레이아웃 변경이 필요한 곳에 각각 미디어 쿼리를 추가합니다.

3 플루이드 그리드로 전체 단의 수를 변경

나머지 컴포넌트는 모두 640px를 경계로 해서 1단→다단으로 단 변경을 해야 합니다. 640px 이상에서는 일정한 격자(그리드)에 따라 아이템을 배치하는 '그리드 레이아웃'이 됩니다. 그러나 반응형 웹 디자인에서는 이 그리드 자체가 늘거나 줄어들게 하는 '플루이드 그리드' 상태를 만들어야 합니다.

순서는 먼저 고정 px 크기의 시안에서 각 단의 간격 사이즈를 재는 일부터 시작합니다. 그리고 그 수치를 px에서 %로 변경합니다. 오리지널 디자인의 레이아웃을 반응형으로 코딩할 경우에는 모든 신축 대응 크기를 px에서 %로 바꿔 주어야 합니다.

고정 px 사이즈를 %로 변환하는 작업을 할 때 중요한 것은 바로 이웃한 부모 요소의 content-box 사이즈를 기준(100%)으로 해서 대상이 되는 자식 요소의 width를 산출해내야 한다는 점입니다.

● 예제 29-2 플루이드 그리드 작성법

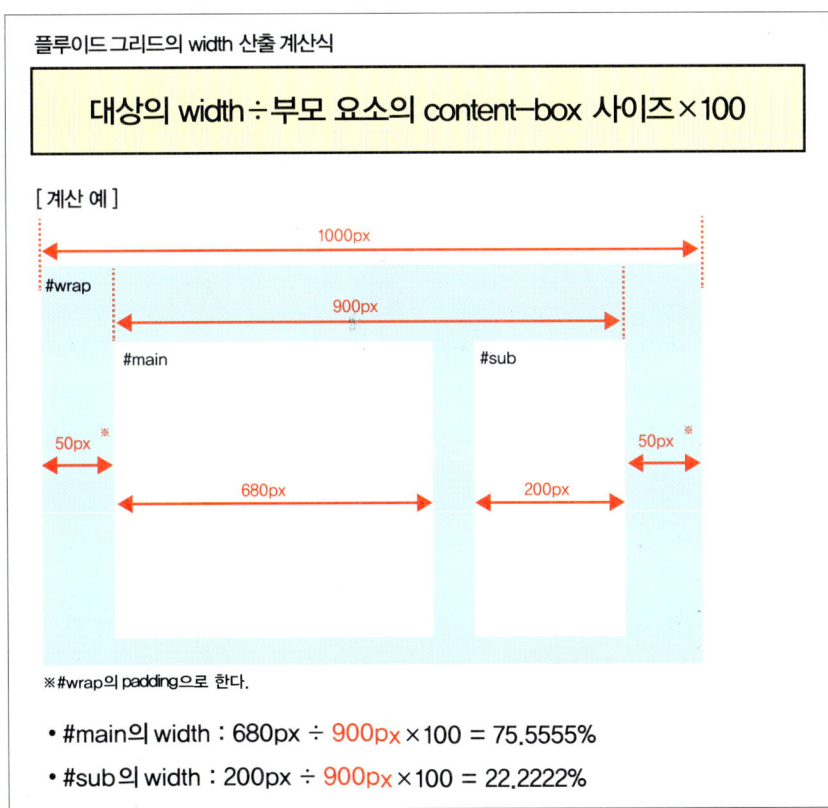

플루이드 그리드의 width 산출 계산식

$$\text{대상의 width} \div \text{부모 요소의 content-box 사이즈} \times 100$$

[계산 예]

※#wrap의 padding으로 한다.

- #main의 width : 680px ÷ 900px ×100 = 75.5555%
- #sub의 width : 200px ÷ 900px ×100 = 22.2222%

> **Memo**
>
> **content-box**
> content-box란 padding, boder, margin을 제외한 순수한 콘텐츠 영역의 사이즈를 가리킵니다. 그러므로 특히 부모 요소에 padding과 border가 설정된 경우에는 그들을 제외한 사이즈를 먼저 산출하고 나서 계산해야 합니다.

위의 방법으로 각 단의 width를 %로 산출하면 다음과 같습니다.

● 예제 29-3 각 단의 px 측정값

[#menu, #banner(3단)]

Pickup Menu   more ▶

300px   20px   300px   20px   300px

300÷940 = 31.9148%   20÷940 = 2.1276%

[#info, #staff(2 단)]

Information   more ▶

2015-07-28 임시휴무 알림

2015-05-01 홍차교실 (6월 개최) 접수를 시작했습니다

2014-03-03 소비세율 변경에 따른 가격변동에 대하여

스태프의 한 마디

티 인스트럭터 자격이 있는 스태프가 한 잔씩 정성들여 끓여 제공합니다.

460px   20px   460px(좌우 20px 씩 padding 포함)

460÷940 = 48.9361%

[#footer]

♥ *Cafe Leaf*

【영업시간】   10:00~19:00 (화요일 정기휴무)

【전화번호】   03-0000-0000

【주 소】   도쿄도 미나토구 아오야마 1-x-x 아오야마 제일빌딩 1F

【위 치】   도쿄 메트로 도에이 오에도(大江戸)선 아오야마 잇초메(青山一丁目)역 1번 출구에서 도보 3분

300px   20px   620px

620÷940 = 65.9574%

추출한 %의 width를 사용해 레이아웃을 조정합니다.

[CSS]

```
215  /*Pickup Menu
216  --------------------*/
              ----생략----
221  @media screen and (min-width: 640px){
222      #menu{
223          margin-bottom:40px;
224      }
225      .menu-list{
226          overflow: hidden;              ┐─ 간이 clearfix
227      }
228      .menu-list li{
229          float: left;
230          width: 31.9148%;               ┤─ 3단화
231          margin-right: 2.12765%;
232      }
233      .menu-list li:nth-child(3n){       ┐─ 오른쪽 단의
234          margin-right: 0;               │  여백 삭제
235      }
236  }
238  /*info
239  --------------------*/
              ----생략----
259  @media screen and (min-width: 640px){
260      #info{
261          float: left;                   ┐─ 2단화
262          width: 48.9361%;               │  (왼쪽 플루이드)
263      }
264  }
265
266  /*staff
267  --------------------*/
              ----생략----
291  @media screen and (min-width: 640px){
292      #staff{
293          float: right;                  ┐─ 2단화
294          width: 48.9361%;               │  (오른쪽 플루이드)
295      }
296  }
```

```
298  /*banner
299  --------------------*/
              ----생략----
313  @media screen and (min-width: 640px){
314      #banner{
315          clear: both;                   ─ 플루이드 삭제
316      }
317      .banner-list{
318          width: 100%;                   ┐─ 배너 영역 전체의
319          max-width: none;               │  레이아웃 조정
320          text-align: left;
321      }
322      .banner-list li{
323          float: left;
324          width: 31.9148%;               ┤─ 3단화
325          margin-right: 2.1276%;
326      }
327      .banner-list li:nth-child(3n){     ┐─ 오른쪽 단의
328          margin-right: 0;               │  여백 삭제
329      }
330  }
331  /*footer
332  --------------------*/
              ----생략----
392  @media screen and (min-width: 640px){
393      .footer-photo{
394          float: left;
395          width: 31.9148%;
396          margin-bottom: 20px;
397      }
398      .footer-info{                      ┐─ 2단화
399          float: right;
400          width: 65.9574%;
401          margin-bottom: 20px;
402      }
403      .sns{
404          clear: both;
405          text-align: center;
406      }
407      .copyright{
408          text-align: center;
409      }
410  }
```

4 고정 padding이 붙은 영역의 플루이드 그리드화

배경에 체크 무늬가 있는 2개의 영역(도입, 스태프)은 그 자체에 상하좌우 20px의 고정 padding이 설정되어 있습니다. 고정 px의 padding이나 border가 설정된 영역을 플루이드 그리드(width를 %로 지정)로 바꿀 경우에는 ==box-sizing을 사용해 padding/border가 포함된 전체(box-sizing)를 width로 해서 계산== 해야 합니다. 이 두 영역은 좌우의 여백을 네거티브 마진으로 상쇄하는 설정도 되어 있으므로 640px 이상일 때는 이 설정이 삭제되게 합니다.

[도입 영역]

```
184
185   /*introduction
186   ----------------*/
            생략
219   @media screen and (min-width: 640px){
220       #intro{
221           padding: 20px;      width 지정이 없으므로
222       }                       (auto) border-box화
223   }                           하지 않지만, 해도 상관없다.
```

[좌우 여백 상쇄]

```
88    .full{
89        margin-left: -10px;
90        margin-right: -10px;
91    }
92    @media screen and (min-width:640px){
93        .full{
94            margin-left: 0;      640px 이상으로 좌우 마진
95            margin-right: 0;     상쇄 지정을 해제
96        }
97    }
```

[스태프 영역]

```
276   /*staff
277   ----------------*/
            생략
301   @media screen and (min-width: 640px){
302       #staff{
303           float: right;
304           width: 48.9361%;          padding을 포함한 전체
305           padding: 20px;            에서 48.9361로 하기
306           box-sizing: border-box;   위해 border-box화
307       }
308   }
```

다음에는 도입, 스태프 영역 안의 자식 요소도 2단의 플루이드 그리드로 합니다. 스태프 영역은 앞의 box-sizing에서 border-box에 설정했기 때문에 padding이 포함된 전체가 width로서 계산되어 있습니다. 이와 같이 border-box화된 영역 내의 자식 요소를 다시 플루이드 그리드화할 경우에는 다소 주의가 필요합니다.

● 예제 29-4 자식 요소의 px 측정값

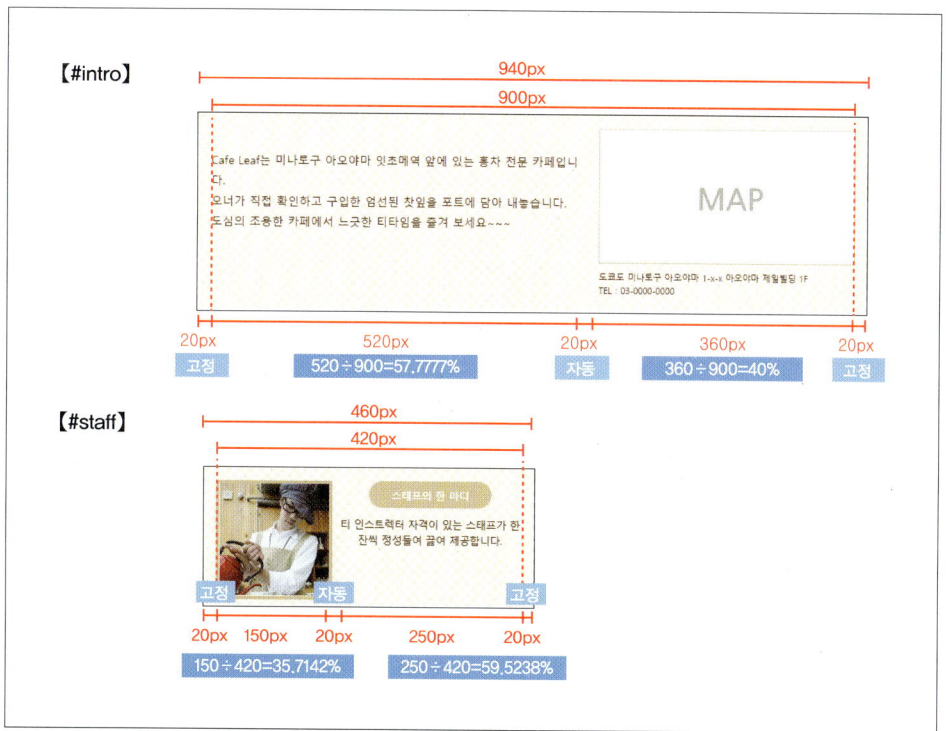

스태프 영역(#staff)은 박스 모델의 계산상 padding을 포함해 width로 되어 있습니다. 그러나 물리적으로 자식 요소를 배치할 수 있는 최대 영역은 padding을 제외한 순수한 콘텐츠 영역, 즉 content-box의 영역입니다. 따라서 자식 요소를 플루이드 그리드화할 때는, 부모 요소의 box-sizing 값에 상관없이 부모 요소의 content-box 영역의 사이즈를 100%로 계산한다는 점에 주의하기 바랍니다.

width가 지정되어 있지 않고(auto), border-box로도 되어 있지 않은 도입 영역(#intro)도 박스 모델 계산에서 content-box의 사이즈를 계산(940-40=900px)해 그것을 100%로 하여 자식 요소의 width 퍼센트를 계산합니다.

[도입 영역]

```
219  @media screen and (min-width: 640px){
220      #intro{
221          padding: 20px;
222          overflow: hidden;
223      }
224      .intro-text{
225          width: 57.7777%;
226          float: left;
227          line-height: 1.8;
228      }
229      .intro-map{
230          width: 40%;
231          float: right;
232      }
233  }
```

[스태프 영역]

```
311  @media screen and (min-width: 640px){
312      #staff{
313          float: right;
314          width: 48.9361%;
315          padding: 20px;
316          box-sizing: border-box;
317      }
318      .staff-photo{
319          float: left;
320          width: 35.7142%;
321          margin-bottom: 0;
322      }
323      .staff-msg{
324          float: right;
325          width: 59.5238%;
326      }
327  }
```

여기까지 완료되었다면 반응형 웹 디자인에서 가장 중요한 반응형 레이아웃 코딩은 거의 끝난 것입니다. 반응형의 코딩에서 중요한 것은 기본적으로 다음 2가지입니다.

❶ 브레이크 포인트를 정해 미디어 쿼리에서 CSS를 조건 분기시켜 스타일을 덮어 쓴다.

❷ px에서 %로 단위를 변환해 플루이드 그리드로 레이아웃한다.

이것만 확실히 알아 두면 기본적으로 어떤 레이아웃에서도 자유롭게 반응형으로 바꿀 수 있으므로 확실히 이해해 두기를 바랍니다. 나머지 부분의 설명은 생략하겠습니다.

POINT

● 미디어 쿼리의 기술은 베이스 스타일 뒤에 쓴다.

● 반응형 레이아웃은 % 단위로 지정하는 플루이드 그리드가 기본이다.

● width를 %화 할 때는 부모 요소의 content-box 사이즈를 기준으로 한다.

반응형 웹 디자인의 코딩

Retina 디스플레이 대책

반응형 웹사이트는 Retina 디스플레이처럼 픽셀 밀도가 높은 디바이스에서 여는 것도 고려해야 합니다. LESSON 30에서는 Chapter 08에서 설명한 Retina 디스플레이의 이미지 문제를 해결하기 위한 각종 대책을 구체적으로 알아보겠습니다.

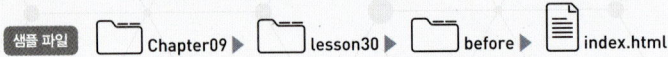

샘플 파일　📁 Chapter09 ▶　📁 lesson30 ▶　📁 before ▶　📄 index.html

실습　Retina 디스플레이 표시에 대응한 디자인

Chapter 08에서 이미 설명한 대로 픽셀 밀도가 높은 Retina 디스플레이와 같은 환경에서는 실물 크기의 이미지 질이 떨어지는 문제가 있습니다. 반응형 웹사이트의 경우도 화면의 퀄리티와 데이터 사이즈의 균형을 고려해서 가장 적합한 방법을 찾아야 합니다.

이를 위해서는 우선 디자인 내에서 Retina 문제가 일어날 만한 곳을 골라 어떤 대책을 세울 것인지 검토하는 일부터 시작해야 합니다.

1　사이트의 문제와 대응방침을 정한다

비트맵 이미지 취급

Retina 디스플레이에서 비트맵 이미지를 사용하는 곳은 질이 떨어지는 문제가 생깁니다. 벡터 형식으로 바꿀 수 없는 사진이나 기타 이미지는 먼저 2배 크기의 이미지를 준비할 것인지 말 것인지 정해야 합니다.

이에 대해 결론부터 말하자면 플루이드 이미지는 '실제크기', '고정 사이즈 이미지는 2배 크기를 준비'하는 것이 가장 간단한 대응 방법입니다.

반응형 웹사이트에서 플루이드 이미지는 원래 레이아웃에서 가장 큰 크기로 준비해 이미지 크기에 맞게 축소시키는 방법을 사용합니다. 이것은 픽셀 밀도가 높은 환경이 집중되어 있는 스마트폰에서는 플루이드 이미지 대부분이 이미 큰 이미지가 축소되어 고밀도로 대응된 상태로 열린다고 할 수 있습니다.

이에 반해 고정 사이즈 이미지는 항상 실물 크기로 열리므로 Retina 환경을 고려해 처음부터 2배 사이즈로 준비하고 1/2로 축소해 열어야 합니다.

여기서 만드는 사이트의 비트맵 이미지는

● 플루이드 이미지 : 사진, 로고 이미지
● 고정 사이즈 이미지 : 표제의 포트 아이콘

입니다. 그러므로 포트 아이콘 이미지만 실물 크기 이외 2배 크기 이미지를 준비하면 됩니다.

▶ 벡터 데이터로 표현할 수 있는 객체

Retina 대책의 또 한 가지는 '벡터 데이터로 표현할 수 있는 것은 되도록 벡터 형식의 기술을 사용'하는 것입니다. 다음과 같은 것들은 벡터 데이터로 표현할 수 있습니다.

● 동그라미, 삼각, 화살표 등의 객체(CSS에서 표현할 수 있는)
● 폰트 데이터(웹 폰트, 아이콘 폰트)
● SVG 이미지

위와 같이 비트맵 이미지를 사용하지 않아도 되는 것이 많습니다. 이러한 것은 이미지화하지 않고 CSS나 웹 폰트를 활용합니다.

● 예제 30-1 벡터 형식으로 표현하는 곳

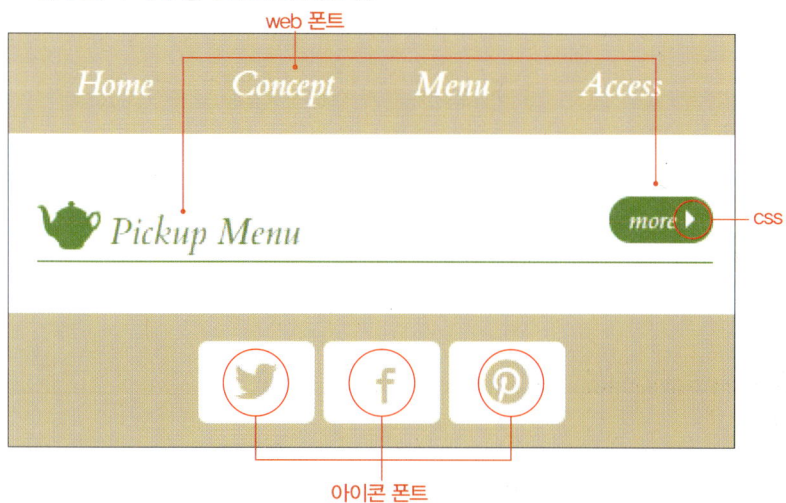

위와 같은 방법을 사용하여 Retina 디스플레이에 대응해 보겠습니다.

2 포트 아이콘을 2배 이미지로 대응한다

먼저 2배 크기의 이미지를 준비한 포트 아이콘을 사용해 보겠습니다.

아이콘은 장식이므로 class="heading"의 before 가상 요소에 배경 이미지를 설정하고, Android4.0~4.3에서도 바르게 2배 이미지로 교체되도록 하기 위해 <mark>미디어 쿼리를 사용합</mark>니다.

● 예제 30-2 준비한 이미지

[CSS]

```
473  .heading{
474      margin-bottom: 15px;
475      border-bottom: #4d941a 1px solid;
476      color: #4d941a;
477      font-size: 20px;
478      font-weight: normal;
479      overflow: hidden;
480      position: relative;
481  }
482  .heading:before{
483      content:"";
484      display: inline-block;
485      width: 35px;
486      height: 26px;
487      margin-right: 5px;
488      background: url(../img/ico_pot.png) no-repeat;
489      position: relative;
490      bottom:-3px;
491  }
492  @media screen and (-webkit-min-device-pixel-ratio: 2),
493  (min-resolution: 2dppx){
494      .heading:before{
495          background: url(../img/ico_pot@2x.png) no-repeat;
496          background-size: contain;
497      }
498  }
```

— 실제 크기의 아이콘 지정

— 디바이스 픽셀 비 2 이상일 경우에만 조건 분기하는 미디어 쿼리

— 2배 이미지로 대체

가상 요소의 크기가 1/2로 고정되어 있으므로 contain을 지정해도 background-size:35px×26px;를 지정한 경우와 같은 결과가 나온다

> **Caution** 미디어 특성에 resolution을 함께 적었을 경우, IE8에서 CSS를 읽을 수 없게 되는 현상이 발생합니다. IE8을 고려할 경우에는 -webkit-min-device-pixel-ratio만을 사용한 미디어 쿼리로 분기하도록 해 주세요.

● 예제 30-3 Retina 디스플레이의 표시 비교

[실제 크기 이미지의 경우]

[2배 이미지의 경우]

▶ image-set()

image-set()을 사용해도 2배의 이미지로 바꿔 넣을 수 있습니다. 미디어 쿼리에 의한 분기의 경우, 2배 이미지는 background-size에서 1/2로 축소해야 합니다. 그러나 image-set()을 사용하면 자동적으로 크기를 맞춰 주기 때문에 background-size를 지정할 필요가 없습니다. 또한 선택자를 나누지 않아도 되기 때문에 관리하기도 편합니다. image-set()을 사용할 경우에는 비대응 환경이나 앞으로 프리픽스가 삭제되었을 때를 고려해 다음과 같이 기술합니다.

```
.heading:before{
    content:"";
    display: inline-block;
    width: 35px;
    height: 26px;
    margin-right: 5px;                            ─────── image-set() 비대응 환경용 설정
    background:url(../img/ico_pot.png) no-repeat;
    background-image: -webkit-image-set(url(../img/ico_pot.png) 1x,
                                        url(../img/ico_pot@2x.png) 2x);
    background-image: image-set(url(../img/ico_pot.png) 1x,
                                url(../img/ico_pot@2x.png) 2x);
    position: relative;
    bottom:-3px;
}
```

3 삼각 아이콘을 CSS로 그린다

오른쪽 끝에 있는 'more' 링크 버튼의 삼각 아이콘은 CSS로 그립니다. 삼각형을 그릴 때는 border 프로퍼티를 사용하므로 구 환경에서도 문제없이 구현할 수 있습니다.

[CSS]

```
514  .heading .more:after{
515      content: "";
516      display: inline-block;
517      width: 0;
518      height: 0;
519      margin-top: 2px;
520      margin-left: 5px;
521      border: transparent 5px solid;
522      border-left-color: #fff;
523  }
```

● 예제 30-4 border를 사용한 삼각형 구조

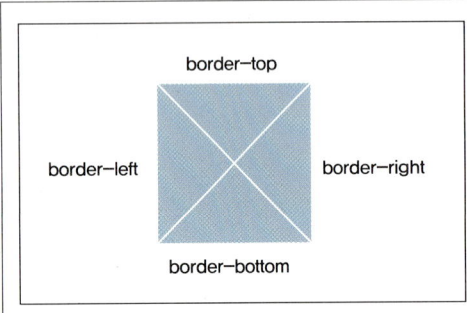

width:0, height:0인 박스에 투명한 border를 긋고, 화살표 방향과 반대쪽 border에만 색을 설정하면 간단히 삼각형(이등변 삼각형)을 그릴 수 있습니다.
이 방법은 CSS2.1에서도 가능하므로 IE8에서 문제없이 표시할 수 있습니다.

이등변 삼각형 이외의 삼각형은 프로퍼티 조정이 조금 까다롭기 때문에 제너레이터 (generator)를 사용해 CSS를 자동 생성하면 쉽게 만들 수 있습니다.

● 예제 30-5 [CSS triangle generator]

URL http://apps.eky.hk/css-triangle-generator/

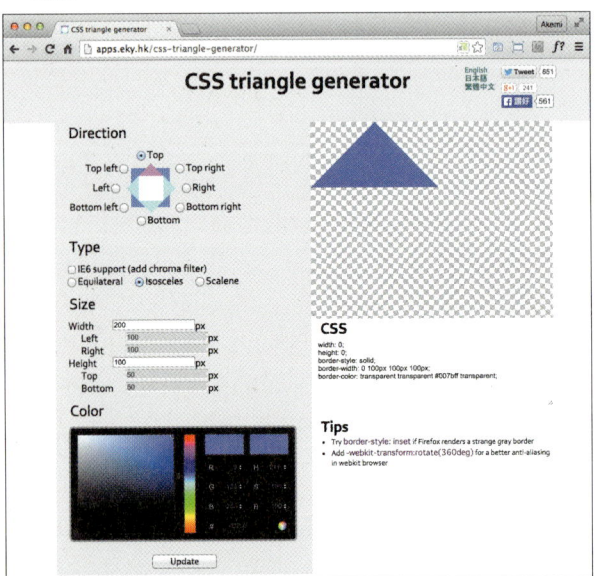

④ 구글 폰트를 사용한다

디자인 시안에 사용한 Lucida Calligraphy는 무료로 제공하지 않기 때문에 구글 폰트(http://www.google.com/fonts)에서 비슷한 것을 골라 사용하도록 하겠습니다. 여기서 'Cardo'라는 폰트를 사용합니다.

사용할 폰트를 선택하면 폰트 데이터를 읽는 데 필요한 기술 사항과 웹 폰트를 이용하는 데 필요한 CSS 기술 사항이 표시됩니다. 이것을 각각 자신의 HTML과 CSS에 복사해 붙여 사용하면 됩니다.

● 예제 30-6 구글 폰트 사용법

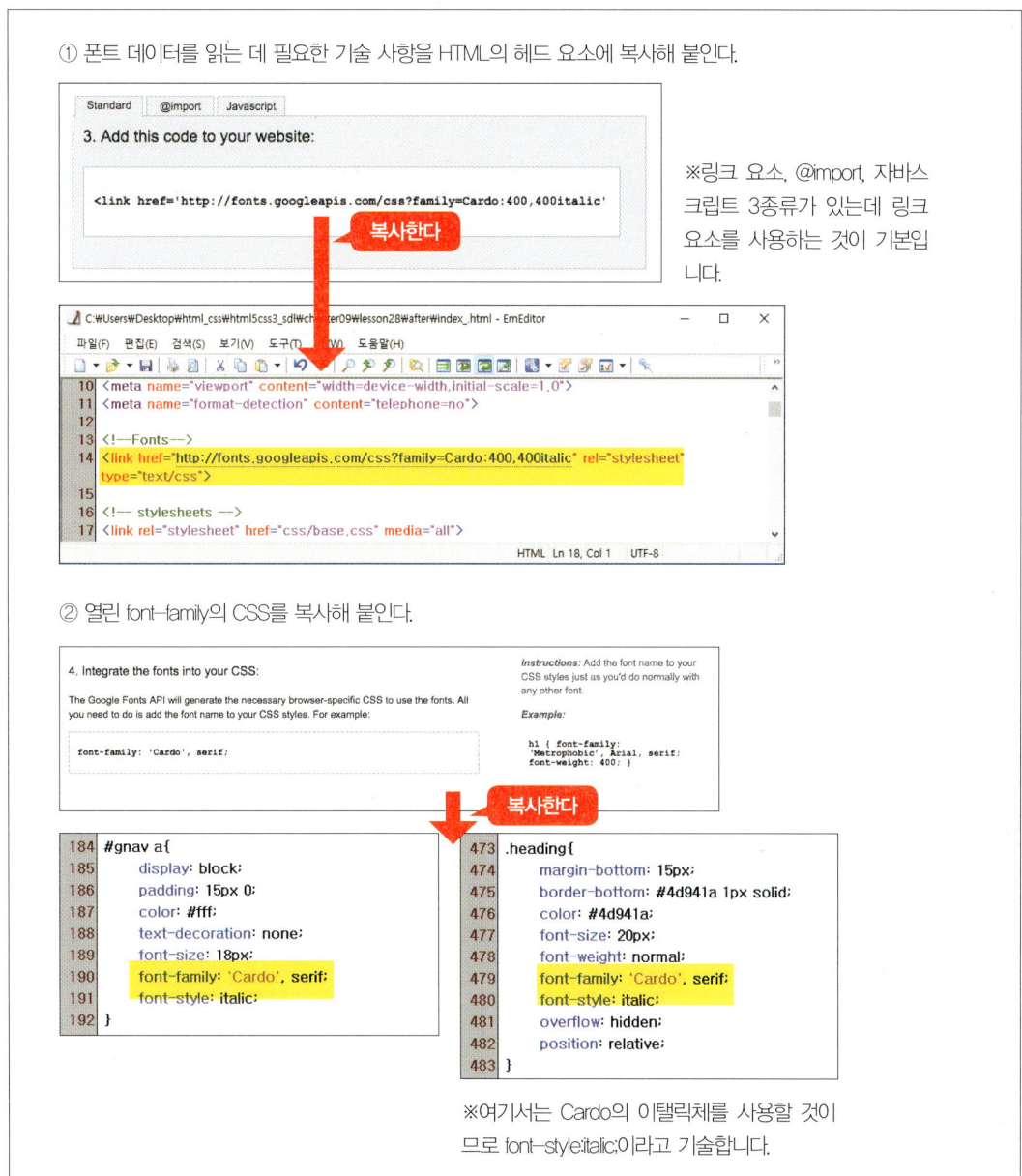

① 폰트 데이터를 읽는 데 필요한 기술 사항을 HTML의 헤드 요소에 복사해 붙인다.

※링크 요소, @import, 자바스크립트 3종류가 있는데 링크 요소를 사용하는 것이 기본입니다.

② 열린 font-family의 CSS를 복사해 붙인다.

※여기서는 Cardo의 이탈릭체를 사용할 것이므로 font-style:italic;이라고 기술합니다.

웹 폰트가 바르게 설정되면 아래와 같이 바뀝니다.

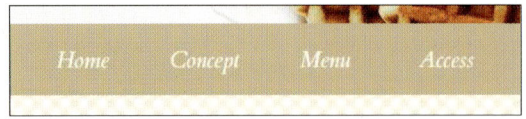 

웹 폰트를 활용하면 좋지만 원하는 서체가 제공되지 않는 것도 있습니다. 디자인적으로 중요한 부분에 웹 폰트를 사용할 예정이라면 미리 라이선스상 문제가 없는 웹 폰트 서체를 먼저 정해 두고 그것을 사용해 디자인하기를 권합니다. 또한 한국어 폰트는 무료로 사용할 수 있는 것이 한정되어 있으므로 사전에 알아볼 필요가 있습니다.

표제 텍스트
반응형 웹 디자인에서 표제 이미지화는 원칙적으로 하지 않는 것이 좋습니다. 특히 본문의 작은 표제처럼 글자의 양이 많고 화면 크기에 따라 자동으로 빈 곳에 채워지게 되어 있는 곳을 이미지화하면 매우 번거로워지기 때문입니다. 한국어 폰트의 경우는 무료로 사용할 수 있는 웹 폰트가 적습니다. 비용을 들일 수 없는 경우라면 디바이스 폰트를 전제로 디자인하기를 권합니다.

● **주요 웹 폰트 서비스**
- Google Fonts (URL https://www.google.com/fonts)
- Adobe Typekit (URL https://typekit.com/)

⑤ 아이콘 폰트를 사용한다

SNS 아이콘처럼 웹사이트에서 많이 사용하는 일반적인 아이콘은 아이콘 폰트를 사용하면 이미지 작성의 수고를 덜 수가 있습니다. 무료 아이콘 폰트를 다운로드 받을 수 있는 서비스가 몇 군데 있습니다. 여기서는 'IcoMoon'(https://icomoon.io/app/)이라는 사이트에서 폰트를 다운로드 해 보겠습니다.
이용 순서는 다음과 같습니다.

● 예제 30-7 IcoMoon 사용법

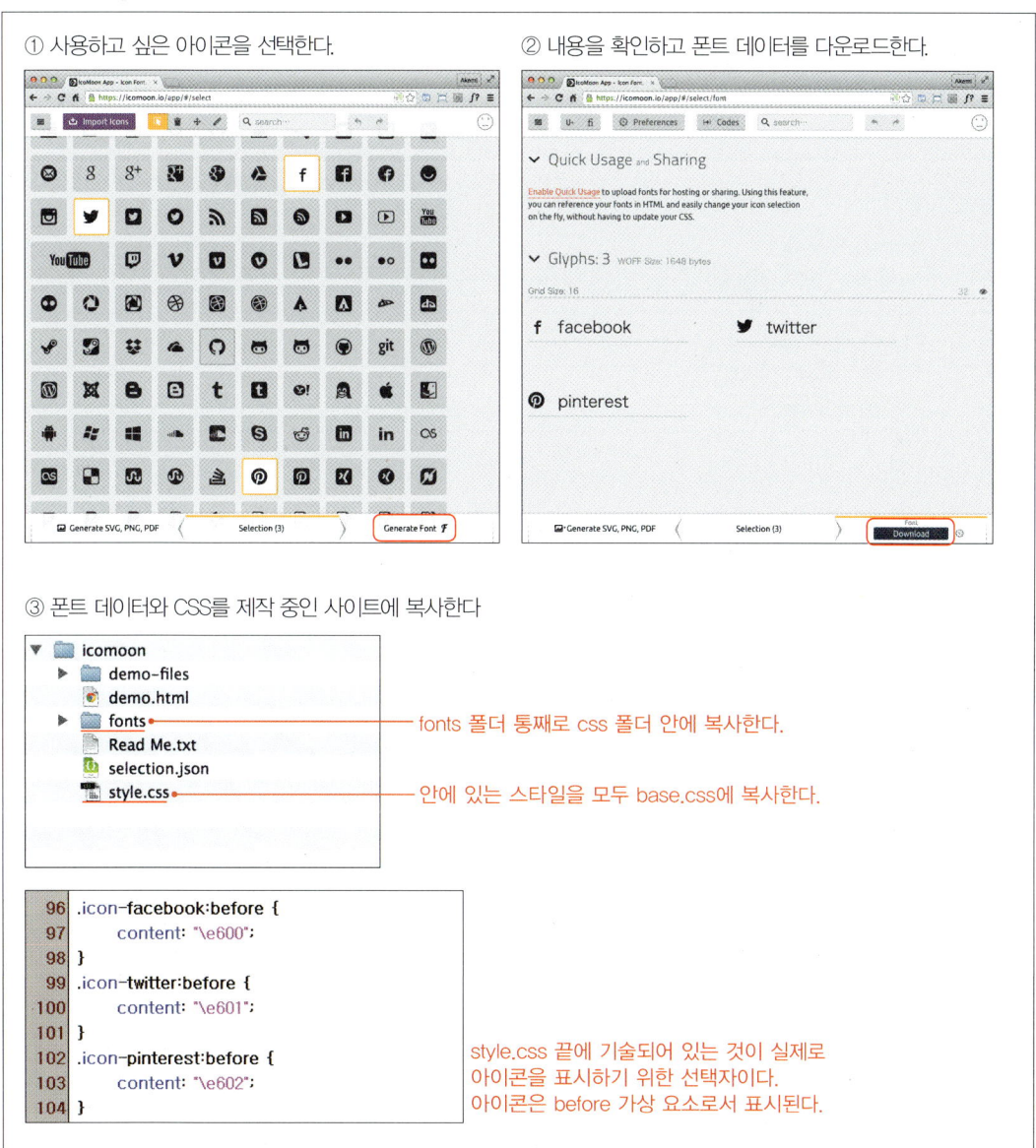

① 사용하고 싶은 아이콘을 선택한다.

② 내용을 확인하고 폰트 데이터를 다운로드한다.

③ 폰트 데이터와 CSS를 제작 중인 사이트에 복사한다

- fonts 폴더 통째로 css 폴더 안에 복사한다.
- 안에 있는 스타일을 모두 base.css에 복사한다.

```
 96  .icon-facebook:before {
 97      content: "\e600";
 98  }
 99  .icon-twitter:before {
100      content: "\e601";
101  }
102  .icon-pinterest:before {
103      content: "\e602";
104  }
```

style.css 끝에 기술되어 있는 것이 실제로
아이콘을 표시하기 위한 선택자이다.
아이콘은 before 가상 요소로서 표시된다.

폰트 데이터를 다운로드했으면 HTML SNS 아이콘의 a 요소에 지정 class를 설정합니다. 아이콘 폰트는 before 가상 요소로서 표시되기 때문에 텍스트 데이터는 삭제하고, a 요소의 title 속성에 기입합니다. 마지막으로 아이콘의 폰트 사이즈를 설정하면 됩니다.

[HTML]

```
130          <ul class="sns">
131              <li><a href="#" class="icon-twitter" title="Twitter"></a></li>
132              <li><a href="#" class="icon-facebook" title="Facebook"></a></li>
133              <li><a href="#" class="icon-pinterest" title="Pinterst"></a></li>
134          </ul>
```

[CSS]

```
465  .sns a{
466      display: block;
467      padding: 10px 20px;
468      background: #fff;
469      color: #d8c7a0;
470      border-radius: 5px;
471      font-size: 24px;
472      text-decoration: none;
473  }
```

Copyrights (c) Cafe Leaf All Rights Reserved.　TOP

> **Memo**
> 직접 만드는 아이콘 폰트
> IcoMoon에서는 자신이 직접 만든 SVG 파일을 아이콘 폰트 데이터로 교체해 주는 기능도 있습니다. 또한 이미지로 만든 포트 아이콘도 SVG 형식의 데이터가 있으면 SNS 아이콘처럼 아이콘 폰트로 만들어 넣을 수 있습니다.

이상으로 반응형 웹사이트의 코딩은 끝났습니다. 이제 각종 환경에서 확인을 해서 이상한 곳이나 신경 쓰이는 것이 없는지 체크하고 수정해 보도록 합니다.

※이 장에서 만든 샘플 사이트의 디자인은 '960그리드 시스템'이라는 것을 활용해 디자인했습니다.

POINT

● 데이터 크기와 퀄리티의 균형을 생각해 Retina 대응 방침을 결정하자.

● 배경 이미지의 Retina 대응에는 미디어 쿼리 분기와 image-set() 2종류가 있다.

● CSS에서 그리거나 웹 폰트, 아이콘 폰트를 활용해 비트맵 이미지를 줄이자.

반응형 관련 각종 팁

반응형 코딩을 할 때에는 만들고 싶은 사이트의 디자인이나 사양에 따라 다양한 기술과 지식이 필요합니다. 이 책의 실습에서는 반응형 중에서도 아주 기본적인 지식과 테크닉만 다루었습니다. 따라서 여기서는 기술적으로 적용할 수 있게 좀 깊이 있는 지식과 테크닉을 소개하겠습니다.

미디어 쿼리를 사용하면서 주의할 점

Chapter 09에서는 가능하면 심플하게 만들기 위해 브레이크 포인트를 한 군데만 만들었습니다. 그러나 실제로는 브레이크 포인트를 늘려 세세하게 레이아웃을 조정하는 일이 많습니다. 예를 들어 480px, 640px, 940px의 세 군데에 브레이크 포인트를 만들어 단계적으로 레이아웃을 변경할 경우, 모바일 퍼스트 방식과 데스크톱 퍼스트 방식에서는 각각 아래와 같이 미디어 쿼리를 기술합니다.

● [모바일 퍼스트 방식]

```
/*스마트폰 & 전체 환경용 기술*/
~생략~
/*480px 이상*/
@media screen and (min-width: 480px){
~480px 이상의 변경 부분 CSS~
}
/*640px 이상*/
@media screen and (min-width: 640px){
~640px 이상의 변경 부분 CSS~
}
/*940px 이상*/
@media screen and (min-width: 940px){
~940px 이상의 변경 부분 CSS~
}
```

● [데스크톱 퍼스트 방식]

```
/*PC & 모든 환경용 기술*/
~생략~
/*940px 이하*/
@media screen and (max-width: 940px){
~940px 이하의 변경 부분 CSS~
}
/*640px 이하*/
@media screen and (max-width: 640px){
~640px 이하의 변경 부분 CSS~
}
/*480px 이하*/
@media screen and (max-width: 480px){
~480px 이하의 변경 부분 CSS~
}
```

미디어 쿼리를 사용해 단계적으로 레이아웃을 변경할 경우에는 원칙적으로 다음과 같이 합니다
① 모바일 퍼스트 방식으로는 작은 브레이크 포인트부터 순서대로 기술하고, 데스크톱 퍼스트 방식에서는 큰 브레이크 포인트부터 순서대로 미디어 쿼리를 기술한다.

② 모바일 퍼스트 방식에서는 'min-width(~이상)', 데스크톱 퍼스트 방식에서는 'max-width(~이하)'의 미디어 특성 조건식을 사용한다.

이와 같이 지정하는 것은 CSS의 '스타일 계승과 덮어쓰기'라는 구조를 잘 활용하여 최소한의 기술로 마치기 위함입니다. 기본적으로 각 미디어 쿼리는 '~이상 모두' 혹은 '이하 모두'라는 조건으로 만들기 때문에 여러 브레이크 포인트가 있을 경우, <mark>화면 크기에 맞게 순차적으로 스타일이 계승</mark>되도록 기술한다는 점에 주의해야 합니다.

미디어 쿼리의 문법에서는 다음과 같이 각 레이아웃 단계에서 완전하게 CSS를 분리해 다른 크기용 스타일의 영향을 받지 않도록 만들 수도 있습니다.

```
/*640px 미만*/
@media screen and (max-width: 639px){
~640px 미만 전용~
}
/*640px 이상 940px 미만*/
@media screen and (min-width: 640px) and (max-width: 939px){
~640px 이상 940px 미만 전용~
}
/*940px 이상*/
@media screen and (min-width: 940px){
~940px 이상 전용~
}
```

그러나 위와 같이 할 경우 각각 전혀 다른 디자인이 아닌 중복된 스타일 지정을 해야 하는 일이 많이 발생하기 때문에 그다지 권장하고 싶지는 않습니다.

디자인 특성상 부분적으로 이러한 특정 화면 크기의 전용 미디어 쿼리를 사용할 곳이 있을 때는 상관없습니다. 하지만 기본적으로는 보통 CSS와 같이 스타일의 계승과 덮어쓰기라는 구조를 잘 이용해 최소한의 기술로 스타일을 지정하는 것이 좋습니다.

퍼센트 산출 기준 크기의 각종 패턴

반응형 웹 디자인에서는 대부분 크기 지정을 px가 아닌 % 단위로 합니다. %를 산출할 때 기준이 되는 크기는 산출하고 싶은 프로퍼티의 종류에 따라 약간씩 다르므로 주의해야 합니다.

▶ ① width/height

반응형 웹사이트의 구축에서 가장 이용 빈도가 높은 width/height의 %를 산출하는 기준은 <mark>'인접 부모 요소의 content-box 크기'</mark>입니다. 또한 이때 width의 기준은 '인접 부모 요소의 content-box 가로 폭', height의 기준은 '인접 부모 요소의 content-box 세로 폭'입니다.

실습에서 설명한 것처럼, 부모 요소에 box-sizing:border-box;가 지정되어 있다고 해도 기준이 되는 것은 항상 padding, border를 제외한 '콘텐츠 영역=content-box'의 크기입니다.

- width/height의 % 산출 기준

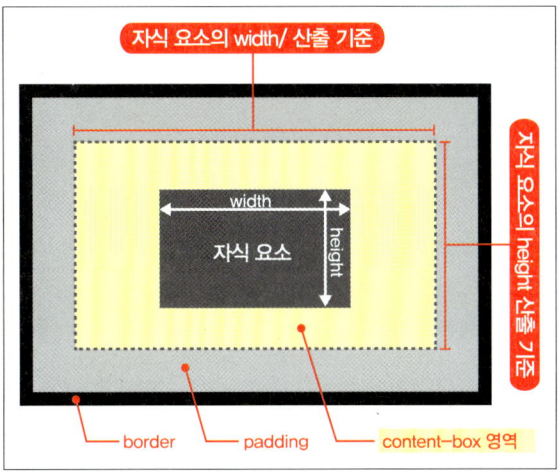

▶ ② margin/padding

margin과 padding의 %를 산출하는 기준도 '인접 부모 요소의 content-box 크기'입니다(자체 크기는 관계없습니다). 부모 요소에 box-sizing:border-box;가 지정되어 있었을 때의 동작도 width/height와 같습니다. 그러나 좌우 margin/padding뿐만 아니라 상하의 margin/padding 값도 '인접 부모 요소의 content-box 가로 폭만'을 기준으로 산출합니다. 부모 요소의 세로 폭은 관계없다는 점에 주의해야 합니다.

- margin/padding의 % 산출 기준

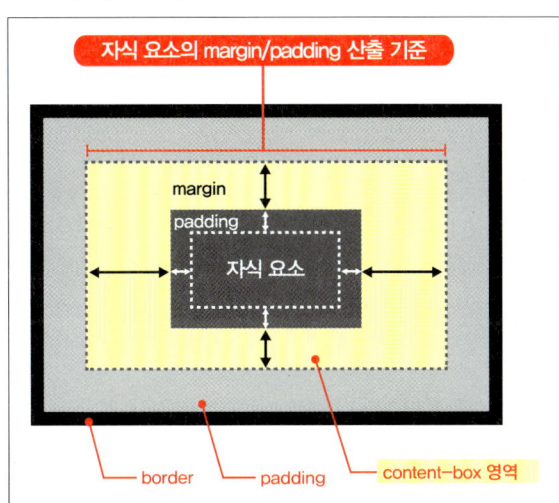

▶ ③ left / right / top / bottom(절대 지정의 좌표)

position:absolute;로 절대 배치할 경우에 left/right/top/bottom의 %를 산출하는 기준은 '기준 박스의 padding-box 크기' 입니다. '기준 박스'란 절대 배치를 하는 요소의 좌표계의 기준으로서 지정되는 요소로, 'position:static;' 이외의 값이 지정된 인접 조상 요소'가 기준 박스가 됩니다.

절대 배치의 좌표는 border를 제외한 박스 안쪽 영역(padding 포함)을 기준으로 지정하는 방법이기 때문에 % 지정을 할 때는 padding-box 크기를 기준으로 해서 산출해야 합니다.

● left / right / top /bottom의 % 산출 기준

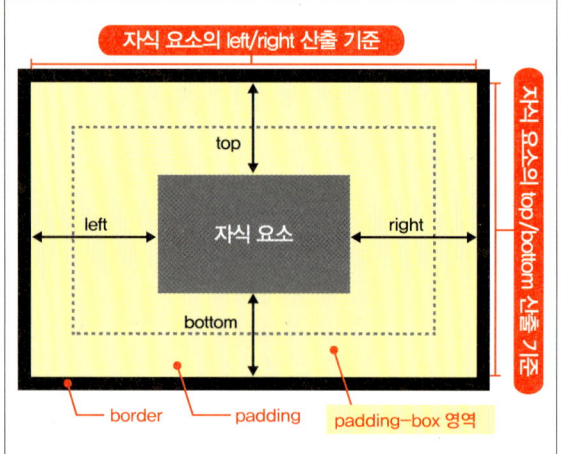

스마트폰 / PC에서 HTML 코드를 사용할 필요가 있는 경우

반응형 웹 디자인에서는 원칙적으로 모든 환경에서 동일 HTML 구조를 사용합니다. 그러나 사용의 편의를 위해 어쩔 수 없이 스마트폰용과 PC용 각각에 대해 독자적인 컴포넌트를 사용하게 되는 일도 실제로 많이 있습니다. 이와 같은 경우 미리 브레이크 포인트에 컴포넌트의 표시와 비표시를 바꾸기 위한 전용 class를 준비해 두면 코딩이 좀 편해집니다.

● [표시 · 비표시를 바꾸는 스타일]

```
/*스마트폰 표시*/
.sp { display: block; }
.pc { display: none; }
/*PC 표시*/
@media screen and (min-width: 640px){
  .sp { display: none; }
  .pc { display: block; }
}
```

※640px로 스마트폰/PC 레이아웃 교체, 모바일 퍼스트 방식의 경우

위와 같이 준비해 두면 스마트폰 레이아웃을 할 때만 나타내고 싶은 부분에는 "class="sp"", PC 레이아웃을 할 때만 나타내고 싶은 부분에는 'class="pc"'라고 클래스를 지정하기만 하면 자동적으로 지정 브레이크 포인트에서 표시·비표시를 바꿔줍니다. 이 구조를 남용해 안이하게 소스 코드를 이중 관리하는 일은 피해야 합니다. 문장을 읽기 쉽게 PC 레이아웃 때만 마침표 뒤에 줄 바꿈을 넣고 싶은 경우나, PC와 스마트폰에 각기 다른 내비게이션을 나타내고 싶은 경우처럼 꼭 필요한 경우에 참고하기 바랍니다.

● 줄 바꿈 위치 제어에 활용한 예

<p>PC일 때만<br class="pc">임의의 장소에서 줄을 바꾼다</p>

●스마트폰 표시   ●PC 표시

PC일 때만 임의   PC일 때만
의 장소에서 줄   임의의 장소에서 줄을 바꾼다.
을 바꾼다.

slick.js, magnific popup 같은 동적 UI를 도입하고 싶은 경우

이 책에서는 HTML과 CSS만으로 대응 가능한 범위에서 반응형 웹사이트 구현 방법을 설명했습니다. 그러나 실제로 만들 때는 jQuery 플러그인 등 JavaScript를 사용해야만 하는 일이 많습니다.
특히 비교적 많이 사용하는 slick.js, magnific popup, matchHeigh, MeanMenu 같은 동적 UI를 jQuery 플러그인으로 도입할 때 신경을 써야 할 것은 '반응형 대응 플러그인을 선택한다'는 점입니다. jQuery 플러그인 모두가 반응형에 대응하는 것은 아니기 때문에 처음부터 '반응형 대응'을 구사하는 것을 골라 두지 않으면 헛수고를 하는 일도 생깁니다. 의외로 못 보고 놓치는 경우가 많으므로 주의를 기울이는 것이 좋습니다.

▶ jQuery

간편하게 고도의 UI를 만들 수 있어 디자이너에게 인기가 많은 jQuery는, IE8 이하를 지원하는 v1.x 계와, IE9 이상의 모던 브라우저를 지원하는 v2.x계의 두 계통이 있습니다. 반응형에 한하지 않고 jQuery를 사용할 경우에는 IE8 이하의 지원이 필요한지 여부에 따라 어느 것을 이용할 것인지 선택해야 합니다. 또한 플러그인에 따라서는 사용할 수 있는 버전이나 한정되어 있는 것도 있으므로 사용할 플러그인과 문제가 없는지 고려해야 합니다.
'jQuery3.0'은 IE9 이상을 지원하는 v2.x 다음 버전입니다. IE8 이하를 지원하는 것은 'jQuery Compat3.0'이라는 것을 알아두기 바랍니다.

▶ 반응형 대응 권장 플러그인

반응형 대응으로 동작이 경쾌하고 안정돼 있으며 커스터마이즈가 가능한 플러그인을 몇 가지 소개하겠습니다.

- 「slick.js」 (URL http://kenwheeler.github.io/slick/)
- 「magnific popup」 (URL http://dimsemenov.com/plugins/magnific-popup/)
- 「matchHeight」 (URL http://brm.io/jquery-match-height/)
- 「MeanMenu」 (URL http://www.meanthemes.com/plugins/meanmenu/)

IE8도 지원 대상이 되기를 바라는 경우

반응형 웹사이트를 구축할 때 지원 대상에 IE8을 포함시킨다는 말이 나왔다 해도 완전한 지원을 기대하지는 말기 바랍니다. 고정 레이아웃의 PC 전용 사이트라면 오래된 기술을 조합해 후방 호환성을 유지할 수도 있습니다. 하지만 반응형의 경우에는 IE8 이하가 대응되지 않는 미디어 쿼리 같은 최신 기술 사용이 필수가 되기 때문에 후방 호환성을 유지하기가 어렵습니다.

▶ HTML 파일의 조정

우선 HTML5의 새로운 요소에 대응시키기 위한 JavaScript를 불러옵니다.

```
<!--[if lt IE 9]>
<script src="js/html5shiv.js"></script>
<![endif]-->
```

CSS3의 선택자를 사용하는 경우에는 아래의 방법으로 대응해 두면 레이아웃에 문제가 생기는 것을 줄일 수 있습니다.

① CSS3 선택자를 사용하지 않고 CSS2.1 선택자 범위 내에서 만든다.

② Selectivizr.js나 IE9.js에서 CSS3 선택자 기능을 보완하는 스크립트를 불러온다.

> **Memo**
>
> IE9.js는 단독으로 기능을 발휘하지만 Selectivizr.js는 jQuery.js나 prototype.js 같은 JavaScript 라이브러리와 함께 써야 합니다.
>
> IE9.js   `URL` https://code.google.com/p/ie7-js/
>
> Selectivizr.js   `URL` http://selectivizr.com/

▶ html 요소를 조건 코멘트화

IE8에서 스타일 조정을 쉽게 하려면 IE 버전에 맞는 특정의 class를 추가하면 됩니다. IE8과 9에 특정 class를 삽입하면 만일 IE 버전마다 버그 수정 등의 다른 CSS를 추가할 필요가 생긴 경우 CSS에 의존하지 않아도 되기 때문에 편리합니다.

```
<!--[if IE 8 ]> <html lang="ko" class="ie8"> <![endif]-->
<!--[if IE 9 ]> <html lang="ko" class="ie9"> <![endif]-->
<!--[if (gt IE 9)|!(IE)]><!--> <html lang="ko"> <!--<![endif]-->
```

예를 들어 :nth-child(3n) 같은 CSS3 선택자에 비대응인 IE8만 CSS3 선택자를 사용하지 않고 3단 레이아웃을 할 수 있게 조정하고 싶은 경우에는 아래와 같이 선택자로 대처할 수 있습니다.

```
/*IE8용*/
.ie8 .menu-list{
    margin-right: -20px;
}
.ie8 .menu-list li{
    width: 300px;
    margin-right: 20px;
}
```

▶ 데스크톱 퍼스트 방식으로 만든다

반응형 웹사이트에서 IE8 지원이 필요하다면 데스크톱 퍼스트 방식을 사용하도록 합니다. IE8은 반응형 웹 디자인의 중추가 되는 미디어 쿼리의 기능에 비대응이기 때문에 모바일 퍼스트 방식으로 만들면 IE8에서 열었을 때 스마트폰용 레이아웃이 되어 버립니다. 데스크톱 퍼스트 방식의 경우는 베이스가 PC용 고정 레이아웃이 되기 때문에 IE8에서 열었을 경우에는 '반응형이 아닌 단순한 PC 사이트'로서 표현될 수 있습니다. IE8은 PC에서만 동작하기 때문에 다른 브라우저처럼 반응하지 않아도 아무런 문제가 없습니다. IE8에서도 레이아웃에 크게 문제가 생기지 않는 것을 원한다면 비용 대비 효과를 생각해 이 방법을 사용합니다.

▶ 배경 플루이드 이미지에 대한 대응

데스크톱 퍼스트 방식으로 했을 경우 IE8에서는 고정 레이아웃이 되기 때문에 플루이드 이미지 대응은 기본적으로 생각하지 않아도 됩니다. 다만 IE8에서는 background-size를 사용할 수 없으므로 실습의 헤더 영역에서 사용한 화면 폭 가득이 채워지는 배경 이미지에 대해서는 대응이 필요합니다. 이 문제는 background-size를 사용하지 않으면 해결되지 않습니다. IE에서는 폭 가득하게 확대하지 않는 것을 허용하든지, backgroundSize.js라는 jQuery 플러그인을 이용해 대응해야 합니다.

```
<script src="js/jquery.1.11.3.min.js"></script>
<!--[if lt IE 9 ]>
<script src="js/jquery.backgroundSize.js"></script>
<script>
$(function(){
    $("#header").css(backgroundSize: "cover");
});
</script>
<![endif]-->
```

※jQuery 플러그인이므로 반드시 jQuery 프로그램에서 불러와야 합니다.
※jQuery 프로그램에는 v1.x버전을 사용해 주세요. v2.x 버전은 IE8에서 지원되지 않습니다.

▶ 미디어 쿼리에 대응시킨다

모바일 퍼스트 방식으로 제작하지만 IE8에서도 반응형으로 만들고 싶은 경우에는 IE8 이하에서도 미디어 쿼리를 사용할 수 있게 하는 Polyfill 스크립트를 사용하면 됩니다. 대표적인 스크립트는 'Respond.js'(https://github.com/scottjehl/Respond)입니다.

```html
<!--[if lt IE 9]>
<script src="js/html5shiv.js"></script>
<script src="js/respond.js"></script>
<![endif]-->
```

※이 스크립트는 서버 상에서만 동작하기 때문에 로컬에서는 동작 확인이 불가능합니다.
※반응형 가능이 되면 세세한 레이아웃 버그나 디자인 구현이 어려운 경우가 발생할 가능성이 있습니다. 꼼꼼히 체크해야 할 필요가 있습니다.

> **Term**
>
> **Polyfill**
> Polyfill 스크립트란 본래 그 브라우저에 마련되어 있지 않은 기능을 JavaScript 등으로 기능을 보완하기 위한 스크립트를 말합니다. Polyfill로 기능을 보완하는 것은 어디까지나 유사 지원이므로 본래 기능과 똑같이 움직인다고 할 수는 없습니다.

30일 레슨으로 쉽게 배우는
HTML5&CSS3

1판 1쇄 발행 2017년 3월 5일
1판 2쇄 발행 2018년 3월 28일

저　　자 | AKEMI KUSANO
번　　역 | 김선숙
발 행 인 | 김길수
발 행 처 | (주)영진닷컴
주　　소 | (우)08505 서울시 금천구 가산디지털2로 123 월드메르디앙
　　　　　 벤처센터 2차 10층 1016

출판등록 | 2007. 4. 27. 제16-4189호

가격 22,000원
ⓒ2017., 2018. (주)영진닷컴

ISBN | 978-89-314-5543-4

YoungJin.com **Y.**
영진닷컴